BLT
Mit der Welt
auf Buchfühlung

Saul Bellow, einer der großen Männer der amerikanischen Literatur, wurde 1915 in Lachine/Quebec geboren und wuchs in Chicago auf, wo er Soziologie und Anthropologie studierte. Er lehrte an verschiedenen amerikanischen Universitäten. Für sein umfangreiches und sehr erfolgreiches literarisches Werk erhielt er zahlreiche Auszeichnungen, darunter den Pulitzerpreis und 1976 den Nobelpreis für Literatur. Saul Bellow lebt heute in Boston.

Saul Bellow

Der mit dem Fuß im Fettnäpfchen

Aus dem Amerikanischen von
Walter Hasenclever

BLT

B L T
Band 92 074

1. Auflage: April 2001

Vollständige Taschenbuchausgabe

BLT ist ein Imprint der Verlagsgruppe Lübbe

Originaltitel: HIM WITH HIS FOOT IN
HIS MOUTH AND OTHER STORIES

Lizenzausgabe: Verlagsgruppe Lübbe GmbH & Co. KG,
Bergisch Gladbach
Einbandgestaltung: Gisela Kullowatz unter Verwendung
einer Fotografie von Mechthild Op gen Oorth
Autorenfoto: © by Thomas Victor
Satz: hanseatenSatz-bremen, Bremen
Druck und Verarbeitung: Elsnerdruck, Berlin
Printed in Germany
ISBN 3-404-92074-0

Sie finden uns im Internet unter
http://www.luebbe.de

Der Preis dieses Bandes versteht sich einschließlich
der gesetzlichen Mehrwertsteuer.

Für meine liebe Frau Alexandra

Inhalt

Der mit dem Fuß im Fettnäpfchen

Liebe Miss Rose: Beinahe hätte ich mit »Mein liebes Kind« begonnen, denn in gewisser Weise macht uns das, was ich Ihnen vor fünfunddreißig Jahren angetan habe, wechselseitig zu unseren Kindern. Ich habe von Zeit zu Zeit daran gedacht, daß ich Ihnen vor langer Zeit einen üblen Streich gespielt und mich deswegen unbehaglich gefühlt habe, aber erst vor kurzem ist mir klargemacht worden, daß meine an Sie gerichteten Worte so böse, so übel, gemein, verletzend, gefühllos und wüst waren, daß Sie es auch in tausend Jahren nicht würden verwinden können. Ich hätte Sie fürs Leben verletzt, gab man mir zu verstehen; und das ist mir um so mehr vorzuwerfen, als dieser Angriff so unverdient war. Wir sind uns nur ganz flüchtig begegnet; wir kannten uns kaum. Allerdings ist derjenige, der mir diese Grausamkeit vorwirft, mir gegenüber nicht unvoreingenommen; er will mir offenbar an den Kragen. Dennoch bin ich ziemlich durcheinander, seitdem ich seine Vorwürfe gelesen habe. Ich war nicht eben in bester Verfassung, als sein Brief kam. Wie viele ältere Männer muß ich allerlei Pillen schlucken. Ich nehme Inderal und Chinidin gegen hohen Blutdruck und Herzbeschwerden; zudem bin ich aus verschiedenen psychologischen Gründen tief beunruhigt und momentan ohne Selbstschutz.

Vielleicht werden die Beweggründe, weshalb ich Ihnen jetzt schreibe, stichhaltiger, wenn ich Ihnen sage, daß ich schon seit einigen Monaten eine alte Frau besuche, die Swedenborg und andere okkultistische Schriftsteller liest. Sie sagt (und ein Mann in den Sechzigern kann sich derartigen Vermutungen nicht leicht verschließen), daß es ein künftiges Leben gibt – wartet nur ab – und daß wir in dem künftigen Leben die Schmerzen fühlen werden, die wir anderen zugefügt haben. Wir werden alles erleiden, was wir sie erleiden ließen, denn nach dem Tod ist alles Erlebte vertauscht. Wir treten in die Seelen derer ein, die wir im Leben gekannt haben. Sie treten in uns ein und spüren und beurteilen uns von innen her. Für den wenig wahrscheinlichen Fall, daß diese alte Kanadierin recht haben sollte, muß ich versuchen, die Sache mit Ihnen wieder aufzugreifen. Zwar hatte ich nicht versucht, Sie zu ermorden, aber mein Verstoß ist trotzdem ganz offensichtlich.

Ich will alles sagen und es dann überarbeiten, Miss Rose nur die geeigneten Passagen schicken.

... In diesem Leben, zwischen Geburt und Tod, solange es noch möglich ist, etwas wiedergutzumachen ...

Ich frage mich, ob Sie sich überhaupt noch an mich erinnern, außer als an den Menschen, der Sie verletzt hat – ein großer Mann und in jenen Tagen ein eher dunkler Typ, mit einem Schnurrbart (nicht sehr voll getragen), körperlich ein eigenartiges Individuum mit einem kamelhaften Zug, etwas Amüsantem im Körperbau. Falls Sie sich an den Shawmut jener Tage erinnern können, dann sollten Sie ihn jetzt sehen. *Edad con Sus Disgracias* ist der Titel, den Goya der Graphik eines alten Mannes gegeben hat, der sich müht, mit seiner bis auf die Knöchel gerutschten Hose vom Nachttopf aufzustehen. »Und mit äußerst schwachen Lenden«, wie Hamlet in seiner Erbarmungslosigkeit gegenüber alten Männern hämisch zu Polonius sagt. Zu diesen bereits erwähnten Unzulänglichkeiten muß ich noch Zähne mit schadhaften Wurzeln hinzufügen, eine Wurzelhautbehandlung mit Antibiotika, von denen ich Durchfall bekam, was wiederum eine Hämorrhoide von der Größe einer Walnuß verursachte; dazu noch eine schleichende Arthritis in den Händen. Der Winter ist düster und naß in British Columbia, und als ich eines Morgens in diesem Land der Verbannung erwachte, aus dem ich demnächst wohl ausgewiesen werde, mußte ich feststellen, daß mit dem Mittelfinger meiner rechten Hand irgend etwas nicht stimmte. Das Gelenk hatte aufgehört zu funktionieren, und der Finger war in sich gekrümmt wie eine Schnecke – ein schmerzhaftes neues Leiden. Durchaus ein Witz auf meine Kosten. Und die Ausweisung findet statt. Ich habe die Papiere zugestellt bekommen.

So kann ich denn zum allermindesten versuchen, die Qualen des Lebens nach dem Tode um eine zu verringern.

Es könnte so scheinen, daß ich nun nach fünfunddreißig Jahren mit Jammergeschichten angekrochen komme; aber das ist nicht der Fall, wie Sie sehen werden.

Ich habe Sie durch Miss Da Sousa vom Ribier College, wo wir Ende der vierziger Jahre alle Kollegen waren, ausfindig gemacht. Sie ist dort in Massachusetts geblieben, wo noch so viel aus dem 19. Jahrhundert überdauert hat, und sie schrieb mir, als in der Presse über meine peinlichen und törichten Probleme berichtet wurde. Miss Da Sousa ist eine gutherzige, intelligente Frau, die *ebenso wie Sie – sollte ich das sagen*? – nie geheiratet hat. Als ich ihr dankbar antwortete, habe ich sie gefragt, was denn aus Ihnen geworden sei, und erfuhr, daß Sie als Bibliothekarin im Ruhestand in Orlando, Florida, lebten.

Ich hätte nie gedacht, daß ich Menschen beneiden könnte, die im Ruhestand leben, aber das war zu einer Zeit, als der Ruhestand noch eine Option war. Für mich ist er jetzt nicht möglich. Der Tod meines Bruders hinterläßt mich juristisch und finanziell in einer schlimmen Lage. Ich möchte Sie nicht mit den Tatbeständen des Falles belästigen, die in den Zeitungen entstellt wiedergegeben worden sind. Genug, daß die Verbrechen meines Bruders und meine eigenen Verfehlungen oder Schwächen mich ruiniert haben. Auf schlechten juristischen Rat hin habe ich in Kanada Zuflucht gesucht, und die Gerichte werden erbarmungslos sein, weil ich versucht habe, zu entwischen. Man wird mich vielleicht nicht ins Gefängnis stecken, aber ich werde für den Rest meines Erdenlebens arbeiten müssen, werde im Geschirr sterben, und einem verdammt merkwürdigen Geschirr, während ich meine Last auf einen eigenartigen Gipfel schleppe. Eine der Lieblingsparabeln meines Vaters handelte von einem schwachen Pferd, das von seinem Kutscher grausam gepeitscht wurde. Ein Zuschauer versucht, ein Wort einzulegen: »Die Last ist zu schwer, der Hügel ist steil, es ist zwecklos, daß Sie Ihr altes Pferd ins Gesicht schlagen: warum tun Sie das?« »Pferd sein, war *seine* Wahl«, sagt der Kutscher.

Ich habe Zeit meines Lebens eine Schwäche für diese Art des jüdischen Humors gehabt, die Ihnen vielleicht fremd ist; nicht nur, weil Sie irisch-schottischer Abstammung sind (wie Miss Da Sousa mir sagte), sondern auch, weil Sie als Bibliothekarin der Präcomputer-Ära in einer anderen Sphäre weilten – einer Zone der Stille im Umkreis des Dewey-Dezimalsystems. Es kann ja sein, daß Sie vielleicht das Leben einer Nonne oder Schäferin, woran früher das Wort »Bibliothekarin« denken ließ, nicht gemocht haben. Sie nehmen es vielleicht übel, weil es Sie von moderner *action* fernhält – Erotischem, Narkotischem, Dramatischem, Gefährlichem, Gepfeffertem. Vielleicht haben Sie nur mit Widerwillen die zügellose Verzückung anderer Leute in Umlauf gebracht, schlimme Bücher betreut (größtenteils Schwindel, glauben Sie mir, Miss Rose). Erlauben Sie mir die Vermutung, daß Sie zu altmodisch sind, um sich darüber aufzuregen, ein nützliches Leben geführt zu haben. Wenn Sie hingegen keine altmodische Person sind, dann habe ich Sie schließlich doch nicht allzu tief verletzt. Keine moderne Frau würde vierzig Jahre lang über einen dummen Witz grübeln. Sie würde sagen: »Weg mit Schaden!«

Wer wirft mir nun vor, Sie verletzt zu haben? Eddie Walish ist derjenige! Er ist oberster Planer bei der College-Aufsichtsbehörde für klassische Philologie im Staat Missouri geworden, hat man mir zu verstehen gegeben. Bei so einer Arbeit ist er großartig, ein genialer Mensch. Aber obwohl er jetzt in Missouri lebt, scheint er an nichts anderes zu denken als an Massachusetts damals. Er kann das Böse, das ich getan habe, nicht vergessen. Er war dabei, als ich es tat (was immer *es* in Wirklichkeit war), und er schreibt: »Ich muß Dich daran erinnern, wie Du Carla Rose verletzt hast. So charakteristisch für Dich, während sie versuchte, nett zu dir zu sein, nicht nur ihre freundlichen Absichten zu verkennen, sondern ihr auch noch einen knallenden Schlag ins Gesicht zu versetzen. Ich weiß zufällig, daß Du ihr ein Trauma fürs Leben versetzt hast.« (Beachten Sie bitte, wie das liberale amerikanische Vokabular hier als Folterwerkzeug gebraucht wird: Mit »charakteristisch« meint er: »Du bis kein guter Mensch, Shawmut.«) Hatten Sie denn wirklich ein Trauma, Miss Rose? Woher will Walish das »zufällig« wissen? Haben Sie es ihm erzählt? Oder ist es, wie ich vermute, reines Geschwätz? Ich wüßte gern, ob Sie sich des Vorfalls überhaupt noch entsinnen. Es wäre eine Gnade, wenn Sie's nicht täten. Und ich möchte Ihnen auch nicht unerwünschte Erinnerungen aufbürden; aber wenn ich Sie tatsächlich so grausam verunglimpft habe, gibt es dann eine Möglichkeit, sich ihnen zu entziehen?

Kehren wir also wieder ins Ribier College zurück. Walish und ich waren damals eng befreundet, junge Dozenten, er für Literatur, ich für schöne Künste – Musikgeschichte ist mein Spezialgebiet. Als ob das eine Neuigkeit für Sie wäre – mein Buch über Pergolesi steht in allen Bibliotheken. Undenkbar, daß Sie nicht darauf gestoßen sein sollten. Zudem habe ich im Fernsehen diese musikwissenschaftlichen Programme gemacht, die recht viel Anklang fanden.

Aber noch befinden wir uns in den vierziger Jahren. Das Trimester begann in der ersten Septemberwoche. Mein erster Lehrauftrag. Nach sieben oder acht Wochen war ich immer noch in wilder Erregung. Lassen Sie mich mit dem herrlichen Rahmen Neuenglands beginnen. Als Neuankömmling aus Chicago und von Bloomington, Indiana, wo ich Examen gemacht hatte, hatte ich noch niemals Birken, Farnkräuter am Wegrand, dichte Kiefernwälder und kleine weiße Kirchtürme gesehen. Konnte ich etwas anderes sein als fehl am Platz? Ich habe mich totgelacht, wenn man mich »Dr. Shawmut« nannte. Ich kam mir dort absurd vor; ein Kamel auf dem Dorfanger. Ich bin ein Mann mit langem Oberkörper und langen Beinen, der zu paradoxen, ulkigen Vorstellungen von sich selbst neigt. Ich hatte auch das wahre Bild von Ribier noch nicht ganz mitgekriegt. Das war nicht das echte Neuengland, es war ein ›bohemien‹-College für reiche junge Leute aus New York, die für die besseren Schulen zu nervös, zu unausgeglichen waren.

Also denn: Eddie Walish und ich gehen zusammen an der College-Bibliothek vorbei. Süße herbstliche Wärme vor einem Hintergrund der Kühle aus den umgebenden Wäldern – das ist mir ganz gegenwärtig. Die Bibliothek ist ein Gebäude im neugriechischen Stil, und das Licht auf der Terrasse ist moosig und sonnig – hellgrünes Moos, laubgefiltertes Sonnenlicht, Flechten an den Säulen. Ich bin überdreht, manisch, beflügelt. Mein Verhältnis zu Walish in dieser Phase ist leicht beschrieben: sehr fröhlich, kein Knick in Sicht, keine Spur von Verdüsterung. Ich bin darauf erpicht, von ihm zu lernen, weil ich noch nie ein »progressives« College gesehen, niemals im Osten des Landes gelebt habe und niemals mit der »Gesellschaft« des Ostens in Berührung gekommen bin, von der ich so viel gehört habe. Was hat es damit auf sich? Ein Mädchen, dem ich als Berater zugewiesen worden war, hat sich einen anderen ausgebeten, weil ich nicht psychoanalysiert sei und überhaupt keine Beziehung zu ihr herstellen könne. Und gerade an jenem Morgen hatte ich zwei Stunden lang an einer Ausschußsitzung teilgenommen, in der es sich darum drehte, ob für die Kunststudenten ein Kurs in Geschichte obligatorisch sein sollte. Tony Lemnitzer, Professor für Malerei, sagte: »Laßt die Kinder von Königen und Königinnen lesen, die brechen sich da keinen Zacken ab.« Broooklyn-Tony, der von zu Hause weggelaufen war, um im Zirkus Mädchen für alles zu werden, wurde später Plakatmaler und schließlich abstrakter Expressionist. »Nur ja kein Mitleid mit Tony«, rät mir Walish. »Die Frau, die er geheiratet hat, ist Millionärin. Sie hat ihm ein Atelier gebaut, das einem Michelangelo angemessen wäre. Er hat Hemmungen zu malen, er schnitzelt dort nur rum. Er hat zwei Holzkugeln in einem Vogelkäfig geschnitzt.« Walish selbst, früher *hipster* mit Harvard-Vergangenheit, hatte zunächst den Verdacht, daß meine Unwissenheit aufgesetzt sei. Ein hinkender, kleiner Mann, betrachtet Walish mich – von unten her – mit echter Verschmitztheit und Spuren von Unglauben um den Mund. Kann einer aus Chicago, ein Doktor der Philosophie vom Bloomington College in Indiana, wirklich so rückständig sein, wie ich ihm erscheine? Aber meine Gesellschaft ist angenehm, und nach und nach erzählt er mir (ist das ein Geheimnis?), daß er zwar aus Gloucester in Massachusetts stamme, aber doch kein echter Yankee sei. Sein Vater, Amerikaner der zweiten Generation, ist Maschinenschlosser im Ruhestand, ohne Bildung. In einem Brief des alten Herrn heißt es: »Deine arme Mutter – der Arzt sagt, sie hat ein Gewächs an ihrer Virginia, das er operieren muß. Wenn sie unters Messer kommt, erwarte ich, daß du und deine Schwester hier sind und mir beistehen.«

Es gab zwei hinkende Männer in der College-Gemeinschaft, deren Namen ähnlich klangen. Der andere Hinkende, Edmund Welch, ein Friedensrichter, ging am Stock. Unser Ed, der an einer Rückgratverkrümmung litt, brauchte keinen Stock und noch weniger einen orthopädischen Stiefel. Er verhielt sich sportlich nonchalant und pfiff auf die Orthopäden, wenn sie ihn warnten, daß sein Rückgrat eines Tages wie ein Stapel Dominosteine zusammenbrechen würde. Frei und wendig zu sein, das war sein Stil. Man mußte ihn nehmen, wie er war, ohne Zugeständnisse seinerseits. Ich bewunderte ihn deswegen. Und jetzt, Miss Rose, sind Sie aus der Bibliothek ins Freie getreten, um etwas Luft zu schöpfen, und lehnen, die Arme gekreuzt und den Kopf zurückgebogen, an einer griechischen Säule. Um größer zu wirken, trägt Walish das Haar voll. Man konnte keinen Hut darauf zwängen. Ich hingegen habe eine Basketballkappe auf. Dann sagen Sie, Miss Rose, und lächeln mich dabei an: »Ach, Dr. Shawmut, mit dieser Kappe sehen Sie wie ein Archäologe aus.« Bevor ich mich zügeln kann, erwidere ich: »Und Sie sehen wie etwas aus, das ich gerade ausgegraben habe.«

Fürchterlich!

Wir zwei, Walish und ich, eilten weiter. Eddie, dessen Hüften schief standen, strengte sich an, schneller zu gehen, und als wir unseren kleinen Bibliothekstempel hinter uns gelassen hatten, sah ich, daß er mich angrinste, daß sein erhitztes Gesicht mit Freude, ja mit vorwurfsvoller Bewunderung zu mir aufblickte. Er hatte etwas Außergewöhnliches miterlebt. Was dieses Etwas sein mochte, ob es in die Rubrik des Spaßigen, des Psychopathologischen oder Boshaften einzuordnen war, konnte noch niemand beurteilen, aber er war erfreut. Wenn er auch sich selbst ohne Zeitverlust von aller Schuld freisprach, war es doch genau seine Art von Bonmot. Er spielte mit Vorliebe die Groucho-Marx-Rolle oder gab seinen Sätzen einen

S.-J.-Perelman-Dreh. Was mich betrifft, so war ich völlig ernüchtert, wie meistens, wenn ich eins meiner Bonmots von mir gegeben habe. Ich werde von ihnen genauso überrumpelt wie alle anderen. Vielleicht sind sie – im klinischen Sinne des Wortes – Symptome von Hysterie. Ich hatte mich früher einmal für absolut normal gehalten, aber inzwischen war mir schon längst klargeworden, daß in gewissen Stimmungen mein Gelächter an Hysterie grenzte. Ich konnte den abnormen Klang selber hören. Walish wußte sehr wohl, daß ich an solchen Anfällen litt, und wenn er spürte, daß mich eine meiner Anwandlungen überkam, stachelte er mich an. Und wenn er sein Späßchen gehabt hatte, sagte er mit einem Grinsen wie Pan Satyrus: »Was sind Sie doch für ein Widerling, Shawmut. Diese sadistischen Stiche, die Sie versetzen können!« Er vermied es sorgfältig, verstehen Sie, als Mittäter beschuldigt zu werden.

Und mein Scherz war nicht einmal witzig, nur bösartig, da gibt es nichts zu entschuldigen, bestimmt keine »Eingebung«. Warum sollte eine Eingebung so idiotisch sein? Sie war einfach idiotisch und bösartig. Walish sagte immer zu mir: »Sie sind ein Surrealist, ohne es zu wissen.« Nach seiner Erklärung hatte ich mich unter schmerzlichen Mühen von meiner Herkunft aus dem Einwanderermilieu zum Niveau der Mittelklasse emporgearbeitet, rächte mich aber für die Qualen und Verfälschungen meiner gesunden Instinkte, Deformationen, die mir durch diese Anpassung an Wohlanständigkeit, durch die Mühen des gesellschaftlichen Aufstiegs auferlegt worden waren. Eine gescheite, komplizierte Analyse dieser Art war populär im Greenwich Village jener Zeit, und Walish hatte sie sich zur Gewohnheit gemacht, sein Brief vom vergangenen Monat strotzte von derartigen Erkenntnissen. Die Menschen geben selten das geistige Kapital auf, das sie in ihren »besten« Jahren angesammelt haben. Mit seinen mehr als sechzig Jahren ist Eddie immer noch ein jugendlicher *Villager* und verkehrt vorwiegend mit jungen Leuten. Ich habe mich mit dem Alter abgefunden.

Es ist nicht einfach, mit arthritischen Fingern zu schreiben. Mein Anwalt, dessen verhängnisvollem Rat ich folgte (er ist der jüngste Bruder meiner Frau, die voriges Jahr verstorben ist), drängte mich, nach British Columbia zu ziehen, wo wegen der Kuro-Schiro-Trift mitten im Winter Blumen wachsen und die Luft reiner ist. Es gibt hier tatsächlich Primeln im Schnee, aber meine Hände sind verkrüppelt, und ich fürchte, ich muß mir vielleicht Goldspritzen machen lassen, wenn es nicht besser wird. Trotzdem schichte ich mir mein Kaminfeuer auf, sitze konzentriert im Schaukelstuhl, denn ich muß es für Sie lohnend machen, diese »Fakten« mit mir zu bedenken. Falls ich Walish glauben soll, haben Sie von jenem Tage an wie eine Flamme am kleinbürgerlichen Altar der unverdienten Kränkung geflackert. Eine der Erniedrigten und Beleidigten.

Ich meinerseits muß gestehen, daß es mir schwergefallen ist, anständige Manieren zu lernen; nicht weil ich von Natur aus ungehobelt bin, sondern weil ich den Druck meiner Lage spürte. Eine Zeitlang war ich der Überzeugung, daß ich im Leben nicht weiterkommen würde, wenn ich mir nicht wie alle anderen ein falsches Selbst zulegte, und so habe ich mich besonders bemüht, rücksichtsvoll, ehrerbietig, höflich zu sein. Und selbstverständlich habe ich das alles übertrieben und mich zweimal gewischt, wo Menschen besserer Herkunft sich nur einmal wischen. Aber kein derartiges Besserungsprogramm konnte mich lange im Zaum halten. Ich stellte es auf, um es gleich wieder niederzureißen und mit einem lodernden Feuer zu verbrennen.

Walish, das muß ich Ihnen sagen, hat es mir in seinem Brief hingerieben. Woran lag es, fragt er, daß ich Leuten, wenn sie im Gespräch nach Worten suchten, die fehlenden Formulierungen lieferte und ihre Sätze mit gieriger Pedanterie vollendete? Walish behauptet, daß ich mich in Szene setzte, um mich aus meiner vulgären Herkunft davonzustehlen, den Vornehmen schön zu tun und mich als der Typ Jude zu qualifizieren, der (gerade eben noch) für die von T. S. Eliot erträumte christliche Gesellschaft annehmbar ist. Walish zeichnet mich als einen nach oben hin rührigen Paria, der Fesseln sucht, wie man Erlösung suchen würde. Als Reaktion bekäme ich dann Anfälle von Rebellion und würde wild verletzend. Walish vermerkt das alles genau, aber in den Jahren, in denen wir befreundet waren, hat er nichts davon verlauten lassen. Er sparte sich alles auf. Auf dem Ribier College mochten wir uns. Wir waren irgendwie befreundet. Aber irgendwie hatte er schließlich die Absicht, ein Todfeind von mir zu sein. Während er die ganze Zeit über mit den Gesten eines engen und geschätzten Freundes aufwartete, mästete er meine Seele in einem Pferch, bis sie schlachtreif war. Mein Erfolg in Musikwissenschaft war vielleicht zu viel für ihn. Eddie erzählte seiner Frau – erzählte allen und jedem –, was ich zu Ihnen gesagt hatte. Es machte auf dem Campus tatsächlich die Runde. Die Leute lachten, aber ich war niedergeschlagen. Reue: Sie waren eine blasse Frau mit dünnen Armen und sogen die Farben von Moos, Flechten und Kalkstein in Ihre Haut ein. Die schweren Türen der Bibliothek standen offen, und im Innern sah man grüne Leselampen und polierte schwere Tische und Bücher, die bis zur Galerie und noch höher gestapelt waren. Einige dieser Bücher waren bedeutend, andere waren nützlich informativ, die Mehrzahl verstopfte nur das Hirn. Meine alte Swedenborg-Dame behauptet, daß Engel keine Bücher lesen. Warum sollten sie? Aber Bibliothekare, will mir scheinen, können auch keine großen Leser sein. Sie haben zu viele Bücher, von denen die meisten nur belasten. Die vollgestellten Regale verströmen einen einladenden, tröstenden, verführerischen Geruch, der schwach mit etwas Verderblichem, mit Gift und Verhängnis, versetzt ist. Menschen können in Bibliotheken ihr Leben verlieren. Man sollte sie warnen. Und Sie, eine Unterpriesterin dieses Tempels, treten heraus, um nach dem Himmel zu sehen, und Mr. Lübeck, Ihr Vorgesetzter, ein freundlicher Flüchtling, stolpert dauernd über seinen großen altersschwachen Hund und bittet das Tier um Verzeihung: »Ach, entschuldige bitte!« (mit Betonung auf dem Zischlaut).

Persönliche Bemerkung: Miss Rose war nie hübsch, nicht einmal, was die Franzosen une belle laide *oder häßliche Schönheit nennen, eine Frau, deren Beherrschung sexueller Kräfte ebendiese Häßlichkeit zu ihrer erotischen Wirkung beitragen läßt. Als* belle laide (natürlich *eine französische Idee) muß man einfach ein Walzwerk der Lust sein. Diese Kraft fehlte. Keine organische Grundlage dafür. Vor fünfzig Jahren hätte Miss Rose Lydia Pinkhams Gemüseextrakt geschluckt. Dennoch, selbst wenn sie grün aussah, hätte ein Mann sie lieben können – sie wegen ihrer scheuen Wärme oder des Muts lieben könne, den sie hatte aufbringen müssen, um fünfunddreißig Jahren hätte ich vielleicht diese Verlegenheit mit mir wegen meiner Mütze Komplimente zu machen. Vor Komplimenten überspielt und gesagt: »Stellen Sie sich nur vor, Miss Rose, wie viele Gegenstände von erlesener Schönheit von Archäologen ausgegraben worden sind – die Venus von Milo, assyrische geflügelte Stiere mit dem Antlitz großer Könige. Und Michelangelo hat sogar eine seiner Statuen vergraben, um ihr ein antikes Aussehen zu verleihen, und sie dann wieder ausgebuddelt.« Aber es ist zu spät für rhetorische Galanterien. Ich würde mich schämen. Nicht hübsch, nicht verheiratet, vor der hämischen kleinen Schar, die über meinen Kalauer lachte, muß Miss Rose – armes Ding – verzweifelt gewesen sein.*

Eddie Walish, wie ich Ihnen schon sagte, hat trotz seines schadhaften Rückgrats nicht den Krüppel spielen wollen. Obwohl er eine schlechte Haltung hatte und beim Gehen mit dem linken Fuß ausschlug, sein Auftreten hatte Stil. Er trug gute englische Tweedstoffe und Stiefel von Lloyd & Haig. Er pflegte selber zu sagen, daß es genügend masochistische Weiber gäbe, um jeden Mann zum Balzen und Sich-in-Szene-Setzen zu ermuntern. Behinderte Männer kamen bei Mädchen eines gewissen Typs sehr gut an. Sie, Miss Rose, hätten Ihr Kompliment besser für ihn aufgespart. Aber seine Frau war damals guter Hoffnung; ich war der Junggeselle.

Während der ersten sonnigen Tage des Trimesters gingen wir fast täglich spazieren. Ich fand ihn damals rätselhaft. Ich dachte etwa: Wer ist er eigentlich, dieser (plötzlich) enge Freund von mir? Was steckt in dieser seltsamen Gestalt, dem großen Kopf unter und neben mir, mit dem üppig, hoch und dicht wachsenden Haar? Aus einem anderen Blickwinkel wuchsen ihm auch die Haare wie Drillichstreifen dicht aus den Ohren. Eine der Damen von der Universität schlug vor, ich solle ihm doch nahelegen, sich die Ohren ausrasieren zu lassen; aber warum sollte ich das? Mit ausrasierten Ohren würde er ihr auch nicht besser gefallen; sie träumt nur von der Möglichkeit. Sein Lachen gleicht einem Holzblasinstrument, eher Oboe als Klarinette, und sein Lachen kommt sowohl aus dem breiten Ende seiner Nasen als aus seinem gekerbten Kürbismund. Er grinst wie Alfred E. Neuman vom Titelblatt des Magazins *Mad,* der Nachfolger von Peck's Bad Boy. Dagegen sind seine Augen warm und verführen mich zu einer immer engeren Annäherung, aber sie verweigern mir, was ich am meisten begehre. Ich sehne mich nach seiner Zuneigung, ich mißtraue ihm und liebe ihn, ich umwerbe ihn mit Bonmots. Denn er ist auf eine der Zeit entsprechende post-moderne, existentialistische, verschlagene Art ein schlauer Bursche. Er scheint auch gütig zu sein. Er scheint alles mögliche zu sein. Begeistert von Brecht und Weill, singt er »Mackie Messer«

und hämmert die Melodie auf dem Klavier. Das ist allerdings nur kalter Kaffee, dieser deutsche Kabarett-Jazz der zwanziger Jahre, Berlins Antwort auf Schützengrabenkrieg und explodierten Humanismus. Man versuche nur, Eddie auf eine derart verflossene Periode festzunageln! Auf-der-Höhe-der-Zeit-Eddie war stets Avantgarde. Als früher Fan der Beat-Dichter war er der erste, der mir Allen Ginsbergs großartige Zeile zitierte: »Amerika, ich stemme meine schwule Schulter in das Rad.«

Eddie hat mich zu einem empfänglichen Leser Ginsbergs gemacht, von dem ich eine Menge über den Witz gelernt habe. Sie finden es vielleicht seltsam (ich selbst auch), daß ich von Anfang an bei Ginsberg geblieben bin. Aber gestatten Sie mir bitte, Ihnen eine exemplarische Feststellung aus einem seiner letzten Bücher zu bringen, die bedenkenswert und gleichzeitig auch charmant ist. Ginsberg schreibt, daß Walt Whitman mit Edward Carpenter geschlafen hat, dem Verfasser von »Mündigkeit der Liebe«; Carpenter wurde später der Liebhaber des Enkels von einem unserer weniger belichteten Präsidenten, Chester A. Arthur; in sehr hohem Alter wurde Gavin Arthur der Liebhaber eines Homosexuellen in San Francisco, der, als Ginsberg in seinen Armen lag, den Kreis schloß und den Weisen von Camden mit seinem einzigen wahren Nachfolger und Erben in Beziehung brachte. Das Ganze hat ein wenig von Dr. Pangloss' Schilderung, wie er sich mit Syphilis ansteckte.

Ich bitte Sie, dies zu verzeihen, Miss Rose. Es kommt mir so vor, als brauchten wir den denkbar breitesten menschlichen Hintergrund für diese Untersuchung, die Ihre und meine Gefühle vielleicht allzu sehr mitnimmt. Sie sollten wissen, mit wem Sie an jenem Tag gesprochen haben, als sie sich lächelnd – und zitternd – ein Herz faßten, um mir ein Kompliment zu machen – mir, uns, Ihren Segen zu geben. Den ich mit einem üblen Scherz lohnte, der bezeichnenderweise aus der Tiefe meines Wesens kam, jenem Hort seltsamer Formulierungen. Ich hatte den Vorfall schon fast vergessen, als mich Walishs Brief in Kanada erreichte. Dieser Brief – eine seltsame *megillah*, deren Haman ich selber war. Er muß jahrzehntelang mit *ressentiment* über meinen Charakter gegrübelt und sich immer und immer wieder das Profil meiner innersten Seele ausgemalt haben. Er hat eine Liste all meiner Fehler, meiner Sünden zusammengestellt, und die Einzelheiten sind so fein, die Bestandsaufnahme ist so umfangreich, die Zusammenfassung so knapp, daß er sie schon in den Tagen unserer wärmsten und goldensten Freundschaft wütend gesammelt, gespeichert, formuliert und poliert haben muß. Ein derartiges Dokument zu empfangen – bitte stellen Sie sich vor, Miss Rose, wie mir das in einer Zeit zugesetzt hat, da ich mit Gram und schwerem Unrecht fertig werden mußte, meine Frau betrauerte (und, seltsam genug, auch meinen betrügerischen Bruder) und *Edad con Sus Disgracias* erfuhr, entdeckte, daß ich meinen Mittelfinger nicht mehr strecken konnte, Mühe und Leid der siebzig Jahre (die schnell näher kommen) aufrechnete. In unserem Alter, meine Liebe, kann niemand erzürnt oder erstaunt sein, wenn sich Böses offenbart, aber ich frage mich immer wieder: warum sollte Eddie Walish meine Sünden über dreißig und mehr Jahre aufarbeiten wollen und sie mir ins Gesicht schleudern? Das erregt mein brennendes Interesse – so brennend, daß ich deshalb innerlich aufschreie. Diese ganze Komödie überfällt mich nachts mit der Heftigkeit von Geburtswehen. Ich liege im hinteren Schlafzimmer dieser kleinen Kiste von kanadischem Haus, das kaum schalldicht ist, und reiße mich hart am Riemen, daß ich nicht schreie. Die Nachbarn warten ja gerade darauf, um drei Uhr morgens derartige Töne zu hören! Und in British Columbia gibt es keine Menschenseele, mit der ich das besprechen könnte. Meine einzige Bekannte ist

Mrs. Gracewell, die alte Frau (sie ist sehr alt), die sich mit okkultistischer Literatur beschäftigt, und ich kann sie nicht mit einem völlig anderen Erfahrungsbereich behelligen. Unsere Gespräche sind rein theoretisch. *Eine* nützliche Bemerkung hat sie jedoch gemacht, und zwar: »Das niedere Ich war es, worauf sich der Psalmist bezog, als er schrieb: ›Ich bin ein Wurm und kein Mensch.‹ Das höhere Ich zu beobachten, ist nur wenigen Menschen gegeben. Das ist auch der Grund, warum die Menschen so wenig freundlich voneinander sprechen.«

Mehr als einmal hat Walishs Dokument (seine Denunziation) bei Ginsbergs Gedichten und Prosa Anleihen gemacht, so daß ich schließlich eine Bestellung an den City Lights Verlag in San Francisco geschickt und seitdem viele Abende damit verbracht habe, mich mit Büchern von ihm zu beschäftigen, die mir entgangen waren – er veröffentlicht so viele winzig kleine. Ginsberg setzt sich ein für echtes Zartgefühl und völlige Aufrichtigkeit. Wirkliche Aufrichtigkeit bedeutet aber auch exkrementale und genitale Genauigkeit. Was Ginsberg im Sinn hat, ist die Wärme einer ungebunden kopulierenden, männlich, weiblich, kameradschaftlich »freizügigen« Menschlichkeit, die nicht versäumt zu beten und zu meditieren. Er spricht mit Abscheu von der »Plastik-Kultur«, die er ein wenig zwanghaft mit dem CIA verbindet. Aber außer dem CIA gibt es andere Spionagezentren, die mit Exxon, Mobil- und Standard Oil of California, dem undurchsichtigen Occidental Petroleum und seinen Verbindungen zum Kreml verknüpft sind (das *ist* unleugbar ein gespenstischer Gedanke). Superkapitalismus und seine krebserregende petrochemische Technologie sind durch James Jesus Angleton, einen hochgestellten Vertreter des Geheimdienst-Klüngels, mit T. S. Eliot verknüpft, einem seiner Kumpane. Angleton, in seiner Jugend Herausgeber einer Literaturzeitschrift, verfolgte das erklärte Ziel, die Kultur des Westens gegen die »Stalinisten sozusagen« neu zu beleben. T. S. Eliots Geist, auf dem Schnabel eines Schiffes irgendwo in den Gewässern des Todes von Ginsberg interviewt, gibt zu, kleine Spionageaufträge für Angleton ausgeführt zu haben. Gegen sie, diese Kinder der Finsternis, bringt Ginsberg die Gurus ins Feld, die bärtigen Meditierenden, die auf Blake und Whitman eingeschworenen Dichter, die »heiligen Spukgestalten«, die lyrischen, unverbildeten Homos, deren kleine Gruppen die Geheimpolizei auf ihren Computern verfolgt, mit Provokateuren infiltriert und mit Heroin zu korrumpieren sucht. Diese psychopathische Vision, so bewegend, weil es, realistisch gesehen, so viel zu fürchten gibt, und auch wegen des Hungers nach dem Guten, der sich darin spiegelt, eine irre Verteidigung der Schönheit, schätze ich höher ein als mein Ankläger Walish. Ich verstehe sie wirklich. Über Ginsbergs sexuelles Feuerwerk zum 4. Juli kann ich nur lachen. Aber dann grübele ich teilnahmsvoll über seinen Obsessionen, während ich den Schnurrbart mit den Fingernägeln nach unten kämme und mein Blick sich schärft, als ich versuche, ihn zu begreifen. Ich bin ein eher unvoreingenommener Ginsberg-Bewunderer als Eddie. Eddie naht sich dem Tisch gewissermaßen mit dem Rechen des Croupiers. Er arbeitet fürs Haus. Er schöpft von der Dichtung die Sahne ab.

Eins von Walishs ewigen Problemen war die Tatsache, daß er ausgesprochen jüdisch aussah. Gewisse Leute wurden dadurch mißtrauisch und begegneten ihm mit grundloser Feindseligkeit, weil sie argwöhnten, er versuche als waschechter Amerikaner zu gelten. Manchmal sagten sie, als entdeckten sie gerade, wieviel Wucht ihnen ihre Unverschämtheit verlieh (Wucht ist stets willkommen) »Wie war der Name, bevor Sie sich Walish nannten« – eine Frage, die Juden häufig zu hören bekommen. Seine Eltern stammten tatsächlich von nordirischen Protestanten ab; der Mädchenname seiner Mutter war Ballard. Er unterschreibt mit Edward Ballard Walish. Er tat so, als mache ihm das nichts aus. Eine Kostprobe von Verfolgung machte ihn judenfreundlich – das behauptete er jedenfalls. Über seine Freundschaft unkritisch entzückt, zog ich vor, ihm zu glauben.

Es stellt sich nun heraus, daß Walish nach jahrelangem heimlichem Schwanken zu dem Schluß gelangte, daß ich ein Dummkopf war. Und zwar verlor er die Geduld mit mir, und seine Zuneigung verwandelte sich in Gehässigkeit, als die Öffentlichkeit begann, mich ernst zu nehmen. Schuld daran waren meine Fernsehprogramme über die Geschichte der Musik. Ich kann mir das vorstellen – Walish in einem schmutzigen wollenen Schlafrock vor dem Fernsehschirm, einen Ellbogen in die Hand gestützt, an einer Zigarette ziehend und mich verwünschend, während ich mich über Haydns letzte Tage auslasse oder über Mozart und Salieri und Themen auf dem Spinett entwickele: »Superstar! Was für ein beschissener Idiot!« – »Mein Gott! Wie aufgelegt, dieser Quatsch!!« – »Huckleberry Finten!«

Mein eigener Name, Shawmut, war offenbar verballhornt worden. Diese Verballhornung war, lange Jahre bevor mein Vater in Amerika landete, von seinem Bruder Pinye gekommen – demjenigen, der ein Pincenez trug und für Scholem Secunda Noten kopierte. Die Familie muß Shammes geheißen haben, oder noch degradierender: Untershammes. Der *Untershammes*, der niedrigste der niedrigen in der Synagoge der Alten Welt, war ein gewissermaßen nichtsnutziger, unfähiger Mensch und Schmarotzer mit struppigem Bart, mit komischen Leiden wie einem überdimensionalen Bruch oder mit Krätze geschlagen, der Ärmste unter den Armen. *»Orm«*, wie mein Vater zu sagen pflegte, *»auf steifleinwend«*. *»Steifleinwend«* war das Material aus Steifleinen und Roßhaar, das die Schneider ins Futter eines Jacketts einarbeiteten, um ihm »Fasson« zu geben. Es gab nichts Billigeres. »Er war so arm, daß er das Zeug von Schneiderpuppen trug.« Billiger als ein Leichentuch. Aber dann stellt sich heraus, daß Shawmut in Amerika der Name einer Bankenkette in Massachusetts ist. Was sagt man *dazu*? Sie haben vielleicht charmante, reizvolle, sentimentale Dinge über die jiddische Sprache gehört, aber Jiddisch ist eine *harte* Sprache, Miss Rose. Jiddisch ist streng und schlägt gnadenlos zu. Ja, es ist oft zart, lieblich, aber es kann auch explosiv sein. »Ein Gesicht wie 'ne Kloschüssel.« »Ein Gesicht wie ein Eimer Schweinefraß.« (Schweine-Konnotationen verleihen jiddischen Epitheta besondere Wucht.) Falls es einen Schöpfer gibt, der mich zu zügellosem Gerede verführt, dann hat er sich vielleicht durch diese leidenschaftliche, schonungslose Sprache zu mir hingezogen gefühlt.

Während ich Ihnen das erzähle, glaube ich, daß Sie mir bereitwillig folgen, und ich empfinde die größte Zuneigung zu Ihnen. Ich bin in Vancouver sehr allein, aber auch das ist meine eigene Schuld. Als ich ankam, wurde ich zu einer Party von örtlichen Musikern eingeladen, ich gefiel ihnen aber nicht. Sie stellten mich auf die kanadische Probe für Besucher aus den USA: War ich ein Reagan-Fan? Das konnte ich nicht sein, aber die Schlüsselfrage war, ob El Salvador nicht zu einem zweiten Vietnam werden könnte, und ich verscherzte es sofort mit der Hälfte der Anwesenden durch meine Antwort: »Nichts dergleichen. Die Nordvietnamesen sind kampferprobte Soldaten mit einer jahrhundertelangen militärischen Tradition – wirklich harte Burschen. Salvadoraner sind indianische Bauern.« Warum konnte ich denn nicht die Schnauze halten? Was kümmert mich Vietnam? Zwei oder drei gleichgesinnte Gäste blieben, und die habe ich folgendermaßen verjagt: Ein Professor der Universität von British Columbia erklärte, er glaube mit Alexander Pope an die letztendliche Unwirklichkeit des Bösen. Von der höchsten Warte der Metaphysik aus betrachtet. Einem rationalen Verstand stieße in Wirklichkeit niemals etwas Böses zu. Er redete edlen Quatsch. Gewäsch! dachte ich. Ich sagte: »Ach ja? Glauben Sie, daß jede Gaskammer ihren Silberstreifen hat?«

Das hat gereicht, und nun mache ich meine täglichen Spaziergänge allein.

Es ist sehr schön hier, mit Schneebergen und stillen Häfen, die Hafenkapazität soll begrenzt sein, und die Frachtschiffe müssen warten (zu einem täglichen Tarif von 10 000 Dollar). Sie vor Anker zu sehen, ist erfreulich. Sie lassen an *Invitation au voyage* denken und auch an *Irgendwo, irgendwo, nicht von dieser Welt!* Aber was für eine saubere und zivilisierte Stadt dies ist, mit ihren klaren nördlichen Gewässern, und dahinter das Gefühl von einer unbegrenzten Wildnis, die beginnt, wo die Wälder anfangen, sich dann nach Norden über Millionen Quadratmeilen erstrecken und erst an den Eisbarren um den Pol aufhören.

Provinzakademiker haben an meiner Verschrobenheit Anstoß genommen. Jammerschade.

Damit es aber nicht so aussieht, als ob nur immer ich austeilte, lassen Sie mich Ihnen sagen, Miss Rose, daß ich oft etwas einstecken mußte und von Virtuosen fertiggemacht worden bin, die mir in dieser Sparte überlegen waren. Der verstorbene Kippenberg, Fürst der Musikwissenschaftler, hat mich, als wir zu einer Konferenz in der Villa Serbelloni am Comer See waren, eines Abends in seine Gemächer eingeladen; ich sollte ihm vorab aus meinem Referat vortragen. Na schön, er hatte mich nicht eigentlich eingeladen. Ich war darauf erpicht. Der Vorschlag kam von mir, und er brachte es nicht übers Herz, abzulehnen. Er war ein riesiger Mann, der einen Abendanzug aus Samt trug, ein fülliges Kleidungsstück von gelblich-grüner Farbe, auf das sein großer, bleicher, kluger Kopf wie von einem Ladebaum aufgesetzt schien. Obwohl er an zwei Stöcken ging, eine Art *diable boiteux*, war niemand schneller mit dem Wort als er. Er hatte *das* große Werk über Rossini geschrieben; und Rossini seinerseits hatte unsterbliche Bonmots von sich gegeben (wie z. B. das über Wagner: *»Il a de beaux moments, mais de mauvais quarts d'heure«*). Man muß sich auch die Suite dazu denken, die Kippenberg in der Villa bewohnte: Zimmer im Stil des 18. Jahrhunderts, Taftsofas, Brokate, kühle Statuen, warme Seidenlampen. Die Bediensteten hatten bereits die Fensterläden für die Nacht geschlossen; der Wohnraum war daher sehr stickig. Jedenfalls las ich dem welterfahrenen und gelehrten, ganz in Grün ausstaffierten Kippenberg vor, dessen breiter Mund angenehm geformt war. Außerdem hatte der Mann komische Augen, die seitlich am Kopf saßen, als wolle er nach beiden Seiten zugleich blicken, und Augenbrauen wie Raupen vom Baum der Erkenntnis. Während ich las, begann er zu nicken. Ich sagte: »Ich fürchte, ich schläfere Sie ein, Herr Professor.« – »Nein, nein, ganz im Gegenteil, Sie halten mich wach«, sagte er. Das war – dazu auf meine Kosten – genial, und es war ein Privileg, es provoziert zu haben. Er hatte mit seinen beiden Stöcken ausladend dagesessen, als wäre er auf einem Hang und glitte auf Skiern in tiefen Schlaf. Aber selbst am Rand, schon im Verlöschen, konnte der einzigartige Schatz seiner Gedanken noch blenden. Ich wäre für eine derart geniale Abfuhr um die Welt gereist.

Lassen Sie mich jedoch einen Augenblick auf Walish zurückkommen. Die Walishs wohnten in einem kleinen Landhaus, das dem College gehörte. Es lag unten im Wald, der in dieser Jahreszeit staubig war. Sie erinnern sich in Florida vielleicht noch daran, wie die Wälder in Neuengland in einem trockenen Herbst aussehen – Pollen, Holzrauch, verrottete und mehlige Blätter, Spinnweben, vielleicht der Flügelstaub toter Falter. Wenn wir zu den steinernen Torpfeilern der Walishs kamen und dort Flaschen fanden, die der Milchmann hingestellt hatte, dann packten wir sie am Hals und schleuderten sie schreiend in die Büsche. Die Milch war für Peg Walish bestellt worden, die schwanger war, aber das Gesöff verabscheute und es sowieso nicht trinken würde. Peg stand gesellschaftlich über ihrem Mann. Das konnte in jenen Tagen jeder; Walish hatte nur noch Neger und Juden unter sich und wegen seines jüdischen Aussehens nicht einmal die Sicherheit dieses Vorteils. Daher gab ihm sein Bohèmetum Kraft. Mrs. Walish gefiel der Bohème-Stil ihres Mannes; so sagte sie jedenfalls. Mein Pergolesi und Haydn machten mich für sie weniger anstößig, als ich ihr sonst vielleicht gewesen wäre. Zudem war ich für ihren Mann ein anregender Gefährte. Glauben Sie mir, er hatte anregende Gesellschaft nötig. Er war deprimiert, seine Frau war beunruhigt. Wenn sie mich anblickte, sah ich das Notsignal in ihren Augen.

Wie Alice im Wunderland, nachdem sie die TRINK-MICH-Flasche geleert hatte, war Peg sehr groß; knochig, aber zart gebaut ähnelte sie einem Stummfilmstar namens Colleen Moore, einer rundäugigen Naiven mit Ponies. Im vierten Monat schwanger, arbeitete Peg noch immer im Warenhaus Filene; und Eddie, der sich weigerte, morgens aufzustehen und sie zum Bahnhof zu fahren, verbrachte lange Tage im Bett unter der verschossenen Patchwork-Steppdecke. Wenn Rosa als Farbe nicht frisch und lebhaft ist, kann es verzweifelt wirken. Das Rosa von Walishs Steppdecke ging mir zu Herzen, wenn ich ihn besuchen kam. Das kleine Landhaus war mit walnußfarbenen Brettern getäfelt, die Zimmer hatten keine Sonne, die Küche vor allem war düster. Ich fand ihn im oberen Stock schlafend, den Unterkiefer vorgeschoben und die jüdischen

Lippen aufgeworfen. Er wirkte dadurch brutal und zugleich auch unschuldig. Im Schlaf ging ihm das Selbstvertrauen verloren, in das er so viel Mühe investierte. Nicht viele von uns sind hellwach, aber Walish setzte seinen besonderen Stolz darein, auf Draht zu sein. Sich von niemandem zum Narren halten zu lassen, war sein oberster Grundsatz. Aber im Schlaf sah er nicht klug aus.

Ich weckte ihn. Er war verlegen. Er war schließlich doch nicht der vollendete Bohemien. Seine Schlaftrunkenheit spät am Tag setzte ihm zu, und er murrte, als er die dünnen Beine aus dem Bett steckte. Wir gingen in die Küche und begannen zu trinken.

Peg drang immer wieder darauf, daß er einen Psychiater in Providence konsultieren solle. Eine Zeitlang verschwieg er es mir, gab dann schließlich zu, daß er eine Überholung brauche, geringfügige innere Regulierungen. Das Vaterwerden setzte ihm zu. Seine Frau gebar schließlich Zwillingsjungen. Diese Tatsachen sind trivial, und ich empfinde ihre Bekanntgabe nicht als Vertrauensbruch.

Übrigens bin ich ihm nichts schuldig. Sein Brief hat mich fürchterlich bestürzt. Was hat er sich für eine Zeit ausgesucht, um ihn zu schicken! Fünfunddreißig Jahre ohne ein böses Wort. Er gesteht mir zu, daß ich auf seine Zuneigung zählen kann. Dann reibt er's mir hin. Wann vernichtet man einen Freund, wann reicht man ihm den Giftbecher? Nicht solange er noch jung genug ist, um es zu verwinden. Walish hat ganz bis zum Ende gewartet – *meinem* Ende, selbstverständlich. *Er* sei noch jugendlich, schreibt er mir. Ein Zeichen dafür ist die Tatsache, daß er weit weg in Missouri jungen Lesbierinnen echtes Interesse entgegenbringt; er allein kennt ihr innerstes Herz, und sie gestatten ihm, sie zu lieben – Walish als einzige männliche Ausnahme. Wie der Forscher McGovern, der verkleidet nach Lhasa kam – der einzige Mensch aus dem Westen, der in die heiligen Bezirke vordrang. Sie trauen nur der Jugend, sie trauen ihm – also steht fest, daß er nicht alt sein kann.

Dieses Dokument von ihm reißt mich vollkommen in Stücke. Und ich gebe zu, objektiv gesehen ist mein Charakter kein großer Erfolg. Ich bin unaufmerksam, geistig träge, ich klinke mich aus. Ich hätte versucht, diese meine Indolenz günstig erscheinen zu lassen, behauptet er. Zum Beispiel würde ich nie die Rechnung eines Kellners nachprüfen; ich hätte mich geweigert, selbst meine Steuererklärung zu machen, ich sei zu »weltfremd« gewesen, um meine eigenen Kapitalanlagen zu verwalten und hätte dafür Fachleute (sprich: Gauner) angeheuert. Der realistische Walish war sich nicht zu fein, um winzige Beträge zu feilschen; es ging ums Prinzip, das zählte, wie die Ehre bei Shakespeares großen Soldaten. Als die Kreditkarten in Gebrauch kamen, berechnete Walish Zinsen und Gebühren bis zur vierten Dezimalstelle; darauf schnitt er Pegs Karten in Stücke und warf sie in den Müllschlucker. Jedes Jahr kriegte er sich mit den Finanzbeamten in die Haare – sowohl mit denen des Bundes wie des einzelnen Staates. Niemand sollte Eddie Walish übervorteilen. Durch solch eine Härte zog er gleich mit den geizigen Reichen – mit dem ersten Rockefeller, der nie mehr als ein Zehncentstück als Trinkgeld gab, oder dem Milliardär Getty, in dessen Villa die Wochenendgäste gezwungen waren, Münzfernsprecher zu benutzen. Walish war nicht kleinlich, sondern hart, streng und verschlossener als ein Krötenarsch. Das war nicht einfach elementarer Kapitalismus. Insoweit als Walish Brechtanhänger war, war es auch leninistische oder stalinistische Härte. Und wenn ich mit Geld versponnen umging oder umzugehen schien, dann war das möglicherweise »eine halb unbewußte Strategie«, sagte er. Meinte er damit, daß ich versuchte, mich als Jude zu profilieren, der den »schmutzigen Mammon« verachtete? Wünschte ich, als einer von denen zu gelten, die mir überlegen waren? Mit anderen Worten: Hang zur Assimilation? Allerdings habe ich niemals anerkannt, daß Antisemiten jeglicher Schattierung mir überlegen waren.

Ich habe nicht versucht, zerstreut großkotzig mit meinen Geldern umzugehen. Tatsächlich, Miss Rose, ich war dem einfach nicht gewachsen. Meine Unfähigkeit, mit Geld umzugehen, war Teil des gleichen hysterischen Syndroms, das mich dauernd ins Fettnäpfchen treten ließ. Ich habe wirklich darunter gelitten und leide immer noch. Der Walish von heute hat vergessen, wie er zum Psychiater ging, um davon geheilt zu werden, daß er täglich achtzehn Stunden hintereinander schlief, und ich ihm sagte, wie gut ich sein Problem verstünde. Um ihn zu trösten erzählte ich ihm: »An einem guten Tag kann ich etwa eine halbe Stunde ganz da sein, dann fange ich an nachzulassen, und jeder kann mich übervorteilen.« Ich sprach von dem Traumzustand oder dem Zustand einer vagen Turbulenz, in der sich die meisten von uns bis auf vereinzelte Augenblicke der Klarheit befinden. Aber es wäre mir nie eingefallen, daraus eine Strategie zu machen. Ich habe Ihnen schon früher gesagt, daß es mir einst als zweckmäßig und notwendig erschien, ein falsches Ich zu haben, aber daß ich das bald wieder aufgegeben habe. Dagegen ist Walish der Auffassung, daß jeder gewitzte moderne Mann seine eigene avantgardistische Erfindung ist. Avantgarde sein bedeutet, daß man an sich selbst herumbastelt, ein persönliches Projekt verfolgt, welches schauspielerische Routine erfordert – kurz gesagt, eine Schau abzieht. Aber was für eine Schau war es denn, daß ich einem nahen Verwandten vertraute, der sich als Betrüger entpuppte, oder mich von meiner verstorbenen Frau überreden ließ, ihrem jüngsten Bruder meine juristischen Probleme zu übertragen? Es war der Schwager, der mich geschafft hat.

Wo andere lediglich gewissenlos und verbrecherisch waren, war er außerdem noch plemplem. Geduld, darauf komme ich noch zu sprechen.

Walish schreibt: »Ich fand es an der Zeit, daß Du weißt, wie Du wirklich warst«, und macht mich dann auf eine Weise fertig, wie es nur wenigen Männern widerfährt. Ich beschimpfte und verleumdete alle, ich könnte es nicht vertragen, daß Leute selbst etwas zum Ausdruck brächten (das hat ihn besonders gereizt; er erwähnt es mehrere Male), sondern legte ihnen Worte in den Mund, beendete ihre Sätze für sie, so daß sie vergäßen, was sie eigentlich hätten sagen wollen (lieferte ihnen die Plattheiten, nach denen sie rängen). Ich sei, sagt er, »ein wandelndes Warenlager mittelständischer Ersatzteile«, soll heißen, daß ich massenweise jene belanglosen und in Wirklichkeit unsinnigen Informationen auf Lager hätte, die die hassenswerte soziale Maschine auf den gähnenden Abgrund zu ticken ließen und so weiter. Und meine hehre Verehrung der Musik sei lediglich eine Tarnung gewesen. Der wahre Shawmut sei ein schlauer Promoter gewesen, dessen *Einführung ins Verständnis der Musik* von hundert Colleges übernommen worden sei (»was ja nicht von selbst geschieht«) und ihm eine Million an Tantiemen eingebracht hätte. Er vergleicht mich mit Kissinger, einem Juden, der im Establishment stark geworden ist, obwohl er keine politische Basis oder Anhängerschaft hatte, aber durch die geniale Werbung zum Erfolg gelangte, indem er sich als Prominenten verkaufte ... Unmöglich für Walish, die Stärke eines Charakters zu begreifen, selbst die körperliche, biologische Kraft, die eine derartige Leistung erfordern würde; zu begreifen (sein zottiges Ohr im Kissen versunken und seine kleine Gestalt dreifach geknickt wie eine kleine Feuerleiter, unter Schwaden von rosa Steppdecken), wie schwer es für einen gebildeten Mann ist, eine Position der Stärke unter halbgebildeten Politikern zu ergattern.

Nein, der Vergleich ist weit hergeholt. Die Musik des 18. Jahrhunderts im Fernsehen zu erklären, ist nicht ganz das gleiche, wie die Außenpolitik der Vereinigten Staaten zu übernehmen und mit den Säufern und Lügnern im Kongreß oder der Exekutive fertig zu werden.

Ein ehrlicher Jude? Das wäre Ginsberg der Bekenner. Ginsberg, der keine Tatsachen verschleiert, findet bei Judenhassern Anklang, weil er alles, was sie den Juden in ihren pathologischen Phantasien anhängen, noch übertreibt. Er bringt sie, wie mir scheint, mit irrer Arglosigkeit auf Touren, mit seinen realen Träumen, daß er den After von jemand auf dem Sandwich hat, oder mit seinen Gedichten, daß er sich selbst einen Dildo reinsteckt. Dieser grundsätzlich materialistische Erotizismus ist für den Amerikaner sehr reizvoll – ein Beweis von Aufrichtigkeit und Authentizität. Auf dieser Ebene sagen sie dann, daß sie sich mit einem »auf die gleiche Stufe stellen«, obgleich die Verformungen und Obszönitäten, die sich zeigen, natürlich einem anderen angehängt werden müssen, einem entsprechend aussehenden Schwulen oder exotischen Drogenhomo. Wenn sie dir sagen, daß sie »ehrlich sind«, dann kannst du gleich einpacken: Das ist mein Rat.

Ich hingegen sehe etwas anderes in Ginsberg. Gewiß, er spielt die traditionelle jüdische Rolle mit dieser komischen Selbsterniedrigung, so wie sie seinerzeit im alten Rom gespielt wurde, und vermutlich schon früher. Aber da gibt es noch etwas anderes, gleichermaßen Traditionelles. Unter dieser ganzen, alles enthüllenden Offenheit (oder verstärkten Selbstkasteiung) liegt eine Reinheit des Herzens. Als amerikanischer Jude muß er sich auch für die Demokratie erklären und sie rechtfertigen. Den Vereinigten Staaten ist es bestimmt, eine der großen Errungenschaften der Menschheit zu werden, eine Nation aus vielen Nationen (nicht zuletzt auch aus der schwulen Nation: wie kann irgend jemand davon ausgeschlossen sein?). Die USA sollen selbst die größte aller Dichtungen sein, wie Whitman prophezeite. Und der einzige authentische lebende Vertreter des amerikanischen Transzendentalismus ist dieser fettbrüstige, kahle, bärtige Homosexuelle mit verschmierter Brille, unschuldig in seiner Unreinlichkeit. Reinheit aus Fäulnis, Miss Rose. Der Mann ist ein jüdischer Mikrokosmos dieser Midas-Erde, deren begrabene Leichen goldene Früchte hervorbringen. Das ist mitnichten ein Jude, der nach Israel zieht, um sich mit Leviticus zu schlagen und die Homosexualität zu rechtfertigen. Er ist ein gläubiger schwuler Buddhist in Amerika, dem Land seiner Geburt. Der petrochemische kapitalistische Feind (ein Feind, der sexuelle und religiöse Erlösung braucht) ist genau hier zu Hause. Wer könnte einen solchen Spaßvogel nicht lieben? Übrigens wurden Ginsberg und ich unter dem selben Sternzeichen geboren, wir hatten beide verrückte Mütter und neigen beide zu begeisterten Ausbrüchen. Ich weigere mich allerdings, das erotische Leben überzubewerten. Ich glaube nicht, daß der Pfad der Wahrheit durch alle die Bereiche der Masturbation und Sodomie führen muß. Er ist konsequent; es ehrt ihn, daß er bis zum Ende geht, was man von mir nicht sagen kann. Von uns beiden ist er amerikanischer. *Er* ist Mitglied der amerikanischen Akademie für Kunst und Literatur – ich bin nicht einmal als Anwärter vorgeschlagen worden –, und obwohl er angedeutet hat, daß einige unserer Präsidenten der letzten Jahre Rauschgift genommen haben, ist er nie aufgefordert worden, seine Nationalpreise und Medaillen zurückzugeben. Je mehr er sie verunglimpft (hat Präsident Johnson LSD genommen?), desto mehr Medaillen heimst er wahrscheinlich ein. Daher muß ich zugeben, daß er dem amerikanischen Wesen nähersteht als ich. Ich sehe nicht einmal aus wie ein Amerikaner. (Ginsberg übrigens auch nicht.) Hammond, im Staat Indiana, ist mein Geburtsort (kurz vor der

Prohibition hatte mein alter Herr dort eine Kneipe), aber ich hätte auch direkt aus Kiew kommen können. Ich habe ganz sicher nicht die Statur eines Mannes aus Indiana – ich bin groß, aber ich habe einen krummen Rücken, mein Hintern sitzt höher als bei anderen Menschen, ich habe stets das Gefühl gehabt, daß meine Beine unverhältnismäßig lang sind: man brauchte einen Ingenieur, um die Dynamik auszutüfteln. Abgesehen von Negern und Hillbillies wird Hammond vorwiegend von Ausländern bewohnt; es gibt dort eine Unmenge Ukrainer und Finnen. Die sehen jedoch absolut amerikanisch aus, während ich den meinen ähnliche Gesichtszüge in der russischen Kirchenkunst erkenne – gedrungene Gesichter, kleine, runde Augen, gewölbte Augenbrauen und die Kahlköpfe der Ikonen. Und in äußerst heiklen Situationen, in denen hervorragende amerikanische Eigenschaften des Handelns gefordert sind wie Umsicht und Diskretion, verliere ich stets die Kontrolle und bin, wie die Araber sagen, eine Geisel meiner Zunge.

Das Vorangegangene war Spielerei – womit ich sagen will, daß ich einer strikten Prüfung ausgewichen bin, Miss Rose. Wir müssen dem Gegenstand mehr zu Leibe rücken. Ich muß mich bei Ihnen entschuldigen, aber hier ist auch ein Mysterium (vielleicht ein Karma, wie die alte Miss Gracewell andeutet), das nach Aufklärung schreit. Warum sagt man so etwas, was ich zu Ihnen gesagt habe? Nun ja, das ist so, als würde ein Mann an einem schönen Tag außer Haus gehen – einem so schönen Tag, daß es ihn unerklärlicherweise dazu drängte, etwas zu *tun*, eine angemessene Tat zu vollbringen –, andernfalls würde er sich wie ein Invalide im Rollstuhl am Meeresstrand fühlen, ein Genesungssuchender, dem die Schwester sagt: »Setzen Sie sich hier hin und schauen Sie sich die Kräuselwellen an.«

Meine verstorbene Frau war ein sanftes, schlankes Geschöpf, ziemlich klein, mittelalterlich schmal gebaut. Sie hatte so eine Art, die Handflächen unter dem Kinn zu verschränken, wenn ich sie aufregte, als wolle sie für mich beten, und ihre rosige Farbe vertiefte sich zu Rot. Sie litt unendlich unter meinen Anfällen und nahm es auf sich, für mich Genugtuung zu leisten, indem sie meinen Ruf schützte und den Leuten einredete, daß ich es nicht böse gemeint hätte. Sie war brünett, und ihr Teint war frisch, ob sie aber ihre Gesichtsfarbe ihrer Gesundheit oder ihrer Reizbarkeit verdankte, war eine offene Frage. Ihre Augen traten ein wenig vor, aber das wirkte nicht entstellend; was mich anbelangt, so war das einer ihrer Reize. Sie war von Geburt Österreicherin (Graz, nicht Wien), Flüchtling. Ich habe mich nie zu Frauen meiner eigenen Statur hingezogen gefühlt – zwei hochgewachsene Menschen würden zusammen für einen unbegreiflichen Wirrwarr sorgen. Ich zog es auch vor, mir zu suchen, was ich wollte. Als Schüler haben mich die Lehrerinnen sexuell nicht interessiert. Ich habe mich in das kleinste Mädchen der Klasse verliebt, und ich bin bei meiner ersten Vorliebe geblieben, als ich eine schlanke van-der-Weyden- oder Lucas-Cranach-Frau geheiratet habe. Die rosige Farbe war nicht auf ihr Gesicht beschränkt. Ihre Hautfarbe hatte etwas nicht eigentlich Zeitgenössisches und ihre Vorstellung von Grazie ging auch auf ein früheres Zeitalter zurück. Sie hatte etwas Wippendes an sich; ihre Gestalt wippte, wenn sie ging, ihre Hände wippten im Handgelenk, wenn sie kochte. Beim Essen wippte sie, nickte aufmerksam mit dem Kopf, wenn man ihr etwas Wichtiges mitzuteilen hatte, und öffnete dabei ein wenig den Mund, als ob sie um bessere Verständlichkeit ersuchen wollte. In grundsätzlichen Fragen, wie irrational sie auch sein mochten, war sie unnachgiebig und stur. Der Tod hat Gerda aus dem Verkehr gezogen, und sie ist eingewickelt und für immer weggeräumt worden. Kein gerade gewachsener, rosig überhauchter Körper, keine rosigen Brüste mehr, auch keine blauen vorstehenden Augen.

Was ich im Vorbeigehen vor der Bibliothek zu Ihnen gesagt habe, hätte sie entsetzt. Sie nahm sich zu Herzen, daß ich Leute erzürnte. Hier ist ein Beispiel: Dies ist Jahre später passiert, an einer anderen Universität (einer richtigen) und an einem Abend, als Gerda ein Essen für eine große Gruppe von Universitätslehrern gab – alle drei Ausziehplatten in unserem skandinavischen Kirschholztisch waren eingesetzt. Ich wußte nicht einmal, wer unsere Gäste waren. Nach dem Hauptgang wurde ein gewisser Professor Schultheiss erwähnt. Schultheiss war einer von diesen aufgeblasenen Alleswissern, die jeden auf die Palme brachten. Ob es nun um chinesische Küche ging oder Teilchenphysik oder die Beziehungen zwischen der Bantu- und der Suahelisprache (falls es die überhaupt gibt) oder warum Lord Nelson so von William Backford angetan war oder die Zukunft der Informatik – man konnte ihn nicht einmal so lange unterbrechen, um sich darüber zu beschweren, daß er einen nicht zu Wort kommen ließ. Er war ein großer bärtiger Mann mit einem jedem Angriff Widerstand bietenden Bauch und Fingern, deren Spitzen sich aufstülpten; und wenn ich ein Karikaturist gewesen wäre, hätte ich ihn beim Jodeln gezeichnet, mit schwarzem Bart und aufgestülpten Fingerspitzen. Einer der Gäste sagte zu mir, daß Schultheiss sich große Sorgen mache, weil niemand genug Gelehrsamkeit besitze, um ihm bei seinem Tode einen würdigen Nachruf zu schreiben. »Ich weiß nicht, ob ich qualifiziert bin«, sagte ich, »aber ich würde es mit Freuden tun, wenn ihn das beruhigen könnte.« Mrs. Schultheiss, die wegen Gerdas Tischblumen meiner Sicht entzogen war, bekam gerade das Dessert serviert. Ob sie mich tatsächlich gehört hatte, war unwichtig, denn fünf oder sechs Gäste wiederholten ihr eiligst, was ich gesagt hatte, und ich sah, wie sie die Blumen beiseite schob, um mich anzuschauen.

In der Nacht versuchte ich Gerda zu überzeugen, daß kein wirklicher Schaden entstanden war. Anna Schultheiss war nicht leicht zu verletzen. Sie und ihr Mann waren dauernd zerstritten – warum war sie wohl ohne ihn gekommen? Zudem war es schwer auszumachen, was sie dachte und fühlte; einige ihrer »Teilchen« (eine Anspielung auf Schultheiss' Wissen auf dem Gebiet der Teilchenphysik) waren ganz bestimmt nicht am richtigen Platz. Eine solche Bemerkung machte die Sache nur noch schlimmer. Gerda sagte das mir nicht, sondern sie lag nur steif auf ihrer Seite des Bettes. Sie war auf dem Gebiet gestörten Atems während der Nacht eine vollendete Künstlerin; und wenn sie schwer seufzte, war an Schlaf nicht zu denken. Ich gab mich der gleichen Starre hin und litt mit ihr. Nach einem Ehebruch – der mich selten lockte – hätte ich mich nicht schuldiger fühlen können. Während ich meinen Morgenkaffee trank, rief Gerda Anna Schultheiss an und verabredete sich mit ihr zum Lunch. Später in der Woche gingen die beiden zusammen in ein Symphoniekonzert. Noch vor Monatsende spielten wir Babysitter für die Schultheissens in ihrem schmutzigen kleinen Haus von der Universität, das sie in einen wahren Kehrrichthaufen des Steinzeitalters verwandelt hatten. Als dieser Zustand von Versöhnung erreicht war, fühlte Gerda sich besser. Ich fand dagegen, daß ein Mann, der sich derartige Scherze erlaubte, auch die Stirn haben sollte, dazu zu stehen, und nicht, sobald die Worte gesprochen waren, ein Opfer seines Gewissens zu werden. Er sollte die Dinge meistern wie der souveräne Kippenberg. Aber wie dem auch sei: wer war der wahre Shawmut, der Mann, der verletzende Witze machte, oder der andere, der Ehemann einer Frau, die es nicht ertragen konnte, daß jemand durch seine Kränkungen verletzt wurde?

Sie werden fragen: Fühlten Sie sich bei einer Frau, die bis zum letzten zu kämpfen bereit war, um Sie vor der Rachsucht der beleidigten Parteien zu bewahren, nicht auf perverse Weise in Versuchung, Ärger zu stiften, nur um die Räder ins Rollen zu bringen? Die Antwort ist: nein; und der Grund ist nicht nur, daß ich Gerda liebte (meine Liebe wurde schrecklich bestätigt durch ihren Tod), sondern auch, daß ich das, was ich sagte, um der Kunst willen sagte; das heißt, ohne Perversität oder Bosheit; auch nicht, daß die Bosheit wie Alkohol auf mich gewirkt und ich mich an Niedertracht berauscht hätte. Das weise ich zurück. Ja, eine Herausforderung muß vorliegen. Was jedoch geschieht, wenn ich herausgefordert bin, geschieht, weil sich die Erde unter meinen Füßen aufbäumt, und dann bekomme ich gleichzeitig aus den entgegengesetzten Himmelsrichtungen einen Schlag auf beide Ohren. Ich bin ertaubt, und ich muß den Mund öffnen. Gerda versuchte in ihrer Einfalt, die üble Wirkung der hervorbrechenden Worte zu neutralisieren, und ersann Pläne, um die Freundschaft von allerlei untauglichen Leuten wiederzugewinnen, denen wesentliche »Teilchen« fehlten und die Fähigkeit zur Freundschaft ebenso abging wie das Interesse daran. Solchen Leuten schickte sie Azaleen, Begonien, Schnittblumen; sie führte ihre Frauen zum Lunch aus. Sie kam nach Hause und erzählte mir ernsthaft, wieviele faszinierende Dinge sie über sie erfahren hätte, wie schlecht bezahlt ihre Ehemänner seien oder daß sie kranke Eltern hätten oder Wahnsinn in der Familie oder fünfzehnjährige Kinder, die in Häuser einbrachen oder heroinsüchtig waren.

Ich habe nie etwas Boshaftes zu Gerda gesagt, nur zu aufreizenden Leuten. *Ihr* Fall ist meiner Erinnerung nach der einzige, wo keine Provokation vorlag, Miss Rose – daher dieser Entschuldigungsbrief; der erste, den ich je geschrieben habe. Sie sind der Anlaß für meine Selbstprüfung. Darauf beabsichtige ich später zurückzukommen. Aber jetzt denke ich über Gerda nach. Um ihretwillen habe ich versucht, Selbstbeherrschung zu üben, und habe mit der Zeit auch begriffen, was es ist, den Mund zu halten; und wie es einen Menschen stärken kann, wenn er seine inspirierten Worte für sich behält und die Bosheit (sofern es denn Bosheit ist) wieder vom System absorbieren läßt. Wie die »rechte Rede« der Buddhisten, stelle ich mir vor. »Rechte Rede« ist handfeste Physiologie. Und hatte es denn viel Sinn, sich zu einer Zeit in gewählten Worten auszudrücken, in der die Worte zu Roheit und zu Dekadenz verkommen waren? Sollte La Rochefoucauld heute irgendwo auftreten, dann würden sich die Menschen mitten im Satz von ihm abwenden und gähnen. Wer braucht heute schon Maximen?

Die Schultheiss' waren Kollegen, und Gerda konnte sie bearbeiten; sie hatte Zugang zu ihnen. Es gab aber auch Fälle, in denen sie mich nicht schützen konnte. Wir waren zum Beispiel bei einem formellen Universitätsdiner, und ich saß neben einer alten Frau, die Millionen Dollar für Operngesellschaften und Orchester spendierte. Ich war an jenem Abend eine Art Star und trug einen Frack mit weißer Binde, weil ich gerade eine Aufführung von Pergolesis *Stabat Mater* dirigiert hatte – sicher eins der ergreifendsten Kunstwerke des achtzehnten Jahrhunderts. Man sollte denken, daß solch eine Musik mich geadelt hätte – zumindest bis zur Schlafenszeit. Aber nein, schon bald war ich wieder auf Verdruß aus. Es war kein Zufall, daß ich zur Rechten von Mrs. Pergamon saß. Sie sollte für eine große Spende gewonnen werden. Irgendwer hatte sich eine *schola cantorum* erträumt; und ich sollte (taktvoll) nachhelfen. Der eigentliche Wurf würde später kommen. Offen gestanden waren mir die Männer, die hinter dem Plan standen, nicht genehm. Sie waren ein übler Haufen, und eine große Zuwendung hätte ihnen mehr Macht verliehen, als der Allgemeinheit guttat. Der alte Pergamon hatte seiner Frau ein riesiges Vermögen hinterlassen. So viel Geld war schon fast ein Attribut von Heiligkeit. Und ich hatte ja heilige Kirchenmusik dirigiert: da stand also heilig gegen heilig. Mrs. Pergamon sprach mit mir über Geld; das *Stabat Mater* erwähnte sie ebensowenig wie meine Interpretation. Es trifft zwar zu, daß in den USA das Geld alle anderen Themen im Verhältnis tausend zu eins schlägt, aber dies war eine Gelegenheit, bei der Musik nicht übergangen werden durfte. Die alte Frau erläuterte mir, daß die großen Philanthropen eine Übereinkunft hätten, und wie die Felder zwischen Carnegie, Rockefeller, Mellon und Ford aufgeteilt waren. Im Ausland gab es dann die verschiedenen Rothschild-Projekte und die Volkswagen-Stiftung. Die Pergamons waren vornehmlich in Musik engagiert. Sie erwähnte die Summen, die für Komponisten der elektronischen Musik – Computermusik, die ich verabscheue – ausgegeben worden waren; und die ganze Zeit über, in der ich mit vollkommener Kiewer Höflichkeit den Blick auf sie gerichtet hielt, kochte ich. Ich hatte ihre Limousine auf der Straße gesehen, von Universitätspolizisten bewacht, die die städtische Polizei verstärkten. Die Diamanten auf ihrem Busen lagen wie die Finger-Seen zwischen ihren Hügeln. Ich fühle mich verpflichtet zu sagen, daß das Gespräch über Geld mich seltsam beeindruckt hat. Es traf mich im Innersten. Mein verstorbener Bruder, dessen ganzes Leben dem Geld gewidmet war, war der Liebling meiner Mutter gewesen. Er ist noch immer ihr Liebling, und sie ist über neunzig. Da hörte ich Mrs. Pergamon sagen, daß sie plane, ihre Memoiren zu schreiben. Darauf fragte ich – und diese Frage ist, was Nietzsche ein *Fatum* nannte – »werden Sie dazu eine Schreibmaschine oder eine Rechenmaschine benutzen?«

Hätte ich *das* sagen sollen? Habe ich es tatsächlich *gesagt?* Zu spät zu fragen; der Blitz hatte eingeschlagen. Sie sah mich ganz ruhig an. Nun war sie allerdings eine große Dame, und ich war einer aus dem Tollhaus. Weil in ihrem undeutlichen alten Gesicht keine Reaktion sichtbar war und das Blau ihrer Augen durch die Brille wunderbar verklärt und vergrößert schien, war ich versucht zu glauben, daß sie es nicht gehört oder vielleicht nicht richtig verstanden hatte. Aber das war nicht stichhaltig. Ich wechselte das Thema. Ich hatte gehört, daß sie, trotz ihres fast ausschließlichen Interesses für Musik, von Zeit zu Zeit auch naturwissenschaftliche Forschungen unterstützte. Die Zeitungen berichteten, daß sie ein Projekt zur Erforschung der Epilepsie finanziert habe. Unverzüglich versuchte ich, sie zur Epilepsie hinzusteuern. Ich erwähnte Freuds Abhandlung, in der die Theorie entwickelt wird, daß ein epileptischer Anfall die Dramatisierung des Todes des eigenen Vaters sei. Deshalb wurde man steif. Da ich aber feststellte, daß mein Kampf, mich vom Haken zu befreien, mir bloß eine blutige Lippe eintrug, ging ich auf Tauchstation und lag dort in kaltem Schweigen. Mit ganzem Herzen konzentrierte ich mich auf das *Fatum. Fatum* bedeutet, daß in jedem menschlichen Wesen etwas vorhanden ist, was sich der Prüfung entzieht. Dieses Etwas kann in *nichts* belehrt werden. Vielleicht ist es im Willen zur Macht begründet, und der Wille zur Macht ist nichts weniger als das Sein als solches. Entrückt oder, wie die junge Generation sagen würde, *stoned* bis zum Verrücktwerden – durch das *Stabat Mater* (der glorreichen Mutter, die für *mich* nicht einstehen wollte) –, war ich verführt worden, aus der Tiefe meines *Fatums* zu sprechen. Ich glaube, daß ich die alte Mrs. Pergamon völlig falsch verstanden habe. Daß sie mit mir von Geld sprach, war Gutherzigkeit, ja sogar Großherzigkeit ihrerseits – ein Mann, der Pergolesi kannte, war schon beinahe reich und konnte fast als Gleichgestellter angeredet werden. Und sie subventionierte, meiner ungeachtet, die *schola cantorum.* Man läßt es ein Institut nicht entgelten, wenn ein Simpel bei Tisch wilde Reden führt. Sie war so steinalt, daß sie schon jede Art von Irren erlebt hatte, die es gibt. Vielleicht habe ich mich selbst mehr überrascht als sie.

Sie war huldvoll, Miss Rose, und ich hatte versucht, sie zu überflügeln, sie in einer gefährlichen Kurve zu überholen. Ein Machtkampf? Was könnte das bedeuten? Warum brauchte ich Macht? Nun, vielleicht hätte ich sie gebraucht, weil man aus einer Machtstellung heraus alles sagen kann. Mächtige Männer erregen ungestraft Anstoß. Denken Sie zum Beispiel daran, was Churchill von einem Parlamentarier namens Driberg sagte: »Er ist der Mann, der die Päderastie in Mißkredit gebracht hat.« Und Driberg war darüber nicht etwa empört, sondern geschmeichelt; und als ein anderer Parlametarier die Bemerkung auf sich bezog und darauf pochte, es sei sein Name gewesen, den Churchill genannte hatte, sagte Driberg: »*Sie?* Warum sollte Winston wohl von einem unbedeutenden Homo wie *Ihnen* Notiz nehmen?« Dieser Streit hat London mehrere Wochen lang amüsiert. Aber Churchill war immerhin Churchill, der Nachkomme von Marlborough, dessen großer Biograph und zudem noch der Retter seines Landes. Von ihm verunglimpft zu werden, garantierte einen Platz in der Geschichte. Allerdings war Churchill auch ein Überbleibsel eines kultivierteren Zeitalters. Ein weniger kultivierter Fall wäre der von Stalin. Beim Empfang einer Delegation von polnischen Kommunisten im Kreml fragte Stalin: »Was ist denn eigentlich aus dieser großartigen, intelligenten Frau, Genossin Z., geworden?« Die Polen blickten zu Boden. Dann da Stalin selbst die Genossin Z. hatte ermorden lassen, war nichts weiter zu sagen.

Das ist Verachtung, nicht Witz. Es ist orientalischer Despotismus, unverfälscht, Miss Rose. Churchill war menschlich,

Stalin bloß ein Koloß. Was uns hier in Amerika anlangt, so haben wir eine volkstümliche, hybride Zivilisation. Wir haben unsere Vorzüge, aber kennen keinen Stil. Nur deshalb, weil die amerikanische Gesellschaft keinen Raum für Stil hat (im Stilsinn eines Voltaire oder Gibbon; Stil in der Art Saint-Simons oder Heines), ist es einem Mann wie mir möglich, derartige Bonmots zu prägen, wie er sie prägt, die niemandem schaden außer ihm. Wenn Leute gekränkt sind, dann wegen der »Feindseligkeit«, die sie darin wittern, nicht wegen der scharfen Worte. Man stuft mich dann als psychologische Kuriosität ein, eine verschrobene Persönlichkeit. Es kommt den Leuten nie in den Sinn, mich ganz oder biographisch zu beurteilen. Biographie, im eigentlichen Sinn des Wortes, ist von uns abgefallen. Wir alle flattern wie frisch ausgebrütete Küken zwischen den Füßen der großen Idole herum, der Monumente der Macht.

Was sind denn Worte? Ein Anwalt – der erste, der mich im Prozeß gegen den Nachlaß meines Bruders vertrat (der zweite war Gerdas Bruder) –, Anwalt Nummer eins, der Klaussen hieß, sagte zu mir, als ein wichtiger Brief aufgesetzt werden mußte: »*Sie* machen das, Shawmut. Sie sind der Mann mit den Worten.«

»Und Sie sind die Nutte mit zehn Mösen.«

Aber das habe ich nicht gesagt. Er war zu mächtig. Ich brauchte ihn. Ich hatte Angst.

Es war jedoch unvermeidlich, daß ich ihn kränken mußte, und das habe ich auch bald getan.

Ich kann nicht sagen, *warum*. Es ist ein Rätsel. Als ich versuchte, Freuds Essay über die Epilepsie mit Mrs. Pergamon zu besprechen, wollte ich andeuten, daß ich selbst das Opfer von seltsamen Anwandlungen war, die der Fallsucht ähnelten. Aber dabei handelte es sich nicht lediglich um Zerebral-Pathologie, krankhafte Veränderungen, *grand-mal*-Chemie. Es war eine Art pervers-seliger *gaieté de cœur.* Elemente der Rachsucht oder Blasphemie? Könnte sein. Wie wär's mit dämonischer Eingebung, wie wär's mit Besessenheiten, wie mit dem Gott Dionysos? Nach einem qualvollen Lunch mit dem Anwalt Klaussen in seinem grauenvollen Klub, wo er mir armen Luder in einem mit Schindern gefüllten Speisesaal zusetzte – eine Szene von Daumier – (ich war zehn- oder zwölfmal heruntergehandelt, meine Vorschläge waren insgesamt abgelehnt worden, und ich hatte ihm einen Honorarvorschuß von 25 000 Dollar bezahlt, aber Klaussen hatte sich noch nicht bemüht, die grundlegenden Tatsachen des Falles in den Griff zu bekommen), nach dem Lunch also, als wir durch die Lobby des Klubs gingen, wo Bundesrichter, Parteipolitiker, Straßenbauunternehmer und Aufsichtsratsvorsitzende leise miteinander berieten, hörte ich einen großen Lärm. Arbeiter hatten eine ganze Mauer eingerissen. Ich sagte zu der Empfangsdame: »Was ist denn los?« Sie antwortete: »Im ganzen Klub werden neue Leitungen gelegt. Mit dem alten Netz haben wir täglich Stromausfall gehabt.« Ich sagte: »Wenn sie schon mal dabei sind, könnten sie nicht vielleicht dafür sorgen, daß ein paar Leute im Speisesaal ausgeschaltet werden.«

Ich wurde am nächsten Tag von Klaussen benachrichtigt, daß er mich aus irgendwelchen Gründen nicht weiter vertreten könne. Ich war ein unverträglicher Klient.

Der Verstand des Menschen, der seine Unabhängigkeit von weltlicher Macht erklärt – okay. Aber ich war schutzsuchend zu Klaussen gekommen, ich hatte ihn gewählt, weil er groß und arrogant war, wie die Typen, die die Witwe meines Bruders verpflichtet hatte. Mein verstorbener Bruder hatte mich beschwindelt. Wollte ich mein Geld zurückhaben oder nicht? Kämpfte ich oder alberte ich herum? Denn vor Gericht brauchte man Unverfrorenheit; entweder große Arroganz oder gar nichts. Und weder bei Klaussen noch bei Mrs. Pergamon konnte Gerda das geringste gutmachen – sie konnte beiden keine Blumen schicken oder sie zum Lunch bitten. Übrigens war sie schon krank. Sterbend sorgte sie sich um meine Zukunft. Sie machte mir Vorwürfe. »Mußtest du denn gegen ihn sticheln? Er ist ein stolzer Mann.«

»Ich bin meiner Schwäche erlegen. Was ist denn mit mir? Bin ich etwa zu gut, um ein Heuchler zu sein?«

»Heuchelei ist ein großes Wort ... Ein bißchen Lippenbekenntnis.«

Und wieder habe ich etwas gesagt, was ich nicht hätte sagen sollen, besonders angesichts ihres Gesundheitszustandes: »Es ist nur ein kleiner Schritt vom Lippenbekenntnis zum In-den-Arsch-Kriechen.«

»Ach, mein armer Herschel, du wirst dich nie ändern!«

Sie starb damals an Leukämie, Miss Rose, und ich mußte ihr versprechen, daß ich meinen Fall in die Hände ihres Bruders Hansl legen würde. Sie glaubte, daß Hansl um ihretwillen mir gegenüber loyal sein würde. Gewiß, seine Gefühle für sie waren echt. Er liebte seine Schwester. Aber als Anwalt war er eine Katastrophe, nicht weil er unloyal war, sondern weil er im Grunde ein unfähiger Finägler war. Zudem war er deutlich angeknackst.

Anwälte, Anwälte. Warum habe ich all diese Anwälte gebraucht, werden Sie fragen. Weil ich meinen Bruder innig geliebt habe. Weil wir Geschäfte machten, und Geschäfte nicht ohne Anwälte gemacht werden können. Sie haben sich mitten im Zentrum des Kapitals eine Position aufgebaut – Macht, da wo sie am stärksten ist. Einige der fröhlichsten Passagen in Walishs Brief beziehen sich auf meinen grauenhaften Rechtsstreit. Er sagt: »Ich habe schon immer gewußt, daß Du ein Narr bist.« Er selbst gab sich die größte Mühe, nie einer zu sein. Zwar kann kein Mensch absolut sicher sein, daß er vollkommen vernünftig ist. Wenn man jedoch einen Anwalt nimmt, ist das ein klarer Beweis, daß man ein Tölpel ist. Hier räume ich ein, daß Walish recht hat.

Mein Bruder Philip hatte mir ein Geschäft vorgeschlagen; und auch das war meine Schuld. Ich beging den Fehler, ihm zu erzählen, wieviel Geld mir mein Buch über das Musikverständnis eingebracht hatte. Er war beeindruckt. Er sagte zu seiner Frau: »Tracy, rate mal, wer im Geld schwimmt!« Dann fragte er: »Was willst du damit anfangen? Wie schützt du dich vor Steuern und Inflation?«

Ich bewunderte meinen Bruder, nicht weil er ein »kreativer Geschäftsmann« war, wie man in der Familie sagte – das bedeutete mir wenig – sondern weil ... Ja, da gibt es eigentlich kein »weil«, da ist nur das *Gegebene*, ein lebenslanges Gefühl, ein Rätsel. Sein Interesse für meine Finanzen erregte mich. Endlich sprach er einmal ernsthaft mit mir; und das hat mir den Kopf verdreht. Ich sagte ihm: »Ich habe bisher nicht mal versucht, Geld zu verdienen, und jetzt stehe ich knietief in dem Zeug.« Eine derartige Behauptung war nicht ganz aufrichtig. Sie war, wenn Sie das lieber wollen, unwahr. Außerdem war es ein Fehler, einen derartigen Ton anzuschlagen, denn damit wurde angedeutet, daß Geld nicht so schwer zu verdienen war. Bruder Philip hatte sich damit fast umgebracht, während Bruder Harry beiläufig einen ganzen Haufen verdient hatte, ohne sich ein Bein auszureißen. Das war, wie ich jetzt zugebe, eine provozierende Dusseligkeit. Er nahm es düster zur Kenntnis. Ich sah, wie er es zur Kenntnis nahm.

Als Junge war Philip sehr dick gewesen. Wir mußten als Kinder zu zweit in einem Bett schlafen, und das war, als ob man das Bett mit einer Seekuh teilte. Aber seitdem hatte er sich erheblich gestreckt. Im Profil war sein Gesicht groß, mit Säcken unter den Augen; ein scharfes, ernstes Gesicht auf einem stämmigen Körper. Mein verstorbener Bruder war ein mit allen Wassern gewaschener Bursche. Er plante seine Machenschaften langfristig. Er hatte den ungeheuren Vorteil, mir gegenüber gleichgültig zu sein. Meine Schwäche war meine Zuneigung zu ihm, die bei einem erwachsenen Mann verächtlich ist. Er sah Spencer Tracy entfernt ähnlich, war aber raffgieriger und verschlagener. Er hatte die Sonnenbräune eines Texaners, ging zum Haarstilisten und nicht zum Friseur und trug an jedem Finger mexikanische Ringe.

Gerda und ich wurden eingeladen, seinen Besitz in der Nähe von Houston zu besuchen. Hier lebte er in großem Stil; und als er mich auf dem Besitz herumführte, sagte er zu mir: »Jeden Morgen, wenn ich die Augen aufmache, sage ich: ›Philip, du lebst mitten in einem Park. Du besitzt einen ganzen Park.‹«

Ich sagte: »Der ist bestimmt so groß wie der Douglas Park in Chicago.«

Er schnitt mir das Wort ab, denn er wollte nichts von der alten West Side hören – unseren trostlosen Anfängen. Roosevelt Road mit den auf dem Bürgersteig gestapelten Hühnerkäfigen, dem talmudistischen Meerrettichreiber im Toreingang zum Fischladen, das tägliche Drama der Shawmut-Küche am Independence Boulevard. Er verabscheute diese Erinnerungen von mir, weil er durch und durch amerikanisiert war. Andererseits gehörte er ebensowenig wie ich auf diesen Landsitz in Texas. Vielleicht gehörte niemand dorthin. Eine ganze Reihe pleite gegangener Unternehmer waren seine Vorgänger in diesem Privatpark gewesen; die Ölsucher und Landerschließer, die den Bau dieses Monuments veranlaßt hatten. Man hatte den Eindruck, daß sie alle im Obdachlosenasyl oder in staatlichen Klapsmühlen gestorben sein mußten, die grandiose Fata Morgana verfluchend, die jetzt Philip besaß – oder zu besitzen glaubte. In Wahrheit liebte er sie auch nicht; er hatte sie am Hals. Er hatte sie aus verschiedenen symbolischen Gründen gekauft, und unter dem Druck seiner Frau.

Er erzählte mir im Vertrauen, daß er eine narrensichere Geldanlage für mich wüßte. Da kämen Leute mit Hunderttausenden von Dollar zu ihm und bäten ihn, an dem Handel beteiligt zu werden; aber um meinetwillen würde er sie alle abwimmeln. Endlich einmal sei er in der Lage, etwas für mich zu tun. Dann stellte er seine Bedingungen. Die erste Bedingung war, daß bei ihm nie etwas in Zweifel gezogen werden durfte; so wickele er eben seine Geschäfte ab; aber ich dürfte sicher sein, daß er mich brüderlich schützen werde und daß nichts zu befürchten sei. In den duftenden Plantagengärten flüchtete er sich für einen Augenblick (nicht länger) ins Jiddische. Er würde nie zulassen, daß ich meinen gesunden Kopf in ein Krankenbett lege. Dann tauchte er wieder auf. Er sagte, daß seine Frau, die die beste Frau der Welt und die Ehrenhaftigkeit selbst sei, seine Verpflichtungen respektieren und seine Wünsche mit fanatischer Treue ausführen würde, falls ihm etwas zustieße. Ihre fanatische Treue zu ihm sei fundamental. Ich verstünde Tracy nicht, sagte er. Man lerne sie nur schwer kennen, aber sie sei eine treue Frau, und er wolle in unserem Partnerschaftsvertrag keine Klauseln haben, die sie formell verpflichteten. Daran würde sie Anstoß nehmen, und er auch. Und Sie werden es nicht glauben, Miss Rose, wie gerührt ich von all diesen Klischees war. Ich reagierte wie der Gashebel unter seinem fetten, elegant beschuhten Fuß, der Blut statt Benzin in meinen sterblichen Motor pumpte. Ich war verrückt vor Rührung und sagte ja zu alldem. Ja, ja! Der Plan war, ein Unternehmen zum Verschrotten von Autos zu gründen, das größte in Texas, das den gesamten Süden – und dazu noch Lateinamerika – mit Autozubehör beliefern würde. Die großen deutschen und italienischen Exporteure litten notorisch unter der Knappheit von Ersatzteilen; ich hatte das selber erlebt – ich mußte einmal vier Monate auf einen BMW-Vorderradstabilisator warten, der in den USA nicht aufzutreiben war. Aber es war nicht das Geschäftliche, das mich mitriß, Miss Rose. Was mich rührte, war der Umstand, daß mein Bruder und ich zum erstenmal in unserem Leben richtige Partner sein sollten. Da Pergolesi niemals in der Welt ein gemeinsames Unterfangen von uns sein konnte, mußte es notwendigerweise etwas Geschäftliches sein. Ich war wider alle Vernunft von Gefühlen gepackt, die ein Leben lang darauf gewartet hatten, sich zu artikulieren; in einem sehr frühen Alter müssen sie sich mir ins Herz gegraben haben und kamen nun in voller Stärke hervor, um mich in den Abgrund zu ziehen. »Was hast du mit dem Verschrotten von Autos zu schaffen?« fragte Gerda. »Und mit Schmiere und Metall und dem ganzen Krach?«

Ich sagte: »Was hat das Finanzamt je für die Musik geleistet, daß es die Hälfte meiner Tantiemen kassiert?«

Meine Frau war gebildet, Miss Rose, und sie fing nun an, bestimmte Bücher noch einmal zu lesen und mir davon zu erzählen – vor allem zur Schlafenszeit. Wir haben viel über Balzac gesprochen. *Père Goriot* (was Töchter einem Vater antun können), *Cousin Pons* (wie ein ältlicher ahnungsloser Mann von Verwandten ruiniert wurde, die hinter seiner Kunstsammlung her waren) ... Ein betrügerischer Verwandter nach dem anderen, und allesamt erbarmungslos. Sie beschrieb die Vernichtung des armen César Birotteau, des vertrauensvollen Parfümeurs. Sie las mir auch Auszüge aus Marx vor; über die Zerstörung verwandtschaftlicher Bande durch den Kapitalismus. Es wäre mir jedoch nie eingefallen, daß solche Schlechtigkeiten einem Mann widerfahren könnten, der darüber gelesen hatte. Ich hatte über Geschlechtskrankheiten gelesen und mich nie angesteckt. Für eine Warnung war es jetzt aber auch schon zu spät.

Bei meiner letzten Reise nach Texas besuchte ich die riesigen, qualmenden Verschrottungsanlagen; und auf unserer Heimfahrt zum Landhaus erzählte mir Philip, daß seine Frau mit der Zucht von Kampfbulldoggen angefangen hätte. Vielleicht haben Sie von diesen Geschöpfen gelesen, die amerikanische Tierliebhaber auf den Plan gerufen haben. Sie sind die denkbar furchterregendsten Hunde. Halb Terrier, halb englische Bulldogge, glatthaarig, mit breiter Brust, ungeheuer muskulös greifen sie alle Fremden an, sowohl Kinder wie Erwachsene. Und sie bellen nicht; es gibt keine Warnung. Sie haben immer die Absicht zu töten; und wenn sie erst einmal dabei sind, einen zu zerreißen, kann man sie nicht mehr zurückrufen. Die Polizei – falls sie noch rechtzeitig kommt – muß sie erschießen. Auf dem Kampfplatz kämpfen und sterben die Hunde lautlos. Aficionados verwetten Millionen Dollar auf die Kämpfe (die illegal sind – na wenn schon!). Interessenverbände und Verfechter bürgerlicher Freiheit wissen nicht recht, wie sie diese mörderischen Tiere oder die gesetzlichen Rechte ihrer Eigentümer verteidigen sollen. Es gibt in Washington eine Lobby, die die Rasse auszurotten sucht; zu gleicher Zeit experimentieren Enthusiasten weiterhin und tun alles nur mögliche, um den schlimmsten aller Hunde zu züchten.

Philip war unsäglich stolz auf seine Frau. »Tracy ist ein Wunder, nicht wahr?« fragte er. »In diesen Tieren steckt ungeheuer viel Geld. Du kannst dich darauf verlassen, daß sie einen neuen Trend ausfindig macht. Da kommen Leute aus dem ganzen Land geströmt, um Junge von ihr zu kaufen.«

Er nahm mich zum Hundegehege mit, um die Kampfrüden vorzuführen. Als wir vorbeigingen, sprangen sie mit den Vorderläufen am Maschendraht hoch und fletschten die Zähne. Mir machte der Besuch bei den Zwingern keine Freude. Ich mußte selbst die Zähne zusammenbeißen. Ich war völlig verstört. Auch Philip fühlte sich bei den Tieren durchaus nicht wohl. Sie gehörten ihm, sie waren Vermögenswerte, aber er war nicht der Herr. Tracy, die bei den Hunden auftauchte, nickte mir schweigend zu. Die Negerangestellten, die Fleisch brachten, wurden geduldet. »Aber Tracy«, sagte Philip, »sie ist ihre Göttin.«

Ich muß wohl Angst gehabt haben, weil mir nichts Satirisches oder Sarkastisches eingefallen ist. Ich konnte nicht einmal komische Eindrücke sammeln, um sie Gerda nach Hause mitzubringen, deren Erheiterung mir in diesen traurigen Tagen am Herzen lag.

Aber mit der sensorischen Begabung, die mir von Natur aus eigen ist, versuchte ich die Züchtung dieser gräßlichen Hunde mit der Stimmung des Landes in Verbindung zu bringen. Das Für und Wider der Angelegenheit verleiht dem geistigen Profil der USA ein paar seltsame Konturen. Vor nicht langer Zeit schrieb eine Dame an den *Boston Globe*, es sei auf ein fehlerhaftes Urteilsvermögen der Gründerväter zurückzuführen, daß sie, so wie die Menschen nun einmal seien, die Wohlfahrt von Katzen und Hunden in unserer Demokratie nicht berücksichtigt hätten. Die Gründer seien der menschlichen Bösartigkeit gegenüber zu nachsichtig gewesen, sagte sie, und die *Bill of Rights* hätte die Sicherheit jener Unschuldigen schützen sollen, die zur Abhängigkeit von uns gezwungen sind. Als erstes fiel einem in diesem Zusammenhang ein, daß jetzt auch Katzen und Hunden das Gleichheitsprinzip zugestanden wurde. Aber es geht nicht einfach um das Gleichheitsprinzip: da werden verschiedene Arten miteinander vermischt. Die Trennungslinie zwischen dem Menschen und anderen Tierarten wird verwischt. Ein Hund schenkt einem solch schlichte Herzenswahrheit, wie man sie selbst von einem geliebten Menschen oder den Eltern nie erfährt. Ich glaube mich aus den dreißiger Jahren zu erinnern (oder habe ich es in Lionel Abels Memoiren gelesen?), wie entsetzt der französische Surrealist André Breton war, als er Leon Trotzky im Exil besuchte. Während die beiden Männer über die Weltrevolution diskutierten, kam Trotzkys Hund und wollte gestreichelt werden, und Trotzky sagte: »Dies ist mein einziger wahrer Freund.« Was? Ein Hund der Freund dieses marxistischen Theoretikers und Helden der Oktoberrevolution, des Organisators der Roten Armee? Symbolische surrealistische Handlungen, wie zielloses Schießen in eine Menschenmenge auf der Straße konnte Breton öffentlich befürworten, aber einem Hund gegenüber sentimental zu sein wie jeder beliebige Bourgeois, war ein Schock. Die heutigen Psychiater wären nicht schockiert. Wenn sie ihre Patienten fragen, wen sie am liebsten hätten, antworten diese immer häufiger: »Meinen Hund.« Bei diesem Zuwachs wäre ein Hund als Präsident im Weißen Haus eine konkrete Möglichkeit. Gewiß keine Kampfbulldogge, aber ein hübscher goldfarbener Retriever, dessen Tierarzt dann Außenminister würde.

Ich habe nicht ausprobiert, wie diese Überlegungen auf Gerda wirkten. Ebensowenig habe ich ihr gesagt, denn das hätte sie beunruhigt, daß auch Philip sich nicht wohl fühlte. Er hatte einen Arzt konsultiert. Tracy ließ ihn regelmäßig Fitneßübungen machen. Morgens begab er sich in einen Nebenraum des Schlafzimmers, in dem die modernsten Sportgeräte aufgestellt waren. Er trug viel zu lange seidene Boxershorts (ihr Motiv sollte, wie ich vermute, an Whiskey Sour erinnern, da sie mit radähnlichen Orangenscheiben dekoriert waren) und hing mit seinen fetten Armen an dem glänzenden Gerät; er joggte auf einem Laufband mit Kilometerzähler, und er zog an den Gewichten. Wenn er am Hometrainer übte, dann verstärkten die Orangenscheibenräder an seiner Unterhose wohl die Vorstellung vom Fahren, aber er kam nirgendwo an. Die hirnverbrannten Dinge, zu denen er sich als reicher Mann genötigt sah; die schiere Lage, in der er sich befand! Seine heranwachsenden Kinder waren bäurische Rüpel. Das druidenhafte Floridamoos zitterte unter den Stößen der Rockmusik. Die auf Grausamkeit abgerichteten Hunde warteten ab. Mein Bruder, so schien es, war lediglich der Hausmeister seiner Frau und seiner Kinder. Trotzdem wollte er mich bei seinen Übungen als Zuschauer dabeihaben, den er mit seiner Kraft beeindruckte. Wenn er Liegestütze machte, dann berührten seine Schwabbelbrüste den Boden eher als sein Kinn, aber sein strenges Gesicht untersagte jeden witzigen Kommentar, den ich vielleicht gern gemacht hätte. Ich war zum Zeugen aufgerufen, daß unter dem Fett geballte Urkräfte am Werk waren: ein kräftiges Herz im Brustkasten, große Adern am Hals und Muskelstränge auf dem Rücken. »So was kann ich alles nicht«, sagte ich ihm, und ich hätte es tatsächlich auch nicht gekonnt, Miss Rose. Mein Hinterteil ist wie ein Rucksack, der aus dem Riemen gerutscht ist.

Ich machte keine Bemerkungen, denn ich war je ein Hauptteilhaber, der 600 000 Dollar in die Verschrottung rostiger Automobile investiert hatte. Gute drei Kilometer hinter dem Privatpark standen Kräne und Preßmaschinen, und Hunderte von Hektar waren mit metallischem Dröhnen und Staub erfüllt. Inzwischen war mir klargeworden, daß die treibende Kraft hinter diesem Unternehmen Philips Frau war, eine kleine rundliche Blondine von männlicher Selbstgefälligkeit, kompakt wie ein Meteorit und irgendwie ebenso entrückt. Aber nein, ich war der Entrückte, während sie auf schwer durchschaubare Weise gerissen war.

Und meine Vorstellungen von Ehe waren hauptsächlich durch die Sanftheit und Fürsorge meiner Gerda bestimmt. Während dieses letzten Besuches bei Bruder Philip, versuchte ich ihn dazu zu bringen, über Mutter zu sprechen. Er interessierte sich nur sehr wenig für sie. Familiengefühle waren nicht seine Sache. Was er davon hatte, gehörte der neuen Familie –

für die alte Familie: nix. Er sagte, er könne sich nicht an Hammond in Indiana oder den Independence Boulevard erinnern. »Du warst der einzige, den ich leiden konnte«, sagte er. Es war ihm bewußt, daß da zwei inzwischen verstorbene Schwestern waren, aber ihre Namen fielen ihm nicht ein. Ohne jegliche Anstrengung war er André Breton weit voraus und konnte nie mehr eingeholt werden. Surrealismus war keine Theorie; er war eine Vorwegnahme der Zukunft.

»Wie hieß Chink mit richtigem Namen?« fragte er.

Ich lachte. »Was, du hast Helens Namen vergessen? Du willst nur bluffen. Gleich erzählst du mir noch, daß du dich auch nicht mehr an ihren Mann erinnern kannst. Wie wär's mit Kramm? Er hat dir deine ersten langen Hosen gekauft. Oder Sabina. Sie hat dir die Stellung in der Winkelbörse im Loop verschafft.«

»Sie verblassen in meinem Gedächtnis«, sagte er. »Warum soll ich diese verstaubten Erinnerungen bewahren? Wenn ich Einzelheiten wissen will, dann habe ich ja dich, um nachzuhelfen. Du hast einen solchen Erinnerungsfimmel – wozu soll der gut sein?«

Mit zunehmendem Alter, Miss Rose, widerspreche ich derartigen Ansichten oder Meinungen nicht mehr, sondern neige dazu, darüber nachzudenken. Gewiß, ich hatte mit Philips Erinnerung gerechnet. Ich wollte, daß er sich daran erinnerte, daß wir Brüder waren. Ich hatte gehofft, mein Geld sicher zu investieren und von Einkünften aus verschrotteten Autos zu leben – im Sommer in Korsika, London zu Beginn der Musiksaison leicht erreichbar. Bevor die Araber die Grundstückpreise in London so hochgetrieben haben, hatten Gerda und ich erwogen, eine Wohnung in Kensington zu kaufen. Aber wir warteten und warteten und erhielten nicht eine einzige Ausschüttung aus unserer Gesellschaft. »Wir stehen uns glänzend«, sagte Philip. »Nächstes Jahr werde ich die Hypotheken unter anderen Bedingungen bekommen können, und du und ich, wir werden dann mehr als eine Million unter uns aufteilen. Bis dahin mußt du dich mit den Abschreibungen von der Steuer begnügen.«

Ich fing an, von unserer Schwester Chink zu sprechen, weil es mir das einzige Mittel zu sein schien, solche Familiengefühle zu wecken, die in dieser Atmosphäre überdauert haben könnten, wo das Floridamoos durch Rockmusik elektronisch überflutet wurde (und wo im Hintergrund die Kampfbulldoggen stumm in ihrer Blutrünstigkeit ertranken). Ich erinnerte ihn daran, daß wir am Independence Boulevard ganz andere Musik gehört hatten. Chink spielte »Jimmy had a Nickel« auf dem Klavier, und wir anderen sangen dazu den Refrain – oder brüllten ihn. Wußte Philip noch, daß Kramm, der einen Limonade-Lastwagen fuhr (aus Liebe nannte er sie ›Chink‹, denn er war in Helen ganz vernarrt), einen mit Flaschen gefüllten Kasten haargenau in eine schmale Lücke an der Spitze der Pyramide schleudern konnte? Nein, der Getränkelaster war eigentlich nicht wie eine Pyramide beladen, er sah aus wie ein Ziggurat.

»Was ist ein Ziggurat?«

»Assyrisch oder babylonisch«, erklärte ich, »terrassenförmig, nicht in eine Spitze auslaufend.«

Philip sagte: »Dich aufs College zu schicken, war ein Fehler, wenn ich auch nicht weiß, wozu du sonst getaugt hättest. Keiner der anderen hat's weiter als bis zur High School geschafft ... Kramm war vermutlich in Ordnung.« Ja, sagte ich, Chink hätte Kramm dazu gebracht, die Collegegebühren für mich zu bezahlen. Kramm war Muschkote im ersten Weltkrieg gewesen – wußte Philip das noch? Kramm war untersetzt, aber kräftig, mit vollem Gesicht, ebenmäßiger Haut wie ein Samoaner und trug das schwarze Haar glatt an den Schädel gekämmt, im Stil von Valentino oder George Raft. Er hat uns alle unterstützt, die Miete gezahlt. Unser Vater ging während der Depression im nördlichen Michigan bei Farmersfrauen mit Teppichen hausieren. *Der* konnte die Miete nicht verdienen. Mutter hatte nun von vorn bis hinten die Verantwortung für den großen Haushalt, und wenn sie schon vorher ein bißchen sonderlich – melodramatisch – gewesen war, schien sie in ihren Fünfzigern verrückt zu werden. In der Art, wie sie die Leitung des Hauses übernahm, lag etwas Militärisches. Ihr Befehlsstand war die Küche. Kramm mußte gespeist werden, weil er uns speiste, und er war ein gewaltiger Esser. Sie kochte faßweise Kohlrouladen und Chop Suey für ihn. Er schluckte eimerweise Suppen, verschlang allein einen ganzen gestürzten Ananaskuchen. Mutter kaufte, schälte, hackte, kochte, briet, röstete, backte, richtete an und wusch ab. Kramm fraß sich dusselig und dämlich und konnte dann noch nachts in der Pyjamahose schlafwandelnd auftauchen. Er ging geradewegs zum Kühlschrank. Ich erinnerte mich an eine Sommernacht, in der ich beobachtet hatte, wie er Apfelsinen halbierte und die Zähne hineinschlug. Schlafwandelnd schlürfte er etwa ein Dutzend aus; und dann sah ich ihn, von seinem Bauch zur richtigen Tür geleitet, zurück ins Bett gehen.

»Und hat in einer Spelunke, die ›Zum diamantenen Hufeisen‹ hieß, Ecke Kedzie und Lawrence Street, um Geld gespielt«, sagte Philip. Allerdings hatte er nicht die Absicht, sich auf irgendwelche Erinnerungen einzulassen. Er fing an zu lächeln – ein klein wenig; blieb aber im Grunde düster, reserviert. Gewiß. Er hatte sich auf einen seiner größten Schwindel eingelassen.

Er wechselte das Thema. Er fragte mich, ob ich es nicht bewundernswert fände, wie Tracy diesen großen Besitz verwaltete. Sie sei eine Zauberin. Sie brauche keine Innenarchitekten; sie hätte das ganze Haus selber eingerichtet. Lauter portugiesische Wäsche. Die Gärten waren wundervoll. Ihre Rosen gewannen Preise. Die Haushaltsgeräte waren nie defekt. Sie war eine Preisköchin. Es stimmte zwar, daß die Kinder schwierig waren, aber so waren die Kinder heute nun mal. Sie war eine tolle Psychologin, und im Grunde waren die kleinen Flegel gut angepaßt. Sie waren eben amerikanische Jugendliche. Die größte Genugtuung für ihn war, daß alles so amerikanisch war. Das war es auch – ein durch und durch amerikanisches Produkt.

Zum Frühstück, wenn ich lange genug in der Küche anrief, konnte ich gefriergetrockneten Kaffee bekommen und eine Schnitte ›Wunderbrot‹. Es wurde mir von einer Schwarzen aufs Zimmer gebracht, die keine Fragen beantwortete. Gab es etwa ein Ei, eine Scheibe Toast, einen Löffel Marmelade? Nichts. Es verletzt mich tief, wenn ich nichts zu essen kriege. Während ich darauf wartete, daß die Hausangestellte mit dem gefriergetrockneten Kaffee und dem Wattebrot kam, dachte ich mir geschliffene Bemerkungen aus, die ich ihr gegenüber machen könnte, und überlegte, wie sich Satire und menschliches Ersuchen miteinander in Einklang bringen ließen. Der Versuch, mit den Dienstboten eine gemeinsame menschliche Ebene zu finden, erwies sich als Zeitverschwendung. Es war offensichtlich, daß ich ein Gast ohne Bedeutung war, Miss Rose. Niemand achtete auf mich. Ich konnte schon fast hören, wie die Dienstboten angewiesen wurden, »in eurem Dienst saumseliger zu werden« oder »zeigt ihm so träge Lässigkeit ihr wollt«. Gonerils Worte in *König Lear*. Außerdem war das Zimmer, das man mir gegeben hatte, von einem der kleinen Mädchen bewohnt gewesen, das jetzt zu groß dafür war. Die Tapete, die mit ›Simple Simon‹ und ›Goosey Gander‹ bedruckt war, schien mir damals gar nicht zu passen (jetzt kommt sie mir äußerst treffend vor).

Und ich war gehalten, mir die Lobsprüche meines Bruders auf seine Frau anzuhören. Wieder und wieder erzählte er mir, wie klug und gut sie war, eine wie gescheite und zärtliche Mutter, was für eine brillante Gastgeberin, die von den besten Leuten mit den größten Ländereien bewundert wurde. Und eine gewitzte Ratgeberin (das mochte ich wohl glauben!). Dazu warmherzig und mitfühlend, wenn er verzagt war, eine temperamentvolle Geliebte; und sie gab ihm – was er vorher nie gekannt hatte – Frieden! Und ich, Miss Rose, hatte dort 600 000 Dollar angelegt, konnte nichts anderes tun, als mitzumachen und zu nicken wie eine Puppe! Gezwungen, all seine stützenden Fälschungen zu unterschreiben, den Lügenkatalog, den er sich selbst servierte, gegenzuzeichnen, murmelte ich die Worte, die er brauchte, um seine Sätze zu beenden. (Wie Walish mich verhöhnt hätte!) Über den beiden absonderlichen Brüdern hing schon der Hauch des Todes mit dem Duft der subtropischen Luft – Magnolie, Sumpfazalee, Orangenblüte oder was zum Teufel es immer war, was uns ins Gesicht blies. Am verrücktesten aber war Philips letztes (falsches!) Geständnis. Nur für meine Ohren bestimmt, flüsterte er mir in einem Jiddisch zu, daß unsere Schwestern gekreischt hätten wie die *papa-gayas*, zum ersten Mal in seinem Leben hätte er hier Ruhe, häusliche Stille. Unsinn! Man hörte die Rockmusik aus den Verstärkern.

Nach diesem Ausrutscher schaltete er jäh um. In zwei Jaguars fuhren wir zu einem Familienessen in ein chinesisches Restaurant, ein riesiges, in Kreisen oder Eßschächten aufgegliedertes Luxuslokal, mit Tischen, die angestrahlt waren wie die Kesselpauken eines Orchesters. Hier machte Philip eine Szene. Er bestellte viel zu viele Hors d'œuvres; und als der Tisch mit Schüsseln überladen war, ließ er sich den Geschäftsführer kommen, um sich zu beschweren, daß man ihn bedrängte; er hätte keine doppelten Portionen von all diesen gebratenen Teigtäschchen, Frühlingsrollen und gegrillten Rippchen bestellt. Und als sich der Geschäftsführer weigerte, sie zurückzunehmen, ging Philip von Tisch zu Tisch mit Frühlingsrollen und gegrillten Rippchen und sagte: »Hier! Gratis! Ich lade Sie ein!« Restaurants machten ihn immer nervös, aber diesmal wurde er von Tracy zur Ordnung gerufen. Sie sagte: »Genug, Philip, wir sind zum Essen hier und nicht, um allen den Blutdruck in die Höhe zu treiben.« Aber ein paar Minuten später tat er so, als hätte er ein Steinchen in seinem Salat gefunden. Das hatte ich schon früher erlebt. Er trug zu diesem Zweck einen Kieselstein in der Tasche. Selbst seine Kinder wußten Bescheid, und einer sagte: »Das macht er immer, Onkel.« Es erschreckte mich, daß sie mich Onkel nannten.

Haben Sie einen Augenblick Nachsicht mit mir, Miss Rose. Ich fasse mich so kurz, wie ich kann. In Vancouver gibt es keine Menschenseele, mit der man reden kann, nur die alte Mrs. Gracewell; und mit der muß ich mich in esoterischen Wolken tummeln. Philip, der so tat, als hätte er sich einen Zahn abgebrochen, war vom Amerikanismus der Frauenzeitschriften (reizende Frau, bildschönes Heim, der höchste Grad an Normalität) zu dem der kleinen Farmer übergewechselt – er brüllte die Orientalen an, befahl seinen Kindern, ihn am Tischtelefon mit seinem Rechtsanwalt zu verbinden. Die philisterhafte Idiosynkrasie des reichen amerikanischen Grobians. Aber ohne großen Snobismus kann man nicht mehr philisterhaft sein; und das entspricht genau dem Snobismus dessen, was man haßt. Es ist jedoch zwecklos, von ›falschem Bewußtsein‹ oder ähnlichem Quatsch zu reden. Philly hatte sich zur kompletten Amerikanisierung in Tracys Hände gegeben. Dieses überholte Privileg hatte er um den Preis seiner Seele errungen. Aber vielleicht ist er nie ganz sicher gewesen, daß es überhaupt so etwas wie eine Seele gibt. Mir hat er verübelt, daß ich die Existenz der Seele unablässig als gegeben annahm. Wer war ich denn: ein Reform-Rabbi oder so was? Außer bei einer Beerdigung hätte Philip keine zwei Minuten einen Pergolesi über sich ergehen lassen. Und war ich nicht – zum Kuckuck mit Pergolesi – auf eine erfolgreiche Geldanlage aus?

Als Philip kurz danach starb, haben Sie vielleicht in der Zeitung gelesen, daß er mit *chop-shop*-Gangstern im Mittelwesten liiert gewesen war, mit Dieben, die teure Autos stahlen und auseinandernahmen, um sie stückchenweise nach Lateinamerika und in die gesamte Dritte Welt zu verkaufen. Das Autoausschlachten wurde Philip jedoch nicht zur Last gelegt. Mit dem durch mein Geld begründeten Kredit erwarb und verkaufte die Gesellschaft Land; aber bei den meisten Grundstücken war die Eigentumssituation nicht klar; sie waren mit Vorbehaltsrechten belastet. Betrogene Käufer prozessierten. Es gab einen großen Skandal. Philip wurde verurteilt, legte aber Berufung ein; dann ließ er die Kaution verfallen und floh nach Mexiko. Dort wurde er beim Joggen im Chapultepec-Park gekidnappt. Seine Entführer waren wegen der Belohnung hinter ihm her. Die Treuhandgesellschaft, die den Kopf hinhalten mußte, als er sich aus dem Staube gemacht hatte, hatte eine Belohnung für seine Rückführung ausgesetzt. Es gibt Spezialisten für die Entführung von Menschen, Miss Rose, wenn die Beträge so hoch sind, daß sie das Risiko lohnend erscheinen lassen. Als Philip wieder in Texas war, leitete die mexikanische Regierung ein Auslieferungsverfahren ein, mit der Begründung, daß er illegal entführt worden sei, was ja tatsächlich zutraf. Mein armer Bruder starb, als er während des Hofgangs in einem Gefängnis in San Antonio Liegestütze machte. Das war das Ende seiner beachtlichen Mühen.

Nachdem wir ihn betrauert hatten und als ich Schritte unternahm, um mich für meine Verluste aus der Hinterlassenschaft zu entschädigen, mußte ich feststellen, daß sein persönlicher Besitz keine Aktiva aufwies. Er hatte sein gesamtes Vermögen seiner Frau und seinen Kindern vermacht.

Philips Verbrechen konnten mir nicht zur Last gelegt werden; da er mich aber zum Generalpartner gemacht hatte, wurde ich von seinen Gläubigern verklagt. Ich nahm mir Mr. Klaussen als Anwalt, den ich mir durch die Bemerkung in der Lobby seines Clubs vergrämte, daß die Leute im Speisesaal durch einen elektrischen Schlag ausgeschaltet werden sollten. Der Witz war brutal, das gebe ich zu, wenn auch nicht brutaler als das, was die Leute oft denken; aber auch der Nihilismus hat seine Tabus, und Standesvertreter können ihren Klienten solche Witze nicht durchgehen lassen. Klaussen machte da nicht mehr mit. So geriet ich denn nach Gerdas Tod in die Hände ihres energischen, aber unberechenbaren Bruders Hansl. Er beschloß, nicht unbegründet, daß ich nicht ganz bei Sinnen sei; und da er auf schnelles Handeln eingestellt ist, unternahm er dramatische Schritte und brachte mich binnen kurzem in meine augenblickliche Lage. Was für eine Lage! Zwei Brüder auf der Flucht, der eine nach Süden, der andere nordwärts und von Auslieferung bedroht. Keine bürgende Gesellschaft würde Prämienjäger auf mich hetzen. Ich bin's ihnen nicht wert. Und obwohl Hansl versprochen hatte, daß ich in Kanada sicher sein würde, machte er sich nicht die Mühe, die dortige Rechtslage selbst zu überprüfen. Das hat eine der Studentinnen, die bei ihm arbeiten, für ihn getan; und da sie ein gescheites und verführerisches Mädchen war, schien es ihm nicht angezeigt, ihre Ergebnisse zu kontrollieren.

Mitfühlende, kompetente Leute, die mich fragen, wer mich denn vertrete, sind beeindruckt, wenn ich es ihnen sage. »Hansl Genauer?« sagen sie. »Ein wirklich gescheiter Bursche. Mit dem müßten Sie gut fahren.«

Hans kleidet sich sehr elegant, mit Anzügen und Hemden aus Hongkong. Er ist ein schlanker Mann, der wie ein Konzertgeiger auftritt und Manieren hat, die als Manieren vollkommen überzeugen. Um seiner Schwester willen (»Sie hatte ein herrliches Leben mit dir; das hat sie bis zum letzten Atemzug gesagt«) war er mein Beschützer – oder wollte es sein. Ich war ein armer, alter Kerl, ein Hinterbliebener, unbeholfen, durch Zufall wohlhabend, aber töricht vertrauend, nach Strich und Faden betrogen. »Dein Bruder hat dich beschissen, und wie! Er und seine Frau.«

»War sie daran beteiligt?«

»Denk mal ein bißchen darüber nach. Hat sie einen deiner Briefe beantwortet?«

»Nein.«

Nicht einen einzigen, Miss Rose.

»Ich will dir mal sagen, wie ich mir das zusammenreime, Harry«, sagte Hansl. »Philip wollte seine Frau beeindrucken. Er hatte Angst vor ihr. In seiner Panik wollte er sie reich machen. Sie sagte ihm, sie sei alles, was er an Familie brauche. Um zu beweisen, daß er ihr glaubte, mußte er sein altes Fleisch und Blut dem neuen Fleisch und Blut zum Opfer bringen. Etwa: ›Ich bereite dir das Leben deiner Träume; du brauchst nichts weiter zu tun, als deinem Bruder die Gurgel abzuschneiden.‹ Er hat das Seine getan; er hat Geld angehäuft, Geld und nochmals Geld – ich nehme sowieso nicht an, daß er dich leiden konnte – und hat ihr die ganze Beute überschrieben. So daß, wenn er stürbe, was *niemals* eintreten würde ...«

Klugheit ist Hansls Instrument; er spielt es wie besessen, streicht es mit Eleganz, als lege er die Struktur einer Sonate, Phrase um Phrase für seinen zurückgebliebenen Schwager dar. Was brauchte ich noch mehr bei seinem Gefiedel? Ist denn, gütiger Gott, niemand auf *meiner* Seite? Mein Bruder hat mich bei meiner vertrauensvollen Liebe gepackt, wie man ein Karnickel an den Ohren packt. Hansl, der nun den Fall übernahm, analysierte für mich den Verrat bis in die feinsten Fasern der brüderlichen Bande, und das zeigte doch, daß er vollkommen auf meiner Seite stand – stimmt's? Er prüfte die Bücher der Gesellschaft, womit ich mich niemals abgegeben hatte, und wies auf Philips Missetaten hin. »Siehst du? Er hat das Land von seiner Frau, die nominelle Eigentümerin war, zum Gebrauch der Verschrottungsgesellschaft gepachtet; und jedes Jahr hat dieses Schwein sich selbst eine Pachtsumme von achtundneunzigtausend Dollar ausgezahlt. Da sind deine Gewinne hingewandert. Weitere Transaktionen der gleichen Art finden sich überall in den Bilanzen. Während du deine Sommer auf Korsika geplant hast.«

»Ich bin nicht fürs Geschäft geschaffen. Das ist mir klar.«

»Dein lieber Bruder war ein Ganzzeitkünstler im Betrügen. Er hätte einen Telefonservice einrichten können: ›Bei Anruf Betrug.‹ Aber du forderst die Leute auch heraus. Als Klaussen mir deine Akten übergab, hat er mir erzählt, was für kränkende, schlimme Sachen du gesagt hast. Warum er sich entschlossen hat, dich nicht weiter zu vertreten.«

»Aber den ihm nicht mehr zustehenden Teil des fetten Honorarvorschusses hat er nicht zurückgezahlt.«

»Jetzt werde *ich* für dich einstehen. Gerda ist dahin, also muß ich dafür Sorge tragen, daß sich die Dinge nicht verschlimmern – der einzige Erwachsene von uns dreien. Von meinen Klienten sind die, die am meisten lesen, auch immer im größten Schlamassel. Was sie Kultur nennen, verursacht, wenn du mich fragst, vor allem Verwirrung und hemmt sie in ihrer Entwicklung. Ich frage mich, ob du jemals verstehen wirst, warum du dich von deinem Bruder so hast reinlegen lassen, wie er's getan hat.«

Philips schlimme Welt hatte mich als Bewohner geliehen. Ich hatte mich allerdings in der Erwartung von Profiten an ihn gewandt, Miss Rose. Ich war nicht ohne Tadel. Und wenn er und seine Leute – Wirtschaftsprüfer, Manager, seine Frau – mich zwangen, zu fühlen, was sie fühlten, mich mit ihren Realitäten, ja sogar mit ihren täglichen Launen verklagten, dafür sorgten, daß ich alles erlitt, was sie erleiden mußten, dann war das schließlich und endlich *meine* Idee gewesen. Ich hatte versucht, *sie* auszunutzen. Die Frau meines Bruders, die Kinder, den Park, in dem sie wohnten, und die Kampfbulldoggen habe ich nie mehr wiedergesehen.

»Diese Frau ist ein juristisches Genie«, sagte Hansl.

Hansl sagte zu mir: »Du transferierst am besten das, was noch übrig ist – dein Treuhandkonto –, auf meine Bank, wo ich ein Auge darauf haben kann. Ich stehe mit den leitenden Angestellten dort auf gutem Fuß. Die Burschen sind tüchtig, und keine Fisimatenten. Man wird sich um dich kümmern.«

Man hatte sich schon vorher um mich »gekümmert«, Miss Rose. Walish hat den Nagel auf den Kopf getroffen mit seinem »Gefühlsleben« und den Leuten, die es führen. Gefühle sind traumartig, und geträumt wird üblicherweise im Bett. Offenbar habe ich immer schon nach einem sicheren Ort zum Niederlegen Ausschau gehalten. Hansl bot an, sichere Vereinbarungen für mich zu treffen, so daß ich mich nicht in Finanzen und in Gerichtsverfahren abzumühen brauchte, die zu anstrengend und labyrinthisch und zerstörerisch waren; ich nahm daher seinen Vorschlag an, und wir trafen uns mit einem der leitenden Angestellten seiner Bank. Tatsächlich hatte die Bank das Aussehen eines feinen alten Geldinstituts mit Orientteppichen, schweren geschnitzten Möbeln, Gemälden aus dem 19. Jahrhundert und Dutzenden von Hektarn Finanzatmosphäre über uns. Hansl und der Vizepräsident, der mich betreuen sollte, plauderten zunächst über den Warenmarkt, über die Kapriolen drüben im Rathaus, die Aussichten für Chicagos Baseballteam, Intimitäten mit ein paar Mädchen in der Rush Street Bar. Ich merkte, daß Hansl die Punkte, die er sich durch die Einbringung meines Kontos erwarb, dringend benötigte. Er war nicht gut gestellt. Das durfte zwar keiner aussprechen, aber ich merkte es bald. Viele Formulare wurden mir vorgelegt, die ich unterschrieb. Dann wurden mir zwei letzte Karten unterbreitet, und zwar als mein Schwung beim Unterzeichnen unaufhaltsam schien. Aber ich zog die Bremse. Ich fragte den Vizepräsidenten, wofür die Karten bestimmt seien, und er sagte: »Wenn Sie beschäftigt sind oder verreist, dann geben sie Mr. Genauer das Recht, für Sie zu handeln – auf Ihre Rechnung Aktien zu kaufen oder verkaufen.«

Ich steckte die Karten in die Tasche und sagte, daß ich sie mit nach Hause nehmen und per Post schicken würde. Wir gingen zum nächsten Punkt der Verhandlung über.

Hansl machte mir auf der Straße eine Szene, zerrte mich vom großen Portal der Bank weg und in eine enge Gasse des Loop. Hinter der Küche einer Hamburgerbraterei legte er los. Er sagte: »Du hast mich gedemütigt.«

Ich sagte: »Wir hatten vorher nicht über eine Vollmacht gesprochen. Du hast mich damit völlig überrumpelt. Warum hast du mich damit so überfallen?«

»Wirfst du mir etwa vor, ich hätte dich übertölpeln wollen? Wenn du nicht Gerdas Mann wärst, würde ich dir Beine machen. Du hast mir vor einem Geschäftsfreund das Wasser abgegraben. So bist du nicht mit deinem eigenen Bruder umgegangen, und ich bin dir durch Zuneigung näher als er durch Blutsbande, du Trottel. Ohne dich zu benachrichtigen, hätte ich über deine Papiere nicht verfügt.«

Ihm kamen vor Wut die Tränen.

»Laß uns doch um Himmels willen von diesem Küchenventilator weggehen«, sagte ich. »Diese Gerüche ekeln mich an.«

Er schrie: »Du stehst draußen! Draußen!«

»Und du bist *drinnen*.«

»Wo zum Teufel soll man auch sonst sein?«

Miss Rose, ich bin sicher, Sie haben uns verstanden. Wir sprachen über das Zentrum eines Sturmes. Ein hübscheres Wort dafür ist das französische *le tourbillon* oder Wirbelwind.

Ich war nicht draußen; es war nur mein Plan, da *rauszukommen*. Es war ein Fall von Desorientiertheit, meine Liebe. Ich weiß, daß es für jeden von uns einen angemessenen Zustand gibt. Und solange ich mich nicht in angemessenem Zustand befinde, dem Zustand der Einsicht, in dem ich mich nach Plan oder Bestimmung befinden sollte, muß ich für das Elend, das andere durch meine Desorientiertheit erleiden, die Verantwortung übernehmen. Bis das ein Ende hat, kann es nur Irrtümer geben. Um es anders auszudrücken: meine Träume von Orientierung oder wahrer Einsicht quälen mich, weil sie mir suggerieren, daß die Welt, in der ich – zusammen mit anderen – mein Leben lebe, eine Erfindung ist, ein Vergnügungspark, der jedoch nicht vergnüglich ist. Er ähnelt, wenn sie mir folgen können, dem Privatpark meines Bruders, und dieser Park sollte durch äußere Zeichen beweisen, daß Philip sich auf dem Weg zum innersten Zentrum der Wirklichkeit befand. Philip hatte die Szene hergerichtet, mit Unterschlagungen dafür bezahlt, aber er hatte nichts, um sie auszufüllen. Er war gezwungen zu fliehen, verfolgt von Prämienjägern, die ihn in Chapultepec stellten, und so weiter. Mit seinem Gewicht, in dieser Höhe und im Smog von Mexico City zu joggen, war selbstmörderisch.

Jetzt wurde Hansl deutlicher, denn als ich ihm sagte: »Diese Wertpapiere können sowieso nicht veräußert werden. Verstehst du denn nicht? Die Kläger haben gesetzmäßig eine Liste all meiner Vermögenswerte angefertigt«, hatte er seine Antwort parat: »Vor allem festverzinsliche Wertpapiere«, sagte er. »Gerade damit kann ich sie am ehesten übertölpeln. Sie haben die Liste vor zwei Wochen kopiert; sie befindet sich jetzt in den Akten bei ihren Anwälten, und sie werden sie monatelang nicht überprüfen. Sie denken, sie hätten dich, aber wir tun folgendes: wir verkaufen diese alten Papiere insgesamt und kaufen an ihrer Stelle neue. Wir ändern alle Nummern.

Das kostet dich lediglich die Maklergebühren. Wenn es dann soweit ist, stellen sie fest, daß sie die Hand auf Wertpapieren haben, die dir gar nicht mehr gehören. Wie sollen sie die neuen Nummern ausfindig machen? Und bis dahin habe ich dich außer Landes.«

Hier zog sich meine Kopfhaut unerträglich zusammen, es war eine Vorahnung von noch schlimmeren Fehlern, noch größeren Schrecken. Und zugleich auch Versuchung. Die Menschen hatten mir übel mitgespielt, und bislang ohne Vergeltung. Mein Gedanke war: es ist an der Zeit, daß *ich* einen kühnen Zug mache. Wir befanden uns in der schmalen Gasse zwischen zwei Riesenunternehmen der Innenstadt (das Hamburgerlokal war dazwischen geklemmt). Ein gepanzerter Geldtransporter hätte sich kaum zwischen diesen engen riesigen schwarzen Mauern hindurchzwängen können.

»Du meinst, ich ersetze die alten Obligationen durch neue, und ich kann sie nach Belieben auch vom Ausland aus verkaufen?«

Hansl, der sah, daß ich die erlesene Süße dieses Planes zu begreifen begann, schenkte mir ein hinreißendes Lächeln, als er sagte: »Genau das wirst du tun. Das ist das Geld, von dem du leben wirst.«

»Das ist ein irrer Gedanke«, sagte ich.

»Schon möglich, aber willst du dich den Rest deines Lebens vor Gericht herumstreiten? Geh doch außer Landes und verzehre, was von deinem Vermögen noch übrig ist, ungestört im Ausland. Suche dir einen Ort, wo der Dollar stark ist, und verbringe den Rest deiner Tage mit Musikstudien oder zu was du sonst noch Lust hast. Gerda, Gott segne sie, ist dahin. Was hält dich noch?«

»Niemand außer meiner alten Mutter.«

»Vierundneunzig Jahre alt? Und völlig weggetreten? Du kannst das Copyright von deinem Lehrbuch auf ihren Namen übertragen, und mit den Einnahmen ist sie versorgt. Als nächstes sollten wir uns im internationalen Recht absichern. Ich habe da ein tolles Mädchen im Büro. Sie hat beim *Yale Law Journal* gearbeitet. Jemand Gescheiteres als sie gibt's nicht. Die findet ein Land für dich. Ich lasse sie ein Gutachten über Kanada anfertigen. Wie wär's mit British Columbia, wo sich die alten Kanadier zur Ruhe setzen?«

»Wen kenne ich denn da? Mit wem soll ich reden? Und was ist, wenn die Gläubiger hinter mir her sind?«

»Dafür hast du nicht mehr genug Geld übrig. So viel springt für sie dabei nicht mehr raus. Die werden dich vergessen.«

Ich sagte Hansl, ich würde seinen Vorschlag überdenken. Ich mußte Mutter im Pflegeheim besuchen.

Bei der Einrichtung des Heims hatte man versucht, alles normal erscheinen zu lassen. Ihr Zimmer glich in etwa dem normalen Krankenzimmer mit Plastikfarnen und feuersicheren Gardinen. Die Stühle, die schmiedeeisernen Gartenmöbel ähnelten, waren ebenfalls aus Kunststoff und leicht. Ich hatte mein Problem mit den Farnen. Ich mochte es nicht, daß ich sie anfassen mußte, um festzustellen, ob sie echt waren. Es warf ein Licht auf mein Verhältnis zur Wirklichkeit, daß ich es nicht auf den ersten Blick sehen konnte. Aber schließlich erkannte Mutter mich auch nicht; und das war eine komplexere Angelegenheit als die Farne.

Ich kam am liebsten zur Essenzeit, denn sie mußte gefüttert werden. Sie zu füttern war für mich unendlich bedeutsam. Ich übernahm das Füttern vom Pfleger. Ich hatte schon lange aufgegeben, ihr zu sagen: »Ich bin Harry.« Ich erwartete auch nicht, durch das Füttern eine Beziehung herzustellen. Es kam mir immer so vor, als hätte ich etwas von ihrem reichen, verrückten Wesen und ihrer Lebenslust geerbt; aber jetzt war es nutzlos, sich solchen Gedanken hinzugeben. Das Tablett wurde gebracht, und der Pfleger band ihr den Schlabberlatz vor. Sie schluckte willig die Rübencremesuppe. Wenn ich ihr gut zuredete, nickte sie. Erkennung: null. Zwei Gesichter aus dem alten Kiew, ähnliche Stirnbuckel. Sie hatte den Krankenhauskittel an und trug einen dünnen Strich Lippenstift auf dem Mund. Auch durch die aufgesprungene Haut ihrer Wangen hatte sie Farbe. Sie war keineswegs schweigsam und sprach über ihre Familie, aber ich wurde nicht erwähnt.

»Wieviel Kinder hast du denn?« fragte ich.

»Drei: zwei Töchter und einen Sohn, meinen Sohn Philip.«

Alle drei waren tot. Vielleicht war sie schon in Verbindung mit ihnen. In diesem Leben war nur noch ganz wenig Wirklichkeit übrig; vielleicht hatten sie in einem anderen bereits Verbindungen aufgenommen. Ich zählte zu den Lebenden und wurde nicht mitgerechnet.

»Mein Sohn Philip ist ein tüchtiger Geschäftsmann.«

»Oh, ich weiß.«

Sie starrte mich an, fragte aber nicht, woher ich das wußte. Mein Nicken schien ihr zu bedeuten, daß ich ein Mann mit vielen Kontakten war, und das genügte ihr.

»Philip ist sehr reich«, sagte sie.

»Wirklich?«

»Ein Millionär, und ein wunderbarer Sohn. Er hat mir immer Geld gegeben. Ich habe es auf ein Postsparbuch eingezahlt. Hast du Kinder?«

»Nein.«

»Meine Töchter besuchen mich. Aber der beste von allen ist mein Sohn. Er bezahlt mir alle Rechnungen.«

»Hast du Freunde in diesem Heim?«

»Niemand. Und es gefällt mir auch nicht. Ich habe die ganze Zeit Schmerzen, besonders in den Hüften und Beinen. Ich fühle mich so elend, daß ich an manchen Tagen am liebsten aus dem Fenster springen möchte.«

»Aber das tust du doch nicht, oder?«

»Na ja, ich denke mir: Was würden Philip und die Mädchen mit einer verkrüppelten Mutter machen?«

Ich ließ den Löffel in die Suppe gleiten und stieß ein schrilles Lachen aus. Es war so jäh und durchdringend, daß sie hochschreckte, um mich prüfend anzusehen.

Unsere Küche am Independence Boulevard war früher von derartigem Kakadugeschrei – zumeist weiblichem – erfüllt gewesen. In den alten Tagen saßen die Shawmutfrauen in der Küche, wo gigantische Mahlzeiten gekocht wurden: Bottiche voll Kohlrouladen, dicke Scheiben Rinderbrust. Ananaskuchen, mit braunem Zuckerguß glasiert, kamen aus dem Ofen. Leise Stimmen gab es da nicht. In diesem Vogelkäfig konnte man sich kein Gehör verschaffen, wenn man nicht selber kreischte, und ich hatte als Kind gelernt, wie eine dieser opernhaften Vogel-Frauen mit den anderen zu kreischen. Das bekam Mutter jetzt von mir zu hören, den Klang der Stimme von einer ihrer Töchter. Aber ich hatte keine gebauschte Frisur; ich hatte eine Glatze und trug einen Schnurrbart und keinen Lidstrich. Während sie mich anstarrte, trocknete ich ihr das Gesicht mit der Serviette ab und fütterte sie weiter.

»Spring nicht, Mutter, du tust dir weh.«

Aber hier wurde sie von allen Mutter genannt; darin lag nichts Persönliches.

Sie bat mich, das Fernsehen anzustellen, damit sie *Dallas* ansehen könnte.

Ich sagte, es sei noch nicht so weit, und ich unterhielt sie, indem ich ihr Stücke aus *Stabat Mater* vorsang. Ich sang: *»Eja mater, fons amo-o-ris.«* Pergolesis sakrale Kammermusik (anders als seine feierlichen Messen für die neapolitanische Kirche) war nicht nach ihrem Geschmack. Natürlich liebte ich meine Mutter, und einst hatte sie mich geliebt. Ich erinnere mich genau, daß sie mir mit einem dicken Stück Olivenölseife die Haare wusch und wie es ihr zusetzte, als ich weinte, weil mir Seife in die Augen gekommen war. Als sie mich mit einem chinesischen Anzug ausstaffierte (kurze Hosen aus Seide), um mich zu einem Kostümfest zu schicken, küßte sie mich voller Inbrunst. Das waren Ereignisse, die sich vielleicht kurz vor dem Boxeraufstand oder vor sechs Jahrhunderten in den Hintergassen von Siena zugetragen haben könnten. Baden, Kämmen, Ankleiden, Küssen – das waren jetzt ferne, uralte Bräuche. Es gab, da ich älter wurde, kein Mittel, sie am Leben zu erhalten.

Als ich auf dem College war (ich wurde dorthin geschickt, um Elektrotechnik zu studieren, aber ich habe mich zur Musik abgesetzt), sagte ich immer gern, wenn die Studenten sich über ihre Familien lustig machten: weil ich kurz vor dem Sabbath geboren wurde, hatte meine Mutter zuviel in der Küche zu tun gehabt, um sich Zeit dafür zu nehmen; drum hätte mich meine Tante gebären müssen.

Ich küßte das alte Mädchen – sie kam mir leichter vor als Rohrgeflecht. Aber ich fragte mich, was ich eigentlich getan hatte, um diese Vergessenheit zu verdienen, und warum der fettarschige Philip, der Übeltäter, ihr Liebling gewesen war, der wahre Sohn. Allerdings belog er sie nicht wegen *Dallas* und versuchte auch nicht, um seiner selbst willen ihre Gefühle wiederzubeleben; ihre mütterliche Erinnerung mit christlicher Musik anzusprechen (Latein des vierzehnten Jahrhunderts von J. da Todi). Meine Mutter, zu zwei Dritteln verlöscht, und mein Bruder – wer wußte, wo ihn seine Frau begraben hatte? – waren beide der amerikanischen Welt von heute und ihren lebhaftesten materiellen Interessen treu gewesen. Philip fand daher ihr Verständnis. Ich nicht. Wenn ich beim Dirigieren von Mozarts *Krönungsmesse* oder Händels *Salomon* meine langen Arme schwang, dann entschwebte ich ins Erhabene. So war ich viele Jahre lang meiner Mutter unverständlich geblieben, hatte wunderlich mit ihr geredet. Durch was sollte sie sich an mich erinnern? Vor einem halben Jahrhundert hatte ich mich geweigert, bei *ihren* Küchenauftritten mitzuspielen. Sie hatte zur weltweiten Schar der Stanislawski-Mütter gehört. In den zwanziger und dreißiger Jahren hatten diese Frauen in Tausenden von Küchen in der gesamten zivilisierten Welt von Saloniki bis San Diego das Regiment geführt. Sie hatten ihre Töchter gewarnt, daß die Männer, die sie heirateten, Vergewaltiger sein würden, denen sie sich pflichtschuldig zu unterwerfen hatten. Und als ich Mutter sagte, daß ich Gerda heiraten würde, öffnete sie ihr Portemonnaie, gab mir drei Dollar und sagte: »Wenn du's so dringend nötig hast, geh ins Bordell.« Natürlich reine Angabe.

»Merkend wie wir leiden« – wie Ginserg in ›Kaddisch‹ schrieb, stand ich fürchterliche Qualen aus. Ich war hergekommen, um über Ma eine Entscheidung zu fällen, und es konnte sein, daß ich das Spiel manipulierte, die Karten zinkte, daß ich mir sagte, Miss Rose: »Immer bin ich es gewesen, der sich um die hirnverbrannte, leidende, unselige, schrille alte Mutter kümmerte, nicht Philip. Philip war zu beschäftigt, sich zu einem gebieterischen Amerikaner aufzubauen.« Ja, so habe ich's formuliert, Miss Rose, und bin sogar noch weiter gegangen. Die Krönung von Philips Erfolgen war, mich zu torpedieren. Er traf mich unter der Wasserlinie, ein Volltreffer, und mein Vermögen ging hoch; ein Opfer für Tracy und ihre Kinder. Und jetzt soll ich als Bergungsgut abgeschleppt werden.

Ich will Ihnen die Wahrheit sagen, Miss Rose, ich war über die Ungerechtigkeit in Wut geraten. Sie werden mir wohl zustimmen, nicht nur, daß man mich ausgenutzt hat, sondern daß ich unvergleichlich dumm gewesen bin, eine burleske Figur. Ich hätte für »Simple Simon« auf den Tapeten der Kinderzimmer in Texas Modell stehen können.

Da ich Ihnen gegenüber ohne Anlaß grausam beleidigend

gewesen bin, bereiten Ihnen diese Enthüllungen, der Bericht über meinen gegenwärtigen Zustand vielleicht Genugtuung. Fast jeder beliebige Mensch in vorgerücktem Alter kann denen, die er beleidigt hat, solch eine Genugtuung gewähren. Man muß sich nur die Liste der wahren Tatsachen, das schmerzliche Inventar ansehen. Lassen sie mich jedoch hinzufügen, daß auch ich durchaus Grund habe, Rachegefühle zu hegen, aber dennoch einen dionysischen Rausch der Rachsucht nicht erlebt habe. Dagegen habe ich das Gefühl zunehmender Ruhe und größerer Stärke gehabt – meine emotionale Entwicklung ist stetig gewesen, nicht sprunghaft.

Die texanische Gesellschaft – was davon übrig war – wurde vom Anwalt meines Bruders verwaltet, der alle meine Anfragen mit Computerausdrucken beantwortete. Zwar gab es – wenigstens auf dem Papier – Kapitalerträge, aber dafür mußte ich auch Steuern zahlen. Die noch übrigen 300 000 Dollar würden in Prozessen draufgehen, wenn ich nichts unternahm; ich entschloß mich daher, Hansls Plan zu folgen, selbst wenn er zur »Götterdämmerung« der mir verbliebenen Aktiva führte. Um so besser für Ihre Unschuld und Ihren Seelenfrieden, wenn Sie diese Erläuterungen nicht verstehen. Zeit zurückzuschlagen, sagte Hansl. Seine schlauen Blicke waren sehenswert. Daß ein Mann, der so gerissen aussehen konnte, in Wirklichkeit kein Genie der Intrige sein sollte, war die unwahrscheinlichste Sache der Welt. Seine Lachfältchen von tiefer Verschlagenheit ließen mich Hansl vertrauen. Die Obligationen, die die Kläger (Gläubiger) aufgelistet hatten, wurden insgeheim gegen neue veräußert. Meine Spuren wurden verwischt, und ich setzte mich nach Kanada ab, einem fremden Land, in dem meine eigene Sprache, oder annäherndes Gleiches, gesprochen wird. Dort sollte ich in Frieden mein Leben beschließen, und das zu einem vorteilhaften Wechselkurs. Ich habe für Kanada eine gewisse Sympathie entwickelt. Es ist keine Kleinigkeit, eine gemeinsame Grenze mit den USA zu haben. Kanadas Hauptunterhaltung – es hat keine andere Wahl – ist (von einer überwältigenden Kulisse aus) zu beobachten, was sich in unserem Land zuträgt. Nur wird verhängnissvollerweise keine andere *show* geboten. Abend für Abend sitzen sie im Dunkeln und beobachten uns auf dem erleuchteten Bildschirm.

»Jetzt, nachdem du deine Maßnahmen getroffen hast«, sagte Hansl, »kann ich dir sagen, wie stolz ich bin, daß du zurückschlägst. Es wäre eine Schande, sich weiter von diesen Scheißkerlen schinden zu lassen.«

Der geschäftige Hansl war in Wirklichkeit übergeschnappt, und noch bevor ich nach Vancouver zog, fing ich an, das zu begreifen. Ich sagte mir zwar, daß sich seine persönlichen Absonderlichkeiten nicht auf sein Berufsleben auswirkten. Aber bevor ich floh, brachte er ein halbes Dutzend verworrener Ideen aufs Tapet, was ich alles für ihn tun müsse. Er war etwas verbittert, weil ich ihn, wie er sagte, von meinem kulturellen Prestige keinen Nutzen ziehen ließe. Ich war verwirrt und bat um ein Beispiel. Er sagte, ich hätte ihn beispielsweise nie für eine Mitgliedschaft im University Club vorgeschlagen. Ich hatte ihn dort zum Lunch eingeladen, und es stellte sich heraus, daß er von der akademischen Aristokratie der Ostküste, der Ehrwürdigkeit der Bar, den Ledersesseln und den hohen Fenstern des Speisesaals mit den Siegeln der großen Universitäten in buntem Glas tief beeindruckt war. Er hatte in De Paul, Chicago, studiert. Er hätte erwartet, daß ich ihn fragte, ob er nicht beitreten wolle, aber dazu sei ich zu selbstsüchtig oder zu versnobt gewesen. Da er jetzt meine Rettung betreibe, könne er zumindest verlangen, daß ich meinen Einfluß beim Mitgliederausschuß geltend machte. Das sah ich ein und schlug ihn bereitwillig, ja sogar mit Vergnügen vor.

Als nächstes verlangte er, ihm bei einer seiner Damen behilflich zu sein. »Das sind Kenwoods – ein altes Versandhaus-Vermögen. Die Familie ist musikalisch und kunstbegabt. Babette ist eine gutaussehende Witwe. Der erste Mann hatte Syph, und ehrlich gesagt bin ich ein bißchen nervös, nach ihm einzusteigen, aber damit werde ich schon fertig; ich glaube nicht, daß ich es auch kriege. Nun ist Babette von dir beeindruckt; sie hat dich als Dirigenten gehört und einige deiner Musikkritiken gelesen; hat dich im Fernsehen auch auf ›Kanal elf‹ gesehen. In der Schweiz ausgebildet, kann Sprachen, und dies ist ein Fall, wo ich deine kulturelle Keule einmal brauchen könnte. Ich schlage daher vor, daß du uns in ›Les Nomades‹ ausführst – privates Essen ohne Geschirrklappern. Ich habe ihr im ›Roman Rooftop‹ das beste italienische Essen der Stadt vorgesetzt, aber die klappern nicht nur mit dem Geschirr, sondern haben sie auch mit dem Natrium-Glutamat auf dem Kalbsbraten vergiftet. Also iß mit uns in ›Les Nomades‹. Du kannst den Rechnungsbetrag von meinem nächsten Honorar abziehen. Ich war immer der Überzeugung, daß du dir die ›Klasse‹, mit der du die Menschen beeindruckst, bei meiner Schwester angeeignet hast. Schließlich wart ihr eine Familie von russischen Hausierern, und dein Bruder war ein übler Verbrecher. Meine Schwester hat dich nicht nur geliebt, sie hat dir auch Stil beigebracht. Eines Tages wird man einsehen, daß unser Land nicht in einem derartigen Schlamassel stecken würde, wenn dieser verdammte Roosevelt nicht vor jüdischen Flüchtlingen aus Deutschland die Tür zugeschlagen hätte. Wir hätten zehn Kissingers haben können; und niemand wird je erfahren, wieviel wissenschaftliches Talent in den Lagern in Rauch aufgegangen ist.«

Ach ja, in »Les Nomades« habe ich's wieder geschafft, Miss Rose. Am Vorabend meines Flugs war ich verständlicherweise erregt. Bei einem Gefäß würde man sagen, bis zum Fließpunkt gekippt. Die junge Witwe, auf die er's abgesehen hatte, war auf eine Weise attraktiv, an die man sich gewöhnen mußte. Ich war davon fasziniert, daß jemand mit einer Habsburger Unterlippe so hurtig sprechen konnte, und ich hätte auch gesagt, daß ihre Größe ein leichtes Unbehagen auslöste. Gerda, an der sich mein Geschmack gebildet hatte, war eine kleine, köstliche Frau gewesen. Es bestand jedoch kein Grund, Vergleiche anzustellen.

Wenn Fragen über Musik gestellt werden, bemühe ich mich immer ernsthaft, sie zu beantworten. Man hat mir schon gesagt, daß ich in dieser Hinsicht sonderbar blöd wirke, ein Stichwortlieferer auf der Bühne. Babette hatte Musik studiert, ihre Eltern gehörten zum Förderkreis der Lyric Opera; nachdem sie mich jedoch nach meiner Meinung über die Aufführung von Monteverdis *Krönung der Poppaea* gefragt hatte, nahm sie das Heft in die Hand und beantwortete sich alle ihre Fragen selber. Vielleicht hatte der kürzliche Verlust sie nervös geschwätzig gemacht. Ich hab's immer gern, wenn ein anderer das Gespräch bestreitet, aber diese Babette war trotz ihrer großen Unterlippe zu viel für mich. Unablässig schwätzend wiederholte sie eine halbe Stunde lang, was sie von einflußreichen Verwandten über die politischen Machenschaften gehört hatte, die die Einnahmen aus dem Kabelfernsehen in Chicago betrafen. Dem ließ sie ein langes Gespräch über Filme folgen. Ich gehe selten ins Kino. Meine Frau fand keinen Geschmack daran. Auch Hansl war verloren in dieser ganzen Diskussion über Regisseure, Schauspieler, neue Ansätze bei der Gestaltung der Geschlechterbeziehungen, dem Fortschritt sozialer und politischer Ideen in der Entwicklung des Mediums. Ich hatte überhaupt nichts zu sagen. Ich dachte über den Tod nach, und außerdem noch über die besten Themen, über die Betrachtungen anzustellen meinem Alter entsprach, die im großen und ganzen erfreuliche Offenheit der Dinge gegen

Ende des Wegs, die Außenbezirke vom Reich des Lebens. Mir war Babettes Geplapper nicht allzu lästig; ich bewunderte ihre geschmackvolle Kleidung, die geschwungenen weißen und pflaumenfarbenen Streifen ihrer entzückenden Bluse von Bergdorf. Sie war gut gebaut. Kann sein, daß ihre Schultern zu schwer waren, der Habsburger Unterlippe entsprachen. Das würde Hansl nichts ausmachen; er dachte an die Verbindung von Geist und Geld.

Ich hoffte, daß mich in Kanada nicht der Schlag treffen würde. Dann wäre niemand da, um mich zu versorgen; weder eine diskrete, sanfte Gerda noch eine geschwätzige Babette.

Ich merkte nicht, daß einer meiner Anfälle im Anzug war; aber als wir uns an der halboffenen Tür der Garderobe befanden und Hansl der Garderobiere mitteilte, daß der Mantel der Dame ein dreiviertellanger Zobelumhang sei, sagte Babette: »Jetzt wird mir klar, daß ich das Gespräch an mich gerissen und den ganzen Abend geredet und geredet habe. Es tut mir so leid ...«

»Das macht nichts«, erklärte ich ihr. »Sie haben nichts gesagt.«

Sie, Miss Rose, sind am ehesten in der Lage, die Wirkung einer derartigen Bemerkung zu beurteilen.

Am nächsten Tag sagte Hansl zu mir: »Dir kann man einfach nicht trauen, Harry, du bist ein geborener Verräter. Du hast mir leid getan, weil du dein Auto, deine Möbel und Bücher verkaufen mußtest, und wegen deines Bruders, der dich beschissen hat, und wegen deiner alten Mutter und des Sterbens meiner armen Schwester, aber in dir steckt weder Dankbarkeit noch Rücksichtnahme. Du kränkst alle und jeden.«

»Mir war nicht bewußt, daß ich die Gefühle der Dame verletzte.«

»Ich hätte die Frau heiraten können. Das war schon praktisch gelaufen. Aber ich war ein Idiot. Ich mußte *dich* mit reinbringen. Und jetzt, damit du es weißt, hast du dir einen neuen Feind mehr gemacht.«

»Wen? Babette?«

Hansl enthielt sich einer Antwort. Er zog es vor, mir ein gewichtiges zweideutiges Schweigen aufzuerlegen. Seine Augen, die sich angesichts der Aufdeckung meiner Ungeheuerlichkeit verengten und erweiterten, blickten mich einfältig an. Die Botschaft dieses Blinkens war, daß die Grundfesten seines guten Willens zerstört waren. In der ganzen Welt hatte ich nur Hansl gehabt, an den ich mich wenden konnte. Alle anderen waren mir entfremdet. Und jetzt konnte ich auch auf ihn nicht mehr zählen. Das war keine erfreuliche Entwicklung für mich, Miss Rose. Ich kann nicht behaupten, daß mir das nicht zugesetzt hätte, obwohl ich an die Zuverlässigkeit meines Schwagers schon nicht mehr glauben konnte. Gemessen an der Charakterfestigkeit im innersten Kern der amerikanischen Geschäftswelt war Hansl selbst eine komische Figur. Ganz abgesehen von seinen unausgeglichenen Denkgewohnheiten war er durch seine Stehgeiger-Erscheinung disqualifiziert, durch seine edlen Hände, die manikürten, haselnußförmigen Fingernägel und seine Augen – jenen Augen gleichend, die man im Zoo in den überheizten, schummrigen Winkeln des Tierhauses für nachtjagende Tiere zu sehen bekommt, wo die Düsternis der Tropennacht herrscht. Wäre jemals ein leitender Angestellter der Aramco, der arabisch-amerikanischen Ölgesellschaft sein Klient geworden? Hansl hatte keine vernünftigen Pläne, sondern nur gerissene Phantastereien, einander jagende Projekte. Sie blähten sich auf wie Eidechsenkehlen und fielen in sich zusammen wie Blasenkaugummi.

Was die Beleidigungen angeht, ich habe nie jemanden vorsätzlich beleidigt. Mir kommt es zuweilen so vor, daß ich gar kein Wort zu sagen brauchte, die Leute würden sich doch von mir beleidigt fühlen – daß meine Existenz sie beleidigt. Ich komme wider Willen zu diesem Schluß, denn ich halte mich weiß Gott für einen Menschen mit normalen gesellschaftlichen Instinkten und bin mir nicht bewußt, je einen Menschen willentlich gekränkt zu haben. Auf verschiedene Weise habe ich versucht, Ihnen das klarzumachen und habe Wörter wie Anfall, Verzückung, *Fatum*, dämonische Besessenheit oder sogar Solarsturm benutzt – in mikroskopischem Maßstab! Je besser die Menschen sind, desto weniger nehmen sie Anstoß an diesem Talent – oder Fluch –, und ich vermute, daß Sie mich weniger hart beurteilen werden als Walish. In einer Hinsicht hat er freilich recht. Sie haben nichts getan, um mich herauszufordern. Sie waren die sanftmütigste, die einzige von denen, die ich verletzt habe, die zu verletzen ich nicht den geringsten Anlaß hatte. Das schmerzt mich am meisten. Aber da ist noch mehr. Das Schreiben dieses Briefes ist der Anstoß für bedeutende Entdeckungen über mich selbst gewesen; so bin ich noch mehr in Ihrer Schuld, denn mir ist klar, daß Sie das Böse, das ich Ihnen angetan habe, mit Gutem vergolten haben. Ich habe den Mund aufgetan, um auf Ihre Kosten einen groben Scherz zu machen, und fünfunddreißig Jahre später ist das Ergebnis eine Gedankenverbindung.

Um aber zu dem zurückzukehren, was ich buchstäblich bin: ein im Grunde unwichtiger alter Kerl, leidend, von jeglicher Freundschaft abgeschnitten, zur Auslieferung bestimmt und mit einer Zukunft, die die trübsten Aussichten rechtfertigt (soll ich mir ein Extrabett ins Zimmer meiner Mutter stellen und mich krank und unzurechnungsfähig erklären lassen?).

Als ich in diesem Winter in Vancouver umherlief, habe ich erwogen, eine Anthologie spitzer Aussprüche herauszugeben. Aus meinem Schicksal Profit zu ziehen. Aber dafür bin ich zu demoralisiert. Ich kann mich nicht zusammenreißen.

Statt dessen fallen mir ständig Lesefragmente und Erinnerungsfetzen ein, wenn ich zwischen meinem Haus und dem Supermarkt unterwegs bin. Ich kaufe zur Unterhaltung ein, aber kanadische Supermärkte verwirren mich. Sie sind nicht so eingerichtet wie unsere. Sie führen weniger Marken. Waren wie Salat und Bananen sind unerschwinglich teuer, während Luxusgüter wie tiefgefrorener Lachs verhältnismäßig billig sind. Aber wie sollte ich mit einem großen gefrorenen Lachs fertig werden? Er würde nicht in meinen Backofen passen, und wie sollte ich ihn mit meinen arthritischen Händen in Portionen zersägen?

Ständige Fragmente, inspirierte Epigramme oder spontane Formulierungen von Bosheiten kommen und gehen. Clemenceaus Ausspruch über Poincaré, daß dieser ein Wasserkopf in Lackschuhen sei. Oder Churchill, der, als die Königin von Tonga während der Krönungsfeierlichkeiten für Elizabeth II. in einem Landauer vorbeifuhr, auf die Frage: »Ist dieser kleine Herr in Admiralsuniform der Gemahl der Königin?« erwiderte: »Ich glaube, er ist ihr Lunch.«

Als man Disraeli auf dem Totenbett mitteilte, daß Königin Victoria zu Besuch gekommen sei und sich im Vorzimmer befinde, sagte er zu seinem Diener: »Ihre Majestät will nur, daß ich dem geliebten Albert eine Botschaft überbringe.«

Derartige Beispiele können köstlich sein, wenn sie nicht ständig kämen und von einem Ruch der Verzweiflung begleitet wären, den ich nicht mehr unter Kontrolle habe.

»Sie sehen blaß und erschöpft aus, Herr Professor.«

»Ich hatte gerade einen Gedankenaustausch mit Professor Y und fühle mich völlig entleert.«

Schlimmer noch ist das nervöse Wortspiel, das ich nicht lassen kann.

»Sie ist die Frau, die den Topf in das Stopfgarn gesteckt hat.«

»Er ist der Mann, dem der Baum in den Baumeister geraten ist.«

»Die Frucht in fruchtlos.«

»Das Dach in Verdacht.«

Erholungen eines zerfallenden Geistes, Miss Rose. Vielleicht Symptome von hohem Blutdruck oder geringfügige Beweise persönlichen Widerstands gegen die riesige öffentliche Hand des Gesetzes (diese Hand wird erst zurückgenommen werden, wenn ich tot bin).

Es ist also kein Wunder, daß ich mit der alten Mrs. Gracewell so viel Zeit verbringe. In ihrem Wohnzimmer mit Meißner-Krimskrams und mit seinen unbequemen Stühlen bin ich zu Hause. Seit vierzig Jahren Witwe und eine Frau mit wunderlichen Ansichten, fühlt sie sich in meiner Gesellschaft wohl. Wenige Besucher wollen etwas über den Göttlichen Geist hören, aber ich bin ernstlich bereit, über die mysteriösen und faszinierenden Beschreibungen nachzudenken, die sie bietet. Der Göttliche Geist, erzählt sie mir, hat sich in unserer Zeit aus der äußeren, sichtbaren Welt zurückgezogen. Man kann sehen, was er früher gewirkt hat: man ist umgeben von den von ihm geschaffenen Formen. Aber wenn die natürlichen Abläufe auch weitergehen, das Göttliche hat sich daraus entfernt. Das gewirkte Werk ist von heller Göttlichkeit, aber das Göttliche ist darin nicht mehr wirksam. Die Größe der Welt verblaßt. Und dies ist unsere menschliche Szene, gottlos, sagt sie mit großem Ernst. Aber in dieser verlassenen Schönheit lebt der Mensch selbst immer noch als ein von Gott durchdrungenes Wesen. Ihm – uns – wird es anheimgegeben sein, das Licht zurückzuholen, das aus diesen geformten Ebenbildern geschwunden ist, wenn wir von den Mächten des Dunkels nicht daran gehindert werden. Der Verstand, von allen vergöttert, bringt uns bis zur Naturwissenschaft, und diese Wissenschaft, so groß sie ist, ist unvollständig. Erlösung von der *bloßen* Natur ist ein Werk des Gefühls und des erweckten Auges des Geistes. Der Körper, sagt sie, ist der Schwerkraft unterworfen. Aber die Seele wird in aller Reinheit von Leichtigkeit geleitet.

Ich höre mir das an und habe dabei keine boshaften Regungen. Das alte Mädchen wird mir fehlen. Nach viel Affentheater, liebe Miss Rose, bin ich bereit, Worten von tiefstem Ernst zuzuhören. Viel Zeit ist nicht mehr übrig. Der Oberste Gerichtsvollzieher wird sich demnächst von Seattle auf den Weg machen.

Wie habt ihr euren Tag verbracht?

Vor Bestürzung benommen, von einem rastlosen Geist verführt, unternahm Katrina Goliger eine Reise, die sie nicht hätte unternehmen sollen. Was war mit ihr los, warum jagte sie so herum? Verlor sie, eine geschiedene, nicht mehr ganz junge Frau aus der Vorstadt mit zwei halbwüchsigen Kindern, an Boden, sah sie nicht mehr gut aus, oder ließen ihre Chancen so schnell nach, daß sie leichtsinnig wurde? Das Aussehen war kein Problem für sie: Sie war durchaus hübsch, dunkles Haar, nette Augen. Sie war füllig, neigte ein wenig zur Plumpheit, aber damit wurde sie mit einigem Geschick fertig. Victor Wulpy, der Mann in ihrem Leben, mochte sie, wie sie war. Am ehesten konnte man ihr noch ihre Ungeschicklichkeit vorwerfen. Ungeschicklichkeit kann jedoch mädchenhaft wirken, wenn man gut mit ihr umgehen konnte. Aber es gab nur wenige Dinge, mit denen Trina gut umgehen konnte. Um es zusammenzufassen: Sie war tatsächlich einigermaßen hübsch, sie war unbeholfen und fürchterlich unstet.

Fairerweise muß man zugeben, daß ihre Entscheidungen zunehmend durch Wulpy beschnitten wurden. Nicht daß er launisch gewesen wäre. Er mußte sich mit ganz besonderen Schwierigkeiten auseinandersetzen – seinem Gesundheitszustand, gewissen körperlichen Unzulänglichkeiten, seinem fortgeschrittenen Alter und – zu alledem – seiner Prominenz. Er war eine wichtige Persönlichkeit, ein Intellektueller von Weltrang, bedeutend in der Welt der Kunst; und lange bevor der Bohemestil in das alltägliche Leben eingegangen war, war er Bohemien gewesen. Die kultivierte Welt wußte sehr wohl, wer Victor Wulpy war. Man konnte nicht über moderne Malerei, Dichtung – jedes nur wichtige Thema – reden, ohne sich auf ihn zu beziehen.

Nun ja, dann klingelt eben gegen Mitternacht und mitten im Winter in Evanston, Illinois, wo sie in der Tiefe einer kontinentalen Kältezone haust, Katrinas Telefon, und Victor bittet sie – gebietet ihr in Wirklichkeit – »Morgen in aller Frühe mußt du hier bei mir sein«.

»Hier« ist Buffalo, im Staat New York, wo Victor Vorträge gehalten hat.

Und Katrina wischt alle Überlegungen des gesunden Menschenverstands oder der Selbstachtung beiseite und sagt: »Ich besorge mir einen frühen Flug.«

Hätte Katrina eine Affäre mit einem jüngeren Mann gehabt, dann hätte sie die Sache vielleicht mit einem Lachen abgetan und gesagt: »Das ist ein toller Geistesblitz. Das wäre ein Gag und paßt zu diesem Frostwetter. Aber was soll ich denn so kurzfristig mit meinen Kindern machen?« Sie hätte auch erwähnen können, daß ihr geschiedener Mann um das Sorgerecht für die kleinen Mädchen prozessierte und daß sie morgen mit dem vom Gericht bestellten Psychologen, der ihre Eignung begutachten sollte, in der Stadt einen Termin hatte. Sie hätte diese Entschuldigungen mit Scherzen gemischt und mit einem Vorschlag zur Güte verbunden: »Nehmen wir lieber den Donnerstag. Ich mach's wieder gut.« Bei Victor kam für sie nicht in Frage, abzulehnen. Es war in diesen Tagen fast unmöglich, »nein« zu ihm zu sagen. Schlechte Gesundheit war schon ein Euphemismus. Vergangenes Jahr wäre er fast gestorben.

Verschiedene Mächte nahmen ihr – und es tat ihr überhaupt nicht leid – die Kraft, sich zu widersetzen. Victor war solch ein Monument, und er reichte so weit in die moderne Kulturgeschichte zurück. Man mußte bedenken, daß er schon vor ihrer Geburt begonnen hatte, in *Transition* und *Hound and Horn* zu veröffentlichen. Er hatte bereits den Ruf, zur Avantgarde zu gehören, als sie noch im Laufstall war. Und wenn man dachte, daß er nun erschöpft war und keine Überraschung mehr in petto hatte, dann dachte man vielleicht an den üblichen Siebzigjährigen, aber nicht an Victor Wulpy. Selbst seine erbittersten Gegner, die hartgesottensten Neidhammel, mußten zugeben, daß er noch erstrangig war. Und wie viele Amerikaner hatten denn geistige Führer wie etwa Sartre, Merleau-Ponty, und Hannah Arendt hatte gesagt: »*Chapeau bas!* Das ist ein Mann von Genie« – wobei Merleau-Ponty vor allem von Victors Essays über Karl Marx beeindruckt gewesen war.

Victor war außerdem auch persönlich so eindrucksvoll – er hatte solch ein Gesicht, solch eine Statur; ohne zu übertreiben, er war so beherrschend, daß er den Leuten häufig wie ein König vorkam, ein König besonderer Art. Im New Yorker Stil, durch und durch amerikanisch – gutmütig, ansprechbar, doch er machte deutlich, daß er ein Souverän war; er ließ sich von niemand anöden. Aber vergangenes Jahr – er hatte dieses Alter, er war Mitte Siebzig – brach er jäh zusammen. Das passierte in Harvard; er wurde zu einem operativen Eingriff ins General Hospital von Massachussetts gebracht. Dort holten ihn die Ärzte vom Rand des Grabes zurück. Oder vielleicht hatte er auch selbst das Grab verschmäht, mit Verbänden umwikkelt, so wie er war, mit Schläuchen in der Nase und mit Medikamenten vollgepumpt. Wenn man ihn auf dem Rücken liegen sah, hätte man nie geglaubt, daß er wieder durch die Tür gehen würde. Aber genau das tat er.

Angenommen jedoch, Victor wäre gestorben, was hätte Katrina dann getan? Der Gedanke daran brachte sie aus der Fassung. Aber Katrinas Schwester Dorothea, die nie jemand schonte, schilderte die Folgen von Victors Tod. Ehrlich gesagt, konnte Dorothea dieses Thema einfach nicht unerörtert lassen. »Dies war das Hauptereignis deines Lebens. Diesmal, Mädchen, hast du's im Sturm genommen.« (Eine seltsame Sprachfigur für Katrina, die hübsch und füllig war und selten auch nur die Stimme hob.) »Du wirst es schwerhaben, wenn's wirklich passiert. Du muß doch gewußt haben, daß du nur eine kurze Zeit vor dir hattest.« Katrina wußte all das, was Dotey zu sagen hatte. Zusammengefaßt hieß das: »Du hast deinen Mann wegen dieser ungewöhnlichen Affäre fallen lassen. Sexuelle Erregung und gesellschaftlicher Ehrgeiz kamen zusammen. Du warst darauf aus, in erlesene kulturelle Kreise einzubrechen. Ich weiß nicht, was du dachtest, was du zu bieten hättest. Wenn du Daddys Wort dafür nähmst, und er würde es aus der anderen Welt wiederholen, dann bist du nur ein durchschnittliches dummes Lieschen aus dem nördlichen Vorland von Chicago.«

Ganz richtig, der verstorbene Billy Weigal hatte seine Töchter Dummes Lieschen Eins und Dummes Lieschen Zwei genannt. Er schickte sie auf die Staatsuniversität in Champaign-Urbana, wo sie einer weiblichen Verbindung beitraten und romanische Sprachen studierten. Die Mädchen wollten Französisch? Gut. Theaterwissenschaften? Gewiß, warum nicht? Der alte Dr. Weigal tat so, als hielte er das alles für Papperlapapp. Er war früher einmal Politiker gewesen, vor allem ein Steuernschieber in der demokratischen Parteiorganisation von Chicago. Auch seine Frau war ein geistiges Leichtgewicht. Es galt als abgemacht, daß das Weibervolk Spatzenhirne hatte. Das gefiel seinem korrupten, fürsorglichen Herzen. Wie Victor ausführte (jede tiefergehende Deutung stammte von ihm), war dies die reine, alte mittelständische Ideologie, deren erotische Bestandteile leicht erkennbar waren. Unwissenheit bei der Frau – ein kräftiger Anreiz für Männer, die sich selbst für hart hielten. Auf einer unendlich viel höheren Ebene hatte Baudelaire empfohlen, sich von gebildeten Damen fernzuhalten. Blaustrümpfe und bürgerliche Damen wirkten sexuell lähmend; Künstler könnten nur Frauen aus dem Volk vertrauen.

Auf alle Fälle war Katrina dazu erzogen worden, sich als Dummerchen zu betrachten. Zu wissen, daß sie keins war, das war eine wichtige geheime Voraussetzung ihres weiblichen Wissens. Und sie hatte auch überhaupt nichts gegen die Art einzuwenden, in der Dorothea ihr kompliziertes und faszinierendes Problem wegen Victor diskutierte. Dorothea sagte: »Ich will dich dazu bringen, es von allen Seiten zu betrachten.« Das bedeutete im Klartext, daß Dotey versuchen würde, sie unter allen Gesichtspunkten zur Sau zu machen. »Beginnen wir mit der Tatsache, daß dich in Chicago niemand als Mrs. Alfred Goliger zur Kenntnis nimmt. Wenn Mr. Goliger Leute einlud, die seine wunderbaren Sammlungen von Elfenbein, Jade, von Halbedelsteinen betrachten sollten, und er dabei die ganze Zeit redete, erwartete er von dir nur, daß du Essen und Trinken serviertest. Und für die Leute, mit denen er ins Gespräch zu kommen suchte, die Typen von der Oper, das moderne Künstlervolk, die Akademiker und die anderen Scheißtypen, warst du nur eine ganz gewöhnliche Hausfrau. Nun hast du plötzlich durch Wulpy all die Motherwells und Rauschenbergs und Ashberys und Frankenthalers kennengelernt und läßt die lokalen Kulturekel sich im Staub winden. Wenn jedoch dein alter Zauberer stirbt, was dann? Witwen sind schnell vergessen, es sei denn, sie verstehen etwas von Promotion. Was passiert denn da mit Freundinnen?«

Als Victor an die Northwestern University kam, um seine Seminare über amerikanische Malerei zu halten, hatten die Goligers ihn groß gefeiert. Alfred Goliger, der nach Bombay und Rio flog, hatte sein Geschäft von Edelsteinen auf Antiquitäten und *objets d'art* erweitert, kaufte Schmuck aus Nachlässen sowie Porzellan, Silberwaren, Keramik, Bildhauerwerke in allen Kontinenten und wünschte sich, einen Platz in der Welt der Kunst zu bekommen. Er gehörte nicht zu den kurzgehaltenen Ehemännern; in Brasilien und Indien machte er weitgehend, was er wollte. Er schätzte Katrina falsch ein, wenn er glaubte, er hätte in ihr eine häusliche Frau, die ihre Zeit mit der Auswahl von Tapeten und der Teilnahme an Elternratssitzungen verbrachte. Victor, der vollkommene Salonlöwe, der sich inmitten der Bewunderer von Evanston entspannte, während er Martinis trank und Hors d'œuvres aß, durchschaute den bemühten Ehemann, der aggressiv auf Profit aus war, und betrachtete dann die hübsche Frau – in jeder Bedeutung des Wortes eine »dunkle« Dame. Er bemerkte, daß sie da am dunkelsten blieb, wo Dunkel am meisten zählte. Die Umstände ließen Katrina alltäglich aussehen. Sie tat, was ein starker Charakter unter solchen ihm auferlegten Umständen tut: sie gebrauchte sie als Tarnung. Infolgedessen kam sie wie eine kurzsichtige Person auf Wulpy zu, wie jemand, der nah herankommen muß, um einen Menschen zu mustern. Sie kam so nah heran, daß man ihren Atem spüren konnte. Und dann blieb ihr niedergeschlagener, fast eigensinniger Blick für genau jenen zusätzlichen Herzschlag, der eine sexuelle Botschaft enthielt, auf ihm ruhen. Gerade diese Unzulänglichkeit, mit der sie sich darbot, das kurzsichtige, verwirrte Stirnrunzeln machte den entscheidenden Unterschied. Ihr erster Händedruck übermittelte ihm Verfügbarkeit, Bereitwilligkeit. Er sah, daß sie alle ihre Vorbereitungen getroffen hatte. Mit einer Art tief eingeprägten Schweigens um den Mund, unter dem breiten Querbalken des Schnurrbarts, nahm Wulpy all diese Informationen zur Kenntnis. Er brauchte nur noch das Gegenzeichen zu geben. Genau das hatte er vor.

Zuerst war es wenig mehr als die Kapriolen eines hohen Besuchers, eines ältlichen, etwas verzogenen Helden. Aber Wulpy war für Verrücktheiten ein zu großer Mann. Er war ein disziplinierter Intellektueller. Er stand für etwas. Im Alter von siebzig Jahren hatte er seine Ideen in ein annähernd endgültiges System gebracht: ohne die schwachen Seiten, ohne die Tendenz, die angeblich gebildete Menschen verachtenswert machten. Wie kann man sich als modernen Denker bezeichnen, wenn man nicht realistisch genug ist, eine labile Ehe schnell zu erkennen, wenn man nicht weiß, was Heuchelei ist, wenn man mit dem Lügen nicht zurecht kommt – wenn die Leute in gewissen Zusammenhängen noch von einem sagen können: »Er ist ein lieber Mensch!«? Niemand würde auch nur im Traum Victor einen »lieben Menschen« nennen. Bosheit? Nein; ein wohl erwogenes Urteil. Aber wie auch immer seine Absichten zunächst gewesen sein mochten: die Affäre wurde dauerhaft. Und wie schätzt man eine Frau ein, die einen solchen Zauberer an sich zu binden versteht? Sie muß mehr sein als eine pummelige Vorstadt-Sexbombe mit plumpen Fesseln. Und das ist etwas mehr als die grauenhafte Abgeschmacktheit – Niedergang und erotische Versklavung – eines berühmten Mannes, der (wie plötzlich!) gealtert ist.

Die Scheidung war gräßlich. Goliger war zornig, rachsüchtig. Als er auszog, räumte er das Haus leer, nahm seine orientalischen Kostbarkeiten mit, die Jadesammlung, das Kristall, die Wandteppiche, die bemalten und vergoldeten Elefanten, das edle Porzellan, selbst einige wertvolle Schmuckstücke, die er ihr geschenkt und die sie nicht vorsorglich in der Bank aufbewahrt hatte. Er war auch entschlossen, sie aus dem Haus zu exmittieren – einem schönen alten Haus. Das konnte er tun, wenn er das Sorgerecht für die Kinder zugesprochen bekam. Die Kinder nahmen vom Verschwinden der indischen und venezianischen Gegenstände wenig Notiz, obwohl Trinas Anwalt vor Gericht behauptete, sie seien dadurch desorientiert. Dorothea sagte über ihre Nichten: »Ich bin gespannt, herauszufinden, was aus diesen zwei geheimnisvollen Persönlichkeiten noch wird. Was Alfred betrifft, so ist das totaler Krieg.« Sie meinte, Katrina sei zu zerstreut, um kriegerisch zu sein. »Merkst du eigentlich was, oder nicht?«

»Natürlich merke ich was. Er flog dauernd zu einer Versteigerung. War nie zu Hause. Was hat *er* denn getrieben, als er in Indien war?«

Katrina saß noch am Eßtisch, als Victors Anruf kam. Sie hatte Leutnant Krieggstein zu Besuch, der bei der Polizei war. Er war wegen des stürmischen Wetters spät gekommen und erzählte eine Geschichte, wie er in eine Schneeverwehung gerutscht war und auf einen Abschleppwagen gewartet hatte. Er hatte dabei fast die Stimme verloren und meinte, es würde eine Stunde dauern, bis er wieder aufgetaut sei. Da er ein Freund der Familie war, brauchte er nicht um Erlaubnis zu fragen, wenn er Holz aus dem Keller holen und Feuer anmachen wollte. Das Haus stammte aus der architektonischen Glanzzeit Chicagos (wie eine Stradivari gebaut, sagte Krieggstein), und die konvexen Kacheln des Kamins (»altes handwerkliches Können«) waren eisvogelblau.

»Ich habe schon oft stürmisches Wetter erlebt, aber das schlägt alles«, sagte er und bat um Chili-Soße, um sie auf sein Curryragout zu täufeln, und trank dann Wodka aus einem Bierhumpen. Sein Gesicht brannte noch von der Kälte, und seine Augen tränten auch am Eßtisch weiter. Er sagte: »Was tut mir das Feuer im Rücken gut.«

»Ich hoffe, deine Munition explodiert nicht davon.«

Der Leutnant trug mindestens drei Pistolen. Waren alle gut gekleideten Beamten bis an die Zähne bewaffnet, oder trug er nur deshalb mehr Waffen, weil er ein kleiner Mann war? Er gab sich leutselig, aber furchteinflößend. Man sollte ihn nur herausfordern, und man würde etwas Vernichtendes erleben. Victor sagte von ihm, er bewege sich gerade noch im Bereich des Normalen, überschreite aber dauernd die Grenzen. »Ein einsamer Viehtreiber, der sich gleichzeitig beiderseits des Rio Grande befindet.« Im großen und ganzen beurteilte er Krieggstein mit Nachsicht.

Es war beinahe Mitternacht in Buffalo. Katrina hatte nicht damit gerechnet, daß Victor gerade jetzt anrief. Da sie mit seiner Art völlig vertraut war, wußte Katrina, daß ihr alter Riese einen enttäuschenden Abend verlebt haben mußte, sich vermutlich verärgert auf das Bett im Hilton Hotel geworfen hatte, mehr als die Hälfte der Kleidung auf dem Boden und eine Halbliterflasche Black Label in Reichweite, »um die Hilfsmotoren in Gang zu halten«. Die Reise war anstrengender, als er zugeben wollte. Beila, seine Frau, hatte ihm davon abgeraten, aber ihre Meinung zählte nicht. Ein untergeordneter Betriebsleiter erteilte dem Aufsichtsratsvorsitzenden keine Anweisungen. Er reiste, um Katrina zu sehen. Die Vorträge waren natürlich ein Vorwand für ihn. »Ich hab's diesen Burschen zugesagt«, erklärte er. Aber sie waren nicht nur ein Vorwand. Viel begehrt, wie er war, kassierte er hohe Honorare. Heute abend hatte er an der Staatsuniversität gesprochen, und morgen sprach er vor einer Gruppe von führenden Wirtschaftsleuten in Chicago. Buffalo war eine kombinierte Aktion. Die jüngste Tochter der Wulpys, Vanessa, die dort studierte, hatte Probleme. Für Victor konnten Familienprobleme nie das sein, was sie für andere Leute waren: *er ließ sie nicht zu.* Vanessa provozierte ihn, und er war verärgert.

Als nun das Telefon läutete, sagte Katrina: »Das ist Victor. Ein bißchen früh. Das kann ein Weilchen dauern.« Mit Krieggstein brauchte man nicht formell zu sein. Das Essen war vorbei, und wenn sie zu lange am Telefon blieb, konnte er sich selber rauslassen. Katrina, eine große, schwere Schönheit, gut proportioniert (eben noch innerhalb der Grenzen), ging so schnell aus dem Eßzimmer, wie es ihr Fortbewegungsstil zuließ. Sie öffnete den Riegel an der Schwingtür zur Küche. Natürlich hatte Krieggstein vor, zu bleiben und zu lauschen. Ihre Affäre war kein Geheimnis, und er betrachtete sich als ihren Vertrauten. Er war dazu in jeder Hinsicht qualifiziert: er war Polizist, und Polizisten sahen alles; er war ein Held vom Pazifikkrieg, und er war ihr Freund auf Pfadfinderehre. Während er zuhörte, wandte er sein volles, erhitztes Gesicht zum Feuer, machte es sich mit seinen dicken Beinen bequem und kreuzte die kurzen Arme über der Strickjacke.

»Wie war's, Victor?« fragte Katrina. Wie ihn das Reisen im Winter ermüdet hatte, mußte sie aus der Stimmhöhe und der Wahl seiner Worte schließen. Die Reise mußte außergewöhnlich anstrengend gewesen sein. Es war mühselige Arbeit für einen Mann seiner Größe, dazu mit einem operativ zusammengeflickten Knie, sich an einem Spazierstock durch die Menschenströme des Flughafens zu staken. Mit seiner griechischen Kapitänsmütze auf dem Kopf erregte er dazu noch mehr Aufsehen. Er kam überall mit einem Ausdruck von bereitwilligem Ertragen und Humor durch. Mit seinen Behinderungen kam er gut aus (eine lebenslange tägliche Vertrautheit mit dem Schmerz) und beschwerte sich nicht, daß er damit allein fertig werden mußte. Andere berühmte alte Männer hatten Helfer. Sie hatte gehört, daß Henry Moore sich nicht weniger als sechs Gehilfen hielt. Victor hatte niemand. Sein Leben hatte eine irrsinnige Intensität erlangt, die nicht mit anderen geteilt werden konnte. Verschwiegenheit war – offenbar – notwendig. Im Kern so vieler offenkundiger Dinge lag ein unauflösliches Geheimnis: Warum *tat* er's? Katrinas Antwort war: Liebe. Victor schwieg, wollte keine Antwort geben. Vielleicht war er noch nicht bis zum Kern der Frage vorgedrungen.

Katrina fand auch, daß er geheimnisvoll aussah. Unter dem Schirm der Mütze im Lenin- oder im griechischen Stil sah man eine Art tausendfüßlerisches Liniengewirr um die Augen. Seine Augen waren groß und reichten seltsamerweise bis in die Schläfen. Seine Wangen waren rot, ob er krank oder gesund war; er war fast niemals blaß. Er bewegte sich mit bewunderswerter, ungekünstelter, etwas gebrochener Anmut: groß, aber nicht schwer. Keine massige Figur. Er hatte Stil. Wenn man wollte, konnte man ihn als alten Bohemien bezeichnen, aber derartige Einordnungen brachten einen nicht weit. Victor sprengte alle Kategorien.

Die Nummer als reisende Berühmtheit war sehr ermüdend. Man flog ein und wurde am Flughafen von Leuten empfangen, die man nicht kannte und die einem dadurch zusetzten, daß sie persönlich erinnert und beachtet werden, schmeicheln, sich beliebt machen, etwas bewirken wollten – es lief alles auf dasselbe hinaus. Auf der Fahrt vom Flughafen war man fast eine Stunde lang mit ihnen in einem Auto eingesperrt. Dann gab es etwas zu trinken – das Cocktail-Stimmengewirr. Nach vier oder fünf Martinis ging man zum Essen und wurde zwischen zwei nicht immer attraktive Frauen gesetzt. Man mußte sich ihre Namen merken, Konversation machen, ihnen gleich viel Zeit widmen. Es war wie bei der Kandidatur für ein Amt: man mußte so viele Hände schütteln. Man aß ein vorzügliches Rippenstück und trank Wein, und bevor man noch seine Rede auf dem Pult aufgeschlagen hatte, war man schon erschöpft. Man sollte nicht dagegen angehen, sagte Victor; dagegen anzugehen, ermüdete nur noch mehr. Aber normalerweise blühte Victor bei Lärm, Drinks und dem Gespräch mit Fremden auf. Er hatte so viel zu sagen, daß er jeden überwältigte, der auf ihn zukam. Im Getriebe einer Cocktailparty war er imstande, alles zu hören und sich selbst zu Gehör zu bringen; seine Tenorstimme klang regelrecht wie eine Querpfeife, wenn er etwas Wichtiges feststellte; und er sprach sehr deutlich.

Wenn sich nach dem Vortrag eine gute Diskussion entwikkelte, dann blieb er die halbe Nacht auf und trank und redete. Genau das liebte er; und vor Mitternacht im Bett zu sein, war eine Niederlage. So war er denn entweder für ihn ungewöhnlich abgespannt, oder der Abend war öde gewesen. Er hatte sich dummes Zeug anhören müssen. Und hier war er nun: Ein Mann, der mit André Breton, Duchamp, den Großen seiner Generation Umgang gehabt hatte, hundemüde im bitterkalten Buffalo (man konnte sich die mehr als halb vereisten Niagarafälle vorstellen), meldete sich bei seiner Freundin in Evanston, Illinois. Man füge zu der Reihe von üblen Umständen noch seinen Abscheu vor unausgefüllten Stunden in Hotelzimmern hinzu. Füge ebenfalls hinzu, daß er wahrscheinlich die Hose ausgezogen – wie sie es ihn in einer solchen Laune hatte tun sehen – und sie mitsamt seinen großen Schuhen und seinem zu einem Ball geknäulten Hemd an die Wand geschmissen hatte. Er bekam seine Wutanfälle, besonders wenn es keine Spur von Intelligenz oder Unterhaltung gegeben hatte. Zum Trost (oder war es aus Verstimmung?) rief er jetzt bei Katrina an. Höchstwahrscheinlich hatte er ein paar Drinks intus, lag nackt da und fuhr sich mit der Hand über das Haar auf seiner Brust, was ihn manchmal zu besänftigen schien. Abgesehen von den Socken ähnelte er dann den alten Männern, die Picasso in seinen späten erotischen Graphiken dargestellt hatte. Victor selbst hatte über die 1968 in Mougins entstandene Maler-und-Modell-Serie geschrieben; wüste Kritzeleien von Satyrkünstlern und weit offenen Odalisken. Durch Gucklöcher spähten gealterte, verrunzelte Könige auf gigantische Kopulationen. (Victor war abwechselnd der Maler-Partner und der gealterte König.) Katrinas hübsche Schlagseite hätte vielleicht Picassos Geschmack entsprochen. (Victor war übrigens kein großer Bewunderer von Picasso.)

»Buffalo war also kein Erfolg?«

»Buffalo! Zum Teufel, ich wüßte keinen Grund, warum's das gibt.«

»Du hast aber gesagt, du müßtest dort Station machen, um Vanessa zu treffen.«

»Das ist auch eine Tortur, ohne die ich leben könnte. Wir frühstücken um sieben Uhr zusammen.«

»Und dein Vortrag?«

»Ich habe ihnen meinen Essay über Marx' *Der 18. Brumaire* vorgelesen. Ich dachte, für ein Universitätspublikum ...«

»Na also; morgen ist dann wichtiger, interessanter«, sagte Katrina.

Victor war eingeladen worden, vor dem Verband der Wirtschaftsführer zu reden, einer Organisation von Bankiers, Volkswirtschaftlern, ehemaligen Präsidenten-Beratern und Typen aus dem Nationalen Sicherheitsrat. Victor versicherte ihr, das sei ein weit wichtigerer Verein als die überbewertete »Trilaterale Kommission«, die, wie er sagte, nur ein Aushängeschild sei, Ex-Präsidenten und andere verblichene Sterne gebrauchte, um die Aufmerksamkeit von den wahren Vorgängen abzulenken. Die Burschen, die ihn nach Chicago holten, wollten, daß er über »Kultur und Politik, Ost und West« sprach. Sie scherten sich nicht um Kunst und Kultur, sagte Victor. Aber sie ahnten, daß man sich damit befassen mußte; Kunst und Kultur wurden herausfordernde Fähigkeiten zugeschrieben; zwar nichts unmittelbar Besorgniserregendes, aber man sollte doch wissen, worauf die Intellektuellen aus waren. »Sie haben sich Professoren und andere Pseudo-Experten angehört«, sagte Victor, »und glauben vielleicht, sie sollten sich auch einen alten jüdischen Typ kommen lassen. Man bezahlt ihn angemessen, und er sagt unverblümt, was es mit dem Ganzen auf sich hat.« Die Macht hochgestellter Wirtschaftsführer könne ihn nicht einschüchtern. Diese Leute, sagte er, seien aus Schaumgummi. Er war trotzdem erfreut. Sie hatten den Besten verlangt, und das war er – ein realistisches Urteil und tatsächlich ganz uneitel. Katrina schätzte, daß er dafür ein Honorar von zehntausend Dollar kassieren würde. »Ich erwarte keine Beträge, wie sie Kissinger einstreicht oder Haig, obwohl ich mehr biete«, sagte er zu ihr. Er nannte allerdings keine Zahl. Dotey – keine schlechte Beobachterin – behauptete, er rede locker über alles auf der Welt, außer über Geld – *sein* Geld.

Doteys Beobachtungen waren allerdings Platitüden. Hinter einer Wand aus Groll sprach sie voller *ressentiment*, wie Katrina es zu nennen gelernt hatte. Was verstand ein Mensch wie Dotey von einem Mann wie Victor, den sie »diesen humpelnden Riesen« nannte? Und wenn nun dieser Riese zu seiner Zeit einmal einer der bestaussehensten Männer gewesen war? Wenn er immer noch schön geformte Zehen und Finger hatte, einen seidigen Hodensack, den er vielleicht gerade jetzt (während er den Telefonhörer hielt) berührte und dabei die längsten Haare heraussuchte – eine unbewußte Angewohnheit von ihm, wenn er im Bett lag? Was, wenn er zudem eine Fundgrube des Wissens, ein Hort der Erkenntnis in allem war, was die wahren Bedürfnisse und Interessen des modernen Menschen betrafen? Wußte eine Dorothea die *Befreiung* zu schätzen, die eine Frau durch eine so außerordentliche Persönlichkeit erfuhr, die Unabhängigkeit? Konnte sie fühlen, was es hieß, von so viel *Schund* befreit zu sein?

»Übrigens, Victor«, sagte Katrina. »Erinnerst du dich an die Notizen, die du mir am Telefon diktiert hast, um sie eventuell morgen zu benutzen? Ich habe sie für dich getippt. Wenn du sie brauchst, bringe ich sie mit, wenn ich dich morgen früh in Chicago am Flughafen abhole.«

»Ich hab' eine andere Idee«, sagte Victor. »Wie wäre es, wenn du nach hier fliegen würdest?«

»Ich? Nach Buffalo fliegen?«

»Genau. Du triffst mich hier, und wir fliegen zusammen weiter nach Chicago.«

Im Nu schlugen alle leidenschaftlichen Erwartungen Katrinas ins Gegenteil um, und statt dessen sickerte von unten jede nur denkbare Art von Trostlosigkeit durch.

Während Victor am Morgen in der Luft war, würde sie keine Vorbereitungen treffen, sich kein warmes Bad genehmigen, danach nicht ihr tannengrünes Strickkostüm von Vivanti anziehen und mit Cabochard, seinem Lieblingsparfüm, betupfen. Sie würde bis zwei Uhr nachts aufbleiben, improvisieren, versuchen, Vorbereitungen zu treffen, ihren Termin in der Stadt absagen, ihren Wecker auf fünf Uhr früh stellen. Sie haßte es, aufzustehen, wenn noch Nacht war.

Dafür mußte es eine plausible Erklärung geben, aber Katrina brachte es nicht über sich, danach zu fragen – etwa »Ist was passiert? Bist du krank?« Sie mußte sich auch selber unerträgliche Fragen stellen: Werde ich ihn ins Krankenhaus bringen müssen? ... Warum ich? Seine Tochter ist dort. Braucht er eine Notoperation? Wieder so gräßliche Dinge, wie sie sich im General Hospital von Massachusetts ereignet hatten? Eine Liebe, die mit leidenschaftlichen Umarmungen begonnen hatte und mit Barium-Röntgenuntersuchungen, schweren Medikamenten, schlechten Gerüchen endete? Die wütende Ehefrau, die zurückkam, um das Kommando zu übernehmen?

Immer langsam, bremste sich Katrina. Sie ordnete ihre Gefühle neu und stellte sich anders darauf ein. Er war völlig auf sich allein gestellt und hatte Angst, daß er auf dem Sitz im Flugzeug zusammenbrechen könnte: ein Mann wie Victor, einem Herrscher so ähnlich, wie man es (in »diesem verpfuschten Zeitalter«, wie er es beschrieb) nur sein konnte, ein solcher Mann mußte eine Freundin anrufen – und für Victor, wenn man sich's recht überlegte, war sie *eine* Freundin; eine von vielen (wenn sie auch ziemlich sicher war, all die anderen aus dem Feld geschlagen zu haben). Er mußte bei einer Freundin bitten (»Ich hab' eine andere Idee«) und ihr seine Schwäche offenbaren.

Jetzt war notwendig, so zu sprechen wie sonst; und als er sagte: »Ich habe einen Flug für dich reservieren lassen, wenn du ihn nehmen willst – bist du noch da?« antwortete sie: »Ich suche mir nur einen Kuli, der schreibt.« Ein Kuli, der völlig in Ordnung war, hing an einer Schnur. Sie mußte sich erst einmal fassen, während sie nach einer Alternative suchte. Sie war nicht klug genug, um irgend etwas vorzuschlagen, also fing sie an, die Zahlen aufzuschreiben, die er ihr gab. Schweren Herzens? Ja, gewiß. Sie sah sich gezwungen, ihre Lage vom Standpunkt des »schlimmsten Falles« aus zu betrachten. Eine Mutter von der North Shore, zwei Kinder, eine schlechte – sich verschlechternde – Ehe, hatte begonnen, Besuchern sexuell zur Verfügung zu stehen. Nach Bedarf. In der Tat hatten sich ein paar wüste Fehler ereignet. Aber dann, Gott gesandt, erschien Victor.

In langen Gesprächen mit ihrem Analytiker (den sie nicht mehr brauchte) hatte sie erfahren, wie viel ihr Vater mit all dem zu tun hatte: mit der Formung und Verformung ihres Charakters. Bis zur Vollendung ihres zehnten Lebensjahres hatte sie von ihrem Daddy nur Güte erfahren. Dann, mit den ersten Anzeichen der Pubertät, begannen ihre Schwierigkeiten. Voller Wut über sie sagte er, sie nehme das Aussehen eines Meerschweinchens an. Er nannte sie eine Meisterschwindlerin. Sie spiele die Rolle der Unschuld vom Lande mit Handelsreisenden. »Diese verdutzte Miene, als ob du nicht mehr wüßtest, ob ein Dutzend elf oder dreizehn hat. Und was meinst du, ist mit dem dreizehnten Ei, hm? Bald wirst du dich von einem Fremden in die Besenkammer führen lassen und den Schlüpfer ausziehen.« Toll! Danke, Daddy, für all die Vorschläge, die du einem Kind in den Kopf gesetzt hast. Wie vorauszusehen, wurde sie verschlagen und holte sich heimlich ihr Vergnügen; und sie spielte die Rolle der Unschuld vom Lande, veränderte und variierte sie, bis sie die reife Katrina geworden war. Schließlich (ein segensreiches Wunder) wandte sich alles zum Besten, denn, das Ergebnis war genau das, was Victor – eine Persönlichkeit der Avantgarde, die zufällig genau auf diese erotische Mischung flog – gefesselt hatte. Die kleinbürgerliche Sexualität, noch dazu niedergehendes Kleinbürgertum machte Victor zufällig an. Da war also dieses Vorstadt-Flittchen, ein Klischee der falschen Vorahnungen ihres Vaters: man nenne sie, wie man will – wollüstige, üppige Schönheit, verworrene Sexbombe, sinnliche Idiotin mit Pianobeinen; ihr Aussehen (halb offener oder halb geschlossener Mund) besagte alles oder nichts. Genau diese rundliche Anmut war das Aphrodisiakum für einen der intellektuellen Führer der modernen Welt. Sie wies die Vermutung (Doteys Vermutung) von sich, sein Verfall sei der Grund dafür, daß er in ihr Leben getreten, daß sie in Erscheinung getreten sei, als er alt war, versagte, sich in einem Zustand der Verzweiflung oder erotischen Versklavung befand. Und es stimmte, daß sich nun jeden Tag die Erde zu seinen Füßen auftun und er verschwunden sein würde.

Wenn er mittlerweile auch nicht mehr so mächtig war wie einst (als hätte sich Staub auf seiner Oberfläche abgesetzt), war er doch noch mächtig. Er hatte frische Farbe und volles Haar. Dann und wann mochte er einen Augenblick lang hager erscheinen, aber wenn er mit einem Drink in der Hand dasaß und ins Reden kam, war seine Stimme so kräftig und sein Urteil so sicher, daß es einfach unvorstellbar war, daß er nicht mehr da sein könnte. Sich selbst gegenüber formulierte sie es zuweilen so, daß er mehr war als nur ihr Liebhaber. Er unterrichtete sie auch noch einmal. Sie war zu seiner Meisterklasse zugelassen. Niemand sonst erhielt eine solche Unterweisung.

»Ich habe jetzt alle Zahlen.«

»Du mußt den Flug um acht Uhr früh erreichen.«

»Ich parke vor dem Orrington, denn wenn ich den ganzen Tag weg bin, will ich den Wagen nicht vor dem Haus stehen lassen.«

»Okay. Und du findest mich im VIP-Warteraum. Wir müßten genügend Zeit für einen Drink haben, bevor wir den Flug um ein Uhr nehmen.«

»Solange ich nur im Lauf des Nachmittags zurück bin. Und ich kann die Notizen mitbringen, die du mir diktiert hast.«

»Gut«, sagte Victor, »*eigentlich* hätte ich dir sagen können, daß sie unentbehrlich sind.«

»Ah, ja.«

»Ich bitte dich, zu mir zu kommen, und das klingt wie ein orientalischer Liebesantrag, so, als ob der Sultan seiner Konkubine sagte, mit den Elefanten und Musikanten vor das Stadttor zu ziehen.«

»Wie gut, daß du Elefanten erwähnst«, sagte Katrina, sofort auf der Hut.

»Während es doch nur Chicago-Buffalo-Chicago ist.«

Daß er mit einem einzigen Wort auf ihr Elefantenproblem anspielte, ihren armseligen Versuch, etwas zum Thema Elefant zu machen, war ein ungewöhnliches Entgegenkommen. Sie hatte es nicht mehr erwähnt, weil Victor vor nachsichtiger Langeweile davon das Schielen kriegte. Jetzt aber hatte er angedeutet, daß sein Ansinnen an sie, nach Buffalo zu fliegen, ebenso öde, ebenso abgeschmackt war wie ihr mühsamer Versuch, mit einem Elefanten schöpferisch zu werden.

Katrina verfolgte das nicht weiter. Sie sagte: »Ich wollte, ich könnte morgen bei deinem Vortrag dabei sein. Ich würde so gern hören, was du diesen Wirtschaftsführern zu sagen hast.«

»Völlig unnötig«, sagte Victor. »Du bekommst bessere Sachen von mir im Bett zu hören, als ich diesen Burschen je erzählen werde.«

Er sagte wirklich bemerkenswerte Dinge in ihren Stunden großer Intimität. Gott allein weiß, wieviel Intelligenz er ihr zutraute. Aber er war jemand, der redete, er *mußte* reden, und während dieser ausgedehnten Bettgespräche (Monologe), wenn er sich gehen ließ, hielt er nicht inne, um zu erklären; aus blinden Vertrauen, *faute de mieux*, setzte er so auf sie. Wenn er weiterredete, war er schärfer, verleumderischer, war er mörderisch. Reputationen wurden vernichtet, wenn er in Fahrt geriet, und Menschen in Fetzen gerissen. Soundso war ein Plagiator, der nicht wußte, was er stehlen sollte. X, der Philosoph, war im Grunde ein Chorknabe, Y hatte ein Hirn wie ein drehbares Servierbrett, sechs verdorbene Appetithappen und kein Hauptgericht. Im Bett rauchten und tranken Victor und Katrina, berührten einander (Zärtlichkeit aus Verschworenheit), lachten; sie *dachten* – mein Gott, sie dachten! Victor führte sie in völlig fremde Sphären der Betrachtung. Er lebte für Ideen. Und er rechnete nicht mit Katrinas Verständnis; er konnte es nicht. Unverständnis verdüsterte ihm schmerzlich das Leben. Aber das war ein unveränderlicher Zustand, etwas Gegebenes. Und wenn er boshaft war, verstand sie ihn schon. Sein Witz war nicht an sie verschwendet, wenn er zum Beispiel von Fonstine sagte, einem Rivalen, der ihm den Garaus machen wollte: »Er unterhält ein Prokrustes-Asyl für obdachlose Ideen.« Katrina machte sich später Notizen und betete, daß sie sich genau erinnerte. So hatte Victor wie gewöhnlich recht – sie hörte tatsächlich bessere Dinge im Bett, als er jemals in der Öffentlichkeit würde sagen können. Wenn er sich zu solcher Unterhaltung einen Nachmittag freinahm, gab er sich ihr auch vollständig hin – verfaulenzte er den ganzen Tag. Wenn er sich hingegen an seine Manuskripte setzte, arbeitete er den ganzen Tag, und sie existierte nicht für ihn. Auch sonst keiner.

Nachdem die Verabredungen für den nächsten Tag getroffen waren, war er schon drauf und dran aufzulegen. »Du mußt telefonieren, um alles vorzubereiten«, sagte er. »Das Fernsehen hat scheußliches Wetter für die Gegend von Chicago angesagt.«

»Ja, Krieggstein ist in eine Schneewehe gefahren.«

»Hast du nicht gesagt, daß du ihn zum Abendessen da haben würdest? Ist er noch da? Dann soll er sich nützlich machen.«

»Wie, zum Beispiel?«

»Zum Beispiel mit dem Hund rausgehen. Das ist eine unangenehme Sache, die er dir abnehmen kann.«

»Oh, das tut er freiwillig. Na, dann also gute Nacht. Und wir machen 'ne Orgie, wenn du kommst.«

Als sie auflegte, überlegte sie, ob sie »Orgie« nicht zu laut gesagt hatte (Krieggstein) und ob Victor nicht auch über derartig überholte Ausdrücke – Sex-Slang, der aus den Studentinnenklubs der sechziger Jahre stammte – verstimmt sein könnte. Anspielungen auf die Vergangenheit würden ihn nicht stören – was kümmerte ihn ihr Liebesleben im College? Aber er war entnervend pedantisch mit Sprache. So wie andere sich an Unanständigkeiten störten, reagierte er empfindlich auf schlechten Stil. Es war in San Francisco für sie unangenehm geworden, als sie darauf bestanden hatte, er müsse unbedingt M+A+S+H sehen. »Ich hab's gesehen, Vic. Du darfst diesen Film nicht versäumen.« Danach konnte er es kaum ertragen, auch nur mit ihr zu reden – eine unvergeßliche Schande. Schließlich versöhnte sie sich mit ihm, nach langen Tagen der Kühle. Sie folgerte daraus: »Ich kann mir nicht leisten, so zu sein wie die anderen.«

Nun zurück zu Krieggstein: wie anders war die Nische im

menschlichen Gebäude, die Krieggstein innehatte. »Du mußt also verreisen«, sagte er. Am Kamin stehend, ernst und solide, schenkte er ihrem Problem größte Aufmerksamkeit. Oft hatte sie den Verdacht, daß er ein ausgemachter Trottel war. Wenn er jedoch *wirklich* ein Trottel war, wie war er dann ihr enger Freund geworden? Gewiß, da war eine Stellung zu besetzen gewesen und sonst niemand da, der sie besetzen konnte. Und er war – man bedenke! – ein echter Kriegsheld. So ohne weiteres ließ sich nicht herausfinden, wer oder was Samy Krieggstein wirklich war. Klein, untersetzt, kahl, runzlig, gehörte er offenbar zur Polizei. Mal sagte er, er gehöre zur Sittenpolizei, und mal zur Mordkommission oder zum Rauschgiftdezernat; und hin und wieder sagte er gar nichts, als unterliege seine Tätigkeit der höchsten Geheimhaltungsstufe – streng geheim. »So viel kann ich dir sagen, meine Liebe – es gibt Situationen auf der Straße, wo ich den guten alten Flammenwerfer gebrauchen könnte.« Er hatte in Wettkämpfen um den Goldenen Handschuh geboxt, lange vor dem Krieg im Pazifik, und hatte zum Beweis vernarbtes Gewebe im Gesicht. Noch davor hatte er sich auf der Straße geschlagen. Er gab sich als sehr harten Menschen – eine angsteinflößende Persönlichkeit –, konnte aber zugleich ein Gentlemen sein und ein liebevoller Freund. Als sie ihn zum ersten Mal zu einem Drink eingeladen hatte, bat er um eine Tasse Tee, aber er breitete all seine Schußwaffen auf dem Teetisch aus. Unter dem Arm trug er eine Magnum, im Gürtel steckte eine flache, kleine Pistole, und eine weitere Pistole hatte er ans Bein geschnallt. Er hatte die kleinen Mädchen mit diesen Waffen unterhalten. Absolut sicher, sagte er. »Warum sollen wir den gefährlichen Elementen der Straße allein das Waffenmonopol überlassen?« Als er Katrina in »Le Perroquet« mitnahm, erzählte er ihr von Messerstechereien und Bauchaufschlitzen, von Autojagden und Schießereien. Als ihn kürzlich ein vierschrötiger Kerl in einer Bar für einen armseligen Mickerling gehalten hatte, zeigte er ihm eine der Pistolen und sagte: »Wie wär's, Kumpel, möchtest du ein zweites Arschloch mitten zwischen die Augen?« Und als theoretische Schlußfolgerung aus dieser Anekdote sagte Krieggstein zu Katrina: »Leute wie ihr« – seine Kommentare waren hauptsächlich für Victor bestimmt – »sollten eine bessere Vorstellung davon haben, wie wüst es dort draußen zugeht. Als Mr. Wulpy über *Aus einem Totenhaus* schrieb, redete er von ›absoluten Kriminellen‹. In Amerika befinden wir uns jetzt schon weit auf einer gefährlicheren Bahn. Vor hundert Jahren war Rußland noch ein religiöses Land. Wir haben keine Heiligen, die angeblich mit den Sündern Hand in Hand gehen ...« Der Leutnant legte großen Wert auf seine Bekanntschaft mit dem berühmten Mann. Er selbst – Mitte Sechzig – arbeitete an einer Dissertation in Kriminologie. Krieggstein war gerüstet, zu jedem Thema von allgemeinem Interesse unverzüglich seinen Standpunkt darzulegen.

Victor nannte ihn den Weihnachtsmann der Drohungen. Er fand ihn belustigend. Er sagte auch: »Krieggstein gehört zum Goldenen Zeitalter der amerikanischen Platitüden.«

»Was meinst du damit, Victor?«

»Ich denke in erster Linie an die Damen, die er ausführt, die geschiedenen Frauen, zu denen er so aufmerksam ist. Er schickt ihnen Süßigkeiten und Blumen, Gucci-Schals und Karten zum jüdischen Neujahr. Er merkt sich ihre Geburtstage.«

»Ah so. Ja, das tut er.«

»Teils spielte er den Helden, teils den Nebendarsteller. Er versucht, einem jener Charaktere von Balzac zu gleichen, wie heißt er doch gleich? – Vautrin.«

»Nur, was ist er *wirklich*?« fragte Katrina. Für Victor war es keinen Gedanken wert, was ein Krieggstein wirklich war. Als sie jedoch ins Eßzimmer zurückkehrte, war das Schlagen der Tür mit den Doppelscharnieren hinter ihr auch der Klang ihrer Abhängigkeit. Sie *brauchte* jemand; und hier war Krieggstein, der sich anbot. Es sah jedenfalls so aus, als ob er sich anböte. Nicht viele gingen *so* weit. Machten nicht einmal eine Geste. Sie dachte dabei an ihre Schwester Dorothea.

»Schlimmer Augenblick, wie?« sagte Krieggstein ernst. »Du mußt weg. Ist er wieder krank?«

»Das hat er nicht gesagt.«

»Würde er auch nicht.« Krieggstein, vor Ernst zusammengeschrumpft, bot den Anblick von neuer Farbe über alter – Rost mit Rot übermalt.

»Ich muß weg.«

»Das mußt du allerdings, wenn es so steht. Aber das ist doch nicht so schlimm. Du hast das Glück, daß diese alte schwarze Frau die Kinder so betreut, so wie sie dich und deine Schwester betreut hat.«

»Es klingt besser, als es tatsächlich ist. Inzwischen müßte man Ysole eigentlich völlig vertrauen können. Man sollte denken ...«

»Kann man es nicht?«

»Die alte Frau ist sehr schwierig und mit zunehmendem Alter immer schwerer zu verstehen. Sie war schon immer spöttisch und scharf.«

»Sie ergreift Partei; das hast du mir schon früher erzählt. Sie mißbilligt die Scheidung. Sie hat ein Auge auf dich. Du hast den Verdacht, daß sie sich von Alfred bezahlen läßt und ihn informiert. Aber sie hat keine eigenen Kinder gehabt.«

»Sie hat uns geliebt, als wir Kinder waren ...«

»Aber hat sie ihre Anhänglichkeit auf deine Kinder übertragen? Ich habe nichts an der Hand, um ihre Motive aufzuspüren.«

Katrina dachte: »Aber mit wem führe ich eigentlich dieses

Gespräch?« Krieggsteins kahler Kopf, kahles Gesicht hatten im Feuerschein die Formen, die man aus Edward Lears Büchern mit Nonsens-Versen kennt – verzerrte Eier. Er wollte den Ausdruck Churchillscher Sorge zeigen – der Angelpunkt des Schicksals. Er sagte, es wäre nicht angebracht, den Kopf zu verlieren. Die großen Künstler, großen Geister verdämmerten nicht wie Durchschnittstypen. Man denke an Casals, als er über neunzig war, oder an Bertrand Russell und andere. Selbst an Francisco Franco auf dem Totenbett. Als man dem alten Knaben sagte, ein gewisser General Garcia sei da, um von ihm Abschied zu nehmen, sagte er: »Wieso? Will Garcia verreisen?«

Katrina wollte darüber lächeln. Es gab zu viele Dummheiten, um ein Lächeln zuzulassen – Schwärme von drängenden Schwierigkeiten, die alles zu überfluten drohten.

Der Leutnant sagte: »Du darfst sicher sein, daß ich nach Kräften helfe. Bei *allem*, was du erledigt haben mußt.« Krieggstein deutet stets takt- und respektvoll an, daß er in ihrem Leben gern eine privatere Rolle spielen würde. Wenn auch der niederste der Freier, war er dennoch ein Freier. Auch das mußte geschickt gehandhabt werden, und Trina wußte nicht immer, was sie mit ihm anfangen sollte.

Sie sagte: »Ich muß einen Termin mit dem Gerichtspsychologen absagen.«

»Zum zweiten Mal?«

»Alfred hat Victor in die Sache hineingezerrt. Er hat gesagt, unser Verhältnis schade den Kindern. Der Seelenschnüffler war sehr grob zu mir. Eltern sind für diese Typen Verbrecher. Er war so grob, daß Dorothea vermutete, er sei gekauft.«

»Manchmal beweisen diese Schnüffler ihre Unparteilichkeit dadurch, daß sie zu beiden Parteien grob sind«, sagte der Leutnant. »Immerhin ist Mißtrauen angebracht. Hast du bei deinem Anwalt erwähnt, was deine Schwester angedeutet hat?«

»Der würde nicht antworten. Anwälte verkehren nur untereinander. Wenn überhaupt.«

»Dieser Arzt ist vielleicht ein Moralist. Das ist ein weiterer Grund der Verwirrung. Bei den Kämpfen in Guadalcanal pflegte einer meiner Kameraden zu sagen: auch ein Mann, der sich versteckt hat, kann die Ehrbarkeit in Person sein – ich könnte diesen Termin für dich wahrnehmen. Ich habe alle notwendigen Beglaubigungen.«

»Ach, bitte lieber nicht«, sagte Katrina.

»Ganz objektiv, ich könnte deinen Fall in einem glänzenden Licht erscheinen lassen.«

»Wenn du nur seine Sekretärin, die die Termine macht, anrufen und eine Verabredung später in der Woche treffen würdest.«

Dorothea warnte Trina dauernd vor Krieggstein, den sie einmal bei einer der waffenstarrenden Teegesellschaften kennengelernt hatte. »Ich würde ihn nicht um mich herum haben wollen. Ich halte ihn für bekloppt. Ist er wirklich ein Polizist oder ein eingebildeter Kojak?«

»Warum sollte er nicht echt sein?« fragte Katrina.

»Er könnte auch Nachtwächter sein. Nein – wenn er nachts arbeitete, würde er sich nicht mit so vielen einsamen Frauen mittleren Alters verabreden. Die er weiterhin zu Seniorenbällen mitnimmt. Hast du ihn mal überprüfen lassen? Hat er einen Waffenschein für seine drei Pistolen?«

»Die Pistolen besagen nichts.«

»Vielleicht ist er ein Verkehrspolizist. Ich bin sicher, daß er ein Irrer ist.«

Krieggstein fragte Katrina: »Hast du dem Psychologen erzählt, daß du ein Buch für Kinder schreibst?«

»Nein. Daran habe ich gar nicht gedacht.«

»Siehst du? Du wirst dir selbst nicht gerecht – zeig dich doch von deiner besten Seite.«

»Eine wirkliche Hilfe wäre, Sam, wenn du den Hund ausführen würdest. Das arme alte Ding, sie ist noch nicht draußen gewesen.«

»Ach richtig«, sagte Krieggstein. »Daran hätte ich denken können.«

Der Schnee knirschte unter seinem Gewicht, als er die große Sukie über die hölzerne Veranda führte. Die neuen Straßenlaternen waren nach allgemeinem Urteil reizvoll, hübsch, golden und makellos. Im Sommer irritierten sie allerdings mit ihrem Licht die Vögel, die glaubten, die Sonne sei aufgegangen, und bis zur Erschöpfung zwitscherten. Im Winter schienen die Leuchten aus dem Weltraum herabgefallen zu sein. In seinen Wettermantel gehüllt, folgte Krieggstein dem dicken, langsamen Hund. Victor nannte ihn ein »Fantasten«. Wer sonst würde ein solches Wort gebrauchen? »Ein Fantast ohne Erfindungsgabe«, sagte er. Aber der Leutnant war ein zuverlässiger Begleiter. Er nahm Trina in einen Film mit Yul Brynner am McCormick Place mit. Die drei Pistolen gaben ihr tatsächlich ein Gefühl der Sicherheit. Sie war geschützt. Er war ihr ergebener Freund.

Unwillkürlich bekräftigte sie dies später auch Dorothea gegenüber, nachdem er gegangen war. Sie und ihre Schwester hielten oft einen Mitternachtsschwatz am Telefon.

Nach dem Tod ihres Mannes hatte Dorothea das große Haus in Highland Park verkauft und war in die elegante Oldtown gezogen, das chinesische Hochzeitsbett, das sie und Winslow bei Gump in San Francisco gekauft hatten, nahm sie mit. Das Schlafzimmer war klein. Ein einziges Fenster blickte auf die Hintergasse. Aber sie wollte sich von ihrem chinesischen Bett nicht trennen: Und jetzt lag sie mit ihrem Telefon in dem geschnitzten Bettgestell. Für Katrina war dieses ganze Schnitzwerk wie eine Dornenkrone. Kein Wunder, daß Dotey über Schlaflosigkeit und Migräne klagte. Und *sie* wollte *Katrina* den Kopf zurechtrücken! »Du bist in dieser aussichtslosen Liebesaffäre gefangen, bist isoliert, und der einzige Mann, den du beruhigt empfangen kannst, ist dieser Dumdum-Polizist. Und nun startest du nach Buffalo.«

»Krieggstein ist ein anständiger Kerl.«

»Er ist zu dreiviertel schwach belichtet.«

Dorothea mit Kraushaar, dünn, ruhelos, mit – wie Daddy zu sagen pflegte – Armen und Beinen wie »neurasthenische Stöcke« und großen schwarzen Augen, die ihr gleich aus dem Gesicht zu springen schienen, war eine kratzbürstige, eine bissige Nörglerin.

»Die Kinder gehen wie gewöhnlich mit dem älteren Kind von nebenan in die Schule. Ysole kommt um zehn.«

»Du mußt losstürzen und durch die Wolken trudeln, weil es der große Mann so sagt. Du behauptest, keine Wahl zu haben, aber ich glaube, du tust es gern. Du erinnerst mich an die Frau, von der es in der Sonntagsschule hieß – ›ihre Füße bleiben nicht in ihrem Haus‹. Ein Studienjahr in Frankreich war für dich und mich nach dem Schulabschluß ein tolles Privileg, aber wenn du mich fragst, hat es auch geschadet. Dad wurde dabei einiges Geld los, das er als Steuerberater scheffelte, und es war weit hübscher, Pariser Demoiselles aus uns zu machen, als das Geld mit den üblichen Methoden ›waschen‹ zu müssen. Er gab damit an. Wir waren in Paris verloren. Niemand, der uns beachtete. Heute könnte ich diese Dollars wirklich brauchen.«

Ach Dotey!, die im gleichen Atemzug prahlte und jammerte. Doteys Mann hatte eine kleine Kunststoffabrik besessen. Sie ging schon ein, als er starb. Daher mußte sie jetzt Kunststoffprodukte verhökern. Ihr Sohn studierte Betriebswirtschaft, aber an keiner der erstklassigen Hochschulen. Eine Frau in ihrer Lage brauchte eine gute Adresse, und die Miete, die sie in Oldtown bezahlte, war skandalös. »Für diesen Betrag könnten sie wenigstens die Ratten vernichten. Aber ich habe einen zweijährigen Vertrag unterschrieben; und der Hauswirt lacht mich aus.« Da sie in die Welt der Wirtschaft gezwungen worden war, redete sie immer mehr wie Vater. Aber sie haßte die Schufterei. Es war Doteys Tod, irgendwohin gehen zu müssen, irgend etwas tun zu müssen. Morgens aus dem Bett aufzustehen, war mehr, als sie ertragen konnte. Während sie den Kaffee filterte, fluchte sie wahllos vor sich hin, die hervorspringenden Augen waren wuterfüllt, wenn der Kessel pfiff. Um sich den Kamm durchs Haar zu ziehen, mußte sie alle Kraft zusammennehmen. Sie sagte selbst: »Wie die Dame bei Racine: *Tout me nuit et conspire à me nuire!* (Wobei sie ihrer französischen Bildung einen Chicagoger Stich verpaßte und Chicago einen französischen.) Nur Phaedra bist du, Baby, vor Liebe krank.«

Dorothea zwang sich zitternd aus dem Haus. Man bedenke, wie schwer es für sie war, Einkäufer von Warenhausketten aufzusuchen oder die Einkaufsbevollmächtigten von Institutionen. Es gelang ihr sogar, in die Untergrundbahn zu kommen, um für ihre Produkte zu werben, und als Geschäftsführerin ergatterte sie Einladungen von Radiosendern ethnischer Gruppen und moralischer Aufrüster. Zuweilen schien sie unter ihren Lasten zusammenzubrechen; ihre violetten Lider schlossen sich. Während der Sendung war sie dagegen unerschöpflich munter und zog eine charmante Schau ab. Aber wenn sie ärgerlich war, wurde sie sehr schroff. »Soll Wulpy doch nach Hause gehen, wenn er krank ist. Warum holt ihn denn seine Frau nicht?«

»Vergiß nicht, daß ich Victor vergangenes Jahr beinahe verloren hätte«, sagte Katrina.

»*Du* hättest *ihn* beinahe ... beinahe verloren?«

»Stimmt, du bist damals in derselben Woche auch operiert

worden, und ich mußte verreisen, aber du warst doch kein kritischer Fall, Dotey.«

»Ich habe auch nicht von mir gesprochen, sondern von seiner Frau, dem armen Geschöpf, und was sie durch dich und andere Damenbekanntschaften durchgemacht hat ... Wenn sie das Zimmer verlassen mußte, dann kam dieses hysterische Weibsbild aus Evanston hereingerannt und warf sich über den kranken Mann.«

Es war zwecklos, Dotey zu sagen, nicht so unverschämt und vulgär zu sein. Katrina hörte ihr mit einer gewissen Passivität, ja sogar Befriedigung zu – es war schon fast ein Vergnügen. Man konnte es als ein bestürzendes Vergnügen bezeichnen. Dotey fuhr fort: »Es ist nicht richtig, daß der Mann sein großes Prestige bei einer armen Frau aus der Vorstadt gebraucht. Das ist so, als ob man Fische in der Tonne erschießt. Du wirst mir erzählen, daß gerade du über das magische Geheimnis verfügst, ihn in Fahrt zu bringen ...«

»Ich glaube nicht, daß ich das *tue*, Dotey. Daß *ich* es bin, ist reiner Zufall. Er liebt sogar meine Krampfadern, die ich vor einem anderen lieber verstecken würde. Oder meine unregelmäßigen Zähne, und die haben mich mein Leben lang gestört. Und wenn meine Augen verquollen sind, dann fliegt er sogar darauf.«

»Großer Gott, das ist dann das Wahre«, sagte Dotey anzüglich. »Du hast die Glücksnummer gezogen. Bei dir wird's ihm steif.«

Katrina dachte: Warum reden wir eigentlich so vertraulich, wenn ich kein Mitgefühl finde? Es war traurig. Aber wenn man es realistisch sah, konnte man Dotey keinen Vorwurf machen, daß sie reizbar, böse und neidisch war. Sie mußte sich um ein pleite gehendes Geschäft kümmern. Sie brauchte einen Ehemann. Sie hatte keine nennenswerten Aussichten. Sie ist darüber wütend, daß ich restlos aus ihrer Liga ausgestiegen bin, sagte sich Katrina. Im Lauf dieser vier Jahre habe ich Leute wie John Cage, Bucky Fuller und de Kooning kennengelernt. Ich komme nach Hause und erzähle ihr, wie ich mit Jackie Onassis oder Françoise de la Renta geplaudert habe. Sie kann mir dagegen nur erzählen, wie schwer es ist, Plastiktaschen zu verscheuern, und wie gemein und übelwollend diese Einkäufer sind.

Dorothea hatte die Geduld verloren. Als sie noch dachte, die Affäre mit Victor sei nur ein kurzes Aufflackern gewesen, war sie toleranter gewesen, bereit zuzuhören. Katrina hatte sie sogar überredet, ein paar Artikel von Victor zu lesen. Sie hatten mit einem leichten begonnen: »Von Apollinaire zu E. E. Cummings«, waren dann aber zu schwierigen Texten übergegangen, wie zum Beispiel »Paul Valéry und der vollkommene Verstand«, »Marxismus im modernen französischen Denken«. Sie hatten nicht Marx selber in Angriff genommen, konnten aber zu zweit genügend Französisch, um Valérys *Monsieur Teste* zu lesen, und trafen sich zum Mittagessen im *Old-Orchard*-Einkaufszentrum, um sich über dieses seltsame Buch zu unterhalten. Zuerst sahen sie sich Kleider an, denn inmitten einer so großen Fläche von luxuriösen Waren wäre es unmöglich gewesen, sich sofort auf *Teste* zu konzentrieren. Katrina war von jeher bestrebt gewesen, ihren Horizont zu erweitern. Jahrelang hatte sie Flugunterricht genommen. Sie besaß einen Flugschein für einmotorige Maschinen. Nach einer Pause von zwanzig Jahren hatte sie versucht, wieder Klavierstunden zu nehmen. Sie hatte Gitarre spielen gelernt und machte im Club in der Ontario Street Französisch weiter. Einmal, in der allerschlimmsten Zeit, hatte sie sich für ausländische Sportwagen interessiert und war in den nördlichen Vororten immer nur ziellos herumgefahren. Sie hatte eine Menge Latein gelernt, für das sie keine Verwendung hatte. Ein andermal hatte sie überlegt, Jura zu studieren, und ihre Eignungsprüfung sehr gut bestanden. Das war ein Versuch, die Aufmerksamkeit auf eine bestimmte Art der Vollkommenheit zu richten. Und dann hatten Katrina und Dorothea in einer Nische des *Old Orchard* Zigaretten geraucht und Valéry interpretiert: Was bedeutete vollständiger Verstand, der Mensch als vollständiges Bewußtsein? Warum machte es Madame Teste glücklich, ein Studienobjekt für ihren Mann zu sein, warum machte es sie eben so glücklich, studiert wie geliebt zu werden? Warum sprach sie von ihm als einem Engel des reinen Bewußtseins? Valéry zu begreifen, war schon schwer genug; Wulpy *über* Valéry war für Dorothea völlig unzugänglich, und sie verlangte von Trina eine Erklärung. »Hier vergleicht er Monsieur Teste mit Karl Marx – was meint er damit?«

»Na ja«, sagte Katrina eifrig bemüht, »gehen wir noch mal zu diesem Satz zurück. Da heißt es: Verstand, der aus der Leere in diesen seltsamen Karneval verschlagen wird und von außerhalb Erleuchtung bringt ...«

Dann rief Dotey: »Aus *welcher* Leere?« Sie trug die Kraushaarfrisur als Deckung oder als Eingeständnis, daß es mit ihrem knochigen Schädel auch nicht so weither war. Aber auch das mag nur eine List gewesen sein, da sie auf ihre Weise tatsächlich sehr klug war. Nur war ihr Busen gefüllt mit einer wallenden Mischung aus schwesterlichen Gefühlen, Unsicherheit und Groll. Eine Zeitlang hielt sie Katrina gegenüber still, um dann zu sagen: »Wie steht's denn eigentlich mit dir und der Intelligenzija? Schließlich sind wir in die Pont Royale-Bar gegangen, und keiner von diesen Philosophen hat versucht, uns anzusprechen. Oder willst du dich intellektuell mit der Frau dieses Mannes messen?«

Nein, Beila Wulpy erhob nicht solche Ansprüche. Die Frau des großen Mannes, das war die Rolle, die sie spielte. Sie tat es mit Würde. Dunkel und füllig, schön auf ihre Art, erinnerte sie an Katharina von Aragon – die gekränkte Majestät. Obwohl sie selbst keine Intellektuelle war, wußte sie sehr wohl, was es hieß, eine zu sein – eine richtige. Sie war eine kluge Frau.

Katrina versuchte zu antworten: »Der seltsame Karneval ist die Geschichte der Zivilisation, wie sie einem unvoreingenommenen Geist erscheint ...«

»In dieser Liga spielen wir nicht«, sagte Dotey endlich.

»Das ist nicht für Typen wie uns Trina. Und dein Gehirn ist auch nicht das Organ, für das er sich interessiert.«

»Und ich glaube, daß ich dem schon auf meine Art gewachsen bin«, sagte Katrina eigensinnig. Sie versuchte, die Diskussion im Griff zu behalten. »Typen wie uns«, verletzte sie, und sie merkte, daß ihre Augen trüb wurden. Sie reagierte auf die drohenden Tränen oder ein Schluchzen, indem sie in ihren »fleischlichen Zustand« versank, wie sie es nannte: ihre Wangen wurden dick, und sie fühlte sich körperlich unzulänglich, fett. Dotey sprach mit einer Schärfe, die sie von ihrem Vater, dem Kommunalpolitiker, übernommen hatte: »Ich bin nur ein Weibsbild, das den Mistkerlen, die ihr Anträge machen, Plastiktaschen andrehen muß.« Katrina begriff sehr wohl, daß wenn Dotey »Ich bin nur ein Weibsbild« sagte, sie ihr zu verstehen gab »Und du bist genauso eins«. Dann sagte Dotey: »Spar dir den Quatsch mit dem ›seltsamen Karneval‹.« Sie fügte hinzu: »Und was macht dein Elefant?«

Das war ein billiger Seitenhieb. Katrina versuchte seit einiger Zeit über einen Elefanten eine Geschichte für Kinder zu schreiben. Sie hoffte, damit etwas Geld zu verdienen und dadurch unabhängig zu werden. Es war ein Fehler gewesen, es Dotey gegenüber zu erwähnen. Sie hatte es getan, weil es eine in der Familie oft erzählte Geschichte war. »Dieses alte Elefantenstück, das Papa uns immer erzählt hat. Das werde ich gebrauchen.« Aber aus irgendeinem Grund hatte sie die Einzelheiten noch nicht ausgearbeitet. Es war häßlich von Dotey, sie mit dem Elefanten zu triezen. Die Valéry-Diskussionen im *Old Orchard* fanden mit dieser Spitze ein Ende.

Aber natürlich mußte sie Dotey erzählen, daß sie nach Buffalo flog, und Dotey, die aufrecht mit dem Telefon in ihrem geschnitzten chinesischen Bett saß, sagte: »Falls etwas schiefgeht, möchtest du sicher, daß ich dich vor Alfred decke.«

»Ich glaube nicht, daß es dazu kommen wird. Aber um ganz sicherzugehen, gib mir eine Nummer, wo ich dich im Laufe des Nachmittags erreichen kann.«

»Ich muß überall in der Stadt sein. Die Konkurrenz versucht, mir meinen Drogisten abspenstig zu machen. Ohne ihn kann ich zumachen. Ich bin kurz vorm Zusammenbruch und lege keinen Wert auf zusätzliche Belastungen. Und hör zu, Trina, liegt dir wirklich so viel daran? Angenommen das Gericht spricht Alfred nun doch die Kinder zu.«

»Das würde ich nicht hinnehmen.«

»Es würde dir vielleicht nicht allzuviel ausmachen. Mutter hat sich sehr wenig für dich und mich interessiert. Sie hat sich mehr um das Plissée in ihrem Rock gekümmert. Bis auf den heutigen Tag, auch da unten in Bar Harbor Island, ist sie dieselbe geblieben. Du wirst sagen, du bist nicht wie Mutter, aber so was färbt ab.«

»Was hat das mit Mutter zu tun?«

»Ich überlege nur so hin und her, wie man das gewöhnlich tut. Mit diesen Kindern kommst du zu nichts. Das Haus ist eine Belastung. Alfred hat all die hübschen Sachen mitgenommen. Die Erhaltung verschlingt zu viel Geld. Angenommen Alfred bekommt das Sorgerecht? Dann würdest du mit all den Malern und Museumsleuten nach Osten ziehen. Es gäbe nichts als Kunst und Literatur. Victors Kreis ...«

»Es gibt keinen Kreis.«

»Die Leute sind scharenweise hinter ihm her. Du könntest

fordern, offener mit ihm zusammenzusein, denn Victor wäre dir verpflichtet, wenn du die Kinder verlörest. Solange es ihn noch gibt ...«

»Wenn wir so miteinander reden, Dotey, muß ich daran denken, wie oft ich Frauen habe sagen hören: ›Ich wünschte, ich hätt' eine Schwester.‹«

Dorothea lachte. »Frauen, die eine Schwester haben, sagen das nicht! Na schön, ich erweise mich dadurch als gute Schwester, daß ich ins Hause komme und alle Lampen anmache. Du hast das Kinderkriegen aufgeschoben, bis du fast zu alt warst. Alfred war darüber außer sich. Er ist ein schnell handelnder, entschiedener Typ. Juweliere müssen so sein. In seinem Milieu ist er wer. Sieh einen Diamanten an, nenn einen Preis. Du wolltest keine Kinder von ihm? Du wolltest dir alle Möglichkeiten offenhalten? Du hast auf die große Gelegenheit gewartet? Natürlich wird dich Alfred reinlegen, wenn er kann.«

So ist's richtig, kommentierte Katrina schweigend, jag mir nur tüchtig Angst ein. Ich würde nie bereuen, was ich getan habe. Sie sagte: »Ich sollte jetzt besser den Wecker stellen.«

»Ich gebe dir ein paar Nummern, wo du mich am späten Nachmittag eventuell erreichen kannst«, sagte Dorothea.

Um halb sechs klingelte der Wecker. Katrina hatte diese düstere Winterstunde nie leiden können. Ihr Herz war schwer, als sie die Schranktür zurückschob und anfing, sich anzukleiden. Zu dem grünen Kostüm wählte sie einen schwarzen Kaschmirpullover und passende Strümpfe. Ungeschickt rollte sie sich auf der Chaiselongue zurück, Beine in der Luft, um die Strumpfhose anzuziehen. Ihre Stiefel waren aus Straußenleder und stammten aus dem eleganten Cowboy-Spezialgeschäft in der South State Street, das vor allem affige Neger und Negerinnen als Kundschaft hatte. Das genarbte Leder, das grob wirkte, aber glatt war und schön, war für schlankere Beine gedacht als die ihren. Was machte das schon? Diese Beine – und sie selbst – schenkten Victor die denkbar größte Befriedigung.

Sie hatte sich fünfzehn Minuten für den Hund reserviert. Im Winter führte Ysole ihn nicht aus. In ihrem Alter hätte ein Sturz auf dem Eis gerade noch gefehlt (»Wirst du dich um mich kümmern, wenn ich mir die Hüfte breche?« hatte die alte Frau gefragt). Aber Katrina führte Sukie gern spazieren. Es war teilweise schon so, wie Dotey gesagt hatte: »Ihre Füße bleiben nicht in ihrem Hause.« Aber das Haus, aus dem Alfred die besten Teppiche und Stühle, die Porzellanelefanten aus Indien und die gelockten, vergoldeten chinesischen Löwen mitgenommen hatte, verursachte Katrina durch seine Leere Kummer. Allerdings hatte sie Hausarbeit nie besonders geschätzt. Sie brauchte Betrieb, und selbst beim Ausführen des Hundes gab es etwas Betrieb. Man konnte sich mit anderen Hundebesitzern unterhalten. Erstaunlich, was die manchmal sagten – die verrückten Vorschläge, die gemacht wurden. Da Katrina sie nicht ernst zu nehmen brauchte, war sie in der Lage, sich einfach darüber zu amüsieren. Was Sukie betraf – die war schon beinahe abgeschrieben. Der Tierarzt hatte wiederholt angedeutet, daß eine kranke, blinde Hündin eingeschläfert werden sollte. Vielleicht würde Krieggstein ihr den Gefallen tun – den Hund mit in den Wildpark nehmen und dort erschießen. Würden die kleinen Mädchen traurig sein? Vielleicht ja, vielleicht auch nicht. Man konnte aus diesen verschwiegenen Kindern nicht viel herauskriegen. Sie beobachteten ihre Mutter kommentarlos. Krieggstein fand, sie seien großartige kleine Mädchen, aber Katrina bezweifelte, ob sie zu der Sorte von Kindern gehörten, für die ein Freund der Familie schwärmen konnte. Vielleicht einer, der zum Goldenen Zeitalter der Platitüden gehörte. Einer von Krieggsteins eher merkwürdigen Vorschlägen war, die Mädchen sollten in einem Judokurs oder ähnlichem angemeldet werden; Katrina müsse sie darin bestärken, aggressiver zu werden. Er versuchte, Katrina auch zu überreden, ihn die Kinder zum Pistolen-Schießplatz der Polizei mitnehmen zu lassen. Sie sagte, sie würden bei dem Geknalle vor Angst verrückt werden. Er behauptete, daß es ihnen im Gegenteil unendlich guttun würde. Dorothea bezeichnete ihre Nichten als »diese Rätselkinder«.

Man konnte die Hündin nicht zur Eile antreiben. Schwarzhaarig, kreuzlahm, gutartig schnüffelte sie an jedem Hundefleck im Schnee. Sie umkreiste ihn, entschied sich dann anders. Wenn sie an die falsche Stelle machte, würden die Dinge aus dem Gleichgewicht geraten. Alle spielen ihre Rolle in der großen Symphonie der Instinkte (Victor). Und selbst an einem klirrend kalten Tag mit knirschendem Eis unter den Pfoten ließ der Hund sich Zeit. Eine heisere Sonne erschien. Ein paar Minuten funkelten die kreisenden Schneekristalle, dann senkte sich eine Wolkenwand herab. Es würde ein grauer Tag werden.

Katrina weckte die Mädchen und sagte ihnen, sie sollten sich anziehen und nach unten kommen, um ihr Müsli zu essen. Mutter müsse zu einer Sitzung. Kitty von nebenan würde um acht Uhr kommen, um sie zur Schule zu bringen. Die Mädchen schienen sie kaum zu hören. Worin gleichen sie mir? fragte sich Katrina zuweilen. Ihr Mund war genauso charmant halb-offen (oder halb-geschlossen). Victor sprach nicht gern über Kinder. Er vermied es geflissentlich, über ihre Kinder zu reden. Er machte allerdings theoretische Bemerkungen über die jüngere Generation. Er sagte, sie sei berechtigt, die Älteren mit Schuldgefühlen fertig zu machen. Man hielte die Kinder für bemitleidenswert, weil ihre Eltern ohnmächtige Wichte seien. Sobald sie dazu imstande wären, distanzierten sie sich von ihren Eltern, die sie für mißratene Kinder hielten. Man hätte meinen sollen, Victor wäre von derartigen Erkenntnissen deprimiert gewesen. Nein, er war beflügelt und vergnügt. Und nicht nur zeitweise; er hatte ein ausgeglichenes Temperament.

Als Katrina reisefertig in ihrem pelzgefütterten Mantel in die Küche kam, saßen die Mädchen noch bei ihrem Müsli. Durch ihre Trödelei war die Milch braun geworden. »Ich lasse eine Liste am Pinbrett, sagt das Ysole. Ich bin nach der Schule wieder da.« Keine Antwort. Katrina verließ das Haus mit dem halbherzigen Eingeständnis, wie schön es doch war, zu verreisen, wie froh sie sein würde, zum Flughafen zu kommen, und wie herrlich zu fliegen, auch wenn der in Buffalo wartende Victor vielleicht krank war. Die Düsentriebwerke saugten fauchend die gefrorene Luft an, der riesige Vogel hob ab; der graue Boden glitt davon, und an Hangars vorbei erhob man sich über Fabriken, Teiche, Bungalows, Football-Felder, die gestichelten Einschnitte von Eisenbahnschienen, die sich durch den Schnee wanden. Und dann die Ansammlung von Wolkenkratzern im Süden. Auf einem unsichtbaren Bürgersteig dort unten könnten vielleicht deine kleinen Töchter auf dem Schulweg die Triebwerke hören, ohne zu wissen, daß ihre Mutter über sie hinwegflog. Jetzt wurde unten das graue Wasser des großen Sees sichtbar, mit seinen Strömungen, Windmustern, Schaumkronen. Leb wohl! Über den Wolken zu sein, wirkte auf Katrina stets beruhigend. Dann *bing*! füllte das helle Sonnenlicht, das durch den unendlichen Weltraum kam (gefrorene Schwärze, hieß es), die Kabine mit Wärme und Farbe. In einem Buch von Kandinsky, das sie einmal in Victors Zimmer gefunden hatte, hatte sie gelesen, der Maler sei in einem entlegenen Teil Rußlands, wo die Innenräume der Häuser im Stil von Ikonen ausgemalt waren, zu dem Schluß gelangt, daß auch ein Gemälde ein Innenraum sein sollte und daß der Künstler den Betrachter dazu bringen müsse, einzutreten. Wer wollte das wohl nicht? dachte sie. Beim Kaffeetrinken über dem Staat Michigan genoß Katrina ihre einzige Stunde genüßlicher Ruhe. Die Maschine war fast leer.

Ihr kamen sogar ein paar Gedanken zu ihrem Elefantenprojekt. Ob sie's wohl je fertigkriegen würde?

In Katrinas Erzählung war der Elefant, ein Weibchen, als witzige Werbung vermietet, um den Verkauf von indischen Spielwaren im fünften Stock eines Kaufhauses anzukurbeln. Der Wärter des Tieres hatte seine Mühe gehabt, die Elefantendame in den Lastenaufzug zu bekommen. Nachdem sie den Boden mit einem Fuß ausprobiert und wackelig gefunden hatte, hatte sie gebockt, aber Nirad, der indische Elefantentreiber, hatte sie zu guter Letzt überredet, hineinzugehen. Als sie erst einmal in der Spielwarenabteilung war, amüsierte sie sich himmlisch. Der Verkauf war gar nicht mehr abzusehen. Das Tier hieß eigentlich Margey, aber die Zeitungen, die voll davon waren, nannten es Largey. Als jedoch der Monat zu Ende war und Margey-Largey wieder zum Lastenaufzug gebracht wurde und ihren Huftest machte, konnte sie durch nichts dazu bewegt werden, hineinzugehen. So gab es also einen Elefanten im obersten Stockwerk eines Kaufhauses in der Wabash Avenue, und niemand fiel etwas ein, wie man sie dort wegkriegen könnte. Management-Konferenzen und -Beratungen fanden statt. Experten wurden hinzugezogen. Legionen von erfinderischen Spinnern überfluteten die Telefonleitungen mit Vorschlägen. Das Dach aufmachen und das Tier mit einem Kran rausheben? Eine Mauer rausbrechen und es mit Vorrichtungen zum Klaviertransport runterlassen? Es betäuben und bewußtlos in den Lastenaufzug pakken? Aber wie sollte man es auf die Beine kriegen, wenn es in Narkose war? Der Tierschutzverein erhob Einspruch. Der Zirkus, von dem die Elefantendame ausgeliehen war, mußte die Stadt verlassen und bestand auf Vertragserfüllung seitens des Kaufhauses. Nirad, der Elefantentreiber, war außer sich. Das große Tier war elend, litt an Schlaflosigkeit. Gab es denn keine Lösungen? Katrina hatte nicht genug Phantasie, um die Sache zuende zu bringen. Sie hatte einfach keine Inspiration. Krieggstein fragte sich, ob die Streitkräfte nicht vielleicht einen Jumbo-Hubschrauber einsetzen könnten. Oder ob das Kaufhaus nicht in der Mitte eine Galerie oder einen Schacht hätte, wie Marshall Field's. Katrina hatte nach zwei oder drei Versuchen aufgegeben, die Sache mit Victor zu besprechen. Man belästigte ihn nicht mit den eigenen Kinkerlitzchen. Das war das Maß für den Unterschied zwischen Victor und Krieggstein.

Wäre Victor ernstlich krank gewesen, dann hätte er seinen Vortrag abgesagt; er mußte also nach ihr geschickt haben, weil er sich danach sehnte, sie zu sehen (das Wünschenswerteste und Höchste), oder einfach, weil er Gesellschaft brauchte. Diese vernünftigen Schlußfolgerungen waren für sie wohltuend, und etwa eine Stunde lang reiste sie durch den hellen Himmel, als *befände* sie sich in einem Gemälde. Dann begann genau östlich von Cleveland das Licht zu verlöschen, was bedeutete, daß das Flugzeug niederging. Finsternis kehrte zurück. Unter ihr lag der Eriesee – eine offene Kloake, wie sie ihn einen Umweltschützer hatte nennen hören. Und jetzt glitt die Maschine ins graue Buffalo, und sie wurde zunehmend aufgeregter. Warum war sie gerufen worden? Weil er alt und krank war, trotz der Unsterblichkeit, in die er gehüllt schien, und Katrina daran schuld, daß er unterwegs war? Er tat es um ihretwillen. Er reiste nicht mit Gehilfen (wie Henry Moore oder andere Würdenträger von gleichem Rang), weil ein sexuelles Abenteuer Diskretion erforderte, weil Alfred hinter ihr her war – Alfred, der sie immer übertroffen und überlistet hatte und über diese Wendung wütend war. Und wenn Alfred seinen Prozeß gewinnen sollte, hätte Victor Katrina am Hals.

Aber würde er sie aufnehmen? Dazu würde es jedoch niemals kommen.

Nachdem sie in Buffalo gelandet war, ging sie erst einmal zur Damentoilette, und als sie sich betrachtete, war sie mit ihrem aufgedunsenen Gesicht und ihren unruhigen Augen durchaus nicht zufrieden. Sie legte Lippenstift auf (Alfreds Wut brannte und qualmte am Horizont, und sie legte Lippenstift auf). Sie versuchte das Möglichste mit dem Kamm und ging hinaus, um sich den Weg zum Erste-Klasse-Warteraum zeigen zu lassen.

Victor flog nie erster Klasse – warum Geld verschwenden? Er nutzte nur die Annehmlichkeiten. Die Manager in der Ersten waren nicht nach seinem Geschmack. Er hatte stets wie ein Künstler gelebt und gehörte daher in den hinteren Teil der Kabine. Wegen seines kaputten Knies beanspruchte er, daß er, zusammen mit Säuglingen und Querschnittsgelähmten, frühzeitig einen Platz bekam. Keine Zurschaustellung von Gebrechlichkeit, aber er brauchte für sein steifes Knie einen Platz am Gang. Allerdings maßte er sich eine Art präsidialer Immunität bei allen Unbequemlichkeiten an. Aus irgendeinem Grund reizte Dorothea das besonders, und sie hatte einen »Für-wen-zum-Teufel-hält-er-sich-eigentlich«-Tonfall, als sie sagte: »Er betrachtet alles als selbstverständlich. Als er zur Northwestern-Universität kam – zu diesem fatalen Besuch! –, hat er sich eine alte Klapperkiste geliehen, und wollte nicht mal fünfzig Dollar für eine Batterie ausgeben, sondern rief jeden Tag irgendeinen Dummkopf an, er solle mit einigen Drähten anrücken und ihn flottmachen. Und das von einem Mann, der allein schon durch seine modernen Gemälde mehr als eine Million wert sein muß.« »Ich weiß es nicht«, sagte Katrina. (Wenn sie besonders eigensinnig war, senkte sie die Augen, und wenn sie so aussah, als würde sie nachgeben, war ihr Widerstand am größten.) »Victor glaubt wirklich an

Gleichheit. Aber ich finde nicht, daß in diesem Fall eine Extrabehandlung unangebracht ist.«

Wenn Victor auf einer Party erschien, dann wurde ihm allerdings von den Leuten eine Gasse gebahnt, ein Fußpolster wurde gebracht und ein Drink in die Hand gegeben. Wenn er ihn nahm, entstand im Gespräch keine Unterbrechung. Selbst seine superreichen Freunde waren glücklich, sich für ihn zu verausgaben. Autos wurden geschickt, Apartments (in Häusern wie dem Waldorf) standen zur Verfügung, die er selten benutzte. Er war ein Villager alten Stils, und um zu schreiben, hatte er ein Zimmer in der Sullivan Street, unter lauter italienischen Nachbarn, nahm bei der Arbeit hin und wieder ein Stück Provolohne und kleine Happen aus der Brotbüchse zu sich, trank Whisky oder Kaffee aus einem Kunststoff-Meßbecher, legte sich aufs Bett (das Bettzeug wurde vielleicht einmal pro Jahr gewechselt), um seinen Gedanken Schliff zu verleihen, sie durch sein Hirn zu leiten, als ob das Gehirn aus einer Reihe von Atomkraftwerken bestünde. Das Denken war's, worauf es ankam. Er hatte diese nachdenklichen, dunklen Augen, die zwischen den dicht bewimperten Lidern leuchteten, dichte, diabolische Brauen, gebieterisch, nicht unfreundlich. Die Augen saßen in einem merkwürdigen Winkel in den Wangen oder waren *eingelassen*. Das Motiv des merkwürdigen Winkels erschien in vielerlei Form. Und in der Sullivan Street verlangte er keine besondere Rücksicht. Er kaufte sich seine eigene Salami und seinen Käse und die Zigaretten im italienischen Lebensmittelladen, brachte sie ohne Fahrstuhl in den dritten Stock (Hinterhaus), arbeitete vollkommen unabhängig, bis es Zeit für einen Drink war. Um in den Norden der Stadt zu gelangen, würde er sich unter Umständen in einer Limousine mitnehmen lassen. In der schalldichten Glaskabine eines Rolls hatte Katrina einmal mit angehört, wie er sich während einer halbstündigen Fahrt *downtown* mit einem Berliner Milliardär unterhielt. (Er war in den dreißiger Jahren mit Patenten für synthetischen Gummi vor den Nazis geflohen und hatte billig Dutzende von Matisse-Gemälden gekauft.) Victor hatte sich ernsthaft mit ihm unterhalten, und Katrina hatte versucht, mit den Themen, die zwischen der 76th Street und Washington Square abgehandelt wurden, mitzukommen: die Politik des modernen Deutschland vom Heiligen Römischen Reich bis zum Molotow-Ribbentrop-Pakt; worum es beim surrealistischen Kommunismus wirklich gegangen war; Kieslers Architektur; Hans Hofmanns Einfluß; welche Grenzen der Entwicklung der Kunst durch die liberale Demokratie gesetzt wurden. Drei oder vier andere herrliche Themen, an die sie sich nicht mehr erinnern konnte. Verschiedene Auffassungen über die Krisen in der Wirtschaft, den Kalten Krieg, Metaphysik, Sexaphysik. Der kluge, erfolgreiche Berliner Jude mit einem Kopf wie ein rundes Sauerteigbrot, ganz uneben und mit Mehl bestäubt, hatte die richtigen Fragen gestellt. Es war nicht so, daß Victor sich diese Fahrt ersungen hätte. So etwas tat er nicht.

Dorothea versuchte – und versuchte es zu verbissen –, das schlimmstmögliche Wort für Victor zu finden. So sagte sie schließlich: »Er ist ein Tartuffe.«

»Mich hast du Madame Bovary genannt«, sagte Katrina. »Was für ein Paar geben wir denn ab?«

Dotey, du hast deinen B. A. anständig gemacht. Jetzt bleib bei deinen Plastiktaschen.

Derartige – taktvoll zensierte – Kommentare schienen Katrinas Lippen anschwellen zu lassen. Oft sah man eine Art stummes Vergnügen um ihren Mund. Es ließ sich so deuten, daß Victor eine echte Größe war und daß sie stolz war auf ihre – na, besondere Intimität. Er vertraute sich ihr an. Sie kannte seine wahren Ansichten. Sie waren Verschworene. Sie teilte seine sorglose, bewegliche Unabhängigkeit von allem, woran die

Leute (fast alle) so hängen. In einem Land mit einer öffentlichen Meinung schuf er sich seine eigenen Meinungen. Katrina war als seine einzige Schülerin immatrikuliert. Sie zahlte ihr Schulgeld mit Freude.

Das war zumindest eine mögliche Zusammenfassung ihrer Beziehungen – diejenige, die ihr am besten gefiel.

Als Katrina durch die verglasten Gänge des Flughafens schritt, gefiel ihr das Aussehen des Himmels ganz und gar nicht – eine Art Kolik in den Wolken und Schneeböen, die über die Asphaltfelder sprühten und kreiselten. Der Verkehr war allerdings normal. Flugzeuge kamen an, rollten zu den Landebahnen. Der Himmel sah übel aus, aber man wollte ja die eigenen Ängste nicht auf die Wetterlage übertragen. Jedenfalls blieb das Wetter draußen, als sie den VIP-Warteraum betrat. Erster-Klasse-Warteräume lagen stets innen, waren schwach beleuchtete Zonen der Stille und Ruhe. Getränke waren frei, und Victor, mit einem Glas in der Hand, hatte seine Beine auf einem Kaffeetisch ausgestreckt. Sein Stock war neben ihm zwischen ein paar Sofakissen geklemmt. Der Whisky hatte nicht genügend gewirkt, denn sein gelblichgrüner Kordautomantel war zum Wärmen mit Reißverschluß und Knöpfen bis oben hin geschlossen. Als sie ihn küßte, stieg von ihrem Kleid, Schal und Hals der Cabochard-Duft auf – sie konnte ihn selber riechen. Dann blickten sie einander ins Gesicht, um festzustellen, was los war. Sie hätte nicht gesagt, daß er krank war – er sah nicht so aus und hatte nicht jenen Ruch von Leiden an sich, der ihr während seiner Krankheit vertraut geworden war. *Das* zumindest! Dann bestand also kein Grund zur Panik. Er war jedoch eindeutig verstimmt – irgend etwas setzte ihm zu, wie Verärgerung, Ekel. Sie kannte die Heftigkeit seiner wortlosen Verstimmungen. Einige Gegenstände waren an der Seite des Sofas abgestellt. Seinen Seesack kannte sie: schweres Segeltuch, verfleckt, er hätte auch

Handwerkzeug enthalten können, aber es stand noch etwas anderes dabei, gleich um die Ecke.

Nun also, man hat mich gerufen, und ich bin gekommen. Wurde ich gebraucht, oder war es bloß äußerste Reizbarkeit?

»Auf die Minute«, sagte sie und drehte die Uhr am Handgelenk nach oben.

»Gut.«

»Jetzt muß ich's bloß wieder zurückschaffen.«

»Ich sehe nicht, warum das nicht klappen sollte. Es hat doch bei der Planung keine Schwierigkeiten gegeben, oder?«

»Ich mußte nur einen Termin mit dem Gerichtspsychologen verschieben und den üblichen Zorn von Alfred riskieren.«

»Ein derartiges Benehmen heutzutage und in dem Alter«, sagte Victor. »Warum muß sich dein Mann einschalten, als sei *er* der Hauptdarsteller, und sich benehmen wie ein wahnsinniger Opernheld.«

»Aber du weißt doch, Victor, Alfred war seiner selbst immer sehr sicher, aber die Rivalität mit dir war mehr, als seine Selbstachtung vertragen konnte.«

Victor war nicht der Typ, der sich für Probleme der Persönlichkeit interessierte. Sofern sie wirklich nur persönlich waren, waren ihm alle Probleme schnuppe. Die seinen eingeschlossen.

»Was hast du da, neben deinem Seesack?«

»Sage ich dir, sobald wir Whiskey für dich bestellt haben.« Trinken früh am Tag war ungewöhnlich. Das bedeutete, daß er etwas extra zum Ankurbeln brauchte. Wenn er den Arm hob, war das Signal unübersehbar, und die Hosteß war gleich zur Stelle. Vielleicht hätte man im Mittelmeerraum der Antike oder in Asien Beispiele für Victors Körpertyp gefunden. Er ragte empor. Er war aber auch wegen seines Beines schief. Katrina hatte nie genau herausfinden können, was aus medizinischer Sicht damit los war: Für eine Drainage war es an zwei Stellen punktiert; direkt durchs Fleisch. Manchmal kam es zu einer Absonderung um die Löcher, die körnig war wie brauner Zucker. Daran mußte man sich gewöhnen, wenigstens ein bißchen. Er machte Scherze über seine Größe. Er sagte, er sei zu groß für die feineren menschlichen Tätigkeiten. Er wies auf das Mammut hin, das nicht überlebt hatte, und er erwähnte, wieviele Genies kleine Männer waren. Aber das war nur Geschwätz. Im Innersten war er mit sich zufrieden, so wie er war. Durchaus nicht wie ein Mammut. Er war immer noch einer der dramatisch aussehenden Männer der Welt; und zudem war er, wie sie Grund hatte zu wissen, in seinen nervlichen Reaktionen sehr sensibel. Ein Gesicht wie das Victors hätte auf den Einband eines Buches über die antike Welt gepaßt: die kraftvollen horizontalen Flächen – Stirn, Wangenknochen, die intelligenten länglichen Augen, die jetzt im Alter verfilzten Augenbrauen, mit Büscheln, die böse aussehen konnten. Sein Mund war groß, und der gestutzte Schnurrbart war breit. An der Art, wie das graue Gesicht schwoll, wenn er mit Nachdruck sprach, konnte man erkennen, daß er in seiner Denkweise gewissermaßen ein Tyrann war. Seine Wangenknochen waren gerötet wie die eines geschminkten Schauspielers; die kräftige Farbe hatte er selbst dann noch gehabt, als er als kritischer Fall galt. Es schien ein Fehler zu sein, daß er im Sterben lag. Zudem war er so groß, daß man sich fragte, was er in einem Bett zu suchen hatte, das für gewöhnliche Patienten bestimmt war; als er jedoch die Augen öffnete, diese schmalen Sehkanäle, lautete die Botschaft: »Ich sterbe!« Dennoch war er ein paar Monate später wieder im Einsatz, aß und trank, schrieb kritische Artikel – voll verantwortlich. Eine gewaltige Person, Victor Wulpy. Selbst die Art, wie er hinkte, war gewaltig: nicht, als ob er sein Bein nachzöge, sondern als ob er Gegenstände aus dem Weg stieße. Victors ganzer Respekt galt allein den Menschen, die ihre *Idee* auslebten. Denn man hatte eine: bewußt oder unbewußt, hoch oder niedrig, klug oder dumm. Er kam daher wie der König von etwas – vielleicht der Juden. Nach und nach wurde einem bei Victor ein Widerspruch zwischen oben und unten bewußt; er war oben nicht so wie unten. Auf den einfachsten Nenner gebracht, seine Schuhe waren ausgelatscht, und er hatte schlampige Hosen an; wenn ihn jedoch der zweite Drink erwärmt hatte und er die Kordjacke auszog, enthüllte er eins seiner typischen Hemden. Es glich einem jener Gemälde Klees, die voller winziger gradliniger Formen sind – grün, rubinrot, gelb, violett, verwaschen, aber doch noch schön. Sein großer Rumpf war ein warmes Kunstwerk. Schließlich war er ein Häuptling und Pandit in der Welt der Kunst, ein mächtiger Mann; selbst seine Marotten hatten (selbstverständlich) Wucht. Königlich, künstlerisch, demokratisch, er war seit eh und je da. Er verfiel allerdings. Aber die Frauen waren auch jetzt noch hinter ihm her.

Die Stimme vom Drink gekräftigt, begann er zu sprechen. Er sagte: »Vanessa sagt, ihre Lehrer hätten ihr eingeheizt, sie solle mich zu einem Vortrag herbringen; aber das war vor allem ihre Idee. Dann war sie gar nicht dabei. Sie mußte Kammermusik spielen.«

»Hast du ihren kubanischen Freund kennengelernt?«

»Darauf komme ich noch. Er ist um einiges besser als die anderen.«

»Das mit der Religion ist also ausgestanden.«

»Nach all dem Theater, Rabbinerin zu werden, und den Schwierigkeiten, sie ins Hebrew Union College zu kriegen, ist sie ausgestiegen. Sie scheint die Absicht gehabt zu haben, Juden – erwachsene Juden – in ihren Tempeln zu schurigeln und sie von der Kanzel aus anzublaffen. Viele von ihnen sind so demoralisiert, daß sie sich's nicht nur gefallen ließen, sondern auch noch damit prahlten. Heutzutage beschimpft man die Leute, und dann drehen sie sich um und annoncieren in den Zeitungen, wie fortschrittlich es ist, sich in die Fresse hauen zu lassen.«

»Jetzt hat sie sich also in diesen kubanischen Studenten verliebt. Sind die unter Castro eigentlich noch katholisch? Sie verpflichtet dich für einen Vortrag und spielt am selben Abend in einem Konzert.«

»Nicht nur das«, sagte Victor. »Sie läßt mich ihre Geige zum Reparieren nach Chicago mitnehmen. Es ist ein wertvolles Instrument, und ich muß es zu Bein und Fushi im Fine Arts Building bringen. So was darf man in Buffalo nicht verpfuschen lassen. Eine Guarneri.«

»Ihr habt also zusammen gefrühstückt?«

»Ja. Und dann mußte ich mit, um die Familie des Jungen kennenzulernen. Der erweist sich als ein junger Archimedes, ein Wunderkind. Sie sind Flüchtlinge, vielleicht Sozialhilfeempfänger. Es ist mehr als recht, daß unter den ganzen Verbrechern, die uns Kuba aufgehalst hat, auch ein oder zwei Genies dabei sind ...«

»Bist du eigentlich ganz sicher, daß er so ein Genie ist?«

»Du brauchst mir ja nicht zu glauben. Aber er hat ein dickes Vierjahresstipendium für Physiologie bekommen. Seine Brüder sind Pikkolos – bestenfalls. Und da kommt Nessa dazwischen. Die Mutter ist außer sich.«

»Dann hat sie dir also ihre Geige gegeben – ein zu erledigender Auftrag?«

»Ich hab' ihn übernommen, um etwas Schlimmeres zu verhüten. Ich habe einen ordentlichen Preis für das Instrument bezahlt, und inzwischen hat sich der Wert verfünffacht. Ich will eine Schätzung von Bein und Fushi haben, für den Fall, daß Nessa sich in den Kopf setzen sollte, die Fiedel zu verhökern und diesen Raul seiner Mutter abzukaufen. Mit ihm durchzugehen. Wer weiß was? ... Wir könnten zusammen zu Bein gehen ...«

Noch mehr Aufträge für Katrina. Victor hatte Vanessa fortgeschickt, um ein Zusammentreffen mit seiner Freundin, seiner Madame Bovary, zu vermeiden.

»Wir können die Fiedel unter einen Sitz legen. Ich nehme an, daß linke Studenten zu deinem Vortrag gekommen sind.«

»Warum denn? Ich hatte viel mehr Zuhörerschaft als nur die. Die Anwendung von *Der achtzehnte Brumaire* auf die amerikanische Politik und Gesellschaft ... Die Farce des Zweiten Kaiserreichs. Sehr zeitgemäß.«

»Das klingt nicht allzu amerikanisch für mich.«

»Was, exotischer als japanische Elektronik, deutsche Autos, französische Küche? Oder laotische Emigranten, die sich in Kansas niedergelassen haben?«

Ja, das konnte sie begreifen und auch begreifen, wie natürlich das Thema Victor Wulpy aus New York erscheinen mußte, der von der East Side stammte, ein Straßenjunge gewesen war, der dem gemischten, fremdländischen Amerika der Einwanderer wohlwollend gegenüberstand; der dem kubanischen Freund seiner Tochter mit großer Toleranz begegnete, der mit diesem Gesicht und der wahrscheinlich in Taiwan angefertigten griechischen Mütze selbst exotisch war.

Victor hatte weitergesprochen. Er erzählte ihr jetzt von einer Nachricht, die er im Hotel erhalten hatte und die von einem Mann stammte, den er vor Jahren gekannt hatte – eine Überraschung, die er nicht mochte. »Er schlägt den Ton eines alten Freundes an. Wunderbar, sich nach dreißig Jahren wiederzusehen. Er ist gerade zufällig in der Stadt. Und das gute, alte Greenwich Village – ich hasse die Wiederbelebung dieser Beziehungen, die niemals existiert haben. Inzwischen ist er allerdings durchaus eine Berühmtheit geworden.«

»Würde ich den Namen kennen?«

»Larry Wrangel. Er hatte kürzlich Erfolg mit seinem Film *Der Kronos-Faktor.* Genauso was wie *2001* oder *Krieg der Sterne.*«

»Natürlich«, sagte Katrina. »Das ist der Wrangel, über den in der Zeitschrift *People* ein Artikel erschienen ist. Ein Spätzünder, hieß es. Vor zehn Jahren hat er noch Pornofilme gedreht. Interessant.« Sie sprach bedachtsam, weil sie sich in San Francisco Ungnade zugezogen hatte. Und selbst jetzt konnte sie nicht sicher sein, ob Victor ihr vergeben hatte, daß sie ihn in M+A+S+H geschleift hatte. Irgendwo in seiner geistigen Buchhaltung gab es noch einen Minuspunkt. Fast schon strafbarer, schlechter Geschmack hatte er einmal gesagt. »Er muß sehr reich sein. Der Film soll vierhundert Millionen eingebracht haben, hieß es in dem Artikel in *People*. War er bei deinem Vortrag?«

»Er schrieb, er hätte eine Verabredung, so daß er vielleicht etwas später kommen würde, und ob wir hinterher etwas zusammen trinken könnten? Er hat eine Telefonnummer angegeben, aber ich habe ihn nicht angerufen ...«

»Was warst du – müde? Verstimmt?«

»Früher war er etwa zehn Minuten lang erträglich – ganz einfach ein Mensch, der ernst genommen werden wollte. Der Typ, der einen besonders anödet, wenn er's besonders ernst meint. Er kam aus dem Mittelwesten, um an der New York University Philosophie zu studieren; und er biederte sich mit den Malern in der Cedar Bar und den Schriftstellern in der Hudson Street an. Ich kann mich sehr wohl an ihn erinnern – ein kleiner Mann, zappelig, gewitzt, *offbeat*. Ich glaube, er hat sich mit dem Schreiben von Fortsetzungen für Comics über Wasser gehalten – Buck Rogers, Batman, Flash Gordon. Er hatte immer ein Notiztäfelchen in seiner Reißverschlußjacke und notierte sich Einfälle. Ich habe ihn aus den Augen verloren und lege keinen Wert darauf, ihn wieder vor Augen zu bekommen – Trina, ich bin über einige Entdeckungen beunruhigt, die meine Einladung durch den Verband der Wirtschaftsführer betreffen.«

»Worum geht es bei den Wirtschaftsleuten?«

»Ich habe erfahren, daß ein Bursche namens Bruce Beidell der Hauptberater beim Rednerausschuß ist; und es hat sich herausgestellt, daß er die Einladung veranlaßt und dafür gesorgt hat, daß ich's erfahre. Er weiß, daß ich ihn nicht ausstehen kann. Er ist ein Schuft, war an der englischen Fakultät und ging später in die Kulturpolitik in Washington. In Nixons Anfangsjahren setzte er hohe Erwartungen auf Spiro Agnew; er erzählte mir dauernd, daß Agnew sich ausschließlich mit ernsten, lohnenden Büchern beschäftige und ihn immer um noch bedeutendere und bessere klassische Literatur bäte. Lesen! Um Beidells Gedanken zu lesen, braucht man ein Rektoskop. Plötzlich erfahre ich, daß er heute abend zum Forum gehört und einer der Redner ist. Und damit nicht genug. Es kommt noch dicker. Der Mann, der mich einführen wird, ist Ludwig Felsher. Der Name wird dir nicht viel sagen, aber er ist ein alter Hase. Vor 1917 gab es eine Gruppe von russischen Einwanderern in den USA, und Lenin hat einige dieser Leute nach der Revolution benutzt, um für ihn Geschäfte zu machen – Leute wie Armand Hammer, der auf geniale Weise das große Geld mit kommunistischer Weltpolitik kombinierte und ungeheuer reich wurde. Felsher brachte Meisterwerke aus der Eremitage herüber, um den Bolschewiken Devisen zu verschaffen. Duveen und Berenson boten einen niedrigen Preis für diese Kostbarkeiten.« Victor war von Berenson persönlich beleidigt worden und verabscheute ihn posthum.

»Du bist also in schlechter Gesellschaft. Du teilst das Podium eigentlich nie gern mit jemand.«

Er brauchte beide Hände, um sein Bein in eine bequemere Stellung zu bringen. Nach dieser Anstrengung war er sehr scharf. »Ich habe früher auch schon mit Zuhältern zu tun gehabt. Ich kann's ertragen. Aber es ist ärgerlich, mit den Scheißkerlen zusammen aufzutreten. Für ein paar tausend Dollar: verachtenswert. Ich kenne diesen Felsher. Von der GPU zum KGB, und sein Ruf bei amerikanischen Kapitalisten ist makellos. Er ist alt, aufgedunsen, kahl, rot im Gesicht, sieht aus wie ein unaufgeschnittener Furunkel. Egal, wer du bist: wenn du genügend Zaster hast, wirst du vom höchsten Wirtschaftsboß liebevoll umarmt. Du hast für den Wahlkampf gespendet, du überbringst inoffizielle Botschaften nach Moskau, und du wirst im Weißen Haus umarmt.«

Gereizt. Unter die Räuber gefallen. Deshalb hatte er sie gerufen, nicht weil er plötzlich eine Metastase befürchtete.

»Es ist mir äußerst unangenehm, Beidell zu treffen. Nichts als 'ne Schwimmblase im Kopf, und der Rest besteht aus Bosheit und Intrige. Warum sind diese Verbandstypen nur so dämlich?«

Katrina ermutigte ihn, mehr zu sagen. Sie kreuzte ihre mit Stiefeln bekleideten Beine und wandte ihm ein aufmerksames Gesicht zu. Ihr Kinn hatte sie auf gebogene Finger gestützt.

»Unter diesen Vorzeichen finde ich nichts dabei, wenn ich dir sage, daß meine Nerven aufs äußerste gespannt sind«, sagte er.

»Aber Victor, du könntest den Spieß doch umdrehen. Du könntest sie alle zur Sau machen.«

Natürlich könnte er das, wenn er Lust hätte. Aber das würde ihm einiges abverlangen. Er war schließlich nicht einer von diesen (heutigen) neurotischen, schlappschwänzigen, ein Auge zudrückenden intellektuellen Typen. Von denen sagte er sich mit knappen Worten los. Katrina sah ihn hauptsächlich unter zwei Aspekten. Zum einen erinnerte Victor sie komischerweise an den riesigen bösen Mann in einem Chaplin-Stummfilm, an den Leuteschinder, der auf der Straße Gaslaternen herunterbog, um sich seine Zigarre anzuzünden, und der dicke, mit Fettstift nachgezogene Augenbrauen hatte. Zum anderen war er ein Mensch von äußerster Feinfühligkeit und mit mehr Nuancen, als sie je würde unterscheiden können. Seit seiner Krankheit hatte er immer häufiger gesagt, daß er seine Kräfte für das Wesentliche aufsparen müsse. Und waren diese Wirtschaftsführer wesentlich? Nicht im mindesten. Die Verbindung zur Chase Manhattan Bank, World Bank, zum National Security Council bedeutete ihm einen Dreck, sagte er. Er war nicht hinter *ihnen* hergewesen. Und es war auch nicht so, daß sie seine Ansichten nicht kannten. Mehr als einmal hatte er geschrieben – zu dem für heute abend angekündigten Thema –, daß an der Spitze der beiden Hierarchien, ob Ost *oder* West, keine wahre Persönlichkeit zu finden sei. Die beiden Supermächte hatten zusammen die Kapazität, alle umzubringen, aber ein Anzeichen für menschliche Kapazitäten in den obersten Führungsgremien gab es nicht. Auf beiden Seiten war die Macht in den Händen von Komödianten und Pseudopersönlichkeiten. Die Vernachlässigung, Demütigung, Ablehnung der Kunst war eine der Hauptursachen dieser Degeneration. Wenn Victor in Rage geriet, würden die Wirtschaftsführer kühne und ungewöhnliche Dinge über die Einschätzung des Lebens, verknüpft mit der Einschätzung der Kunst, von ihm zu hören bekommen. Aber er war leidend, er war ermattet, unruhig. Dies war Victor *selber*. *Er* fand, er sollte nicht einmal *hier sein*. Warum war er mitten im Winter auf dem Flughafen von Buffalo? In dieser Wartehalle? Auf dem Weg nach Chicago? An einem Tag wie diesem befand er sich nicht genau in der Mitte seiner eigenen Erfahrungen. Er fühlte sich peripher, zuweilen benommen. Er hatte Gefühle, die unbedingt abgestellt werden mußten. Aber auch das schaffte er nicht. Er fühlte sich als Geisel von versteckten, unidentifizierbaren Kräften.

Er sagte: »Eine angenehme Erinnerung habe ich an diesen Wrangel. Er spielte die Geige verkehrt rum. Da er Linkshänder war, ließ er das Instrument neu bespannen und die Stimmhölzer versetzen. Damals war es wichtig, eine Spezialität zu haben. Er hat es weit gebracht, wenn man bedenkt, wie bescheiden das Ausmaß seiner Einbildungskraft war. Wurde ein prominenter Illusionist.«

Der Kellner hatte Katrina eine kleine Flasche Dewar gebracht. Beim Einschenken hielt sie das Glas gegen das Licht, um den mächtigen Geist des »Geistigen« zu betrachten – wie eine Spirale, feiner als Rauch. Dann sagte sie: »Vielleicht wäre es ganz nützlich, die Notizen durchzusehen, die ich für dich getippt habe.«

»Ja, tun wir das.«

Sie hatte eine Lesebrille; Victor brauchte keine. In mancher Hinsicht war er überhaupt nicht gealtert. Für einen großen Mann war er graziös, für einen alten war er jugendlich. Vielleicht hatte Krieggstein recht, und schützten gedankliche Anregungen vor Verfall. Ihr Polizistenfreund mußte das irgendwo aufgeschnappt oder zufällig im ›Für-die-Frau-Teil‹ der *Tribune* gefunden haben. Von sich aus konnte er solche Beobachtungen nicht machen.

Im Warteraum waren Installationen wie in einer Flugzeugkabine, und Victor mußte die Blätter hochhalten, um den schrägen Lichtstrahl der Deckenbeleuchtung einzufangen. »Mal kurz drüber sehen«, sagte er. »Ich erwarte nicht viel. ›Warum hat man sich angewöhnt zu sagen, die Wahrheit ist seltsamer‹ – oder habe ich gesagt ›gewaltsamer‹ – ›als die Fiktion? Weil die liberale Demokratie geschwächte Formen des Selbstbewußtseins hervorbringt – wer hat noch gesagt, er aus seiner Sicht würde niemals das öffentliche Leben mit allen seinen Härten und Unzulänglichkeiten gegen den Muff eines privaten Lebens eintauschen? Schwache Selbsteinschätzung, schlechte Fiktionen. Mangel an *Ideen.* Kollektives In-Beschlag-Nehmen von *Ideen* durch Berufsgruppen (Anwälte, Ärzte, Ingenieure). Die entwerfen ein Bild von den ›Normen‹, und dieses Bild wird zu ihrer Berufsmoral. Jedes Gefühl für individuelles Betrügen geht verloren. Für sie liegt der erste Schritte zu ›Stabilität‹ darin, individuelle Moralurteile abzuschaffen. Danach kann dann die Führung von erdachten Persönlichkeiten übernommen werden!«

»Würdest du sagen, daß unsere Führer erdachte Persönlichkeiten sind?« fragte Katrina.

»Du etwa nicht?«

Victor sah jetzt nicht gut aus. Das Rot seiner Wangen war ein gereiztes Rot, und andere gefährliche Zeichen von Unmut wurden sichtbar. Er starrte sie so an, als schiene er wieder einmal ihre Beglaubigungen zu überprüfen. Es war erniedrigend. Aber sie teilte seine Bedenken und bedauerte ihn. Es war jetzt am besten für ihn, wenn er redete. Selbst wenn er die Gewißheit aufgeben mußte, verstanden zu werden. Er senkte den Kopf wie ein Stier, der entscheidet, ob er zustoßen soll oder nicht, und sprach dann weiter. Sie hatte es am liebsten, wenn seine Äußerungen boshaft und häßlich waren – wenn er sagte, ein Mann hätte kein Hirn, sondern eine Schwimmblase im Schädel. Ernsthaftigkeit war quälender, und im Augenblick war er ernsthaft. Er sagte Katrina jetzt, daß er diese Aufzeichnungen nicht für brauchbar hielte. Er hätte dasselbe in seinem Marx-Vortrag gesagt, außerdem besser gesagt. Marx verknüpfe individuelle Wachsamkeit mit Klassenkampf. Wenn eine gesellschaftliche Schicht sah, daß sie am politischen Handeln gehindert und der Klassenkampf zeitweilig außer Kraft gesetzt wurde, dann geriet auch das Bewußtsein in Verwirrung – Wachen, Schlafen, Träumen: alles war durcheinander ...

Betrachtete er sich noch als Marxisten? wollte Katrina wissen. Sie war über ihre eigene Verwegenheit erschreckt, fürchtete aber noch mehr, dumm zu sein. »Ich frage deshalb, weil du von Klassenkampf sprichst. Aber auch, weil du die kommunistischen Länder für solch einen Fehlschlag hältst.«

Er sagte, daß er – jawohl – in den ihn prägenden Jahren den Geist an schwierigen marxistischen Texten trainiert hätte und davon für immer beeinflußt sei – und warum nicht? Nachdem er *Der achtzehnte Brumaire* wiedergelesen habe, sei er überzeugt, daß Marx das heutige Amerika richtig eingeschätzt hätte. Hier schoß Victor – das Bein ausgestreckt wie eins von Admiral Nelsons verdeckten Kanonenrohren – einen seiner typisch verwirrenden Blicke unter dem urwaldartigen Gewirr seiner Brauen hervor und sagte, die Rede in Buffalo und die in Chicago stünden miteinander in Verbindung. Wenn die Lohnempfänger, die Mittelklasse, die freien Berufe ihre wahren materiellen Interessen aus dem Auge verlieren, dann treten sie sozusagen aus der Geschichte heraus, und dann kommen nicht-klassenorientierte Interessen zum Tragen; und wenn das geschieht, dann verfällt die Gesellschaft als solche in Neurosen. Eine Ära des Schauspiels beginnt. Gewaltige revolutionäre Umwälzungen werden von den Trivialitäten der Schauspieler verdeckt. Clowns und Schmierenkomödianten regieren – zumindest scheinbar. Oberflächlich gesehen wirkt es wie eine Farce. Die eigentliche Wirklichkeit ist alles andere als das.

Er war in allem ein so außergewöhnlicher Mensch, daß er einem wegen des riesigen Unterschieds (zu unbedeutenderen Menschen, meinte Katrina) wie ein Schauspieler vorkommen mochte. Durch das Zwischenspiel eines ernsten Gesprächs sah er wieder mehr wie er selber aus – es hatte ihn belebt. Katrina gestand jetzt: »Ich habe mir um dich Sorgen gemacht, Vic.«

»Warum? Weil ich dich gebeten habe zu kommen? Ich bin wütend auf diese Burschen in Chicago, und ich wollte dir davon erzählen. Ich habe mich frustriert und leer gefühlt.« Mir kann er Dinge erzählen, die sonst zu sagen, unter seiner Würde wäre. Er kann ein Kind sein, schloß Katrina. Was nicht mal meine eigenen Kinder bei mir sein wollen. Als Mutter scheine ich ein Kunstprodukt zu sein. Liegt das daran, weil ich als Mutter nicht sexy sein kann? Sie sagte zu Victor: »Ich hatte angenommen, daß das trostlose Wetter und das Reisen dir zusetzten.«

Ach ja, die Trostlosigkeit. Als er sie prüfend betrachtete, stellte er fest, daß für ihn »trostlos« etwas anderes bedeutete. Er meinte auch nicht niedergeschlagen, wenn er »leer« sagte. Er war nicht gedrückt – er war aufgekratzter, als ihm lieb war, überspannt, in Gefahr, Kontakt zu verlieren. Er sah überscharf, was er zwar immer wollte; aber die Scharfsichtigkeit hatte ihren Preis: klare Ideen wurden um so klarer, je mehr sich der Boden unter den Füßen öffnete – es ging physiologisch dem Tod entgegen, und zusammen damit wuchs die Erleuchtung. Ich habe nie erwartet, ewig zu leben, aber *dies* habe ich auch nicht erwartet. Und genau genommen, gab es auch keine Äußerung, was *dies* war. Es war zugleich fest umrissen und wolkig. Und hier stand ihm Katrina physisch bei. Katrina, eine Dame mit fülligem Körper, saß auf ihrem üppigen Hinterteil. Sie trug ein dunkelgrünes Strickkostüm. Sie hatte kräftige Beine in schwarzen Stiefeln. Wo vorher die Straußenfedern gewachsen waren, war nun die Lederoberfläche mit Blasen bedeckt. Sehr deutlich waren für ihn bei ihrer Figur die große physische Kraft des Rumpfes und die gewichtigen Kurven hinten, die geöffneten Schenkel. Ihre gelassene Haltung wirkte nuttenhaft auf ihn – wußte sie das oder nicht? War ihr bewußt, daß ihre schlichte Eleganz ihn geil machte? Er verschwieg es ihr gegenüber, so daß sie keine Ahnung vom Reiz ihrer Hände hatte, besonders der Knöchelbetten und der Spitzen ihrer, wie er nur für sich selber sagte, schwanzstreichelnden Finger. Katrina war unverkennbar sein Eros, diese besorgte, komische Frau, für die er solch gemischten Gefühle hegte, um derentwillen er so viele Kindereien ertrug, gegen so viele Ärgernisse ankämpfte. Sie konnte ihn reizen, daß ihm fast das Herz brach und er sich fragte, ob es das wert war, und warum er dieser dummen Möse nicht den Laufpaß gab; und konnte er sein Alter nicht besser verbringen oder hatten seine Sterne allen Einfluß verloren? Früher konnte er sein Geschäft betreiben, wo er wollte. Diese heidnischen Erfolgsmöglichkeiten waren vorbei. Zuerst war sie seine Flamme gewesen. Er zählte die Phasen. Anfangs: bloßes Vergnügen. Die nächste Phase war lächerlich, weil er durch Katrina erkannte, daß seine erotische Epoche wohl doch die viktorianische mit ihren besonderen Schnörkeln war. Darauf schien eine Art von Baudelairescher Phase anzuschließen:

... tu connais la caresse
Qui fait revivre les morts ...

Nur daß er sich dies tatsächlich nicht zueigen machte. Sein Fall war kein Beispiel für krankhaft gestörte Sexualität. Er fühlte sich frei von allem derartigen Firlefanz. Sie hatte *tatsächlich* die besondere Art von Berührung, die das Tote wieder lebendig machte – was bei ihm tot gewesen war. Aber damit war keine Hexerei oder Sadescher Schummer verbunden. Offenbar war er – ob's ihm nun paßte oder nicht – sexuell ein durchschnittlicher Typ. Er war darüber erhaben, diese Durchschnittlichkeit schandbar zu finden. Katrina hielt ihn in Gang; und er mußte zugeben, daß er nicht wußte, was er überhaupt anfangen sollte, wenn er nicht in Gang gehalten würde. Deshalb flog er in der Gegend herum. Er war noch nicht so weit, nachzugeben. Er schenkte dem Tod nicht mehr Beachtung als einem Wurf junger Hunde, die an den Aufschlägen seiner Hose zerrten.

Über den trostlosen Winter sagte er zu Katrina: »Ich habe Schwierigkeiten, warm zu bleiben. Ich habe gehört, daß Kapsikum dagegen hilft. Für die Haargefäße. Die vergangene Nacht war schlimm. Ich habe die Füße in heißes Wasser gestellt. Ich mußte doppelte Socken anziehen und habe trotzdem noch gefroren.«

»Dagegen kann ich was tun.«

Großartig, was für Kräfte Frauen sich zuschreiben.

»Und Vanessa heute morgen – wie ging's mit ihr?«

»Nun«, sagte er, »diese Kinder möchten eigentlich nur, daß man denselben Mächten gehorcht, denen *sie* dienen müssen. Und die ältere Generation macht dann mit. Die kubanische Mutter war verwirrt. Ich konnte es in ihren Augen sehen – ›Was, zum Teufel, habt ihr Leute vor?‹«

»Ah so, du hast sie kennengelernt?«

»Na, und wie! Heute morgen habe ich in ihrer Küche gesessen, und der Junge hat gedolmetscht. Der IQ des Burschen muß überragend sein. Die Frau sagt, sie hat nichts gegen Vanessa. Nessa hat sich selbst zum Mitglied der Familie gemacht. Sie ist bei ihnen eingezogen. Sie schält Kartoffeln und spült Töpfe. Sie und der Junge gehen nicht in Restaurants oder ins Kino, weil er kein Geld hat und sie nicht bezahlen lassen will. Sie studieren also Tag und Nacht, und sie sind beide an der Spitze ihres Jahrgangs. Aber meine Tochter ist dort nichts anderes als ein Eindringling. Sie hat der Familie das Genie abspenstig gemacht, das das Heil seiner Geschwister und seiner Mama sein sollte.«

»Aber sie sagt, daß sie ihn liebt, und sieht dich mit den langgeschnittenen Augen an, die sie von dir geerbt hat.«

»Sie ist ein kleines Aas. Ich habe herausgefunden, daß sie ihrer Mutter sexuelle Ratschläge erteilt. Wie eine moderne Frau ihren Ehemann besser befriedigen kann. Und daß man neue Praktiken finden müsse, um einen alten Mann in Stimmung zu versetzen. Sie hat Beila eingehend von irgendeiner Enzyklopädie der Homosexualität erzählt. Sie hat ihr gesagt, sie solle sie nicht kaufen, sondern ihr die Adresse eines Ladens gegeben, wo sie einige Abschnitte über das Vorspiel lesen könnte.«

Katrina fand daran nichts komisch. Sie wurde von Zorn geschüttelt. »Hat man sich an dich rangemacht? Auf diese Weise?«

»Du meinst Beila? Da müßten schon alle vollkommen verrückt werden.«

Nein, nicht Beila. Schon bei etwas Nachdenken müßte man sehen, wie unmöglich das wäre. Beila bewegte sich mit dem Stolz der die Aufsicht führenden Frau, der Ehefrau. Ihre Rechte wurden mit indianerhafter Würde behauptet. Sie war eine düstere Person. (Victor hatte sie düster gemacht – das konnte man verstehen.) Sie war wie die Frau eines Irokesenhäuptlings oder auch Katharina von Aragon. In den protzigdüsteren Gewändern, die sie für sich selbst entwarf, war etwas von jedem Frauentyp. Furchtbar, ihre stumme Art von Selbstachtung. Daß eine so stolze Person nach Angaben eines Homo-Handbuchs experimentierte, war völlig unvorstellbar. Immerhin empfand Katrina den Stich. Respektlosigkeit, Böswilligkeit. Es war auch Beila gegenüber respektlos. Beila war ein leidgewohnter Mensch. Im Grunde war Beila eine großzügige Frau. Katrina wußte wahrhaftig Bescheid.

»Da ist nun also die neue Generation«, sagte Victor.

»Wenn man den Tatsachen ins Auge sieht, dann scheinen sie zuweilen ein Argument für Abtreibung zu sein. Mein jüngstes Kind! Das wildeste von allen dreien. Jetzt hat sie ihren Plan, Rabbi zu werden, aufgegeben, und sie sieht jüdischer aus als je zuvor, mit diesen gekringelten Haaren über den Ohren.«

Seltsam, wie unpersönlich Victor sein konnte. Kategorien wie Ehefrau, Elternteil, Kind konnten sein Urteil nie beeinflussen. Über eine Tochter konnte er wie über jedes andere Thema diskutieren, das seiner konzentrierten, strahlenden Aufmerksamkeit unterbreitet wurde – mit der gleichen verallgemeinernden Unvoreingenommenheit. Das war nicht Lieblosigkeit. Das war nicht gewöhnliche Überheblichkeit. Katrina hatte kein Wort dafür.

Auf alle Fälle waren sie zusammen im Warteraum; und ihn für sich zu haben, war eine ihrer größten Freuden. In New York wurde er immer wieder auf der Straße erkannt, von Lesern aufgehalten, von Malern gestört (und es gab Millionen Leute, die malten), aber hier, in dieser ruhigen Ecke, rechnete Katrina nicht mit Belästigungen. Da hatte sie sich geirrt. Ein Mann tauchte auf; er kam herein und war unverkennbar auf der Suche nach jemand. Dieser jemand konnte nur Victor sein. Sie gab ein Warnsignal – hob den Kopf –, und Victor drehte sich vorsichtig um und sagte dann mit leiser, etwas mürrischer Stimme: »Das ist er – ich meine der Bursche, der mir das Briefchen geschrieben hat.«

»O-oh.«

»Er ist ein hartnäckiger kleiner Kerl ... Das ist ja ein toller Pelzmantel, den er anhat. Der Entwurf muß von F. A. O. Schwarz stammen.« Diese Feststellung schien seine Stimmung zu heben. Er lächelte ein wenig.

»*Das* ist ein teures Stück«, sagte Katrina. Es war ein auffälliges Stück, bildschön gemacht, aber ohne Stil getragen. In aneinandergesetzten Kreisen aus Pelz, so ähnlich wie die Kreise bei Michelin-Autoreifen, reichte der Mantel beinahe bis auf den Boden. Larry Wrangel war schmächtig, schlank, sein kahler Schädel war ungewöhnlich lang. Sein angegrautes Schläfenhaar war ungebürstet und sah aus, als hätte er darauf geschlafen, als es feucht war. Ein langer, fleckiger weißer Schal aus schwerer Seide hing über dem Pelz. Unter den Schal war ein rotes Halstuch von Woolworth geknotet. Der weiße Pelz mußte sein Reisemantel sein. Denn in Südkalifornien wäre er sinnlos gewesen. Sein gebräuntes Gesicht war hager, die Haut gespannt – vielleicht hatte er das Gesicht liften lassen, spekulierte Katrina. Seine Kopfhaut war mit kalifornischen Sommersprossen gesprenkelt. Die dunklen Augenbrauen waren hübsch gebogen. Der Mund war dünn, scheu, aber auch verschlagen.

Victor sagte, als sie sich die Hände schüttelten: »Ich konnte Sie gestern abend nicht mehr erreichen.«

»Ich hatte es auch nicht erwartet.«

Wrangel zog sich einen der modernen schwedischen Stühle heran und setzte sich in seinen Wülsten aus weißem Pelz vornübergebeugt hin. Daß er den Mantel nicht auszog, war vielleicht seine Art, auf den zwischen ihnen existierenden Größenunterschied zu reagieren – Masse gegen Höhe.

Er sagte: »Ich hatte angenommen, Sie seien umringt –und zudem erschöpft von dem langen Abend. Für das Wetter hatten sie eine Menge Zuhörer.«

Wrangel übersah Frauen keineswegs. Während er sprach, musterte er Katrina. Vielleicht versuchte er herauszufinden, warum sich Victor mit dieser da eingelassen hatte. Ganze Abschlußklassen von eroberungslustigen Mädchen pflegten hinter Victor her zu sein.

Katrina war schnell mit Wrangel versöhnt – ein kleiner, gewitzter Mann, ihr gegenüber nicht hochnäsig, kein Feind. Er war nur darauf aus, ein Gespräch zu führen, das lange geplant war, ein ernstes, erstrangiges Gespräch. Victor, der unwohl war, sich angeschlagen fühlte, dachte bestimmt darüber nach, wie er den Mann loswerden konnte.

Wrangel schwätzte schnell drauflos; er wollte möglichst das richtige Thema anschneiden und keine Zeit verlieren. Er versuchte es mit der alten Cedar Bar und dem Artists' Club in der Eighth Street. Er sprach von Baziotes und Arshile Gorky, von

Gorkys Dachboden am Union Square. Er erwähnte Parker Tyler, Tylers Buch über Pawel Tschelitschew; nannte auch Edith Sitwell, die mit Tschelitschew ein Verhältnis gehabt hatte. (Wulpy schnitt bei Edith Sitwell eine Grimasse und sagte »Klingklang-Gedichte, wie Pferdeglöckchen«.) Wrangel lachte und verriet durch sein Lachen, wie angespannt er war. Vor Schüchternheit und Schlauheit schien er mit den Augen zu zwinkern, ja, sogar sich lustig zu machen. Er wollte verständnisvoll sein, sich angenehm machen. Er hatte nicht den Dreh heraus. Katrina, die etwas davon verstand, Victor zufriedenzustellen, hätte ihm sagen können, was bei ihm falsch lief. Die Ungeduld in Victors Haltung war kaum verborgen. Trina meinte, daß er zu streng war. Der Bursche sollte seine Chance haben. Man läßt ihn extra hart abblitzen, weil er eine Berühmtheit ist.

Bei näherem Hinsehen hatte der weiße Pelz, der makellos hätte sein sollen, Flecken von Essen und Trinken; es gab auch keinen Grund (er war so reich), warum der seidene Schal so dreckig sein mußte. Trotzdem fand sie Gefallen an Wrangel. Er legte Wert darauf, sie ins Gespräch mit einzubeziehen. Wenn er einen Namen wie Chiaromonte oder Barrett erwähnte, sagte er nebenbei: »Einer der führenden Intellektuellen in jenem Kreis« oder »Der Bursche, der die Amerikaner in die deutsche Phänomenologie eingeführt hat«.

Aber Victor wollte von dieser ganzen Nostalgie nichts wissen, und er sagte: »Was treiben Sie überhaupt in Buffalo? Das ist doch eine blödsinnige Jahreszeit, um Kalifornien zu verlassen.«

»Ich habe einen ziemlich verrückten Grund«, sagte Wrangel. »Wissen Sie, klinische Psychologen schicken mir öfters Anregungen für Filme, die auf den Phantasien geistesgestörter Patienten beruhen. Daher mache ich einmal im Jahr eine Rundreise zu ausgewählten Klapsmühlen. Und hier in Buffalo habe ich ein paar junge Burschen besucht, die Computerknacker waren – in Anstalten.«

»Das ist 'ne neue Masche«, sagte Victor. »Ich hätte allerdings nicht gedacht, daß sie deswegen aus Kalifornien weggemußt hätten.«

»Die verrücktesten Verrückten befinden sich an der Westküste? Meinen Sie das?«

»Na, vielleicht nicht gerade jetzt«, sagte Victor. Dann kam eine seiner charakteristischen Feststellungen: »Man braucht ein seriöses politisches Leben, damit die Wirklichkeit wirklich bleibt. Folglich gibt es Gebiete unseres Landes mit beschleunigter Gehirnerweichung. Und das südliche Kalifornien war von Anbeginn an dazu ausersehen, alle nur möglichen Irrwege des amerikanischen Denkens bis zum Äußersten zu kultivieren. Die züchten Schrullen ebenso intensiv wie Salat und Orangen.«

»Ja, durchaus möglich«, sagte Wrangel.

»Und die Rolle, die die Intellektuellen dabei spielen ... Na, ich vermute, in dieser Hinsicht ist der Unterschied zwischen Kalifornien und Massachusetts wohl nicht allzu groß. Die stecken mit allen anderen unter einer Decke. Ich meine die Intellektuellen. Es ist für sie unmöglich, sich zu behaupten. Zudem haben sie eine so schlechte Bildung, daß sie die Übel nicht einmal zu erkennen vermögen. Auch als Vespasian seine Kloakensteuer erhob, mußte er sich rechtfertigen: *Pecunia non olet.* Aber wir sind so weit gediehen, daß *allein* das Geld nicht stinkt.«

»Stimmt, die Intellektuellen sind in einer schändlichen Verfassung ...«

Katrina stellte fest, daß Wrangels Augen jodfarben waren. Selbst im Weißen war eine Spur Jod.

»Die wichtigen Geldleute verachten die Intelligenzija, ich meine besonders die Burschen, die in der Unterhaltungsindustrie mit ihren Vorschlägen die allgemeine Katalepsie verstärken. Oder die Hysterie.«

Wrangel ließ das recht kleinlaut über sich ergehen. Er schien dies alles bereits für sich durchdacht zu haben und hatte sich dann anderen Überlegungen zugewandt. »Die Banken allerdings ...« sagte er. »Es kann etwa zwanzig Millionen Dollar kosten, einen dieser großen Filme herzustellen, und sie brauchen einen Profit von annähernd dreihundert Prozent. Aber um vom Geld zu reden: ich weiß noch, wie Jackson Pollock mit Höchstgeschwindigkeit in East Hampton zwischen den Bäumen durchfuhr und dabei noch mit einem Mädchen in seinem Jeep herumschmuste. Er hätte keine Wohlfahrt oder Essensmarken gebraucht, wenn er am Leben geblieben wäre. Er spielte mit Mädchen, mit Kunst, mit dem Tod und landete bei Dollars. Was bringen die Kleckerbilder heute ein?« Wrangel sagte das in einem so gemäßigten Ton, daß er damit durchkam. »Gewiß, die Investitions-Golems betrachten mich als Goldgrube, und sie verabscheuen mich. Ich verabscheue sie meinerseits, und zwar zutiefst.« Er sagte zu Katrina: »Haben Sie gestern abend Victors Vortrag gehört? Zum erstenmal seit vierzig Jahren habe ich mir doch tatsächlich wie ein Student Notizen gemacht.«

Katrina war sich nicht ganz schlüssig, welche Meinung sich Victor über diesen Wrangel bildete. Wenn er genug hätte, dann würde er aufstehen und fortgehen. Nie würde er sich von irgendwelchen langweiligen Randfiguren in die Mitte nehmen lassen. Bislang gab es noch keine Anzeichen, daß er den Mann abblitzen lassen wollte. Darüber war sie froh; sie fand Wrangel unterhaltsam, und sie bemühte sich, so diskret wie möglich das Armband ihrer Uhr am Handgelenk vorzuschieben. Taktvoll zog sie den Ärmel zurück, um nach der Zeit zu sehen. Sehr bald würden die Kinder etwas zu essen bekommen. Die schweigsame Pearl, die wortlose Soolie. Es war ihr nicht gelungen, sie durch die Elefantengeschichte aufzumuntern. Ein lebhaftes Echo hätte ihr geholfen, sie fertig zu schreiben. Man konnte die Kinder einfach nicht dazu bringen, zu reagieren. Nicht einmal Leutnant Krieggstein mit seiner Schießeisen-Schau hatte sie beeindruckt. Vielleicht hatte Krieggstein sie verlegen gemacht, als er die Hosen hochzog und den Pistolenhalfter zeigte, der an sein stämmiges, kurzes Bein geschnallt war. Zudem trug er manchmal seine Perücke und manchmal nicht. Auch das mochte verwirrend sein.

Victor hatte sich entschlossen, Wrangel Gehör zu schenken. Wenn es sich als Zeitverschwendung erwies, würde er sich vorbeugen, seine Beine zurechtstellen, seinen Stock umgedreht wie einen Poloschläger ergreifen und sich entfernen, schweigsam wie Pearl, wortlos wie Soolie. Da er das Gespräch liebte, wäre sein Weggehen ein vernichtendes Urteil für den Mann. »Sie haben mir viel gegeben, worüber ich während der Nacht nachgedacht habe«, sagte Wrangel. »Ihre Bemerkungen über die Nicht-Revolution von Louis Napoleon und seinen Pöbel von Schnorrern, und vor allem die Anwendung auf den gegenwärtigen Augenblick – was Sie als proletarisierte Gegenwart bezeichnet haben.« Er zog ein kleines Notizbuch hervor, von Gucci, wie Tina feststellte, und las eine seiner Notizen vor: »Proletarisierung: Menschen von allem beraubt, wodurch sich früher die Menschheit selbst als menschlich definierte.«

Zum Kuckuck mit den Nachtgedanken des Burschen; Victor versuchte, sich auf den Tag einzustellen; er rutschte auf dem Stuhl herum und suchte eine Stellung, bei der ihm nicht die Schmerzen über die Rückseite des Schenkels schossen. Seit der Operation war sein Bauch besonders empfindlich, gebläht und knotig, und die Härchen piekten ihn wie brennende Stacheln. Als seien sie nach innen gerichtet. Die Nervenenden entlang der Narbe waren wie die ausgefranste Spitze eines Kupferdrahts. Wrangel dagegen schien gut in Form zu sein – jugendlich-ältlich, dauerhaft-gebrechlich, wahrscheinlich Vegetarier. Als Victor versuchte, Wrangels Standort zu bestimmen, irgendwo zwischen den klassischen Denkern (Hegel) und den Comics, erschienen vor seinen Augen die Figuren des *Happy Hooligan* und des Kapitäns aus den *Katzenjammer Kids* mit den gewohnten separaten Farben, Streifen von chinesischem Zinnoberrot und Blöcken von Waldgrün. Mit königlichem Aussehen und widerstreitenden Gefühlen saß Victor da und hörte zu. Wrangels Augen waren entzündet; er mußte wirklich eine schlimme Nacht gehabt haben. Er hatte einen verzerrten, sehnsüchtigen, jämmerlichen Ausdruck im Gesicht, und sein Seidenbanner ließ an den Schal denken, der Isadora Duncan den Hals gebrochen hatte. Sein Hauptbeitrag kam jetzt. Er hatte den *Achtzehnten Brumaire* gelesen und konnte es beweisen. Warum war die Französische Revolution im römischen Stil abgelaufen? All diese Revolutionäre hatten Plutarch gelesen. Marx vermerkte, daß er von der alten Dichtung angeregt worden sei. »Die Tradition aller toten Geschlechter lastet wie ein Alp auf dem Gehirne der Lebenden.«

»Ich sehe, daß Sie Ihren alten Marx intus haben.«

»Das ist großartiger Stoff.« Wrangel weigerte sich, beleidigt zu sein. Katrinas Sympathie war ganz auf seiner Seite. Er benahm sich gut. Er sagte: »Jetzt wollen wir mal sehen, ob ich ihn mit *Ihren* Überlegungen zusammenbringen kann. Es ist immer noch der Kampf mit der Last der Geschichte. *Le mort saisit vif.* Und Sie deuten an, daß die moderne Avantgarde gehofft hatte, aus diesem Würgegriff der Tradition frei zu kommen. Daß die Kunst zu einer Tätigkeit würde, in der das Leben dem Künstler Rohmaterial zuführte und der Künstler seine Fantasie benutzte, um eine eigene Welt hervorzubringen, die dem alten Humanismus nichts schuldig bleibt.«

»Na schön. Und wenn?« sagte Victor.

Katrina hatte den Eindruck, daß Wrangel mit sich zufrieden war. Er dachte, daß er gerade sein mündliches Examen bestand. »Dann haben Sie gesagt, daß die Parodie einer Revolution im Jahr 1851 – Geschichte als Farce – als Vorspiel zur heutigen Politik der Täuschung gesehen werden könnte, eine Regierung von Komödianten, die Techniken der Massenunterhaltung benutzten. Erfundene Persönlichkeiten, Pseudoereignisse.«

Katrina, die jetzt um ihn besorgt war, rutschte an den Rand des Stuhles. Sie meinte, es könne nötig werden, bald aufzustehen, aufzubrechen, die Sache abzubrechen. »Sie fliegen also im Land umher und sprechen mit Psychiatern«, sagte sie.

Ihre Einmischung wurde nicht gern gesehen, obwohl Wrangel höflich blieb. »Ja.«

»Ein sicherer Weg zur Volksbelustigung«, sagte Victor.

»Die Rekrutierung der Psychopathen.«

»Der Versuch, sie auf allen Ebenen auszuschließen«, sagte Wrangel nur eine Spur formell. Er sagte: »In Detroit treffe ich einen Mann namens Fox. Er hat ein Dokument von einem gewissen D'Amiens herausgegeben, der zuweilen auch Boryshinski ist. Der Verfasser soll spurlos verschwunden sein. Er hat die gefährliche Entdeckung gemacht, daß unser Planet durch Mächte aus anderen Welten kontrolliert wird. All dies laut Mr. Fox. Diese außerirdischen Mächte haben die Veränderung der menschlichen Rasse und die Herrschaft über sie mit etwas programmiert, das die Bezeichnung Korp-Org-Denk trägt. Sie arbeiten mit einer zentralen Datenbank, und sie besitzen bereits die Kontrolle über die größten Aktiengesellschaften, Bankkreise und die politische Elite. Einige ihrer führenden Persönlichkeiten sind David Rockefeller, Whitney

Stone von Stone & Webster, Robert Anderson von Arco. Und der Gesamtplan sieht die Zerstörung unserer lebenserhaltenden Einrichtungen vor, um dann den Planeten zu evakuieren. Das Menschengeschlecht wird an einen besser geeigneten Ort gebracht.«

»Und was wird aus dieser Erde?« fragte Katrina.

»Sie wird zur Hölle, zu der Hölle der Untauglichen, die nach dem Plan von Korp zurückgelassen werden. Wenn die lange Herrschaft der »Quantifikation« beginnt, sagt Boryshinski, wird die Menschheit eine völlig künstliche Mentalität annehmen, und der göttliche Geist wird vom technokratischen Geist überwältigt werden.«

»Klingt das für Sie nach einem machbaren Film?« fragte Katrina.

»Wenn man für die Rechte nicht zu viel verlangt, würde ich mich vielleicht dafür interessieren.«

»Was würden Sie tun, um uns zu retten – im Film, meine ich?« fragte Victor. »Vielleicht bietet uns Marx einen Gesichtspunkt, der sich mit dem göttlichen Denken verknüpfen ließe.«

Katrina hoffte, daß Wrangel Victor die Stirn bieten würde; und das tat er auch. Es brachte nichts ein, wenn man ehrerbietig war; man mußte ihn bekämpfen, wenn man seine gute Meinung bekommen wollte. Wrangel sagte: »Ich hatte vergessen, was für ein ausgezeichneter Schriftsteller Marx war. Was für großartige Bilder! Die Gespenster der Römerzeit, die die Wiege der neuen Epoche hüten. Die bürgerlichen Revolutionen, die von Erfolg zu Erfolg stürmen. Die Ekstase als der Geist jeden Tages. Menschen und Dinge scheinen in Feuerbrillanten gefaßt. Aber eine Revolution, die ihre Poesie aus der Vergangenheit bezieht, ist verurteilt, in Depression und Stumpfsinn zu enden. Eine echte Revolution ist nicht nachgemacht oder theatralisch. Sie ist ein *wirklicher* Vorgang.«

»Nun ja«, sagte Victor. »Sie wollen mir auf Teufel komm

raus sagen, was *Sie* davon halten. Dann sagen Sie's mir doch, um es hinter sich zu bringen.«

»Mein Problem hat mit dem Klassenkampf zu tun«, sagte Wrangel, »dem Schicksal der Klassen. Sie behaupten, daß durch die Ohnmacht der Klassen die Täuschungseffekte entstehen – Lug, Betrug, falscher Schein. Das sieht alles wirklich aus, aber das wirklich Wirkliche ist die unbemerkte Erschütterung unter den Erscheinungen. Sie erlegen den Amerikanern europäische Klassenvorstellungen auf.«

Katrina kam der Gedanke: Aha, er will mit den Großen im Lande spielen. Sie hatte Angst, er könne dabei Schaden nehmen.

»Und was ist Ihre Vorstellung?« fragte Victor.

»Nun ja«, erwiderte Wrangel, »ich habe da einen Freund, der behauptet, daß die eigentlichen Seelen der Menschen, der Amerikaner entfernt worden sind. Die eigentliche Seele ist durch eine künstliche ersetzt worden, so daß nichts Wirkliches mehr vorhanden ist, auf das sich die Menschen beziehen können, wenn sie irgendeine Angelegenheit für sich selbst beurteilen wollen. Sie leben vornehmlich nach *Grundprinzipien*. Sie haben vorgestanzte Leitsysteme.«

»Das ist die künstliche Mentalität Ihres Boryshinski«, sagte Victor.

»Das hat mit Boryshinski nichts zu tun. Boryshinski kam viel später.«

»Ist dieser Freund von Ihnen ein kalifornischer Freund? Ist er ein Guru?« fragte Victor.

»Ich wünschte, wir hätten Zeit für ein richtiges Gespräch«, sagte Wrangel. »Sie legten stets großen Wert auf Ideen, Victor. Daran erinnere ich mich. Schön, ich habe unter vielen Gesichtspunkten darüber nachgedacht und bin überzeugt, daß die meisten Ideen trivial sind. Ein Gedanke über das Wirkliche ist gleichzeitig auch ein Abbild des Wirklichen; ist es ein echter Gedanke, dann ist es ein echtes Abbild und wird auch von einem echten Gefühl begleitet. Ohne das sind unsere Ideen Leichen ...«

»Nun, bei Gott!« Victor ergriff seinen Stock, und Katrina befürchtete schon, daß er ihn gegen Wrangel erheben, ihm eins überziehen würde. Aber nein, er pflanzte den Stock vor sich auf und fing an, aufzustehen. Es war ein schwieriges Unterfangen. Er beugte sich vor und stützte sich auf seine Fingerknöchel. Er hob das schlimme Bein hoch; seine Gesichtsfarbe war fiebrig-rot. Denk daran (Katrina dachte daran), daß er fast immer Schmerzen hatte.

Als sie den Seesack und den Geigenkasten nahm, erklärte Katrina, »Wir müssen zu unserem Flug.«

Wrangel antwortete mit einem traurigen Lächeln: »Ah ja. Gegen den Flugplan kommen wir nicht an, stimmt's?«

Victor rückte seine nach hinten gerutschte Mütze zurecht und begab sich, weit ausholenden Schritts, mit seinem energischen Krüppelgang zur Tür.

Als sie draußen waren, sagte Katrina: »Wir müssen noch eine halbe Stunde totschlagen.«

»Vertrieben.«

»Er war furchtbar enttäuscht.«

»Ja, gewiß. Er ist nur in den Osten gekommen, um mich herauszufordern. Vielleicht hat ihm ein Guru eingeredet, daß er endlich stark genug ist. Er hat sich verraten, als er Parker Tyler und Tschetlitschek erwähnte. Tschetlitschek, mußt du wissen, hat mich einmal angegriffen. Er hat behauptet, *er* hätte eine Vision von der Welt, während das abstrakte Bild, für das ich einträte, wie ein verrücktes Frauenzimmer sei, das den Besuch eines Arztes erwarte und sich mit Exkrementen beschmiere, um sich verführerisch zu machen – wie ein Liebestrank. Wrangel versuchte, mich mit dieser Beleidigung aus der Fassung zu bringen.«

Trotz der schlechten Wetterlage, des scharfen kanadischen Nordwinds, der in weißen Böen über die Grenze kam, konnten sie das Flugzeug ohne Verzögerung besteigen. Als erster betrat Victor die Maschine. Sein besonderes Bedürfnis, ein Platz hinten am Gang, rechtfertigte das. Auf Katrina wirkte es deprimierend, die leere, dunkle Kabine zu betreten. Der Himmel sah schmutzig aus, und sie hatte Angst. Die Plätze waren weit hinten, neben den Toiletten. Sie verstaute die Geige in der Ablage oben und den Reißverschlußsack unter dem Sitz. Victor ließ sich auf seinem Platz nieder, schob seinen Körper zurecht, lehnte sich zurück und schloß die Augen. Entweder war er sehr müde, oder er wollte mit seinen Gedanken allein sein.

Die Maschine füllte sich. Es war immerhin tröstlich, daß trotz des schlimm aussehenden Wetters praktisch denkende Leute nie daran zweifelten, daß sie in Buffalo abheben und in Chicago landen würden – alles wie gewohnt. In Gottes, aber auch in der Routine Hand. Katrina, die wie die anderen Passagiere vernünftig aussah, wußte nicht, wie sie mit ihren angstvollen Zweifeln fertig werden sollte – konnte sie nicht alle in eine Ecke packen und den Schlüssel umdrehen. In einer Hinsicht hatte Dotey absolut recht: Katrina riß sich um jede Gelegenheit, abzubrausen und mit Victor zusammenzusein. Victor, selbst wenn er leidend war, selbst wenn ein Leben an seiner Seite gar nicht möglich war – es würde nicht mehr lange mit ihm dauern –, unterschied sich so von anderen Menschen. Andere Menschen waren von einer gewissen Freudlosigkeit umgeben. Sie waren von Entbehrungen gezeichnet. Ihnen fehlte Raum und Luft; sie waren menschlich kahl, während Victor eine große Helligkeit ausstrahlte. Der merkwürdige kleine Wrangel war vielleicht ein anmaßender Tor gewesen. Er wollte einen ernsthaften Gedankenaustausch; vielleicht hatte er sich auf absurde Weise aufgeblasen, war ein Blender, wie

Victor vermutete. Aber als er von der Ekstase als dem täglichen Geisteszustand oder den in Brillanten gefaßten Menschen und Dingen sprach, hatte sie genau verstanden, was er sagte. Sie hatte es noch besser verstanden, als er sagte, wenn das Hochgefühl aufhörte, wären Öde und Niedergeschlagenheit schlimmer als je zuvor. Um es noch weiter zu verfolgen, sie selbst könnte niemals irgendwelchen Glanz verbreiten. Wenn sie jemand hatte, der sie anregte, konnte sie mithalten und vielleicht auch etwas beisteuern. Sie würde dann etwas Weibliches und Sexuelles beisteuern. Es wäre wichtig, vielleicht sogar unentbehrlich, aber nicht erfinderisch. Sie könnte allerdings bei einem Täuschungsmanöver erfinderisch sein. Und sie hatte den Versuch gemacht, mit der Elefantengeschichte Terrain zu gewinnen. Sie hatte allerdings diesen schlimmen Mißerfolg mit M+A+S+H erlebt. Selbst das Kino war ein Teil ihres Mißgeschicks gewesen. Sie waren von Hippies umgeben gewesen – nicht sehr jungen –, und in der Reihe vor ihnen saß ein bärtiger Mann, der ein Eis am Stil schmatzte und dauernd eine Hinterbacke hob, um laute Fürze fahren zu lassen. Victor sagte: »Das ist das Wechselgeld des Volkes für den Kaviar, den es gegessen hat.« Katrina hatte *das* bis jetzt nicht ausklamüsert. Dann stand Victor auf und sagte: »In dem Gestank bleibe ich nicht sitzen.« Als sie auf die Straße traten, weckte die Schande und das Entsetzen, durch M+A+S+H *bloßgestellt* und mit den degenerierten Typen von San Francisco in einen Topf geworfen zu werden, in Katrina den Wunsch, sich vor die Drahtseilbahn zu werfen, die vom Mark Hopkins talwärts raste.

Sie legte nun die Hand schützend an die Stirn und sah von Victor weg, der auf das Flugfeld starrte. Konnte sie dem verdammten Elefanten nicht irgendwie auf die Sprünge helfen? Angenommen, ein Mann träte auf, der Ballspieler hypnotisierte und das auch bei einem Tier schaffte. Man entdeckte heutzutage neue geistige Fähigkeiten bei den größeren Säugetieren. Walfische zum Beispiel sangen sich gegenseitig etwas vor; man nahm sogar an, daß sie in der Lage seien, zu reimen. Wale bauten Mauern aus Luftblasen und konnten Millionen von Garnelen umzingeln und gefangenhalten. Wenn nun ein exzentrischer Zoologe mit einer neuen Idee zur Geschäftsleitung käme? In der Zwischenzeit hatte die Geschäftsleitung Futter besorgen müssen, während der Elefant ganze Dungpyramiden fallen ließ. Das Tier war melancholisch geworden und weinte aprikosengroße Tränen. Der Mahout verlangte Schlamm. Wenn Margey sich nicht bald richtig wälzen könnte, würde sie durchdrehen und die gesamte fünfte Etage zertrümmern. Abercrombie & Fitch (gab es die noch in Chicago?) bot an, einen Großwildjäger rüberzuschicken. Für sie wäre es eine tolle Reklame, das Tier zu erschießen. Anständig denkende Menschen wären entsetzt. Und wenn nun ein hübsches Mädchen von der High School mit der Lösung käme? Aber angenommen, es wäre chinesischer Herkunft? Im chinesischen Mythos waren die Elefanten und nicht die Menschen dereinst die Herren der Welt. Und dann?

Auch Victors Hirn arbeitete, obwohl man nicht sagen konnte, daß er dachte. Etwas Weiches und Schweres schien über seinen Körper gebreitet zu sein. Es ähnelte der Bleischürze, mit der man beim Röntgen von den Assistenten zugedeckt wird. Victor lag ausgestreckt unter diesem sanften, tödlichen Gewicht und fühlte sich so, wie man sich fühlt, wenn man aus einem tiefen Schlaf erwacht – unfähig, den Arm zu heben. Auf dem Flugfeld waren die stehenden Maschinen im Winterlicht bleicher als die Luft; der ganze Flughafen war von Schnee umrahmt und sah aus wie ein Stahlstich. Das erinnerte ihn an New York, die Lower East Side im Jahr – na etwa 1912. Die Jungen (heute Greise, soweit sie noch am Leben waren) lasen den Pentateuch. Und die Straße, das schmutzige Pflaster, sah aus wie eine Seite mit hebräischem Text: etwas, das man übersetzen würde, wenn man es konnte. Jakob hatte einen Traum von einer Leiter, die in den Himmel ragte. *V'hinei malachi elohim* – und siehe, die Engel Gottes gingen darauf auf und nieder. Das hatte Victor nicht überrascht. Wie alt war er damals? Etwa sechs? Für ihn war es kein Traum. *Jakob* träumte, während Victor wach war, las. Es gab kein »vor langer Zeit«. Es war alles jetzt. Das Klassenzimmer im Keller hatte auf Straßenhöhe ein schmales Fenster, gerade groß genug, um einen begrenzten Blick nach oben zuzulassen: auf die schneebedeckten Feuerleitern, das am Eisengitter hängende goldene Ladenschild der chinesischen Wäscherei und die auf- und absteigenden Engel. Das brauchte nicht übersetzt zu werden. Das geschah in Trance, wie unter dem bleiernen Gewicht der biegsamen Schürze. Jetzt begann das Flugzeug für den Start zu beschleunigen, und gleich würde das Zeichen *Nicht Rauchen* verlöschen. Victor hätte gern geraucht, aber das Gewicht seiner Hände machte jede Bewegung unmöglich.

Es war für ihn ungewöhnlich, in solchen Erinnerungen zu schwelgen, obwohl er sie ja hatte und sie ihm in letzter Zeit häufiger gekommen waren. Jetzt erinnerte er sich daran, daß seine Mutter ihm die Luftröhre einer Gans gegeben hatte, nachdem sie sie in der Bratröhre des Kohleherdes getrocknet hatte; und daß er mit dem Rasiermesser seines Vaters eine Kerbe in die Luftröhre geschnitten und eine Pfeife daraus gemacht hatte. Als sie fertig war, mochte er sie nicht. Auch nachdem sie trocken war, hatte sie die scheußliche rote Farbe behalten, und sie fühlte sich sehr rauh an und hinterließ einen unangenehmen Geschmack im Mund. Das entsprach nicht genau Marxens Alptraum von der Geschichte, von der die Menschheit befreit werden mußte. Der Geschmack von rohem Geflügel war widerlich. Die Engel auf der Feuerleiter hingegen waren sehr erfreulich, und sein Wissen um sie, immerhin viertausend Jahre alt, war zugleich auch völlig zeitgenössisch gewesen. Verschiedene Vorstellungen von Zeit und Raum waren ihm noch nicht aufgezwungen worden. Ein umfassendes Licht hielt sie alle. Unter den übrigen – Eltern, Patriarchen, Engeln, Gott – war man selber. Victor fühlte sich nicht verpflichtet, dem auf den Grund zu gehen; es war nur Trance, wahrscheinlich die Folge von Müdigkeit und angegriffener Gesundheit. Er dachte flüchtig an das Massachusetts-Hospital, wo ein Tumor im Bauch aus einem Blutstrahl herausgelöst worden war, und erinnerte sich, daß er noch ein Rekonvaleszent war – erinnerte sich auch daran, daß Baudelaire der Meinung gewesen war, der Künstler befinde sich stets im Zustand geistiger Rekonvaleszenz. (Dies war in der Tat ein Baudelaire-Tag; erst kurz zuvor war es noch die Berührung gewesen, die die Toten zum Leben erweckte.) Der Rekonvaleszent – gerade erst aus dem Schatten des Todes zurückgekehrt – sog mit Wonne die schlechten menschlichen Gerüche im Flugzeug an. Die Verunreinigung störte nicht, denn ein Rekonvaleszent war im gleichen Zustand wie ein Kind, das von Eindrücken trunken ist. Genie *muß* die Wiedererlangung der kindlichen Kräfte durch den Akt schöpferischen *Willens* sein. Victor kannte dies alles wie aus dem Effeff, wie seine Hosentasche. Wenn man die Kraft eines Mannes (die analytische Kraft) mit der Ekstase des Kindes vereinte, konnte man Neues entdecken. Die Offenbarung Gottes besagte doch, daß die Juden (seine Kinder) eigensinnig (mit reifer Intelligenz) auf der göttlichen Verheißung für Erwachsene bestehen würden. Das sollte ihnen den Haß der gesamten Welt eintragen. Sie waren immer archaisch, und sie waren immer zeitgenössisch – das können wir noch später auseinandersortieren.

Aber nun einmal angenommen, daß dies *nicht* Rekonvaleszenz wäre sondern etwas anderes und daß er auf Tournee war, nicht weil er sich erholte, sondern weil er an Boden verlor. In

Verfall begriffen? Hier kam Katrina ins Spiel. Sie hatte die Art von Berührung, die auferweckte oder die wiedervereinte, seine sonst auseinanderstrebenden körperlichen Kräfte wieder zusammenholte. Er fragte sich: daß sie mich anmacht, bedeutet das eigentlich, daß ich sie liebe, oder nur, daß sie zu der Art von Frauen gehört, die mich anmachen? Ihm gefiel die Frage, die er sich stellte, nicht. Aber er hatte viele schwierige Empfindungen zu verkraften, unzählige Eindrücke des Winters, sieben Jahrzehnte sich überlagernder Winter. Die Winterwelt bescherte ihm sogar einen Klang – nicht fürs Ohr, sondern für irgendein anderes Organ. Und nichts von dem war klar mitteilbar, gewiß auch nicht mitteilenswert. Es war einfach Teil des immer weitergehenden Lebens eines jeden Menschen. Jedermann war von Visionen erfüllt, die unterdrückt und zugleich unwillkürlich angehäuft worden waren; und wenn man krank war, war es schwieriger, sie zu zerstreuen.

»Jetzt, da wir in der Luft sind, Victor, kann ich dir sagen, daß ich *erleichtert* bin. Ich war nicht sicher, ob wir zurückkommen würden.« Das in Schräglage gehende Flugzeug ermöglichte ihnen einen einzigen Blick auf den zur Rechten grün abfallenden Eriesee und stieg dann in dunkelgraue Schneewolken hoch. Es war ein böiger Flug. Der Gegenwind war stark. »Hab' ich dir schon mal von dem Mann meiner Haushälterin erzählt? Er ist ein gutaussehender alter Neger, der früher einmal Speisewagenkellner war. Jetzt spielt er. Eindrucksvolle Erscheinung. Ysole hat Angst vor ihm.«

»Warum sprechen wir von ihm?«

»Ich frage, ob ich nicht mal mit ihrem Mann über Ysole sprechen sollte. Wenn sie von Alfred Geld bekommt, damit sie vor Gericht gegen mich aussagt, dann wäre das schlimm. Sein Anwalt könnte vorbringen, daß sie mich *aufgezogen* hat und daher meine Schliche kennt.«

»Würde sie dir denn so schaden wollen?«

»Na ja, sie ist immer schon ein bißchen sonderlich gewesen. Sie hat sich früher als ›Beschwörerin‹ bezeichnet. Sie ist gerissen und voller Tücke.«

»Ich frage mich, warum wir in dieser Höhe fliegen. Wir müßten inzwischen über den Wolken sein«, meinte Victor.

Sie hatten fünfzehn Minuten lang offenen Himmel und sanken dann wieder zurück ins Dunkel. »Ja, warum fliegen wir so niedrig?« fragte Katrina. »Wir kommen gar nicht mehr voran.«

Das Zeichen »Gurt anschnallen« leuchtete auf, und der Pilot sagte an: »Infolge der schlechten Wetterlage ist der Flughafen O'Hare vorübergehend geschlossen. In fünf Minuten landen wir in Detroit.«

»Ich *kann* nicht in Detroit steckenbleiben«, sagte Katrina.

»Ruhig Blut, Katrina. In Chicago ist es noch nicht mal ein Uhr. Wir sitzen wahrscheinlich nur ein Weilchen unten rum, um gleich wieder zu starten.«

Plötzlich waren unter ihnen Felder zu sehen – Speicher, Hangars, Straßen, Wasser. Das Fahrgestell wurde ausgeklinkt, wie es Katrina oft vom Boden aus beobachtet hatte, wenn sich der Bauch der Boeing öffnete und die schwarzen bedrohlichen Eingeweide herunterkamen. Victor konnte eine der geschäftigen Stewardessen anhalten, die ihm sagte, daß es in Chicago schlimm aussähe. »Vom Schnee überrumpelt.«

Als sie ausstiegen, fanden sie sich sofort im Gewimmel gestrandeter Passagiere. Wenn man einmal in eine solche Menge geraten war, wurde man von der Furcht gepackt, nie wieder rauszukommen. Wie schön, daß Victor nicht beunruhigt war. Er strebte mit seinem hebenden-senkenden Schritt vorwärts, seine Brauen glichen den Baumpilzen, die auf alten Stämmen wachsen. Katrina ihrerseits war vor Spannung gelähmt. Die Leuchtzeichen betrafen sie kaum. GEPÄCKAUSGABE: Sie hatte kein Gepäck. Sie trug Vanessas wertvolle Geige.

EMPFANGSHALLE: Warum sollte Victor den ganzen Weg bis zur Empfangshalle hinken, nur um zu irgendeinem Abflugtor zurückgeschickt zu werden? »Hier müßte Personal da sein, das einem Auskunft geben kann.«

»Nicht möglich. Darauf sind sie nicht eingerichtet«, sagte Victor. »Und an die Telefone kommen wir nicht ran. Die stehen in Zehnerschlangen. Versuchen wir doch, zwei Sitzplätze zu finden und uns auszudenken, was zu tun ist.«

Sie kamen nur langsam voran. Abwechselnd wehte es sie an den Beinen und im Gesicht kalt von den Ausgängen und heiß aus den Gebläsen an. Sie fanden einen einzelnen Sitzplatz, und Victor setzte sich. Er bewies stets größte Unerschütterlichkeit angesichts von unvorhergesehenen Ereignissen und begrenzten Störungen, die Katrina gern mit ihm teilen durfte, wenn sie es gekonnt hätte. Beila hatte das anscheinend gelernt. Trina hatte den Trick noch nicht raus. Victor legte die Ferse auf den Seesack. Den Geigenkasten nahm er zwischen die Beine. Mit seinem Stock machte er eine improvisierte Barriere, damit die Leute nicht über ihn stolperten.

Katrina ging, um sich zu erkundigen und stieß auf einen Mann in blaugrauer Uniform, der so aussah, als könne er ein Flugingenieur sein. Er lehnte mit gekreuzten Armen an der Wand. Sie bemerkte, wie schön gewichst seine schwarzen Schuhe waren und daß er eine frische Gesichtsfarbe hatte. Sie dachte, er müsse in der Lage sein, ihr Auskunft zu geben. Aber als sie sagte: »Entschuldigen Sie bitte«, weigerte er sich, von ihr Notiz zu nehmen und wandte das Gesicht ab. Sie sagte: »Können Sie mir bitte eine Auskunft geben? Meine Maschine mußte zwischenlanden. Wo kann ich erfahren, wie's weitergeht?«

»Wie soll ich das wissen?«

»Weil Sie in Uniform sind, dachte ich ...«

Er legte ihr die Hand auf die Brust und stieß sie weg. »Was

fällt Ihnen ein?« fragte sie. Sie spürte, wie ihre Augen feucht wurden, sich trübten, brannten. »Was ist denn mit Ihnen los?« Was folgte, war noch schlimmer. Während er ihr ins Gesicht sah – und nicht nach unten –, bohrte er ihr den Absatz in den Spann, trampelte auf ihrem Fuß herum. Und das geschah nicht aus Ärger. Er sah überhaupt nicht ärgerlich aus; es war eine andere Art von Heftigkeit. Sie versuchte, auf dem an seine Brust gehefteten Schild den Namen zu lesen, aber bevor sie ihn noch entziffern konnte, war der Mann fort. Sie dachte: Ich habe mich in eine Lage gebracht, in der mich die Leute ungestraft verletzen können. Als wäre ich aus Evanston gekommen, um Unrecht zu tun, und das wäre überall auf mir zu lesen. Vielleicht war er ein Mysogyn oder sonst ein Psychopath in Uniform. Bitter heiß wallte es von tief unten in ihr hoch, fuhr ihr wie betäubende Hitze durch die Gedärme, um dann durch die Brust in Kehle und Wangen zu steigen. Obwohl sie gekränkt worden war, kam sie zu dem Schluß, daß ihn vielleicht die Mißachtung seines Berufs in Wut versetzt hätte: ein Ingenieur wurde wie ein Kabinensteward angeredet. Oder aber er hatte magnetische Haßwellen ausgesandt und darum gebetet, daß jemand in seine Nähe kam, an dem er seine Wut auslassen konnte. Wäre Victor da gewesen, hätte er dem Burschen eins mit dem Stock über den Schädel gehauen. Krank oder gesund: er besaß Geistesgegenwart.

Während Katrina in einer Schlange vor der Flugauskunft wartete, konzentrierte sie sich darauf, den Vorfall herunterzuspielen und ins richtige Verhältnis zu rücken. Es war einfach ein Mann aus einer guten Familie – vermutlich in einem Vorort –, durchschnittliche, sorgenfrei lebende Leute, nach der Art zu urteilen, wie er seine Uniform trug – was Victor, wenn er in Fahrt war, den »tierisch-menschlichen Durchschnitt« nannte und, einen seiner Schriftsteller zitierend, als »die obskure, fragwürdige Masse, die mit Falschheit gesättigt ist« bezeichnete. Er mochte derart kräftige Aussprüche. Gut, daß sie ihre Straußenlederstiefel anhatte. Sonst hätte ihr der Mann etwas brechen können.

Als sie an die Reihe kam, konnte ihr die Frau hinter dem Schalter nicht viel sagen. Neue Flüge würden bekanntgegeben, sobald O'Hare die Startbahnen wieder geöffnet hätte. »Es wird einen Ansturm auf die Plätze geben. Vielleicht sollte ich lieber Tickets für die erste Klasse kaufen«, sagte Katrina.

»Ich kann für Sie nichts reservieren. Der Computer gibt keine Information, so sehr ich ihn auch bearbeite.«

»Trotzdem kaufe ich *open* zwei Flüge erster Klasse. Auf Kreditkarte. Sie können weiterverkauft werden, wenn ich sie nicht brauche.«

Als sie von der Seite her auf Victor zuging, sah er mit seiner Mütze recht zufrieden aus – still, nachdenklich, belustigt. In der unteren Gesichtshälfte waren die Anzeichen des Alters am weitesten fortgeschritten; in der Verkürzung des Kinns und dem scharfen Hervortreten der Kanten. Im Profil waren die Zeichen deutlicher erkennbar, erregten mehr Sorge, schufen mehr Leid. Katrina glaubte nicht, daß ihr volles Gesicht, der eben nachgezogene Mund und ihr Busen etwas verrieten, aber sie war deprimiert: sein Zustand, der Andrang der Passagiere, die Gehässigkeit des Mannes, der sie getreten hatte, die Panik, hier festzusitzen. Von vorn gesehen war Victors Aussehen so »üppig« wie eh und je. Aber sie konnte von ihm nicht viel Kraft entlehnen. Selbst hier in Detroit gab es Wulpy-Fans, die in einer Auto-Armada zum Flughafen gerast gekommen wären, wenn sie gewußt hätten, daß er hier war. Sie waren eher befähigt, ihn zu würdigen, als eine Frau, die ihn gezwungen hatte, sich M+A+S+H anzusehen. Diese Fans aus der Stadt würden reden, trinken oder ihn mit zu sich nach Hause nehmen. Sie konnte nur startbereit sein – eine Frau aus Evanston, aus Verzweiflung nicht tatkräftig, sondern gelähmt, ohne eine Spur eigener Erfindungsgabe.

Man erlebte Victor selten in Aufregung. Es störte ihn nicht sonderlich – jedenfalls bisher noch nicht. »Kriegst du keinen Hunger? Ich schon«, sagte er.

»Dann sollten wir wohl was essen.«

»Sicher können wir einen Schnellimbiß ausfindig machen.«

»Etwas Nahrhafteres als ein Hamburger.«

»... Sollte dem Bankett von heute abend keinen Abbruch tun«, sagte er.

Sie begannen ihren Marsch durch die Empfangshalle. Normalerweise war Victor recht gut zu Fuß, geduldig trotz seiner Behinderung. Aber eine dichte Menge wie hier wirkte hemmend. Das Fortkommen wurde auch durch Gepäckkarren, Kehrgeräte und Krankenstühle erschwert, und Katrina sagte schon bald: »Wir kommen nicht voran. In Chicago ist es schon nach eins.«

Victor sagte: »Ich würde deshalb noch nicht in Panik geraten. Die Haushälterin ist da. Deine Schwester. Dein Freund, der Polizist.«

»Meine Schwester ist nicht eben voller Verständnis.«

»Du hast schon oft gesagt, wie kritisch sie ist. Trotzdem wird sie dich kaum im Stich lassen.«

»Auch in schlechten Zeiten habe ich zu ihr gehalten. Letzten Sommer ist sie mit einer Schaufel im Kofferraum des Autos angekommen und hat gesagt, sie sei auf dem Weg zum Friedhof, um ihren Mann auszugraben. Sie sagte, sie müsse ihn einfach wiedersehen. Ich bin mit ihr in den Garten gegangen und habe sie betrunken gemacht. Dann sagte sie mir, ich hätte sie im Stich gelassen; ich wäre nach Boston gefahren, um bei dir zu sein, während *sie* operiert wurde. Man hat ihr eine Geschwulst am Gebärmutterhals entfernt.«

Victor, der völlig ungerührt war, nickte, als sie sprach – jammernde Ehefrauen, hysterische Schwestern. Von derartigen Dingen in einem gut geschriebenen Buch zu lesen, konnte vielleicht von Interesse sein; davon zu hören: nein. Katrina konnte ihm nicht vermitteln, wie gräßlich es gewesen war, ihre Schwester betrunken zu kriegen – die feuchte Hitze, Doteys schmales, schwitzendes Gesicht. Durch den lehmigen Geruch des Bodens fühlte man sich an Gräber erinnert. Man versuche nur, sich Dotey mit ihren neurasthenischen Stockärmchen beim Graben vorzustellen. Innerhalb von Minuten wäre sie bewußtlos zusammengebrochen.

Victor war von Szenen aus der Weltgeschichte erfüllt, lükkenlos dokumentiertem Wissen von Unheil, Schlachten, Deportationen vom Umschlagplatz Warschau in die Mordlager, die fürchterlichen Szenen während der Evakuierung von Saigon, und bestimmt konnte er sich Dorothea vorstellen, wie sie versuchte, die Leiche ihres Mannes auszugraben. Aber wann man seine Phantasie auf Erscheinungen dieser Kategorie einstellen sollte, blieb unklar. Er hatte über das »Unmenschliche« als Bestandteil der Moderne geschrieben, über die Schwachheit, Niedertracht, Trunkenheit des modernen Menschen und die daraus entstehenden Folgen für Kunst und Politik. Sein Ansehen war in den Analysen begründet, die er vom modernistischen Extremismus gemacht hatte. Er war der Lehrer berühmter Maler und Schriftsteller. Sie hatte seine bewundernswerten Bücher eifrig studiert, doch sie mußte allerdings auf einer persönlichen Ebene mit ihm verkehren. Und auf der persönlichen Ebene, nun ja, hatte er mehr über die Kunst als Mittel gegen Blöße, als Deckmantel der modernen Nacktheit, als über das Ausfüllen *persönlicher* Lücken oder Mängel zu sagen. Und selbst darin war er nicht völlig berechenbar. Bei ihm gab es immer Überraschungen.

»Mir fällt auf, daß du den rechten Fuß schonst. Drückt der Stiefel?«

»Ich bin darauf getreten worden.«

»Bist du mit jemandem zusammengestoßen?«

»Ein netter, blonder Mann ist vor mir davongelaufen, als ich ihn um eine Auskunft bat; aber bevor er abhaute, ist er auf mir herumgetrampelt.«

Victor blieb stehen, blickte aus seiner Höhe auf sie herab. »Warum hast du ihn nicht angezeigt?«

»Er ist verschwunden.«

»Immer neue Typen von Verrückten fallen über einen her. Wie sehr sich alles verändert hat! ... Es hieß noch ›Frauen und Kinder zuerst‹, als die *Titanic* sank. Die Ritterlichkeit des Mittelstands ist mit dem Biedermeier verschwunden.«

»Es ist nichts richtig verletzt. Es tut nur ein bißchen weh. Aber, Vic, bedenke doch, wieviel Zeit wir mit einem schlechtem Essen vergeuden. Können wir denn nichts machen, um von hier wegzukommen?«

»Ich könnte versuchen, den Mann anzurufen, der für die Veranstaltung heute abend zuständig ist. Ich muß in meiner Brieftasche nachsehen.« Er hakte seinen Stock über die Schulter und sah in dem Militär-Portemonnaie nach, das in der Hüfttasche steckte. »Hier. Continental Bank. Horace Kinglake. Warum rufen wir ihn nicht an? Wenn er will, daß ich heute abend meinen Vortrag halte, dann soll er schleunigst unsere Rettung in die Wege leiten. Ruf du ihn doch an, Katrina.«

»*Ich* soll mit ihm sprechen?«

»Warum denn nicht? Er muß auf höchster Ebene Kontakte mit der United Lines oder American Lines haben. Ich hoffe, du hast deine Telefonkreditkarte mit.«

»Habe ich«, sagte Katrina.

»Flughäfen hatten früher immer gute Fernsprechvermittlungen. Selbst Grand Central hatte einst eigene Telefonisten. Mal sehen, ob wir ein Telefon ergattern.« Sie hatten sich gerade wieder auf den Weg gemacht, als Victor Katrina zurückhielt und sagte: »Da sehe ich unseren Kumpel Wrangel. Er kommt auf uns zu.«

»Er bemerkt uns bestimmt. Du bist nicht zu übersehen.«

»Und wenn schon! ... Er hat doch gesagt, daß er nach Detroit fliegt, oder?«

»Als du dich abgesetzt hast, war es mir peinlich«, sagte Katrina.

»Er hatte kein Recht, mich bis in den Warteraum zu verfolgen.«

»Man könnte es auch so sehen, daß er extra aus Kalifornien angereist gekommen ist, um deinen Vortrag zu hören und ein Gespräch zu führen.«

»Um eine alte Rechnung zu begleichen, wie mir scheint. Dies ist ein Tag, an dem die Ereignisse zum Traum hin tendieren«, sagte Victor. »Es gibt einen Vers über *›les revenants qui vous raccrochent en plein jour‹*.«

»Gib mir lieber die Karte mit der Nummer von diesem Kinglake.«

Seltsamerweise versuchte Victor nicht, Wrangel aus dem Weg zu gehen, und zu Katrinas Überraschung war Wrangel ungeheuer erfreut, die beiden in der Halle zu treffen. Er hätte mit einigem Recht ein wenig verschnupft sein können. Nicht im geringsten. Auf seine schüchterne Art war er erfreut. »Sie haben nicht gesagt, daß Sie auch nach Detroit wollten.«

»Wollten wir auch nicht. Wir konnten wegen des schlechten Wetters in Chicago nicht weiterfliegen.«

»Ach, Sie müssen warten? Warum essen Sie dann nicht mit mir zu Mittag?«

»Ich täte es gern«, sagte Katrina. »Aber wir müssen ein Telefon finden. Es ist dringlich.«

»Telefonieren ist von einem Restaurant aus viel einfacher. Erst vor einer Minute bin ich an einer ordentlich aussehenden Bar mit Grillstube vorbeigekommen.«

Es war ein großes dunkles Lokal mit einer niedrigen Decke, Tudorstil. Kaum war die Empfangsdame erschienen, sah Katrina, wie Geld den Besitzer wechselte. Offensichtlich steckte Wrangel der Frau einen Zehn-Dollar-Schein zu. Warum nicht, wenn *Kronosfaktor* vierhundert Millionen Dollar eingespielt hatte? Eine Nische mit Ledersitzen stand sofort zur Verfügung. Victor nahm den Eckplatz ein und legte sein Bein auf die Polsterbank links von ihm. »Sollen wir was trinken?« fragte Wrangel. »Sollen wir bestellen, bevor Sie telefonieren? Miss«, sagte er zu der Empfangsdame, »würden Sie bitte diese Dame Ihr Telefon benutzen lassen. Was darf's denn sein, meine Liebe?«

»Ein Truthahn-Sandwich, weißes Fleisch, auf Toast.«

»Ente *à l'orange*«, sagte Victor. In einem so dunklen Raum, wo man nicht sehen konnte, was man aß, hätte Katrina auch für ihn ein einfacheres Gericht gewählt. Bernsteinfarbenes Licht fiel von einem Strahler auf Wrangels Kopf und auf den dicken weißen Pelz.

»Führ das Gespräch lieber mit Voranmeldung, *person to person*«, riet Victor.

Das war ein guter Rat gewesen, denn es war schwer, zu Horace Kinglake durchzukommen. Der Anruf durchlief viele Vermittlungsstationen. Als er »Kinglake« sagte, erkannte sie an seiner Stimme, daß er ein gewandter Managertyp war. Von Victor hatte sie eine gewisse Verachtung für geleckte leitende Angestellte übernommen. Es war jedoch wohltuend, auch mit einem Mann zu reden, dessen Höflichkeiten aufgesetzt waren. »In Detroit hängengeblieben? Oh, das darf aber nicht sein, oder? Etwa zweihundert Zusagen sind bereits eingetroffen. Zuhörer aus allen Teilen des Landes. Es wäre eine Katastrophe, wenn Mr. Wulpy ... Ich bin ehrlich besorgt. Und es tut mir so leid. Gab es denn keinen früheren Flug?« Wahrscheinlich verfluchte er Victor für diesen Kuddelmuddel in letzter Minute.

»Ist denn das Wetter in Chicago so schlimm?« Katrina fragte nach Tatsachen, die mit ihren Vorahnungen übereinstimmten.

Aber Mr. Kinglake nahm ihren Anruf in einem privaten Speisezimmer entgegen; und was konnte schon ein ranghoher leitender Angestellter in seinen Büroräumen im siebzigsten Stock vom Wetter auf der Straße wissen? Er hatte irgendwelche Meldungen von einem plötzlichen Sturm gehört. »Wie dem auch sei, Mr. Wulpy wird von uns hergelotst. Ich setze meinen erstklassigen Katastrophenmann auf diese Sache an. Lassen Sie mir etwa eine halbe Stunde Zeit.«

»Sie können uns unter dieser Nummer in Detroit erreichen. Ist denn O'Hare den ganzen Tag gesperrt?«

»Es gibt ja schließlich noch Midway und außerdem Meigs Field.«

Halb beruhigt kehrte sie zu der Sitzecke zurück. Eine Frau in ihrer Lage, die sich auf Risiken einließ, die die Geächtete spielte, um an Victors Seite zu sein – die Gefährtin des großen Mannes; aber als sie ihn im Profil gesehen hatte (kurz nachdem der Flugingenieur auf ihrem Spann herumgetrampelt war und sie ein ungeschluchztes Schluchzen in der Brust gespürt hatte), hatte sie eine neue Vorstellung davon bekommen, wie er seit dem Beginn seiner Bekanntschaft mit ihr abgebaut hatte.

Der doppelte Schnaps, den er getrunken hatte, hatte ihm offensichtlich gutgetan. Er hielt ein dickes, breites Glas in der Hand – von neuem gefüllt. Das war's, was sein Organismus brauchte: Speis und Trank und eine Nische zum Ausruhen. Er seinerseits hätte es sich durchaus leisten können, sie hierher zu bringen, der Empfangsdame zehn Dollar zuzustecken und das Telefon zu benutzen. Aber das hätte er nie getan. Damit hätte er einen Grundsatz geopfert. Und deshalb war er auch froh gewesen, Wrangel zu treffen. Wrangel hatte ihn zum Sitzen gebracht. Die Ente *à l'orange* konnte nur scheußlich sein. Ein Diener, ein Gehilfe waren notwendig, um seine Seele zu befriedigen. Auch einer, der die Rechnung bezahlte. Sie gestand sich ein, daß das wichtig für ihn war.

Trina erstattete Bericht, und Victor sagte: »Schön, wir können's uns also gemütlich machen, bis er zurückruft. Dann spreche ich selbst mit ihm, über das Programm von heute abend. Setz dich, Mädchen, und bestell dir was zu trinken.« Katrina setzte sich an die Ecke neben ihm. Vanessas Geige stand aufrecht hinter ihnen. Gerade jetzt war Katrina Wrangel dankbar. Sie brauchte Hilfe bei Victor. Er kam ihr unsicher vor – aus dem Gleichgewicht. Der in *Psychologie heute* oft gebrauchte Ausdruck war »labil«. Er war labil. Und er war eher froh, jetzt in Wrangels Gesellschaft zu sein. Die giftige Stichelei wegen Tschelitschew schien er vergessen zu haben. Katrina hielt es für wahrscheinlich, daß Wrangel von Tschelitschews beleidigender Feststellung nichts wußte. Natürlich war Victor der Meinung, daß Filme von der Art, wie Wrangel sie machte, das geistige Leben des Landes (und der Allgemeinheit überall in der Welt) verdarben, aber im Augenblick stellten sie keine Betrachtungen über Wrangels Filme an. Sie hatten jedoch offenbar über Sexfilme gesprochen, denn Wrangel sagte, daß er persönlich mit diesem Geschäft nichts zu tun habe. »Bei Produktionen dieser Art wird kein Scriptwriter gebraucht.«

»Nicht?« fragte Victor. »Nur Paare verschiedener Rassen, die's miteinander treiben?«

»Könnten Sie bitte bei der Kellnerin eine Bloody Mary für mich bestellen?« sagte Katrina.

»Genau«, sagte Wrangel. »Um Ihnen etwas von meiner Laufbahn seit meinen Tagen im Village zu berichten: Ich hatte ganz verschiedene Schreibaufträge. Einer der merkwürdigsten war der mit dem Team aus Texas, das die Memoiren von Präsident Johnson zusammenstellen half.«

»Wie ist denn das zustande gekommen?« fragte Katrina.

»Durch die Breadloaf-Konferenz, bei der ich ein paar Journalisten aus Washington kennengelernt hatte. Außerdem noch Robert Frost – und ein paar solcher Herren aus Harvard. Ich meinerseits war von Dick Goodwin empfohlen worden; da saß ich nun in Austin in Johnsons Autorenstab. Er war inzwischen nicht mehr im Amt.«

»Und wie ist das gelaufen – die Arbeit?« fragte Victor.

»Sie fing mit einem Kurs in Gehirnwäsche an. Wir haben uns immer oben im Federal Building in Austin versammelt, das von Johnson gegen Ende seiner Regierungszeit errichtet worden war. Er hatte seine eigene Suite, und er landete, von seiner Ranch kommend, mit dem Hubschrauber, kam dann vom Dach zu uns runter, um den Tag mit uns zu verbringen. Er wiederholte seine Version von jedem Ereignis, bis sie uns ins Hirn eingegangen war. Man trifft häufig diese Schmiede von Legenden, die einen durch Wiederholung hypnotisieren. Man wird zum Gefäß ihrer Geschichte. Robert Frost war auch einer dieser Träger der ›autorisierten Version‹. Die führen immer das große Wort, und sie wiederholen sich, bis das Hirn beginnt, abweichende Versionen zurückzuweisen. Johnson hat uns auch auf seine Ranch geholt. Er fuhr mit seinem Lincoln über die Weiden, und die Leibwächter folgten in ihrem Lincoln. Wenn er mehr zu trinken brauchte, kurbelte er sein Fenster runter, und die Wächter kamen längsseits und gossen ihm noch mehr Whiskey ein. Die meisten von uns fühlten sich von ihm eingeschüchtert – das geht bei jemand wie mir leichter, Victor, als bei Ihnen.«

»Oh, man hat's versucht. Einmal in Berensons Villa. Die berühmte Mumie trat auf – ein Litauer wie ich. Ich bin dazu erzogen worden, das Alter zu ehren, aber mir lag nichts daran, daß meinetwegen so viel kultureller Schwulst losgelassen wurde.«

»Die lateinischen Zitate ...«, erinnerte ihn Katrina.

»Die *lacrimae rerum*. Junge! Wenn es nur damit getan gewesen wäre, seinen Gönnern und Gönnerinnen in den Hintern zu kriechen, dann hätte B. B. einige Tränen getrocknet. Danach sagte er, er hätte gehört, daß ich in der Boheme von New York eine bedeutende Rolle spielte. Und ich erwiderte, wenn man mich als Bohemien bezeichnete, könnte man ebensogut Johannes den Täufer als Hydrotherapeuten bezeichnen. Ich hatte gehofft, das Gespräch auf moderne Malerei bringen zu können, aber dazu ist es selbstverständlich nie gekommen.«

Eine freundliche Plauderei. Es war inzwischen halb drei. Um die Mittagzeit hatte Katrina noch befürchtet, daß Victor Wrangel mit dem Stock auf den Schädel hauen würde, weil er gesagt hatte: »Die meisten Ideen sind trivial.« Wie gut sie jetzt miteinander zurechtkamen.

»Sie haben nicht gemeint, daß Sie irgendwie eine Art Johannes der Täufer seien?« sagte Wrangel.

»Nein, es hat mich bloß gefuchst, so von oben herab behandelt zu werden.«

In diesem Augenblick war Victor charmant. »Die meisten Leute sind zu klug, sich nicht charmant zu geben«, hatte er einmal zu Katrina gesagt. »Manche sind durch und durch charmant wie Franklin D. Roosevelt. Andere lehnen jeglichen Charme ab, wie Stalin. Als Durch-und-durch-Charmant und Überhaupt-nicht-Charmant sich in Jalta begegneten, hat Überhaupt-nicht-Charmant eindeutig gesiegt.« Im Grunde seines Herzens lehnte Victor Charme ab. Stil: jawohl; Stil war wesentlich, aber Charme konnte leicht die Gedanken vernebeln. Und wenn Victor jetzt Wrangel gegenüber charmant war und über Johannes den Täufer scherzte, dann nur deshalb, weil er verhindern wollte, daß Wrangel seinen Gucci-Terminkalender mit den allgemeinen Sentenzen über den *Achtzehnten Brumaire* vorkramte.

Offensichtlich hatte Wrangel die Absicht, ein ernsthaftes Gespräch wiederaufzunehmen – weiterzuentwickeln. Es war der Drang nach einem ernsthaften Gespräch, der ihn die Reise über den Kontinent, von Los Angeles nach Buffalo, hatte machen lassen. Trina entdeckte allmählich eine gewisse Geschicklichkeit und Zähigkeit in Wrangel. Es war kein Zufall, daß er so viele Millionen verdient hatte. Obwohl er in Victors Gesellschaft »demütig glücklich« zu sein schien, war er auch verbohrt, eigensinnig. In der Vergangenheit, sogar noch heute, hatte Victor ihn abblitzen lassen – kein Kopf der Kategorie I –, und Wrangel war entschlossen, eine höhere Bewertung zu erlangen. Er fand, daß er sie verdiente. Das war Katrinas Auffassung. Der schüchterne, verschmitzte Mann im Blaufuchsmantel hatte Victor ganz für sich – einen geschwächten Victor, aber das konnte Wrangel nicht wissen, da Victor sich unerschütterlich gab und nach ein paar Schlucken Scotch so fürstlich dasaß wie eh und je. Er war jedoch bei weitem nicht er selbst. Er saß in einem jener (absichtlich) schlecht beleuchteten Niemandsland-Restaurants, auf die sich Flughäfen spezialisiert haben; er hatte alle auf dem Tisch stehenden Sesamstangen und Crackers gegessen; und als er eine Hand unter die Rückseite von Katrinas Pullover steckte, spürte sie durch den seidenen Unterrock hindurch einen eisigen Schock.

Das Essen wurde gerade aufgetragen, als Victor ans Telefon gerufen wurde; und Wrangel bat den Kellner, es wieder in die Küche zu bringen und warm zu stellen.

Nach rechts gebeugt, um den Hängedekorationen – Zierat an vergoldeten Ketten – auszuweichen, folgte Victor der Hosteß zum Telefon.

»Wissen Sie«, sagte Katrina, teilweise auch, um einem Gespräch über Victor zuvorzukommen, »ich fand es interessant zu hören, daß Sie zunächst damit begonnen haben, Handlungen für Science-fiction-Comics zu erfinden. Man muß dabei sehr schnell sein. Ich habe immer wieder versucht, mir eine Geschichte für Kinder auszudenken, die von einem Elefanten handelt, der im obersten Stockwerk eines Chicagoer Warenhauses festsitzt; und Sie haben keine Vorstellung, wie mich das belastet und quält. Als das Tier im Lastenaufzug nach oben gebracht wurde, prüfte es den Boden und traute ihm nur widerstrebend. Sein Mahout – der Dompteur – lockte es in den Aufzug. Der Elefant war ein Riesenerfolg in dem Laden, aber als er wieder runter sollte und den Fahrstuhl wieder mit dem Fuß prüfte, weigerte er sich, ihn zu betreten.«

»Die werden ihn nicht los? Wissen nicht, wie sie ihn wieder rauskriegen?« Er zeigte ein für ihn typisches Lächeln, herzlich, aber auch verhalten. »Woran haben Sie gedacht?«

»Klaviertransporteure, Feuerwehr, Betäubung des Elefanten, Hypnose, Herausbrechen einer Mauer, eine hölzerne Rampe die Treppe hinunter.«

»Einen Baukran?« fragte Wrangel.

»Gewiß, aber dann müßte man ja das Dach öffnen.«

»Das stimmt – auch wenn dort eine Luke wäre. Aber sehen Sie mal – wenn nun der Fahrstuhlboden von unten her verstärkt würde. Provisorische Stahlstreben. Der Elefant geht rein. Vielleicht ist jemand da, dem er vertraut, und gibt ihm mit Marshmallows gemischtes Heu zu fressen, während die Streben mit höchster Geschwindigkeit von einem Mechanikerkommando entfernt werden. So kriegt man ihn nach unten und läßt ihn auf dem Michigan Boulevard paradieren.«

»Oh, das ist eine absolut himmlische Lösung!« sagte Katrina.

»Solange der Fußboden nicht nachgibt, wenn er ihn prüft.«

»Fabelhaft. Haben Elefanten wirklich eine Schwäche für Marshmallows? Sie sind ein toller Fabulierer. Ich glaube, jetzt werde ich damit fertig. Völlig unerfahren, wie Sie sehen.«

»Ich würde nur zu gern helfen. Wenn Sie ins Stocken geraten: Auf dieser Visitenkarte von mir sind alle Nummern, unter denen ich zu erreichen bin.«

»Das ist furchtbar lieb. Danke schön.«

»Und es ist eine ganz glänzende Idee für ein Kinderbuch. Reizvoll. Ich hoffe, es kommt groß an.«

Trina erwog einen Augenblick, ihm zu erzählen, was ein selbständiger Erfolg für sie ausmachen würde. Jetzt sah er, ungeachtet seiner eigenen Erfolge und Berühmtheit, eher wie ein Mann aus, der sehr schlimme Zeiten hinter sich hatte, häßliche Niederlagen, hemmende Enttäuschungen, und sie war daher versucht, offen mit ihm zu reden. Das brächte Licht und Wärme in diesen düsteren, frostigen Tag; wahres Gefühl. Aber es war wohl nicht ratsam, sich auszusprechen. Er hatte ihr mit dem Elefanten geholfen. Aber da war auch Victor, an den man denken mußte. Dieser Wrangel könnte erpicht darauf sein, alles, was sie von sich selber erzählte, auszunutzen, um vertrauliche Dinge über Victor in Erfahrung zu bringen, auf die er vielleicht ungewöhnlich wild, unanständig versessen war. »Victor ist ein großartiger Mann«, sagte Wrangel. »Ich habe ihn immer ungeheuer bewundert. Ich war noch fast ein Kind, als ich ihn kennenlernte; und er konnte mich unmöglich ernst nehmen. Lange Zeit hatte ich eine Beziehung zu ihm, die ihm nicht bewußt sein konnte. Ich habe Studien über ihn angestellt, verstehen Sie? Ich habe ihm unheimlich viele Gedanken gewidmet. Ich muß leider gestehen, daß er für mich zur Besessenheit geworden war. Ich habe alle seine Bücher gelesen, seine Artikel gesammelt.«

»Er glaubt, Sie seien extra in den Osten gekommen, um mit ihm zu reden.«

»Das stimmt; und es überrascht mich nicht, daß er es vermutet hat. Vergangenes Jahr war er krank, stimmt's?«

»Fast bis auf den Tod.«

»Man sieht, daß er nicht sein altes Ich ist.«

»Ich hoffe, Sie haben nicht irgendwie die Absicht, seine Meinungen zu berichtigen, Mr. Wrangel.«

»Wer – ich? Ich soll glauben, daß er auf *mich* hören würde? Das würde mir nicht einfallen.«

»Und Sie sollen auch nicht denken, daß, wenn Sie mir Ihre Ansichten mitteilen wollten, ich sie ihm weitererzählen würde.«

»Warum sollte ich das? Es wäre genauso einfach, ihm meine Ansichten schriftlich mitzuteilen. Ob Sie's glauben oder nicht, Miss Gallagher, es hat eher mit Zuneigung zu tun.«

»Obwohl Sie ihn seit dreißig Jahren nicht mehr gesehen haben?«

»Die Seele hat einen anderen Kalender«, sagte er. »Auf jeden Fall haben Sie mich nicht ganz verstanden. Jeder, der Victor kennt, will selbstverständlich über ihn reden. Er hat so viel zu bieten.«

»Es gibt hundert Leute, mit denen man über ihn sprechen könnte – die berühmten Maler, die er beeinflußt hat, oder Typen wie Clement Greenberg oder Kenneth Burke oder Harold Rosenberg – oder irgendeiner von den großen Kunsttheoretikern. Und ein ganzes Regiment von Frauen anderer Männer.«

»Sie sind wohl Musikerin, Miss Gallagher. Sie haben eine Geige dabei.«

»Die gehört Victors jüngster Tochter, und wir nehmen sie zum Reparieren nach Chicago mit. Wenn ich Geigerin wäre, dann brauchte ich keine Geschichte über einen Elefanten zu schreiben. Soviel ich weiß, haben Sie selbst Geige gespielt.«

»Hat sich Victor noch an meine linkshändigen Mätzchen erinnert – mein Trickinstrument?«

»Wie dem auch sei: was wollten Sie über Victor sagen, Mr. Wrangel?«

»Victor war dazu bestimmt, ein großer Mann zu sein. Sehr,

sehr klug. Ein bedeutender Geist. Ein scharfer Geist. Völlig unabhängig. Auch eigentlich kein Marxist. Ich habe vergangene Woche Sidney Hook besucht, der früher mein Lehrer an der New York University war, und wir sprachen von den Radikalen der älteren Generation in New York. Sidney tat sie ab. Sie seien niemals ernst zu nehmen gewesen, hätten sich niemals organisiert, um die Führung zu übernehmen, wie es die europäische Linke getan hatte. Sie waren glücklich, wenn sie nur reden konnten. Gerede über Lenin, Gerede über Rosa Luxemburg oder den deutschen Faschismus oder die Volksfront oder Léon Blum oder Trotzkis Auslegung des Molotow-Ribbentrop-Vertrages oder über James Burnham oder was auch immer. Sie verbrachten ihr Leben damit, alles zu bereden. Wenn sie das Gefühl hatten, daß ihre Ideen richtig waren, dann waren sie zufrieden. Sie waren ein Schwarm geistiger Kolibris. Zwar waren die Blumen schon rot, aber es konnte kein Nektar darin gewesen sein. Immerhin genügte es, wenn diese Leute sehr einfallsreich waren und wenn sie ein großes Bild zeichneten – das größte aller Bilder. Beziehen Sie das nun auf Victors Worte, einen Sprung mit dem Flugzeug zurück in Buffalo, daß es ein ernsthaftes politisches Leben erfordert, damit die Wirklichkeit wirklich bleibt ...«

Katrina tat so, als sage er das zur falschen Person. »Ich habe überhaupt keine theoretische Ader«, sagte sie und neigte sich zu ihm, als wolle sie seine Aufmerksamkeit auf ihre Stirn lenken, hinter der sich bestimmt keine wirklichen Gedanken verbergen konnten. Sie war das Bauernmädchen, das nicht mehr wußte, wieviel ein Dutzend war. Aber sie sah an Wrangels stummem Lachen – seine Haut war so straff: Hatte er sich vielleicht in Kalifornien das Gesicht litten lassen? –, sah an den jovialen, spöttischen Linien um den Mund, daß sie ihn keinen Augenblick zum Narren gehalten hatte.

»Victor war einer jener Schriftsteller, der das Kommando

über eine Reihe von Malern übernahm, ihnen sagte, was sie taten und was sie tun sollten. Die Gesellschaft kümmerte sich sowieso nicht um die Kunst; sie war mit anderen Dingen beschäftigt, und die Kunst wurde zum Spielzeug der Intellektuellen. Wirkliche Maler, wirkliche Malerei, die sind dünn gesät. Es gibt massenhaft gebildete Leute, und die sagen einem, daß sie ganz und gar für Dichtung, Philosophie oder Malerei sind, aber sie kennen sie nicht, üben sie nicht aus, machen sich in Wirklichkeit nichts draus, opfern nichts dafür und haben überhaupt keine Zeit dafür – können nicht lesen, nicht sehen, nicht hören. Ihre wahren Interessen sind kommerziell, professionell, politisch, sexuell, finanziell. Sie leben nicht von der Kunst, mit der Kunst, durch die Kunst. Aber sie sind in gewisser Hinsicht bereit, sie sich aufdrängen zu lassen; und das tun die Pandits. Sie tun das auch bei den Künstlern. Die Pinselleute werden von den Wortleuten geleitet. Das ist wie bei einem General Booth von der Heilsarmee mit einer großen Blaskapelle, der die Künstler in einen abstrakten Himmel führt.«

»Sie haben eine gescheite Art, sich auszudrücken, Mr. Wrangel. Soll das nun heißen, daß Victor lediglich ein Promoter ist?«

»Nicht im mindesten. Er ist ein lebensvoller, mächtiger, komplizierter Mann. Im Gegensatz zu den anderen nichtswürdigen Kritikern hat er eine Seele, wahrhaftig. Was nun seine Rolle als Promoter betrifft, wüßte ich nicht zu sagen, wie er seine Vormachtstellung behaupten könnte, wenn er nicht in einem gewissen Umfang Förderung und Einflußnahme bewiese. Was ist denn in Wirklichkeit der Zustand der Unschuld, und kann man ohne Heuchelei etwas erreichen? Ich sage nicht, daß Victor ein Heuchler ist. Ich meine, daß er keine Zeit hat, um sie an Dummköpfe zu verschwenden, und er ist sich vollkommen klar darüber, daß es einen nicht umbringt, in Amerika ein Dummkopf zu sein. In einem sicheren, behaglichen Land können wir uns geistige Verwirrung schon leisten. Allerdings hat es sich auf Kunst und Kultur fatal ausgewirkt ...«

»Ist das Ihre Art, *mich* zu fragen, wie korrupt Victor ist?« fragte Katrina. Tiefer Schmerz befiel sie, um so schmerzlicher wegen seiner unterschiedlichen Faktoren. Sollte sie Wrangel den Mund verbieten? War es illoyal, ihm zuzuhören? Aber sie war fasziniert und hungerte nach mehr. Und Victor selbst hätte sie für einen Dummkopf gehalten, weil sie die Frage der Loyalität überhaupt gestellt hatte. Zu groß für triviale Formen von Moral, tat er sie mit einer Handbewegung ab. Wrangel dagegen machte sich Victors kurze Abwesenheit zunutze und brachte so viele Kommentare aufs Tapet, wie er nur konnte. Er war sehr gerissen; und sie kam sich nun wie ein Trottel vor, daß sie ihn mit ihrem Elefanten behelligt hatte.

Er versuchte, sie zu beeindrucken, zog ein wenig eine Schau ab (versuchte er auch, sie zu verführen?), aber seine Leidenschaft, Victor zu verstehen, war echte Leidenschaft.

»Victor ist ein Promoter. Er hat sich selbst eine solide Grundlage geschaffen. Aber er hat nichts vorgetäuscht. Er hat sich mit den wichtigen Fragen zur Kunst wirklich befaßt – Kunst und Technologie, Kunst und Wissenschaft, Kunst im Zeitalter der Massen. Er weiß, wie in Amerika, das nicht eigentlich ein Kunstland ist, künstlerische Fähigkeiten behindert werden. Hier ist Kunst nicht seriös. Nicht in der Art, wie ein Herpes-Impfstoff seriös ist. Und selbst für Professionelle, Kritiker, Museumsleute, Redakteure ist Kunst lediglich *Gewäsch*. Und sie sollte wie Luft sein, die man atmet, wie Wasser, das man trinkt, grundlegend wie Nahrung oder Wahrheit. Victor weiß, wie die richtigen Fragen lauten; und wenn man ihn fragte, was sich hier abspielt, würde er einem sagen, daß wir ohne Kunst nicht beurteilen könnten, was das Leben ausmacht, daß wir nichts richtig einordnen könnten. Dann ist auch der eigentliche ›praktische Bereich‹, wo ›Planer‹, Generäle, Meinungsbildner und Präsidenten tätig sind, nicht wirklicher als die Staubflocken unterm Bett. Aber selbst bei Victor ist das eigentliche Interesse Politik. Zuweilen ist auch seine Politik idiotisch, wie zum Beispiel während der französischen Studentenrevolte, als er mit Sartre darin übereinstimmte, daß wir an der Schwelle zu einer begeisternden und echten Revolution stünden. Er ließ sich mitreißen. Seine Politik hätte schlechte Kunst ergeben. In bezug auf Politik ist Victor immer noch so etwas wie ein Gefühlsmensch. Er hat ein paar göttliche Ideen und tiefes Verständnis für die menschliche Komplexität. Aber er könnte nicht so von den Farben des Himmels um Combray gefesselt sein, wie Proust. Er ist nicht verrückt nach Weißdornblüten und Kirchtürmen, und er würde nie beim Überqueren der Straße getötet werden, weil er Visionen hat.«

Katrina sagte: »An Victors Stelle wüßte ich nicht, was ich von einer so eingehenden Studie halten sollte.«

»Soll ich Ihnen was sagen? In den Abenteuern von Buck Rogers war mehr als eine Anspielung auf Victor Wulpy.« Dieser kleine Mann, die Berühmtheit, die in der Zeitschrift *People* als eigenwillig, einfühlsam, überschwenglich dargestellt worden war, war eindeutig ein Sonderling. Unter den flammenförmigen Glühbirnen mit ihren safrangelben, leuchtenden Drähten mischten sich in seinem Gesicht Zartheit, Starrsinn und Seligkeit.

Er erzählte ihr nun von seinem Sohn, einem Einzelkind. »Von meiner zweiten Frau«, sagte er. »Einer jüngeren Frau. Mein Hank ist jetzt einundzwanzig. Ein Problem von Anfang an. Er wurde geboren, um uns in Schrecken zu versetzen. Manche Kinder werfen Trips, stehlen Autos – aber das wäre das wenigste. Wenn er Schecks mit meinem Namen unterschrieb, konnte ich damit fertig werden, indem ich wenig auf meinem Scheckkonto hatte. Er ließ das Haus so grauenhaft erscheinen, daß er seine Mutter daraus vertrieb. Sie konnte es nicht aushalten und lebt nun mit einem anderen zusammen. Mit illegalem Dealen begann es, als Hank etwa vierzehn war. Wurde auf der Landstraße von der Polizei gejagt. Er enthielt Rauschgifthändlern Geld vor, und sie versuchten, ihn umzubringen. Kein Gedankenaustausch zwischen mir und dem Jungen – zu viel Meeresrauschen in seinem Kopf. Er ist jetzt in einer Besserungsanstalt, wo ich ihn nicht besuchen darf. Die Rückfälligen werden dort wie Kinder behandelt. Sie werden wie Kleinkinder ernährt – Gries –, und sie müssen Windeln tragen. Dahinter muß die Theorie stehen, daß das Problem in ihrer Kindheit liegt, und das führt zu einem Programm zwangsweiser Rückbildung. So also wird das menschliche Leben von psychologischen Spezialisten beurteilt.«

»Es bricht einem das Herz«, sagte Katrina.

»Oh, ich kann mir ein gebrochenes Herz nicht leisten. Er ist mein verrückter Absalom. Seine Mutter ist mit ihm fertig. Sie spricht mit mir. Mit ihm nie. Physisch sieht er ihr ähnlich; der Junge ist blond und zart. Ein geborener Mechaniker und ein Motorengenie; nur hat er mir meinen Porsche auseinandergenommen und die Teile auf dem Boden liegenlassen.«

»Haßt er Sie?«

»So eine Sprache gebraucht er nicht.«

Aber der Junge könnte ihn schließlich umbringen, dachte Katrina. Der, der loyal ist, könnte schließlich auch derjenige sein, der mit dem Leben bezahlt.

»Genug davon«, sagte Wrangel. »Kommen wir zu Victor zurück. Nicht durch seine Ansichten hat er meine Einstellung zur Kunst beeinflußt, sondern durch die Art, wie er sich gab. Tatsächlich *schätze* ich seine Ansichten nicht besonders. Früher hätte ich ihn geistig mit Franklin D. Roosevelt verglichen, den ich persönlich bewunderte, obwohl ich seiner Politik kritisch gegenüberstand.«

Wie Roosevelt! Natürlich! Beide behinderte Männer. Katrina stellte rasch einige Vergleiche an. Beila war wie Eleanor Roosevelt. Sie, Trina, war wie Missy LeHand. Katrina entsann sich, gehört zu haben, daß Missy LeHand, mit der Roosevelt ein Verhältnis gehabt hatte, krank wurde und sich fortschlich, um zu sterben; und Roosevelt, der mit dem Krieg beschäftigt war, hatte keine Zeit, an sie zu denken; fragte nicht, was aus ihr geworden war. FDR war ebenso kalt wie groß. Auch Victor sprach von der Kälte und Vereinsamung der Menschen – das Zeichen der Moderne. Die Wahrheit der Moderne war unerbittlich. Wollte man eine Frau der Mittelklasse lieben, dann war es nötig, ihr Bedürfnis nach Wärme zu befriedigen, aber bei strenger Beurteilung war dies historisch ohne Realität. Monstrosität und Grauen kennzeichneten den modernen Menschen. Zwecklos, die Entmenschlichung zu leugnen. So würde Victor sprechen, wenn er wie einer von Picassos nackten, alten Satyrn im Bett lag. Aber du, neben ihm ausgestreckt – die füllige Frau, vielleicht die fette Frau, mit Frauengeruch –, du wußtest vielleicht mehr über ihn als er selber.

Jetzt sahen sie Victor, der sich den Weg zur Nische bahnte, und Wrangel gab der Kellnerin ein Zeichen, das Essen auftragen. Die glasierte Ente *à l'orange* sah geradezu gefährlich aus. Fettaugen schwammen in der gewürzten Soße. Ausgehungert fiel Victor über sein Essen her. Sein Whiskeyglas hatte bald fettige Fingerabdrücke. Er zerbröckelte seine Brötchen über dem Teller und löffelte die fettgetränkten Stücke auf. Er war gereizt. Wrangel versuchte, Konversation zu machen, wie es sich für einen Gastgeber ziemt. Victor warf ihm einen mürrischen, wenn nicht gar finsteren Blick zu – er funkelte ihn an, genauer gesagt –, als Wrangel nun auf Verbindungen zwischen

Karikaturen und abstrakten Ideen hinwies. Wenn Leute Ideen als ›klar‹ bezeichneten, meinten sie damit nicht reduziert? Menschen – in der Reduktion – als *Dinge* dargestellt. Durchaus annehmbar, wenn sie komisch waren. Aber angenommen, es war nicht komisch gemeint, wie oft bei verkürzten Darstellungen des Menschlichen, dann erhielt man eine abstrakte Verdichtung des Themas *Moderne*. Man nehme Picasso und Daumier als Karikaturisten (viel Ehrerbietung hier gegenüber Victor, dem Experten). Man könnte fairerweise behaupten, daß Daumier ein gesellschaftliches Thema behandelte: die Mittelklasse, den Gerichtssaal. Nicht so Picasso. Bei Picasso hatte man den Beigeschmack von Nihilismus, der mit der zunehmenden Abstraktion zusammenhängt. Wrangel in seinen Pelzwülsten, das Kinn von Seidenschal und Baumwolltuch gestützt, war nervös, hatte eine wacklige Stimme, Zuckungen.

»Was soll das mit der Vernunft?« fragte Victor. »Erst erzählen Sie mir, daß Ideen trivial, daß sie tot sind, und was tun Sie dann anderes, als mit mir Ideen zu diskutieren?«

»Es ist doch kein Widerspruch, wenn ich sage, daß abstrakte Ideen und Karikatur zusammengehören.«

»Ich habe wenig Neigung, darüber zu diskutieren«, sagte Victor. »Das wird wohl so bleiben, bis Sie wieder in Kalifornien sind, oder?«

»Das nehme ich an.«

»Schön, dann lassen Sie's doch. Schwamm drüber. Weg damit!«

»Es ist ein Jammer, daß mir meine Science-fiction-Erfolge verübelt werden. Tatsächlich hatte ich eine überdurchschnittlich gute philosophische Ausbildung.«

»Ich bin nun mal nicht in der Stimmung zum Philosophieren. Und ich will nicht über den Nihilismus diskutieren, der mit Vernunft zusammenhängt. Mir scheint, Sie haben genug getan, um das Bewußtsein von Millionen Menschen mit diesem Mischmasch aus Astrophysik und Theologie, der Sie so berühmt gemacht hat, durcheinanderzubringen. Ihr Problem ist, daß Sie sich gern an wirkliche Bedeutung heranschleichen würden. Nun denn, Sie haben bereits Ihren Beitrag geleistet. Ihre Aussage ist zu Protokoll genommen worden.«

»Sie haben selbst über ›göttliche Krankheit‹ geschrieben, Victor. Ich möchte annehmen, daß jedem Geschöpf, ohne Ansehen seines weltlichen Standes, einmal eine Karte für den Einlaß in den Himmel zusteht, wenn es gelitten hat – wenn es seinen Obolus entrichtet hat.«

Aber Victor wollte ihn nicht bis zu Ende anhören. Er schnitt ein so spöttisches Gesicht, so wütend, mörderisch, daß Katrina sich davon abgewandt hätte, wäre es nicht so außergewöhnlich gewesen – ein Aspekt von Victor, der sich noch nie zuvor offenbart hatte. Er zog die Lippen über die Zähne, um zahnlose Gaumen nachzumachen. Er brabbelte pantomimisch, ohne daß ein Ton zu hören gewesen wäre. Er ließ die Zunge heraushängen wie ein hechelnder Hund. Er kniff die Augen so fest zu, daß man außer den Tausendfüßler-Brauen und den Wimpern nichts mehr sah. Er legte die Daumen an die Schläfen und wackelte mit den Fingern. Dann schob er sich aus der Nische, nahm seinen Seesack und ging zur Tür. Auch Katrina stand auf. Sie hielt Vanessas Fiedel im Arm und sagte: »Ich würde für ihn um Entschuldigung bitten, wenn Sie ihn nicht auch kennen würden. Er ist in sehr schlechter Verfassung, Mr. Wrangel; das können Sie ja selber sehen. Vergangenes Jahr hätten wir ihn beinahe verloren. Und er hat jeden Tag Schmerzen. Versuchen Sie, das zu bedenken. Mir tut dies leid. Nehmen Sie es nicht persönlich.«

»Nun ja, es ist eine Lektion. Natürlich macht es mich sehr traurig. Ja, ich sehe, daß er in schlechter Verfassung ist. Ja, es ist ein Jammer.«

Er war davon verletzt, und Katrinas Herz schlug für Wrangel. »Danke«, sagte sie und entfernte sich, drehte sich um. Sie hoffte, daß sie von hinten nicht allzu plump aussah.

Victor wartete in der Haupthalle, und sie sprach ungehalten mit ihm: »Das war schlechter Benimm. Ich mochte nicht, daß ich daran beteiligt war.«

»Als er mir mit Daumier und Picasso kam, konnte ich's nicht aushalten, nicht eine Minute länger.«

»Du fühlst dich miserabel und hast's an ihm ausgelassen.« Das gab er schweigend zu.

»Mir gegenüber hast du dich auch nicht gut benommen. Du hast mir kein Wort von dem Gespräch mit Kinglake gesagt, und ob wir hier wegkommen oder nicht.«

»Er schickt ein Firmenflugzeug für uns. Er sagt, das kommt durch.«

»Du weißt doch, daß ich aufgeschmissen bin, wenn ich über Nacht in Detroit festsitze.«

»Du wirst nicht festsitzen. Eine Maschine ist für uns unterwegs.«

Wieder einmal, Tausende von Menschen. Nichts fiel ihr ein, was den Schmerz erklärt hätte, den sie in der menschentollen Halle empfand. Victor blieb neben dem blendenden Schaufenster einer Boutique für Modeschmuck stehen und starrte in ihr Gesicht herunter. Er sprach mit ihr. Sie konnte nichts hören. Ihre Ohren schienen verstopft zu sein.

»Du hättest es mir eher sagen sollen. Du weißt doch, daß ich Angst habe, steckenzubleiben.«

»Warum *sollte* ich mich mit einem Burschen wie Wrangel einlassen?« sagte er. »Tausende von Menschen haben's auf mich abgesehen. Sie kommen zu mir, um ihr Handeln zu bessern, oder bemühen sich darum, ihr Handeln ganz zu ändern. Sie wollen bessere Klischees, um danach leben zu können. Ein Mann wie Wrangel muß sich ein anderes ›Ich‹ zulegen, weil er sich in einer Stellung befindet, die er nie zu erreichen hoffte.

Als er vor langer Zeit im ›Village‹ auftauchte, erregte er dadurch Aufsehen, daß er seiner Geige neue Saiten aufzog oder Handlungen für Comics entwarf, während er sein *wirkliches* Leben mit Hegel und Pascal verbrachte. Inzwischen ist er ein großes populäres Symbol geworden, ist also völlig verloren. Trägt Polarfuchs. Na schön, wenn man sich nicht den wirklichen Lebensbedingungen stellt, sich ihnen nicht mit Macht und Schlauheit stellt, dann ist man wohl dazu verdammt, mit irgendeiner armseligen Fiktion zu leben, deren banaler Interpret man ist. Von ihrer Banalität werden diese Burschen unbarmherzig angestachelt und dazu getrieben, zu versuchen, originell zu sein. Sieh dir doch nur an, wie verzweifelt Wrangel es versucht hat. Er wollte, daß ich mich seiner annahm und sein geistiger Onkel wurde oder so etwas – als Vater zu alt. Vor einiger Zeit habe ich einen Brief von einem Mann bekommen, einem Künstler, der mit Feuerlöschern arbeitet. Er schrieb, er schütze die menschliche Seele vor den Brandstiftern des Bösen. Er würde nie etwas anderes malen als Feuerlöscher. Er bat um meinen Segen. *Ich* habe keinen Geheimdienst, der mich schützt. Ich muß sie mir selber vom Leibe halten.«

»Na schön ... Was sollen wir denn jetzt tun, bis das Flugzeug kommt?«

»Es gibt hier ein Hotel im oberen Stockwerk, außerhalb von diesem Tollhaus. Kinglake hat uns ein Zimmer reserviert.«

»Gott sei Dank. Ich kann es nicht länger ertragen, die Gänge rauf und runter zu schieben und zu drängeln«, sagte Katrina. »Was für ein Flugzeug schicken sie uns denn?«

»Ein Flugzeug. Wie soll ich das wissen? Du übertreibst. So eine schlimme Krise ist das nicht. Die Negerin wird die Kinder doch nicht im Stich lassen, und dann gibt's ja auch noch deine Schwester.«

»Ich hab' mich bemüht, es dir zu erzählen. Meine Schwester ist halb bekloppt.«

»Ich habe mich mit Kinglake wegen Felsher gestritten, das ist der Mann, der mich einführen soll. Ich habe gesagt, er sei ein alter stalinistischer Schnorrer, und er würde der Veranstaltung einen unwürdigen Akzent geben. Es ist zu spät, das Programm zu ändern, aber ich habe meinen Einwand zu Protokoll gegeben.«

»Können wir in das Zimmer raufgehen, Victor? Du ruhst dich aus. Ich muß telefonieren.«

Sie bahnten sich den Weg zum Hotelempfang. Sie wurden erwartet. Victor unterschrieb die Karte und lehnte einen Pagen ab. »Wir brauchen keine Hilfe. Nichts zu tragen. Wir warten lediglich auf unseren Flug.« Warum es sich einen Dollar kosten lassen, um den Schlüssel ins Schloß gesteckt zu bekommen?

Als er ins Zimmer kam, warf sich Victor schwerfällig aufs Bett, und Katrina streifte ihm die Schuhe ab. Sie mußten Größe 50 gewesen sein. Dennoch hatte er feingliedrige Füße. Aus den Schuhen strömte menschliche Wärme, als Katrina sie ihm auszog. Sie stapelte Kissen hinter seinen Kopf. Während er sich's bequem machte, spürte er wieder das Pieken der Nervenenden im Bauch. Operationsschäden. Die ausgefransten Enden von Kupferdrähten. Nach innen gewachsene Haarpfeile.

»Ich rufe meine Schwester an. Mach dir keine Sorgen, ich sage der Zentrale, sie sollen mich notfalls unterbrechen.«

Sie überflog die Liste mit Nummern, die Dotey ihr gegeben hatte. Die Leute am Telefon waren grob und legten auf – das Benehmen wurde immer schlechter. Endlich erreichte sie ihre Schwester, die sagte, sie befände sich am äußersten Südende der Stadt, zweiundzwanzig Kilometer von zu Hause, achtunddreißig von Evanston entfernt. Gefährlich zu fahren. »Schlimm mit all dem Schnee«, sagte sie. In ihrer Stimme lag jedoch Genugtuung und nicht Mitleid.

»Hast du in Evanston angerufen? Ist Ysole da?«

»Ysole wollte von mir wissen, wo du warst. Sie hat nicht geglaubt, daß du in Schaumburg bist. Sie sagte, Krieggstein hätte ein paarmal angerufen. Der hält zu dir, findest du nicht? Er ist in dich verliebt, Trina.«

»Er ist mir ein Freund.«

»Wo bist du übrigens?«

»Wir mußten in Detroit landen.«

»Detroit! Großer Gott! Ich habe gehört, daß O'Hare zugemacht hat. Kannst du denn zurück?«

»Etwas verspätet. Nicht allzu sehr. Hat Ysole gesagt, ob Alfred angerufen hat? Inzwischen hat der Psychiater dem Anwalt von dem abgesagten Termin erzählt, und wenn es sein Anwalt erfahren hat, dann auch meiner.«

»Du machst Krieggstein zu viel Hoffnung«, sagte Dotey.

»Ich bin eine von vielen. Er macht zehn Damen auf einmal den Hof.«

»Das behauptet er. Du bist diejenige, die ihn fasziniert. Wenn Victor geht, dann greift er an. Dann bist du vielleicht zu geschwächt, um ihm zu widerstehen.«

»Du bist sehr häßlich zu mir, Dorothea.«

Victor hatte sich ein Kissen wie eine Kapuze über den Schädel gezogen. Seine Augen waren geschlossen, und er sagte: »Streite dich nicht mit ihr. Halt deine Gefühle zurück.«

»Laß uns Schluß machen. Ich blockiere eine Kundenleitung«, sagte Dotey.

»Ich rechne auf deinen Beistand ...«

»Daß ich heute abend nach Evanston fahre, kommt nicht in Frage. Ich habe eine Einladung zum Abendessen angenommen.«

»Das hast du gestern abend nicht erwähnt.«

»Ich sitze hier mit Geschäftskollegen«, sagte Dotey. »Du kannst mich zwischen sechs und acht zu Hause erreichen.«

»Na schön«, sagte Katrina. Sehr still, sich Victor fügend, legte sie auf.

»Sei ein Engel und stell die Klimaanlage ab, Katrina. Ich hasse diese beschissene künstliche Luftströmung in Hotels. Der Motor macht mich rasend. Diese Räume gleichen immer mehr Leichenhallen.«

Als sie den Schalter abdrehte, war Katrinas Gesicht von den Stichen gezeichnet, die ihre Schwester ihr versetzt hatte. »Dotey hat irgendwie einen Instinkt, der sich gegen mich richtet. Wenn ich in Schwierigkeiten bin, ist sie stets bereit, mir noch eins draufzugeben.«

»Du wirst ohne sie zurechtkommen. Wir fliegen in einer Geschäftsmaschine zurück. Du fährst mit einer Limousine nach Evanston.« Zu diesen beruhigenden Worten fügte Victor noch hinzu: »Die Kinder freuen sich, wenn Schnee fällt. Die sind draußen und spielen und sind selig. Das wette ich zwei zu eins.« Selbst er war von der Sanftheit seines Tons ein wenig überrascht. Sein Unmut schmolz dahin. Es schien ihm, daß er sich auch nicht schroff gefühlt hatte, selbst als er Wrangel gegenüber Grimassen schnitt – eher zum Scherzen aufgelegt. Wie man solch einen Vorfall sehen sollte: Häuptling Iffucan, der Indianer in seinem Umhang, der alte Mann mit hennafarbenen Federn. Barbarischer Charme. Wulpy war eine solche Sicht möglich. Die Narbenreizung hatte nachgelassen. Bei Katrinas nächstem Gespräch, das sie mit Ysole führte, hörte er nicht zu. Dagegen fühlte er sich veranlaßt (abermals, ein häufig wiederkehrendes Thema), über die Grenzen, das Ziel nachzudenken, womit er erst seit kurzem begonnen hatte zu rechnen. Jetzt stieß er auf allen Seiten an Grenzen: »Du hast ihm ein Ziel gesteckt, das wird er nicht überschreiten.« Für den Vertreter amerikanischer Energie und Tatkraft waren die stets vorhandenen, fühlbaren Grenzen komisch-kläglich. Was war ein *schwacher* »Barbar«? Modern auftretende Männer brauchten Stärke. Philosophen der Tatkraft mußten zur Tat fähig sein. Gewiß hatte es bei Wulpy Anzeichen von Hilflosigkeit gegeben (das biblische »gesteckte Ziel« zählte nicht; es stammte aus einem anderen Leben – *dem jivrach katzail,* »er flieht wie ein Schatten«, das er als Junge studiert hatte). Das schlimme Bein hatte keine Einschränkung bedeutet. Es war beim Aufstieg hilfreich gewesen. Wie vielleicht auch der Fuß von Ödipus. Aber vor höchstens drei Jahren hatte seine Mutter auf dem Hintersitz seines verbeulten Pontiac gelegen, der an diesem einen Nachmittag als Krankenwagen fungierte. Eine alte Kusine hatte angerufen und gesagt, daß seine Mutter praktisch stumm in dem Heim lag, in dem er sie in Pflege hatte. Er war schließlich losgefahren, um sich dieses unsägliche Haus anzusehen. Er packte ihr den Koffer und meldete sie dort ab. An jenem Nachmittag, an einem Tag mit mörderischer Hitze, fuhr er von einem Heim zum anderen und versuchte, sie unterzubringen. Er besichtigte Pflegeheime, schloß sie im Auto ein (verrufene Gegenden), während er Treppen hinauf stieg – die Tortur, jeweils beide Füße auf eine Stufe zu stellen –, um Schlafzimmer anzugucken, in Küchen und Badezimmer hineinzugehen und mit einer Tollhausbesatzung von »Verwaltungsangestellten« oder auch »Dollar-Psychopathen«, weil sie einem das Geld aus der Nase zogen, über Bedingungen zu verhandeln. (Nicht daß er um jeden Dollar gekämpft hätte. »Konzessionierter Mißbrauch«, sagte er zu ihnen. »Eine üble Art, einem das Fell über die Ohren zu ziehen.«) Um vier Uhr hatte er noch nicht den richtigen Platz für sie gefunden; für das halb bewußtlose königliche Monument auf dem Rücksitz seiner Klapperkiste. Und während er in Astoria und Jackson Heights herumfuhr, fuhr – in seiner Vorstellung – Katrina in ihrem Wagen hinter ihm her, schloß zwischen roten Mauern aus totem Backstein dicht an ihn auf. Diese imaginäre Katrina trug nur einen Mantel, unter dem sie nackt war – im Zustand sexueller Erwartung. Wenn er geparkt hatte und in ein Gebäude hinkte, dann stellte er sich vor, daß sie hinter ihm gehalten hatte, unsichtbar, und daß sie unter dem Aquascutum-Regenmantel mit Schnallen feucht war. Daß das ganz banale Phantasien waren, wußte er wohl. Aber er akzeptierte sie. Offenbar brauchte er die Vorstellung vom Geruch weiblichen Schleims – dem Sumpfgeruch –, und die Erregung, die damit einherging, gehörte ausschließlich ihm. Zu guter Letzt hatte Wulpy ein ordentliches Haus gefunden oder vielleicht aufgegeben; und seine Mutter wurde hineingetragen, während er den Scheck unterschrieb. Dem alten Mädchen schien es inzwischen gleichgültig zu sein. Innerhalb einiger Monate war sie tot und überließ Victor seinen Ideen und seinen Reisen, seinen erotischen Aktivitäten – seinen ganzen lebhaften Umtrieben: ein bedeutender Mann, der bedeutende Aussagen machte und bedeutende Artikel verfaßte. Kurz nach dem Tod seiner Mutter wurde er selber ins Massachusetts General Hospital eingeliefert. Dort entging er dem Tod, wurde sich aber der Notwendigkeit bewußt, die ihm gesetzten Grenzen zu bedenken. Da wollte etwas wie ein großer Fluß seinen Lauf ändern. Ein Mississippi war im Begriff, sich ein neues Bett zu suchen. Ganze Städte würden ertrinken, Herrenhäuser würden aus ihren Fundamenten gehoben und über den Golf von Mexico treiben, am Strand von Venezuela landen.

»Wo bist du überhaupt, Trina?« fragte Ysole.

»Ich mußte zu einer Tagung in Schaumburg und sitze hier fest.«

»Na schön«, sagte Ysole. »Dann gib mir die Nummer, wo du jetzt bist.« Als Katrina nicht antwortete, sagte Ysole: »Du sagst nie die Wahrheit, wenn du statt dessen lügen kannst.«

Man kann es auch so betrachten: Zwischen ihnen erstreckte sich ein Stück wütenden Winters. Die untersetzte Schwarze mit ihren schlimmen deformierten Hüften, die den Hörer an das von weißem Haar umrahmte Ohr preßte, war viel gewitzter als Katrina und amüsierte sich (mit einer schwarzen Nase und einem braunen Mund, der von der Natur zum Amüsieren geschaffen war) über ihre Lügen und dummen Streiche. Katrina überlegte. Angenommen ich erzählte ihr: »Ich bin in einem Detroiter Motel mit Victor Wulpy. Und jetzt steht er gerade vom Bett auf, um aufs Klo zu gehen.« Was würden ihr solche Fakten nützen? Ysole sagte: »Dein Freund, der Polyp, und deine Schwester haben sich bei mir gemeldet.«

»Falls ich bis fünf, wenn Lilburn kommt, nicht zu Hause sein sollte, gib ihm etwas zu trinken und iß dort auch zu Abend.«

»Heute ist unser regelmäßiger Bingo-Abend. Wir gehen zum Kirchenessen.«

»Ich zahle dir fünfzig Dollar, das ist mehr, als du in der Kirche gewinnen kannst.«

Ysole sagte nein.

Wieder hatte Katrina das Gefühl: Alle haben Macht über mich. Alfred, der mich fertig macht, der Richter, die Anwälte, der Psychologe, Dotey – sogar die Kinder. Sie alle setzen Maßstäbe, die niemand etwas nützen – außer daß sie einen damit durcheinanderbringen. Das hat mich zu Victor hingezogen, daß er sich von niemand Bedingungen stellen ließ. Sollen doch die anderen Zugeständnisse machen. So möchte ich auch gern sein. Nur habe ich nicht diese Art von Ich, die ein ganzer Ich-Berg ist. Jetzt ist Ysole am Zug. »Willst du mich erpressen, Ysole?« fragte sie.

»Trina, ich würde auch für fünfhundert Dollar nicht bleiben. Ich mußte mit Lilburn um diesen einen Abend in der Woche kämpfen. Wann glaubst du denn, bist du zu Hause?«

»So schnell ich kann.«

»Nun, die Kinder sind doch versorgt. Ich schließe die Türen ab, und sie können Fernsehen gucken.«

Sie hassen uns, sagte sich Trina, nachdem Ysole aufgelegt hatte. Sie hassen uns fürchterlich.

Sie brauchte Visine, um das Brennen ihrer Augen zu lindern. Im Winter neigte sie zu Augenentzündungen. Sie meinte, es käme daher, daß die Auspuffgase bei Frostwetter dichter am Boden blieben und die Winterluft mehr stank. Sie öffnete ihre Handtasche, und auf dem Bettrand sitzend wühlte sie sich durch Schlüssel, Puderdosen, Papiertaschentücher, Dollarnoten, Kreditkarten, Schmirgelpapier.

»Mit dem Telefonieren hast du nichts erreicht, wie ich sehe«, sagte Victor. Er stand nun über ihr und fuhr ihr mit der Hand durchs Haar. Immer war seine Zärtlichkeit mit etwas Skepsis vermischt, wenn er sich ihr näherte, als bedaure er sie, bedaure sie für alles, was sie niemals verstehen und er nie tun würde. Dann machte er ein paar zerstreute Bemerkungen – ungewöhnlich bei ihm. Wieder erwähnte er die Klimaanlage. Er konnte den Schalter nicht finden, mit dem man sie abstellte. Sie erinnerte ihn an die Apparaturen, die er zum ersten Mal gehört hatte, als er wegen einer Operation an seinem Bein als Kind eine Narkose bekommen hatte. Als er bewußtlos war, sah er einen vollen, funkelnden Mond. Eine alte Frau versuchte, über eine Barriere zu klettern – der Durchmesser dieses pochenden Mondes. Wenn sie es geschafft hätte, dann wäre er gestorben. »Diese Motoren können mein eigener Herzschlag gewesen sein. Unsichtbare Maschinen haben mich seitdem immer irritiert. Und du weißt ja, wieviel unsichtbare Maschinerie es in einem Raum wie diesem hier gibt – all die Düsen, all die Computer mit ihren Silicon-Chips ... Jetzt tu etwas für mich, Katrina. Greif mir unter den Gürtel. Steck deine köstliche Hand dort runter. Ich brauche eine Berührung von dir. Sie gehört zu den wenigen Dingen, auf die ich mich verlassen kann.«

Sie tat es. Von einer Frau in reifen Jahren war das nicht zuviel verlangt. Eine Angelegenheit unter menschlichen Freunden. Zeichen von Begierde kamen immer spontan. Versagten nie.

»Wie wär's mit einem Schnellen, Trina?«

»Aber das Telefon wird doch klingeln.«

»Um so besser, unter Druck.«

»In diesen Stiefeln?«

»Zieh dir einfach die Sachen runter.«

Victor beugte sich zu ihr herunter. Auf alles Entblößte legte er seine Wangen, Wärme zu Wärme – auf ihre Schenkel, auf ihren Bauch mit der schwachen Haarspur unter dem Nabel. Das Telefon war stumm. Es läutete nicht. Sie gewannen, gewannen, gewannen, gewannen. Es war für sie gewonnen!

Das sagte Victor zu ihr. »Wir haben uns gerächt.«

»Bei uns war etwas fällig«, sagte Katrina. »Schwindelerregendes Glück. Ich bin ganz taumelig.«

»Bleiben wir noch etwas so. Steh nicht auf. Es gibt ein russisches Sprichwort: Wenn du dich für eine Verabredung verspätet hast, geh langsamer. So wie jetzt sind wir am besten dran. Kinglake hätte uns angerufen, wenn das Flugzeug nicht unterwegs wäre.«

»Glaubst du, daß die Sonne schon untergegangen ist, Victor?«

»Wie sollen wir das von hier aus wissen? Wir befinden uns innerhalb vom Innerhalb des Innerhalbs. Warum sich aufregen? Du wirst nur ein bißchen zu spät kommen. Die müssen mich dorthin bringen. Kein Wulpy, kein Fest. Das ist ein Test für *sie*; eine Herausforderung, die sie akzeptiert haben.«

Sie lagen mit herunterhängenden Beinen an der Bettkante. Er ergriff Katrinas Hand, küßte ihre Finger. Er war ein herrischer, zynischer Mann, aber bei ihr legte er bei solchen Gelegenheiten seinen Zynismus ab. Sie nahm es als ein Zeichen – wieviel sie ihm bedeutete. Er redete gern, wenn sie so beieinander lagen. Ihr fiel manches Erinnernswerte ein, das er bei solchen Gelegenheiten gesagt hatte: »Du könntest besser schreiben als Fonstine« – einer seiner Feinde –, »wenn du dir die Schuhe auszögst und die Schreibmaschinentastatur mit deinen rosigen Fersen bearbeitetest. Oder einfach die Röcke höbst und die Maschine mit deinem schönen Hintern ›besitzen‹ würdest. Die Ergebnisse wären begeisternder.«

Victor kam jetzt auf Wrangel zu sprechen. »Er suchte Kontakt.«

»Er ist voller Hochachtung – Bewunderung für dich«, sagte Katrina. »Er sagte, für ihn seist du, als er – noch ganz jung – in den fünfziger Jahren ins Village kam, dieselbe Klasse wie Franklin D. Roosevelt gewesen. Dazu ausersehen, ein großer Mann zu werden.«

»Ich war sicher, daß er jede Menge reden würde, während ich telefonierte. Na ja, um die Bescheidenheit nicht zu weit zu treiben, Katrina ...« (Und was gab's denn da, weshalb er hätte bescheiden sein sollen? Sie lagen zusammen am Fußende des Bettes, zwischen Taille und Knien entblößt. Sein Arm war noch immer unter ihren Schultern.) »In gewisser Hinsicht kann ich es begreifen ... Ich habe darüber nachgedacht, was ich mit Macht anfangen würde. Dadurch war ich gegenüber den Intellektuellen, die nie versucht hatten, sich die Macht vorzustellen, im Vorteil. Deshalb konnten sie auch nicht *denken*. Ich bin sehr viel eiserner. Meine Ideen hatten mehr Autorität, weil ich begriff, was ich tun würde, wenn ich Autorität, Gewalt hätte. Das ist meine Natur ...« Er hielt inne. Das *war* meine Natur. Ich werde mich demnächst von meiner Natur trennen müssen. Um so mehr Grund, die leidenschaftslose Sicht, die ich stets vorgezogen habe, noch zu vertiefen. »Solche Reden, gleich nach dem Sex?« fragte Katrina.

»Ich hätte mich in einer führenden Stellung bewährt. Vom Temperament her habe ich die nötigen Voraussetzungen. Schrecke nicht vor Schurkereien zurück. Von Natur aus politisch, empfinde ich eine natürliche Verachtung für Menschen nur mit einem Privatleben, die keinen Machttrieb haben. Sei es im Denken, sei es im Malen. Eine machtvolle Deutung der Wahrheit des Lebens ist erforderlich. Metaphysische Leidenschaft. Man erfährt so viel Wahrheit, wie man Mut hat, von nahem zu sehen.«

Daß er außer mir niemanden hat, dem er das sagen kann. Das war einer von Katrinas wiederkehrenden Gedanken – um seinetwillen war sie enttäuscht. Hätte zu ihrer Rechten ein Schreibblock gelegen, dann hätte sie sich vielleicht Notizen gemacht. Sie hatte eine *gewisse* Ahnung davon, was er meinte.

»Einige der stechendsten Schmerzen, die wir fühlen, kommen daher, daß uns über die tiefsten inneren Schürfungen, die wir anstellen, Schweigen auferlegt ist. Die Menschen, die überhaupt nicht danach aussehen, schürfen vielleicht am tiefsten. Ich habe oft gedacht: ›Er oder sie ist angestrengt bei der Arbeit, gräbt in einem anderen Stollen, aber die Stollen liegen weit auseinander, sind Parallelen, die sich niemals schneiden, und die Schürfer sind taub für die Arbeit der anderen.‹ Das muß eine der schlimmsten Formen menschlichen Leidens sein. Und es wäre eine Erklärung für die scheußlichen Gestalten, die die sogenannte ›Originalität‹ häufig annimmt.«

»Hat denn Wrangel nichts gesagt, was irgendwie von Bedeutung gewesen wäre?«

»Vielleicht hätte mich sein Guru interessiert. Ich hatte den Eindruck, daß es Einsichten aus zweiter Hand waren. Ich glaube nicht, daß Wrangel aufregende Neuigkeiten für mich hatte. Wenn dies so etwas wie das Ende der Zeit ist – für diese Zivilisation –, dann ist für wache Geister alles bereits ganz klar und einsichtig. An unseren wirklichen Gedanken, und damit meine ich nicht das, was wir an wirklichen Gedanken aussprechen – was man ausspricht, ist meist Unfug –, erkennen wache Menschen, was vor sich geht. An dem, was Wrangel, der immer noch seinem Guru nachplapperte, über die Verbindungen, die durch wirkliche Gedanken hergestellt werden, sagte, mag was dran gewesen sein; daß zu einem echten Gedanken ein echtes, ihm entsprechendes Bild gehören könnte. Weißt du, warum der Gedankenaustausch mit Wrangel in die Binsen gegangen ist? Es war peinlich, eine kalifornische Parodie von Dingen zu hören, die ich selbst gedacht habe. Ich habe mich sehr damit herumgequält, Katrina. Und die Ideen, die ich im Laufe von sechzig Jahren entwickelt habe, helfen mir anscheinend nicht, mit diesen Qualen fertig zu werden. Ich habe mich äußerster Klarheit verschrieben ...«

»Aber hast du denn nicht Klarheit?«

»Das ist meine *geistige* Klarheit. Ich habe klare Eindrücke gehabt – wie Träume, Visionen – und nicht klare Ideen.«

»Worum geht es dabei?«

»Nun, da gibt es gemeinsames Wissen, über das wir nicht sprechen. Das taube Schürfen in den Tiefen.«

»Was, zum Beispiel?«

»Kryptische, beharrliche Hinweise: Die Toten sind nicht eigentlich *tot*. Oder: Gedanken werden nicht von uns geschaffen, wie dieser Filmlackl meinte. Ein Gedanke *ist* wirklich, bereits geschaffen, und ein wirklicher Gedanke kann uns heimsuchen. Ich glaube, ich verstehe, warum mir das widerfährt. Nach so vielen Jahren in der Welt der Kunst nimmt man allmählich an, daß der Wert des Lebens eng verbunden ist mit dem Wert der Kunst. Und dafür gibt es keine rationale Grundlage. Dann kommt einem der Verdacht, daß das ›Rationale‹ überhaupt ohne wirklichen Sinn ist. Dagegen würde die Rationalität anführen, daß eine Schwächung des Organismus dies nahelege. Eine dumme Behauptung.« Victor versagte sich, von der erotischen Seite dieser Frage zu sprechen – magisch, ästhetisch, erotisch –, oder was dieses letzte Aufflammen der Erotik bedeuten könnte. Es könnte bedeuten, daß er bis zu den letzten Fasern für die Klarheit des Eindrucks und die sexuelle Bestätigung der Tatsache zahlte, daß er noch existierte. Aber »volle Kraft«, eine starke Natur ließen wohl eher zu, daß man sich in die Tasche log, die *mauvaise foi* aufrechterhielt: die trügerische Beschreibung deiner persönlichen Realität. Er erwähnte Katrina gegenüber nicht die Musik im Hintergrund, die bedeutete (für Mark Anton bedeutet hatte), daß sich der Gott Herkules entfernte.

Er wechselte das Thema. Er sagte zu Katrina: »Es ist ausgesprochen lachhaft, daß Wrangel die Vorstellung hat, mich mit Roosevelt in Verbindung zu bringen.«

Auch Roosevelt war in einem Augenblick gestorben, als seine Kraft mehr als je gefordert war. Und war nicht in Warm Springs eine Frau bei ihm gewesen, als er den Gehirnschlag erlitt?

»Ist dir das noch nie in den Sinn gekommen?« fragte Katrina.

»Das schon, aber ich habe den Gedanken nicht intensiv verfolgt. Stalin hat den Mann völlig zum Narren gehalten. Diese Reisen nach Teheran und Jalta müssen sein Tod gewesen sein. Sie haben ihn körperlich ruiniert. Ich bin sicher, daß Stalin vorhatte, seinen Tod zu beschleunigen. Fürchterliche Reisen. Roosevelt fühlte sich herausgefordert, seine Vitalität zu beweisen. Stalin gab nicht nach. Roosevelt ließ sich zerstören, wodurch er seine Stärke als Führer einer großen Macht und gleichzeitig auch seinen ›Edelmut‹ bewies.«

Katrina, die ihr rundes Gesicht dem seinen genähert hatte – ein Mädchen, das Wange an Wange für einen »Liebespaar-Schnappschuß« posiert –, sagte: »Ist dir nicht kalt? Soll ich dir nicht die Bettdecke überlegen? Nein? Dann schieb wenigstens die Finger unter mich, um dich aufzuwärmen.«

Um ihn zu ermutigen, drehte sie sich auf die Seite. Ein Kunstgriff, auf den sie stets vertrauen konnte – die sanfte Rundung ihrer Schenkel, ihre Crème-de-Chantilly-weiße Haut. Er lachte immer, wenn sie sich ihm so darbot, und streckte seine großen, sensiblen Hände nach ihr aus. Ein bißchen der rauhe Bursche, der er in Wirklichkeit war, und nun besonders durch die altersbedingte Deformierung – der entkräftete Silen Picassos, der nach der nackten Schönheit griff. Sie empfand es bei ihm als eine Art aristokratischen Feingefühls, wenn er diese ihre Rundungen betastete. Tatsächlich war es ein bißchen verrückt, wie stolz sie auf ihren Hintern war. Er verglich die Leberflecken auf beiden Backen miteinander – sie hatte zwei auffällige Muttermale –, als seien sie Augen. »Jetzt blinzelst du. Jetzt schielst du. Jetzt planst du eine Verschwörung.« Victor hielt inne und sagte: »Das hat doch der kleine Wrangel über Karikaturen und Abstraktionen behauptet, oder? Daß sie solche Fratzen schneiden?« Darauf streichelte er sie sanft und sagte: »Es ist keine Sprachfigur, wenn ich sage, daß deine Figur mich sprachlos macht.«

Gerade in diesem Augenblick begann das Telefon zu klingeln, wieder und wieder – erbarmungslos. Es war der Empfang. Ihr Flugzeug sei gerade im Begriff zu landen. Die Limousine sei gestartet. Sie müßten in fünf Minuten unten sein.

Sie warteten unter den hellen Lichtern in der Kälte. Victor hatte seinen Stock und seine Seemannsmütze – der breite Schnurrbart, das wunderbare Gesicht, die edle Gelassenheit in allen Lebenslagen. Der Denkerfürst. Da sie niemals ganz seinem hohen Niveau entsprach, fühlte sie sich neben ihm ein klein wenig unbeholfen. Sie hatte auch die Verantwortung für die verdammte Fiedel. Trug ein Instrument, das sie nicht spielen konnte! Das machte sie zum eingeborenen Träger. Sie sollte sie auf dem Kopf tragen. Und da standen sie nun am Stadtrand von Detroit; standen auf einer seiner Krusten aus Licht. Genau wie in den anderen, im Norden liegenden, vermaledeiten Städten – Buffalo, Cleveland, Chicago, St. Louis –; alle diese Felder der Verwüstung, die nachts so golden und schön aussahen.

»*Dies* ist keine Limousine«, sagte Victor verärgert, als der Wagen hielt. »Das ist ein verdammter Honda-Kleinwagen.«

Aber er machte deshalb weiter kein Aufhebens. Er öffnete die Tür, hielt sich am Rand des Wagendaches fest und machte sich daran, sich auf dem Vordersitz niederzulassen. Zuerst mußte das steife Bein hineingeschafft werden: bis zur Seite des Fahrers, an der Bremse vorbei; dann zwängte er den Kopf und den mächtigen Rücken hinein, so daß der Wagen, als Victor sich umdrehte, bis zur Decke voll gestopft war. Dann mühte er sich geduldig und geschickt auf den Sitz herunter. Es war wie ein schwieriger Einbau. Aber sobald er richtig saß und während Katrina sich noch auf dem Rücksitz einrichtete, sprach er schon wieder. Machte er sich Mut für den bevorstehenden Vortrag, brachte er sich in Stimmung? »Hast du eigentlich jemals das Buch von Céline fertig gelesen, das ich dir gegeben habe?«

»Die *Reise*? Ja, endlich.«

»Es ist nicht erfreulich, aber es ist wichtig. Es ist eins von jenen französischen Werken, die mir vorgeschwebt haben.«

»Wie der Baudelaire?«

»Genau.« Der Fahrer war rasch, an Zäunen entlang, durch eine dunkle Seitenstraße davongefahren. Victor machte den Versuch, sich auf dem kleinen Sitz umzudrehen; er wollte sie ansehen. Offenbar wollte er etwas zum Ausdruck bringen; nicht nur mit Worten, sondern auch mit seinem Gesicht. »Fandest du nicht, daß Céline wahrhaft beängstigend war? Er gebraucht die Sprache, die die Menschen überall wirklich gebrauchen. Er äußert die Ideen und Gefühle, die sie wirklich teilen.«

»Als wir das letzte Mal davon gesprochen haben, hast du gesagt, das seien die Ideen gewesen, die 1940 zum Zusammenbruch Frankreichs geführt hätten. Und daß auch die Deutschen diesen Ideen gehuldigt hätten.«

»Genauso werde ich's wohl nicht gesagt haben. Wenn wir von Nihilismus sprechen ...«

Warum hatte er sie gebeten, dieses Buch zu lesen? Gegen Ende – das Buch war ein Alptraum – weigerte sich ein gewisser Abenteurer namens Robinson, einer Frau zu sagen, daß er sie liebe; und diese »liebende« Frau hatte ihn in ihrer Wut totgeschossen. Auch als sie im Taxi die Pistole auf ihn richtete, konnte sie ihm nicht die Worte »Ich liebe dich« entlocken. Die »liebende« Frau war allerdings eine Irre, während der Mann, der »Liebhaber« – obwohl er seinerseits ein Schurke, ein Schnorrer, ein Mörder war –, noch ein Quentchen Ehre besaß, das allerdings auch schon zur Neige ging. Lieber tot als von dieser irren Menschenfresserin, bei der er »Liebe« heucheln mußte, fürs Leben abgeschleppt zu werden. Nicht so sehr das Buch hatte Katrina schockiert – ein Buch war schließlich nur ein Buch –, sondern die Tatsache, daß er, Victor, ihr gesagt hatte, es zu lesen. Gewiß, er bemühte sich stets um die möglichst umfassendste Perspektive der historischen Wirklichkeit. Das ganze Universum war sein Operationsgebiet. Ein Kosmopolit im weitesten Sinn, ein Gigant der Einsicht, war er auf dem zentralen Kommandoposten der Einsicht zu finden. »Den Tatsachen der Vernichtung ins Auge schauen. Keine Palliative«, sagte er in etwa.

»Dieses Buch gehörte ins Umfeld der Todeslager«, sagte sie.

»Das leugne ich nicht.«

»Vorhin im Hotel hast du aber gesagt, daß klarsichtige Menschen überall dieselben Tatsachen wahrnehmen. Aber ›dieselben‹ ist nicht ganz so, wie es in Célines Buch geschildert wurde. Nicht einmal für dich, Victor.«

Für eine Antwort war keine Zeit mehr. Das Auto hielt vor dem kleinen Hangar für Privatflugzeuge. Als der Fahrer vom Vordersitz herbeieilte, um den Schlag zu öffnen, fand sie, daß seine Miene verzerrt war. Vielleicht war es nur die Kälte, die ihn Grimassen schneiden ließ. Victor, der sich aus dem Wagen herauswand, griff wieder nach dem Dach und schnellte zurück, um auf diese Weise das schlimme Bein herauszuziehen.

Sie betraten den grell beleuchteten Schuppen. Am Schalter, wo Telefone schrillten, nannte Trina dem Flugdienstleiter den Namen Wulpy. Der Mann sagte: »Jawohl, Ihre Cessna ist schon auf dem Boden. Sie wird in ein paar Minuten hier anrollen.«

Sie gab diese Auskunft an Victor weiter, der nickte, aber fortfuhr zu sprechen. »Ich gebe zu, daß die Franzosen von ihrer Ideologie gefoppt worden sind. Eine Ideologie ist ein von der herrschenden Klasse geschaffener Zauber, ein Netz von verpflichtenden Fälschungen, und diese Entdeckung kann die Menschen zur Raserei bringen. Deshalb ist Céline so zerstörerisch.«

»Die Menschen? *Einige* Menschen!«

Da hat man nun eine Liebesaffäre, und dann bittet man seine Liebste ein Buch zu lesen, um die Liebe zu diskreditieren, und zwar das radikalste Buch, das man nur aussuchen kann. Das ist vielleicht eine Liebesgabe!

Ihre Schuhe aus Straußenleder gaben ihr nicht das Gefühl von Eleganz, als sie vor ihm die Cessna bestieg. Sie fühlte sich ungeschickt und plump – so ungraziös, wie eine Frau überhaupt nur sein kann; und sie trug Vanessas Instrument quer über der Brust. Im Licht des gespenstisch leuchtenden, rotierenden Warnsignals am Flugzeugrumpf sah sie zu, wie Victor in die Maschine geholfen wurde. Die aus zwei Männern bestehende Crew empfing Victor und Katrina mit ausgesuchter Zuvorkommenheit. So wurde das Personal für diesen Manager-Abholservice eben ausgebildet. Passagiere waren Gäste. Ob sie einen Kaffee wollten? und frische Doughnuts oder Berliner mit Puderzucker? Oder vielleicht lieber einen Whiskey? Die Nachmittagszeitungen waren noch nicht da gewesen, als sie von Chicago abflogen. Allerdings hatten sie *Barron's* und das *Wall Street Journal*. Die Sitze waren luxuriös – so viel Platz für die Beine, wie man wollte, hervorragende Lesebeleuchtung. Hier war das Armaturenbrett mit der Instrumententafel, den vielen Schaltern. Beide Passagiere wollten jetzt nichts zu lesen.

Der Pilot sagte: »Wir landen in Midway; Sie fliegen dann mit dem Hubschrauber zum Flughafen Meigs.«

»Na also, das hört sich schon besser an«, sagte Victor. »Siehst du?« Sie übersetzte sich dieses »siehst du?« als eine Bekräftigung, daß er sie nicht irregeführt hatte. Er hatte sie kommen lassen, und er brachte sie nach Chicago zurück. Er hatte die Macht, alle Zusagen zu erfüllen. Er hob sein Whiskeyglas. Wir trinken auf dich und mich. Etwas wie ein Lächeln huschte über sein Gesicht, aber er war gleichzeitig auch unruhig, verstimmt. Seine Augen, diese schmalen Schlitze, waren schwarz vor tödlicher Kränkung. Keine dieser Kräfte – Sondermaschinen herbeizitieren zu können, besondere Privilegien zu genießen – schien wirklich etwas zu bedeuten. Zierat für einen Vogelkäfig. »Ach ja, du bist ja selber Pilotin«, erinnerte er sich.

»Nicht für so eine Maschine«, sagte Katrina. Sie hob ihre

Armbanduhr ans Licht. Ysole hatte inzwischen schon das Haus verlassen.

Plötzlich wurde die Stille in der Kabine durch ein wütendes Dröhnen zerrissen. Man konnte nichts mehr verstehen. Die Maschine holperte über die vereisten Ränder des Flugfeldes. Dann kam die geräumte Bahn, und sie waren (Gott sei Dank!) in der Luft. Ihr Kurs würde sie südwestlich über den Michigansee führen. Es machte bei diesem Wetter nichts, daß der See unsichtbar blieb. Die klubraumartige Eleganz der Kabine sollte ein Gefühl von Sicherheit vermitteln. Sie probierte den Kaffee, er war gefriergetrocknet; er war nicht heiß. Als sie in die mit Gelee gefüllte Doughnut biß, mochte sie den Duft des gebackenen Teigs, aber nicht den kalten Gelee, der herausquoll.

Vielleicht hatte er gar keine besondere Absicht verfolgt, als er ihr das Buch von Céline zum Lesen gab. Aber warum brachte er es dann jetzt zur Sprache? Und was war mit dieser Matrone Beila, der Vanessa das Buch über homosexuelles Vorspiel empfohlen hatte? Zwar waren sie in der Tat eine Familie von Büchernarren, aber das hieß Beila völlig mißverstehen. Man konnte sie sich dabei ebensowenig vorstellen wie Königin Victoria. Und Victor ermutigte nicht zu Gesprächen über Beila. Manchmal sprach er von einer bestimmten Art von Ehefrauen. »Das vollkommene Glück für eine bestimmte Art von Ehefrauen ist die Ruhigstellung ihrer Männer.« Damit war angedeutet, daß ein Mann in den Siebzigern, der das Massachusetts General Hospital kaum überlebt und ein schlimmes Bein hatte, ein Kandidat zum Ruhigstellen war. Man konnte ebensoleicht die Niagarafälle ruhigstellen. Ein vollkommen objektives Urteil über Beila, frei von aller Rivalität und Schuld, ergab, daß sie sich würdig verhielt. Als es so aussah, als läge Victor im Massachusetts Hospital im Sterben, hatte Beila ihn gefragt, ob er Katrina, die sich in einem der Wartezimmer versteckt hielt, sehen wolle. Victor *wollte* sie sehen, und Beila hatte sie holen lassen und sich aus dem Zimmer zurückgezogen, damit sie beide voneinander Abschied nehmen konnten. Dann hatten Katrina und Victor sich bei den Händen gefaßt. Er schien nicht sprechen zu können. Sie weinte herzzerbrechend. Sie sagte ihm, daß sie ihn immer lieben würde. Er hielt ihre Hand fest und sagte: »Das wär's also, Kindchen.« Er sprach mit Zungenschlag, aber er war ernst und klar, erinnerte sie sich. Und seitdem dachte sie, wie wichtig es war, daß ihr Anspruch auf Zutritt bestätigt werden müsse und daß seine Gefühle für sie anerkannt würden. Das war nicht einfach ein weiterer Ehebruch. Sie war nicht eine von seinen Gelegenheitsfrauen. Vor dem Tode zeigte er seine Gefühle offen, und sie kam – als sie hereinstürzte, war sie dem Bersten nahe. Ihrem Leid wurden Rechte eingeräumt. Ihr Verhältnis wurde beglaubigt; es erhielt eine Art formeller Bestätigung aus dem Krankenzimmer. Letzter Abschied. Er lag im Sterben. Als er ihre Hand losließ, was bedeutete, daß es Zeit war zu gehen – vielleicht zuviel für ihn, zu schmerzlich –, und sie schluchzend hinausging, sah sie am Ende des Korridors die entfernte, gewichtige Gestalt von Beila, die sie beobachtete oder prüfte.

Ja, und? Was hatte Beilas Edelmut bewirkt, als Victor wieder auf den Beinen war? Für die Liebenden wurden dadurch die Dinge nur leichter. Dann riet diese hinterhältige, rabbinische, fiedelnde, sich einmischende, ungezogene Tochter einer Mutter in den späten Sechzigern, das Kitzeln und Saugen zu lernen, die fortgeschrittenen Techniken der Geilheit zu gebrauchen. (»Für zwei Cents schmisse ich ihre Fiedel mitten in den See! Die kleine Hure!«) Beila brauchte alle Würde, die sie nur aufbringen konnte. Und besonders bei einem Ehemann, den man etwa so beschreiben konnte: »Andere erkennen unser Urteil an; du bist frei!« Und schließlich Victor selbst, der das endgültige, entsetzliche Urteil über die »Liebe« aussprach: Liebe sei *»dégueulasse«*. Wie verdorbenes Fleisch; die Hunde würden es liegenlassen, aber »Liebende« gossen etwas »Zärtlichkeitssoße« aus und dann würde es ein köstliches Gericht, eines Königs würdig – Katrina ein solches Buch zum Lesen zu geben!

So war es nicht im Krankenhaus gewesen, als der Tod über ihm schwebte.

Vielleicht, dachte sie, hatte er die Absicht, ihre Gefühle zu dämpfen, damit sie, wenn er starb – und er fühlte, daß es bald soweit war –, weniger litt.

Aber er spielte rücksichtslos. Vor ein paar Jahren hatte er angedeutet, daß Joe Soundso, ein netter junger Dichter, dazu sehr hübsch – allerdings kein Himmelstürmer –, ihr Aufmerksamkeit schenkte. »Meinst du, daß er dir gefallen könnte?« Vielleicht hatte er sie auf die Probe stellen wollen. Es konnte aber ebenso ein Versuch sein, sie loszuwerden, und sein Urteil über Soundsos Talent (kein Geheimnis, daß er kein Talent hatte) verriet Katrina außerdem, wie er sie nach realistischen Maßstäben einschätzte – eine pummelige Sexbombe, Krampfadern, unregelmäßige Zähne, die Innenseite der Schenkel wie Creme de Chantilly, aber sonst nichts Umwerfendes. Ihre Besonderheiten sagten ihm, Victor, nun mal zu. Aber da gab es Idiosynkrasien und dann allerdings auch wirkliche Anforderungen. Seit seiner wundersamen Genesung hatte er keine kränkenden, kupplerischen Vorschläge mehr gemacht. Er schien sogar zu argwöhnen – eifersüchtig –, daß sie in der Glamourwelt, in der er sie eingeführt hatte, Umschau hielt. Es hätte sie nicht überrascht, wenn Victor dadurch, daß er Wrangel kränkte und gleichzeitig versuchte, sie zur Komplizin dieser Kränkung zu machen, diese Produzenten-Berühmtheit als Rivalen ausschalten wollte. Victor, er war ein sehr verschlagener Mann. Dieser Sex am Nachmittag, zum Beispiel, war das Begehren gewesen oder Bestechung? Nein, nein; selbst Dotey sagte: »Du allein machst ihn an.« Das war die Wahrheit. Sie brachte Victor wieder zum Leben. Die *»caresse qui fait revivre les morts«*. Die sexuelle Auferstehung des Mannes.

Die Tür zum Cockpit war offen. Hinter den Schultern der Piloten waren die Lichter der Instrumententafel. Der Kopilot sah sich gelegentlich nach den Passagieren um. Dann sagte er: »Es wird ein bißchen böig. Schnallen Sie sich lieber an.« Eine Turbulenz? Es war viel schlimmer. Die Maschine wurde hin- und hergestoßen, wie ein rasendes Schnellboot von den Wogen umhergeschleudert. Victor, der grausam geschwiegen hatte, nahm es schließlich zur Kenntnis. Er griff nach Katrinas Hand. Die Piloten schlossen jetzt die Tür zum Cockpit. Auf dem Boden rutschten Plastikbecher, Schnapsflaschen und Doughnuts nach links.

»Ist dir klar, wie schief wir liegen, Victor?«

»Sie müssen versuchen, aus dieser Turbulenz hochzukommen. In einer großen Maschine würdest du's nicht merken. Wir sind beide schon durch viel schlechteres Wetter geflogen.«

»Das glaube ich nicht.«

Das Deckenlicht wurde immer schwächer. Wechselnde dunkle Schattierungen waren auf Katrinas Gesicht zu erkennen. Die rote Farbe auf Victors Wangenknochen schien wie mit einem Pinsel aufgetragen. »Sie werden doch keinen Motorausfall haben – was meinst du, Victor?«

»Das glaube ich nicht.« Wie es seine Gewohnheit war, skizzierte er eine Zusammenfassung. Sie bezog auch Katrina mit ein und bot den größtmöglichen Überblick. Sie befanden sich in einer Cessna, weil er eine Einladung zu einem Vortrag angenommen hatte; eine nicht unbedingt notwendige Reise, die (er selbst sah dem mit Ruhe entgegen) tödlich enden könnte. Für Katrina war sie sogar noch weniger notwendig gewesen. Für sie empfand er Bedauern. Sie war seinetwegen hier. Aber dann bewegte ihn, daß er ein Leben, das so anders war als seins, gar nicht verstand. Warum wollte ein Mensch überhaupt so leben, wie sie es tat? Ich weiß, warum ich mein Leben wollte. Warum will sie ihrs? Das war eine häßliche Frage, selbst wenn man sie komisch stellte, denn sie hatte einen komödienhaften Anklang. Aber als er die Frage gestellt hatte, fühlte er sich, ohne jede Vorankündigung, gewissermaßen einem schmerzlichen Urteil ausgesetzt. Angenommen, sein Leben hätte wirklich Gewicht gehabt, echte Gedanken hervorgebracht, und diese hätten bedeutsame geistige und künstlerische Erneuerungen bewirkt. All das war seriös. Katrina? Nicht seriös. Sich scheiden lassen und dann einer prominenten Persönlichkeit nachlaufen – die Jagd nach Leidenschaft, großer Lust? Dieser alte Blödsinn – unseriös! Trotzdem waren sie jetzt zusammen, das Flugzeug in Schräglage und beide weit zur Seite gedrückt; dasselbe Geschick für sie beide. Für sie war er der Grund, daß sie hier war, und (mittelbar) war sie es für ihn. Vanessa brachte Katrina – aus rein weiblichen Gründen – in Rage, aber ihre (selbst jetzt noch sinnlichen) Knie hielten die Geige schützend umklammert. Er hatte oft gesagt – zugestanden –, daß die geheimnisvollste und machtvollste Frage, unergründlicher als Politik, die des Verständnisses zwischen Mann und Frau sei. Und er wußte sehr wohl, daß Katrina absurde Vorstellungen entwikkelt hatte, was sie mit ihm machen würde – ihn Beila wegnehmen, ihm dann für den Rest seines Lebens zu Diensten sein, darauf einen unvorstellbaren gesellschaftlichen Aufstieg nehmen, einen Salon führen und schließlich nach seinem Tode als legendäre Frau mit umfassender Bildung und großer Gewandtheit bekannt werden. Diese konfuse Katrina, ein Hin und Her von Vorstellungen, die sowohl banal als auch magisch waren. Bei ihr war dieser Mann der Worte zuweilen tatsächlich sprachlos. Er war in sie vernarrt, *weil! ... weil* sie sich gerade noch diesseits der Linie befand, die Anmut von Plumpheit trennte, *weil* ihre Finger sinnlich auf ihn wirkten, *weil* ihre Knie so pathetisch die Geige hielten. Ihn hielt sie besser als jede Fiedel. Aber verrat mir nur einer, was hat *irgend* etwas von all dem mit den *Ideen* von Victor Wulpy zu tun? Was ihn wirklich gegen Wrangel aufgebracht hatte, war dessen Behauptung, daß die meisten Ideen trivial seien – womit er vor allem meinte, Victors eigene Ideen seien trivial. Und wenn Victor Katrinas sexuelle Anziehungskraft nicht erklären konnte, den Eros, der ihn (gerade eben noch) vor dem Verfall bewahrte, dann hatte Wrangel eben doch recht gehabt, oder? Als Gegenstand des Nachdenkens war Katrina noch am wenigsten trivial. Am schlimmsten war es, wenn man bei all dem, was beim Denken ausgelassen werden konnte, die eigene Existenz ausließ. Dann hatte man verloren. Man hörte die unterirdische Musik des Ahnherrn Herkules schwächer werden, wenn er einen fallen ließ. Es blieb einem nur noch die Klarheit, die letzte Überklarheit, die zurückgehalten wurde, bis man die Grenze des Todes erreicht hatte. Jede Minute könnte er jetzt erkennen, wie es auf der anderen Seite der Grenze aussah.

Er hatte auch früher schon erlebt, wie Flugzeuge bei extremer Belastung Geräusche von sich gegeben hatten, aber nichts wie das Knacken von Metall um ihn herum, als würden die Nieten abplatzen wie früher die Kragenknöpfe. Flügel waren schließlich sehr zerbrechlich. Selbst wenn sie im ruhigen blauen Tageslicht vibrierten, dachte man: Ein Paar Plättbretter, sonst nichts.

»Victor, jetzt kippen wir zur anderen Seite ... So schlimm hab' ich's noch nie erlebt.«

Kein Kommentar. Kein Leugnen des Unverkennbaren. Das Flugzeug taumelte wie eine Spielkarte.

»Wenn wir abstürzen ...«

»Ist es meine Schuld. *Ich* habe dich in diese Lage gebracht.«

Dann flogen sie einen Augenblick lang ruhig. Victor wunderte sich, warum sein Herzschlag sich nicht beschleunigt hatte. Er hielt nicht den Atem an, er schwitzte nicht, als das Flugzeug wieder wegsackte.

»Dir macht's nicht mal besonders viel aus«, sagte Katrina.

»Natürlich macht's mir was aus.«

»Nun hör zu, Victor. Wenn jede Minute den Tod bedeuten kann, wenn wir im Wasser enden ... möchte ich dich bitten, mir was zu sagen.«

»Fang nicht damit an, Katrina.«

»Es ist sehr einfach. Ich möchte nur, daß du es sagst ...«

»Laß das doch, Katrina. Wenn man so viel zu bedenken hat, in einem solchen Augenblick bittest du mich *darum?* Liebe?«

Vor Ärger klang seine Stimme wieder pfeifend. Sein Mund wurde breiter, auch der Schnurrbart verlängerte sich. Noch wütender, setzte er wieder zum Sprechen an.

Sie schnitt ihm das Wort ab. »Sei jetzt nicht abscheulich zu mir, Victor. Wenn wir doch abstürzen, warum solltest du's mir dann nicht sagen? ...«

»Du nutzt diese Gelegenheit, um mir das Messer an die Kehle zu setzen.«

»Wenn wir uns nicht lieben, was tun wir dann? Wie sind wir in diese Lage gekommen?«

»Wir sind in diese Lage gekommen, weil du eine Frau bist, und ich ein Mann bin; deshalb sind wir hier.«

Ein verrückter Gedanke, der ihm kam: Atheisten verlangen die letzte Ölung. Das Weib drängt, der sterbende Mann nickt. Warum nicht?

Beim nächsten Intervall spürten sie, wie das Flugzeug kontrolliert höher stieg. Sie hatten wieder ruhigere Luft gefunden und flogen gleichmäßiger. Katrina, noch voller Zweifel, begann daran zu denken, ihre sturmzerzausten Lebensgeister zu sammeln.

»Vielleicht sind wir jetzt okay«, sagte Victor.

Sie fand, daß sie weniger okay war als je in ihrem Leben. Mein Gott! was habe ich an Boden verloren, dachte sie.

Die Tür vom Cockpit glitt zurück, und der Kopilot sagte: »Alles in Ordnung? Das war ein schlimmes Stück. Aber wir erreichen gleich Süd-Chicago.« Ein Gewirr von Worten, ein unverständliches Geknatter kam vom Kontrollturm in Midway.

Victor schwieg, aber er sah aufgeräumt aus. Wie dieser Mann seine Fassung bewahrte! Und er hielt einem keine Lächerlichkeiten vor. Darin war er wirklich sehr anständig. M+A+S+H zum Beispiel. Er konnte nicht sagen: »Ich liebe dich.« Das wäre *mauvaise foi* gewesen. Daß einem der Tod ins Gesicht starrte, war keine Entschuldigung. Sie wiederholte sich ihre Worte, seine Worte vorwärts und rückwärts, während das Flugzeug zur Landung ansetzte. Sie grübelte über das Ganze nach, selbst als sie schon in einem Hubschrauber unter klatschenden Rotoren davonwirbelten. Wie Mädchen doch indoktriniert wurden: Keine Sorge, mein Schatz, die Liebe wird deine Probleme lösen. Mach dich verdient, und du wirst geliebt werden. Die Menschen sind verrückt, aber sie sind nicht *allzu* verrückt. Daher wird man dich auch nicht wirklich umbringen. Du wirst es schon schaffen. Und mit dieser Erklärung von einer blöden Mutter (Mutter war regelrecht dämlich) schritt man zur Tat.

Victor sagte zu ihr: »Du siehst, wie diese Manager die Dinge angehen.«

»Wie spät ist es – etwa sechs Uhr? Dann bin ich mit zwei Stunden Verspätung in Evanston zurück.«

»Wenn sie mich abgesetzt haben, können sie dich nach Hause fahren. Ich sag's ihnen. Tu mir den Gefallen und nimm die Fiedel mit nach Hause.«

»Schön, mach' ich.« Morgen mußte sie sie zu Bein und Fushi bringen.

In Meigs Field fand sie sein Aussehen besorgniserregend.

Unter normalen Umständen wäre es für sie aufregend gewesen, hier zu landen. Das Blau der Bodenlichter war so grell, und die kreisenden roten Lichter hoben sich so lebhaft und klar vom Schnee ab. Aber Victor kam nur sehr langsam aus der Maschine, was ihr von Herzen weh tat. Ein Mann schüttelte ihm die Hand. Es war Mr. Kinglake, der sie in ein großes Auto verstaute. Sie kamen zwischen dem Aquarium und dem Museum auf die Hauptstraße und fuhren mit viel PS und Pracht wie in einer Begräbnislimousine zur Randolph Street und dann nordwärts auf dem Michigan Boulevard zum Gebäude Nr. 333. Victor, der die ganze Zeit über mit sich selbst beschäftigt war, drückte ihr die Finger, bevor er ausstieg.

»Morgen?« fragte er.

»Gewiß, morgen. Und *merde* als Glücksbringer. Laß dich von diesen Leuten nicht unterkriegen.«

»Keine Sorge. Das schmeiße ich schon«, sagte Victor.

So war er. Er hatte sie auch nach Chicago zurückgebracht. In der gepolsterten Wärme der nach Norden fahrenden Limousine fühlte Katrina, als sie sich Victor in dem schnellen vergoldeten Fahrstuhl der reichen Leute vorstellte, der aufwärts, immer aufwärts strebte, wie sich ihr etwas ums Herz und in die Eingeweide krallte – Mitleid mit dem Mann, das er für sich selbst nicht fühlte. Tatsächlich nicht. Auf Abruf. Er hatte zuviel zu bedenken. Dieses ganze unvollendete geistige Zeug, das ihn wieder und immer wieder in Atem hielt. Es hätte ihm nicht gepaßt, daß sie seinetwegen die Krallen an ihrem

Herzen spürte. Und dann: War es richtig gewesen, über einen Mann seiner Größe herzufallen, um ihn mit einem Klischee festzunageln? Jedenfalls war es ein guter Zug von Victor, daß er läßliche – und insbesondere weibliche – Sünden sehr milde beurteilte. Immerhin, in diesem Fall, hätte er ihr entgegenkommen und die Worte sagen können, die sie hören wollte. Er brauchte nicht zu befürchten, daß sie später davon Gebrauch machen würde – gegen ihn.

Im Verlauf des Outer Drive kam der See sehr nah ans Ufer und stürmte wild gegen das Pfahlwerk und die Strände, raste fürchterlich weiß aus der Hunderte von Meilen weiten Düsternis, die sie soeben in der Cessna überquert hatten.

An der Howard Street blickten die weißen Mausoleen und riesigen keltischen Kreuze auf das Wasser. Es war ein Jammer, daß ein so schönes Grundstück mit Gräbern verschandelt war. Diesen Abschnitt der Straße mochte sie nicht und sagte zu dem Fahrer: »Das ist hier eine beliebte Verkehrsfalle der Polizei.« Er würdigte sie keiner Antwort. »Fahren Sie mich jetzt bitte zum Orrington«, sagte sie.

Sie fuhr mit ihrem Wagen von der Garage nach Hause und mußte, etwas vom Bürgersteig entfernt, in einer Fahrspur parken, weil ihre Einfahrt nicht freigeschaufelt war.

Das Haus war dunkel. Niemand da. In der ersten Panik dachte sie, Alfred wäre gekommen und hätte die Mädchen mitgenommen. Sie schloß die Tür zur warmen Diele auf und drückte die schöne, schwere weiße Tür gegen den Widerstand eines Lebewesens auf: Natürlich Sukie, das arme, alte Ding, die noch nicht so taub war, daß sie nicht das Kratzen von Katrinas Schlüssel gehört hätte.

Im erleuchteten Wohnzimmer sah man, daß Soolie und Pearl nach der Schule mit Buntpapier ausgeschnitten hatten. Vermutlich auf Anweisung von Ysole. Die Mädchen zwangen einen gewöhnlich dazu, ihnen Vorschriften zu geben. Aber wo waren sie hin? Katrina suchte in der Küche nach einer Nachricht. Nichts am Pinbrett. Nichts auf dem Eßzimmertisch. Sie rief bei Alfred an. Auch wenn er zu Hause war, hob er nicht ab. Sie rief Dorothea an, und nach zweimaligem Klingeln ertönte Doteys kleiner Anrufbeantworter, den Katrina noch nie mit so viel Abneigung gehört hatte – Dotey, die sich verspielt gab: »Bitte hinterlassen Sie, wenn der Gong verklungen ist, Ihren Namen und Ihre Nachricht.« Auch der Gong – passend zum Bett – war ebenfalls chinesisch. Katrina sagte: »Dotey, wo, zum Teufel, sind meine Kinder?« Sie drückte gleich wieder auf den Knopf, und als das Freizeichen von neuem ertönte, wählte sie die Nummer von Leutnant Krieggstein. Niemand da. Sie erwog als nächstes, ob sie es bei ihrem Anwalt versuchen sollte. Er schätzte es ganz und gar nicht, wenn er zu Hause gestört wurde. In diesem Augenblick spielte das keine Rolle. Wichtig war, daß sie ihm nur mitzuteilen hatte, daß sie befürchtete, die Kinder seien von deren Vater entführt worden, als sie weg war ... Wo war? Im Flugzeug mit ihrem Liebhaber.

Sukie war ihr in die Küche gefolgt und schmiegte sich an sie, denn sie mußte ausgeführt werden. Mit zerstreuter Zärtlichkeit streichelte Katrina den schwarzen Hals des Tieres. Das Fell war dick, fühlte sich aber schütter an. Kann ebensogut mit ihr rausgehen und mir dabei überlegen, was ich mache, beschloß Katrina und befestigte die Leine an Sukies Halsband. Bei allen Nachbarn war Schnee geschaufelt worden; nur das Goligerhaus war noch eingeschneit. Der Hund erleichterte sich sofort. Offenbar hatte den ganzen Tag über niemand an ihn gedacht. Katrina ging in ihrem langsamen, hüftschwingenden Gang zur Ecke, den Hut aus der Stirn geschoben – so furchtbar müde, daß sie die Kälte kaum spürte. Das Gesicht tat ihr weh von den Strapazen des Tages. Hatte Ysole die Mädchen mit nach Hause genommen? Zum Bingospiel in die Kirche? Das war eigentlich am unwahrscheinlichsten.

Als sie von der Ecke zurückkehrte, sah sie, daß vor ihrem Haus ein Wagen parkte. Da sie die Scheinwerfer blendeten, konnte sie nicht erkennen, wer es war. Sie setzte sich mit ihren Straußenlederschuhen in Trab und zog den Hund an der Leine hinter sich her, während sie sagte: »Komm, Mädchen, nun komm doch schon.«

Die Kinder wurden über die Schneehaufen gehoben und auf den Bürgersteig gestellt. Sie erkannte Krieggstein an seinem Fedora. Und an seinem Wettermantel, der unförmig und hinderlich war, sowie an seinen Bewegungen.

»Wo seid ihr hingegangen? Wo seid ihr gewesen? Ihr habt keine Nachricht hinterlassen.«

»Ich war mit den Kindern essen.«

»Soolie, Pearl ... Wie habt ihr euren Tag verbracht?« fragte Katrina.

Sie gaben überhaupt keine Antwort, aber Krieggstein sagte: »Wir sind groß zu Burger King ausgegangen. Dort braten sie das Fleisch nicht wie in den anderen Schnellrestaurants, sie grillen es. Dann sind wir zu Baskin-Robbins und haben einen Liter Schokoladen-Marshmallow-Creme besorgt.«

»Bist du einfach so reingekommen und hast sie gefunden?«

»Nein, ich habe deine schwarze Frau abgelöst. Du hast sie doch angerufen.«

»Ja, natürlich.«

»Ich habe mit ihr verabredet, daß ich vorbeikomme«, sagte Krieggstein. »Hat sie dir das nicht erzählt?«

»Sie hat mich in dem Glauben gelassen, daß sie um fünf Uhr weggeht.«

»Was sie sich so unter einem Scherz vorstellt«, sagte Krieggstein. »Ich hatte sie gebeten, dir zu sagen, daß ich hier sein würde.«

»Ach, danke, Sam.«

In der Diele half er ihr aus dem Mantel. Sie lösten ihn von ihrem erschöpften Körper.

In Katrinas Kopf stellte sich in diesem Augenblick eine wichtige Verbindung her. Warum hätte Victor erklären sollen: »Ich liebe dich?« Um ihretwillen ging er auf Reisen. Hätte er eine solche Expedition aus einem anderen Grund unternommen? Wenn er Franklin Delano Roosevelt glich, dessen Tod Stalin dadurch beschleunigt hatte, daß er ihn zwang, nach Jalta, nach Teheran, zu kommen, warum sollte ihm dann eine Frau, die behauptete, ihn zu lieben, solche Mühsal aufbürden?

»Wem gehört denn diese Geige?« fragte Krieggstein. »Ich habe hier noch nie eine Fiedel gesehen.«

Er legte den Wettermantel ab, zog sein von Pistolen bauchiges Jackett nach unten, strich sich glättend über das erhitzte Gesicht und rieb sich die frostgeröteten Augen.

Sie hatte recht gehabt, als sie in der Cessna gesagt hatte: »Dir macht's nicht mal besonders viel aus.« Victor hatte das zurückgewiesen. Aber er konnte gar nicht anders. Sie vermutete, daß er seinen Tod herbeisehnte. Das Sterben würde ihm Erleuchtung bringen. Es gab eng mit dem Sterben verknüpfte Gedanken, die nur das Sterben enthüllen konnte. Wahrscheinlich spürte er, daß er es schon zu lange hinausgezögert hatte; obwohl er sie liebte, konnte er es nicht länger hinauszögern.

»Hast du den Psychiater angerufen?« fragte sie.

»Ich habe mehr getan als nur das, Trina. Die Sprechstundenhilfe sagte, die Stunde würde dir sowieso berechnet werden; daraufhin bin ich hingegangen und hab' mit dem Burschen geredet.«

»*Mir* berechnet? Das wird *Alfred* berechnet. Hat er mit dir gesprochen?«

»Schenk mir doch ein bißchen Vertrauen. Man bekommt nicht durch dumme Stümperei den Grad eines Polizeioberleutnants. Ich habe einen zuverlässigen Eindruck auf ihn gemacht. Er und ich, wir sprechen dieselbe Sprache. Da ich an meinem Doktor in Kriminologie arbeite, haben wir einander verstanden. Ich habe gesagt, du könntest nicht kommen, weil du dich in einer rein weiblichen Notlage befändest. Du hättest zum Gynäkologen gemußt. Statt dessen käme ich, als Freund der Familie. *Ich* wüßte, was schlechte Mütter seien. Meine Erfahrungen als Polizeioffizier: Mütter, die Kokain nehmen, Nymphomaninnen, bewaffnete Prostituierte, Alkoholikerinnen als Mütter. Er könne mir glauben, was für eine zuverlässige Person du seist.«

»Ich gehe in die Küche. Die Mädchen wollen ihren Nachtisch.«

Sie hatten bereits die Schalen und Löffel bereitgestellt. Sie nahm den Schöpflöffel für die Schokoladen-Marshmallow-Creme. Sie fragten nicht: »Wo bist du gewesen, Mutter?« Sie mußte keine Alibis vorweisen. Ihre kleinen Gesichter mit den gleichen Ponies verrieten nichts. Sie hatten allerdings seltsame Augen, Science-fiction-Augen, die von ferne funkelten und auch drohten. Wrangel hätte das vielleicht auch wahrgenommen. Sendboten eines anderen Planeten, aus Samen gewachsen, die aus dem Weltraum herunterfielen, kleine Eindringlinge mit Iridium im Schädel. Victor hatte sicher in der Beziehung recht, daß Filme über den Krieg der Sterne jedermann verdarben und Mißtrauen gegen das eigene Fleisch und Blut einpflanzten. Mag sein; zumindest weiß ich jetzt, wie ich meinen Elefanten rauskriege.

Sie ging zu Krieggstein zurück, um ihm zu danken und ihn loszuwerden. Er wollte noch bleiben und sich in ihrer Dankbarkeit sonnen. »Es war lieb von dir, daß du mir beigestanden hast«, sagte sie. »Ysole hat mir Angst eingejagt, und ich habe gedacht, Alfred würde kommen und die Kinder entführen.«

»Ich tu alles für dich, Katrina«, sagte Krieggstein. »Im Augenblick bist du ja noch ganz in Victor vernarrt – wie geht's ihm übrigens? –, und ich erwarte nichts für meine Loyalität. Ohne Hintergedanken ...«

Na ja, Katrina mußte zugeben, daß Dotey ins Schwarze getroffen hatte. Krieggstein bot sich als Nachfolger an, demütig, aber entschlossen. Vielleicht *war* er Polizist und nicht nur ein Feuerwaffennarr. Entscheiden wir zu seinen Gunsten. Nehmen wir an, er sei der einzig Richtige. Er schaffte seinen Doktor in Kriminologie. Er würde Chef der Polizei. Chef des FBI, ließe vielleicht selbst J. Edgar Hoover unbedeutend erscheinen – er kam trotzdem nicht in Frage. Seit Alfred alle Kunstgegenstände weggeschafft hatte, empfand man im Haus eine große Leere; aber neben einem Mann wie Krieggstein würde sie erfahren, wie leer die Leere wirklich sein konnte.

»Das Rücksichtsvollste, was du im Augenblick tun könntest, Sam, wäre, dich davon zu machen und mich allein zu lassen. Ich schließe nur noch die Tür ab und nehme ein Bad. Ich muß ein Bad haben, dann die Kinder ins Bett schicken und eine Schlaftablette nehmen.«

»Verzeihung«, sagte Krieggstein. »Im gegenwärtigen Zustand deiner Gefühle habe ich nicht das Recht, Worte intimer Art zu äußern ...«

Sie stand auf und überreichte ihm seinen Wettermantel. »Irgend etwas Intimes in diesem Augenblick, Sam, und ich breche völlig zusammen.« Sie hielt sich die Hände über die Ohren und sagte: »Direkt vor deinen Augen verliere ich die Fassung.«

Zetland:
Von einem Charakterzeugen

Ja, ich habe den Burschen gekannt. Wir waren Chicagoer Jungen. Er war großartig. Mit vierzehn Jahren, als wir Freunde wurden, hatte er bereits alles ausgetüftelt und gab bereitwillig Auskunft, wie sich das Ganze zugetragen hatte. Nämlich so: Erst bestand die Erde aus geschmolzenen Elementen und glühte im Weltraum. Dann fiel ein heißer Regen. Dampfende Meere bildeten sich. Bis zur Halbzeit der Erdgeschichte waren die Meere azoisch, und dann begann das Leben. Anders gesagt: Erst kam die Astronomie und dann Geologie, und nach und nach gab es Biologie, und auf Biologie folgte Evolution. Als nächstes kamen Vorgeschichte und Geschichte – Epen und epische Helden, große Zeitläufte, große Männer; danach kleinere Zeitläufe mit kleineren Männern; dann klassische Antike, die Hebräer, Rom, Feudalismus, Papsttum, Renaissance, Rationalismus, die industrielle Revolution, Wissenschaft, Demokratie und so weiter. All dies holte sich Zetland in den späten zwanziger Jahren aus Büchern zusammen, im Mittelwesten. Er war ein kluger Bursche. Seine Bücherweisheit gefiel allen. Vor seinen blaßblauen Augen, die zuweilen überanstrengt schienen, trug er große Brillengläser. Er hatte volle Lippen und große, jungenhafte, weit auseinanderstehende Zähne. Sandfarbenes, glatt zurückgekämmtes Haar ließ eine hohe Stirn frei. Die Haut seines runden Gesichtes wirkte oft gespannt. Er war klein, etwas gedrungen, kräftig gebaut, aber nicht bei guter Gesundheit. Im Alter von sieben Jahren hatte er gleichzeitig eine Bauchfell- und eine Lungenentzündung gehabt, danach eine Rippenfellentzündung, ein

Emphysem und Tuberkulose. Er war davon vollständig genesen, aber er hatte immer kleinere Unpäßlichkeiten. Seine Haut war eigenartig. Er durfte sich nicht lange in der Sonne aufhalten. Sonnenbestrahlung verursachte bei ihm wolkige, braune, subkutane Beulen, bräunlich schillernde Verfärbungen. Er ließ daher oft, wenn die Sonne schien, die Rollos herunter und las bei Lampenlicht in seinem Zimmer. Aber er war durchaus nicht gebrechlich. Er spielte – wenn auch nur an bedeckten Tagen – gut Tennis, und er war ein bedächtiger Brustschwimmer mit Froschbewegungen und einer froschartigen Unterlippe. Er spielte Geige, spielte auch gut vom Blatt.

Die Nachbarschaft war größtenteils polnisch und ukrainisch, schwedisch, war katholisch, orthodox-jüdisch und evangelisch-lutherisch. Juden waren selten, die Straßen verrufen. Mit Bungalows und dreistöckigen Backsteinhäusern bebaut. Hintertreppen und Veranden waren aus unbearbeitetem grauen Holz gezimmert. Die Bäume waren Pappeln, Ulmen und Ailanthen, Gras war Fingergras, Büsche waren Flieder, Blumen Sonnenblumen und Elefantenfarn. Die Hitze war quälend, die Kälte, wenn man auf die Straßenbahn wartete, wie eine Guillotine. Die Familie, Zets sturer Vater und zwei altjüngferliche Tanten, die »praktizierende Krankenschwestern« bei ans Haus gefesselten (zumeist sterbenden) Patienten waren, las russische Romane, jiddische Lyrik und war von Kultur besessen. Er wurde ermutigt, ein kleiner Intellektueller zu sein. So war er denn, noch in kurzen Hosen, ein kleiner Immanuel Kant. Musikalisch (wie Friedrich der Große oder die Esterhazys), witzig (wie Voltaire), ein sentimentaler Radikaler (wie Rousseau), der Götter beraubt (wie Nietzsche), dem Herz und dem Gesetz der Liebe ergeben (wie Tolstoj). Er war ernst (ein früher Schatten von seines Vaters Ingrimm), aber er war auch verspielt. Er studierte nicht nur Hume und Kant, sondern entdeckte auch, als er im Stimmbruch war,

Dada und den Surrealismus. Der boshafte Plan, die großen Pariser Baudenkmäler mit Matratzendrell zu umwickeln, erheiterte ihn. Er sprach von der Bedeutung des Lächerlichen, dem Paradox der verspielten Erhabenheit. Dostojeweskij, belehrte er mich, hätte es erfaßt. Der Intellektuelle (Kleinbürger-Plebejer) litt an Größenwahn. Er lebte in einem Hundezwinger, aber sein Denken umfaßte das All. Daher seine komischen Qualen. Denk auch an Nietzsche und seine fröhliche Wissenschaft. Und an Heine, den »Aristophanes des Himmels«. Er war ein gelehrter Jüngling, dieser Zetland.

Bücher waren in Chicago zu haben. Die Stadtbibliothek hatte in den zwanziger Jahren entlang der Straßenbahnlinien viele Filialen. Im Sommer lasen Jungen und Mädchen auf harten Stühlen unter kreisenden Guttapercha-Ventilatorenflügeln. Knallrote Straßenbahnwagen schwankten kuhbäuchig auf den Schienen. Das Land ging 1929 pleite. Auf der öffentlichen Lagune lasen wir uns beim Rudern gegenseitig Keats vor, während die Schlingpflanzen sich um unsere Ruder wanden. Chicago war nirgendwo. Es hatte keinen Rahmen. Es war da, wo Züge ankamen, wo Post aufgegeben wurde. Aber auf der Lagune, mit wenigen Booten, Wasser und Himmel in klarem Grün, reinem Blau, die öde Kraft eines großen Industriegebiets gelähmt (man sah keinen Rauch, die Fabriken waren lahmgelegt – industrieller Notstand kam der Atmosphäre zugute), rezitierte Zet: »Auf honigsüßem Mittelpunkt der Nacht ...« Polnische Kinder warfen vom Ufer mit Steinen und Holzäpfeln.

Er beschäftigte sich mit seinem Französisch, mit Deutsch, Mathematik und Musik. In seinem Zimmer eine Büste von Beethoven, eine Lithographie von Schubert (ebenfalls mit runden Brillengläsern), der am Klavier saß und die Herzen seiner Freunde bewegte. Die Rollos waren runtergelassen, die Lampe brannte. Die Pferde der ambulanten Händler in der

Toreinfahrt trugen jetzt Strohhüte, um sie vor einem Sonnenstich zu schützen. Zet schützte sich vor den Prärien, vor Grundbesitz, den Geschäften und der Arbeit Chicagos. Er büffelte seinen Kant. Ebenso emsig las er Breton und Tristan Tzara. Er zitierte: »Die Erde ist blau wie eine Orange.« Und er brachte alle möglichen Fragen aufs Tapet. Hatte Lenin wirklich erwartet, daß demokratischer Zentralismus innerhalb der bolschewistischen Partei funktionieren würde? War Deweys These in *Menschliche Natur und menschliches Verhalten* unangreifbar? Welche Zukunft hatte der Primitivismus in der Kunst?

Zetland verfaßte selbst surrealistische Gedichte:

Pflaumenlippen saugen das Grün schlummernder Hügel ...

oder:

Schäumend reiben Rabbis Fisch elektrisch!

Die Wohnung der Zetlands war geräumig und im gängigen, düsteren Stil von 1910 unbehaglich. Eingebaute Büffets und Geschirrschränke, Täfelung im Speisezimmer mit holländischen Serviertellern, ein Gasbrenner im Kamin und zwei kleine Buntglasfenster über dessen Sims. Ein aufziehbares Grammophon spielte »Eli, Eli«, die *Peer-Gynt-Suite.* Schaljapin sang das Lied vom Floh aus Gounods *Faust*, Galli-Curci die Glockenarie aus *Lakmé*, und russische Soldatenchöre waren auch vertreten. Der mißgelaunte Max Zetland gab seiner Familie »alles«, wie er sagte. Der alte Zetland war ein Einwanderer. Sein Start ins Leben war langsam gewesen. Er lernte den Eierhandel auf dem Geflügelmarkt der Fulton Street. Aber dann arbeitete er sich zum stellvertretenden Einkäufer eines großen Warenhauses im Stadtzentrum hoch: importierter Käse, böhmischer Schinken, britische Kekse und Marmeladen – Luxuswaren. Er war wie ein Schwerathlet gebaut, mit einer schwarzen Spalte im Kinn und einem breiten Mund. Es wäre zermürbend gewesen, den ständigen Ausdruck des Mißfallens von diesem Mund verbannen zu wollen. Zetland äußerte sein Mißfallen, weil er das *Leben kannte.* Seine erste Frau, Elias' Mutter, starb während der Grippeepidemie des Jahres 1919. Von seiner zweiten Frau hatte Zetland eine schwachsinnige Tochter. Die zweite Mrs. Zetland starb an einem Gehirntumor. Die dritte Frau, eine Kusine der zweiten, war viel jünger. Sie kam aus New York; sie hatte in der Seventh Avenue gearbeitet; sie hatte eine *Vergangenheit.* Wegen dieser Vergangenheit bekam Max Zetland Anwandlungen von Eifersucht und machte häßliche Szenen, in deren Verlauf er Geschirr zerbrach und brutal brüllte. *»Des histoires«*, sagte Zet, der damals sein Französisch übte. Max Zetland war ein muskulöser Mann, der an die zwei Zentner wog, aber das waren lediglich Szenen – nicht weiter gefährlich. Wie gewöhnlich stand er dann am folgenden Morgen vor dem Badezimmerspiegel und rasierte sich mit seinem gründlichen Gillette-Rasierapparat aus Messing, reinigte sein vorwurfsvolles Gesicht, glättete sein Haar – mit Militärbürsten – wie ein amerikanischer Geschäftsmann. Dann trank er im russischen Stil seinen Tee durch einen Zukkerwürfel, überflog die *Tribune* und begab sich, mehr oder weniger *in Ordnung*, an seinen Arbeitsplatz im Loop. Ein normaler Tag. Wenn er die Hintertreppe runterging – eine Abkürzung zur Hochbahn –, dann sah er durch das Fenster im Erdgeschoß seine orthodoxen Eltern in der Küche. Großvater sprühte sich mit einem Zerstäuber in den bärtigen Mund – er litt an Asthma. Großmutter machte aus Orangenschalen Konfekt. Den ganzen Winter über trockneten auf den Radiatoren der Dampfheizung Orangenschalen. Das

Konfekt wurde in Schuhschachteln aufbewahrt und zum Tee serviert.

Wenn er in der Hochbahn saß, befeuchtete Max Zetland den Finger mit der Zunge, um die Seiten der dicken Zeitung umzublättern. Die Schienenstränge blickten auf kleine Backsteinhäuser herunter. Die Hochbahn führte wie eine Brücke der Erwählten über die Verdammnis der Slums. In diesen kleinen Bungalows zelebrierten Polacken, Schweden, Iren, Italiener, Griechen und Nigger ihre irren Dramen von Trunksucht, Glücksspiel, Notzucht, unehelicher Geburt, Syphilis und heulendem Tod. Max Zetland brauchte nicht mal hinzusehen; er konnte davon in seiner Zeitung lesen. Die kurzen Züge hatten Sitze aus gelbem Rohr. Man stieg durch hüfthohe, geschwungene Metallgitter aus, die mit der Hand bedient werden mußten. Über den Bahnsteigen waren Blechpagodendächer. Jede Setzstufe der langen Treppe pries Lydia Pinkhams Gemüseextrakt an. Eisenmangel machte Mädchen blaß. Auch Max Zetland hatte ein weißes Gesicht, weiße Wangen, war ein sarkastischer Bär, aber angenehm umgänglich, wenn er den Handelspalast auf der Wabash Avenue betrat, ordentlich im Büro, gewandt am Telefon, sicher in der Sprache, abgesehen von einer leichten russischen Hemmung beim Anfangs-›H‹, bei dem weiches Grummeln mitklang, wenn er sprach; mit einem Sinn für Tatsachen begabt, einem Gedächtnis für Tabellen, Preise und Verträge. Er hielt den Rauch seiner Zigaretten zurück, wenn er neben seinem Schreibtisch stand. Der Rauch strömte dünn aus seiner Nase. Mit gesenktem Gesicht blickte er um sich. Mit wütender jüdischer Versnobtheit beurteilte er die Lässigkeit und Hirnlosigkeit der golfspielenden Gojim, die es sich leisten konnten, in Knickerbockers über die abgegrenzte, gepflegte Rasenfläche zu gehen, die sein konnten, was er nur zu sein schien, die keine unterdrückte Wut kannten, keine lasziven New Yorker Mädchen heirateten, keine idiotischen Waisen, kein Totenhaus hatten. Max Zetlands harte Leibeswölbung, durch den Schnitt seines Jacketts gebändigt, die gespannten Muskeln seiner Waden, die durch die Hosenbeine zu sehen waren, die Nase, die den Rauch zurückhielt, der Ingrimm der Verschwiegenheit – ach ja, in der Geschäftswelt mußte man ein netter Bursche sein. Er war leitender Angestellter in einer großen Einzelhandelsorganisation, und er *war* ein netter Bursche. Er war ein Mann mit einem Rundschädel, dessen Kopf keinen großen Umfang hatte. Aber sein Gesicht war breit, von schwerer Männlichkeit – ein selbstbewußter Mittelpunkt zwischen den Schultern. Sein Haar war in der Mitte gescheitelt und flach gebürstet. Zwischen den Vorderzähnen war eine breite Lücke, die Zet geerbt hatte. Nur die nicht wegzurasierende Spalte im Kinn seines Vaters war ein Mal des Leidens, und diesem Hinweis auf den bemitleidenswerten Max Zetland wurde getrotzt durch die russisch-militärische Festigkeit seines Auftretens, durch seinen knappen Stil beim Rauchen, durch den Schwung, mit dem er ein Glas Schnaps leerte. Freunden gegenüber hatte sein Sohn verschiedene Bezeichnungen für ihn. Der General, der Kommissar, Osipowitsch, Ozymandias, so nannte er ihn oft. »Ich heiße Ozymandias, aller Kön'ge König. Seht meine Taten an, ihr Mächt'gen, und verzweifelt!«

Vor seiner dritten Ehe pflegte Ozymandias, der Witwer, vom Loop mit der auf pfirsichfarbenem Papier gedruckten Zeitung *Evening American* nach Hause zurückzukehren. Er trank vor dem Essen ein Glas Whiskey und betrachtete seine Tochter. Vielleicht war sie gar nicht schwachsinnig, sondern nur vorübergehend geistig zurückgeblieben. Sein kluger Sohn versuchte, ihm einzureden, daß Casanova bis zu seinem achten Lebensjahr einen Wasserkopf hatte und als blöde galt und daß Einstein als Kind ein Spätenwickler war. Max hoffte, daß man ihr das Nähen beibringen könnte. Er machte den

Anfang mit Tischmanieren. Eine Zeitlang waren die Mahlzeiten grauenhaft. Sie war unbelehrbar. Bei ihr war das Familiengesicht zusammengequetscht, verkleinert und zum Katzengesicht geschrumpft. Sie stammelte, sie taumelte, ihre Beine waren lang und unentwickelt. Sie hob in Gesellschaft den Rock hoch, sie tröpfelte auf der Toilette, ohne die Tür zu schließen. Das Kind offenbarte alle Schwächen der Rasse. Verwandte bekundeten ihr Mitgefühl, aber dieses Mitgefühl der Tanten und Kusinen empfand Max als selbstgefällig. Er wies es kalt zurück, indem er starr vor sich hin sah und seinen geraden Mund in die Länge zog. Wenn Leute voller Mitleid mit ihm über seine Tochter sprachen, schien er zu überlegen, wie sie am besten umzubringen wären. Vater Zetland las russische und jiddische Dichtung. Er bevorzugte den Umgang mit musikalischen Menschen und Künstlern, bohemehaften Textilarbeitern, Tolstoj-Anhängern, Verehrern von Emma Goldman und Isidora Duncan, Revolutionären, die ein Pince-nez, russische Blusen und Lenin- oder Trotzkibärte trugen. Er besuchte Vorträge, Diskussionsabende, Konzerte und Rezitationen; die Utopisten machten ihm Spaß; er respektierte Intelligenz und war der Kultur verfallen. Die war in jenen Tagen in Chicago zu haben.

In der California Avenue, gegenüber von Humboldt Park, hatten die Chicagoer Anarchisten und die Mitglieder der »Industriearbeiter der Welt (Wobblies)« ihr Forum; die Skandinavier hatten dort ihre Bruderschaftslogen, Kirchen, ein Tanzlokal; die galizischen Juden eine Synagoge; die wohltätigen »Töchter Zions« ihre Kinderhorte. In der Division Street machten nach 1929 die kleinen Sparkassen pleite. Aus einer wurde ein Fischgeschäft. Ein Becken für lebende Karpfen entstand aus dem Marmor der Bank. Der Safe wurde zum Kühlschrank. Ein Kino verwandelte sich in ein Bestattungsinstitut. Nicht weit davon erhob sich das rote Straßenbahndepot aus dem Unkraut der Slums. Die Vegetarier hatten im Fenster des Vegetarischen Restaurants ›Tolstoj‹ ein groß aufgemachtes Foto des alten Grafen Tolstoj aufgestellt. Was für ein Bart, was für Augen und was für eine Nase! Große Männer lehnten die Trivialität von gewöhnlichen und nur menschlichen Dingen ab, das eingeschlossen, was auch bei ihnen nur menschlich war. Was war eine Nase? Knorpel. Ein Bart? Zellulose. Ein Graf? Die Figur einer Kaste; etwas was durch Epochen der Unterdrückung zustande gekommen war. Nur Liebe, Natur, Gott sind gut und groß.

Im hundertprozentig-industriellen zeitgenössischen Chicago, wo jeder Hauch von Lieblichkeit fehlte, ein flaches Stück Land auf ein flaches Stück Süßwasser stieß, wurden intelligente Jungen wie Zet, auch wenn sie die Welt liebten, nicht lange durch Oberflächlichkeiten abgelenkt. Niemand nahm Zet mit zum Fischen. Er kam nicht in den Wald, wurde nicht im Schießen oder im Reinigen eines Vergasers unterwiesen; lernte nicht einmal Billardspielen oder Tanzen. Zet konzentrierte sich auf seine Bücher – seine Astronomie, Geologie usw. Erst die glühende Masse der Materie, dann die unbelebten Meere, dann schleimige Wesen, die an Land krochen, Urformen, komplexere Formen und so fort; dann Griechenland, dann Rom, dann arabische Algebra, dann Geschichte, dann Dichtung, Philosophie, Malerei. Als er noch Knickerbocker trug, wurde er schon von Arbeitsgemeinschaften in der Umgebung eingeladen, um Vorträge über den *élan vital*, über die Unterschiede zwischen Kant und Hegel zu halten. Er war professoral, von »deutscher« Gelehrsamkeit, das *Wunderkind*, Max Zetlands Geheimwaffe. Der alte Zet wäre dann der *Mann* in der Familie und der junge Zet ihr *Genie*.

»Er wollte, daß ich ein John Stuart Mill werde«, sagte Zet. »Oder ein kleines, verkümmertes Itzkowitz-Wunderkind – Griechisch und Differentialrechnung im Alter von acht Jahren, Fluch über ihn!« Zet glaubte, er sei um seine Kindheit betrogen, seiner engelgleichen Geburtsrechte beraubt worden. Er glaubte den ganzen alten Kram von den Leiden der Kindheit, dem verlorenen Paradies, der Kreuzigung der Unschuld. Warum war er kränklich, warum war er kurzsichtig, warum hatte er eine grünliche Gesichtsfarbe? Warum – der alte Zet wollte, daß er nur aus Mark bestünde, nicht aus Knochen. Er sperrte ihn in den Käfig vorwurfsvollen, strafenden Schweigens, er verlangte, daß er die Welt blendete. Und niemals – aber niemals – erkannte er irgend etwas an.

Ein Intellektueller zu sein, war die nächste Stufe der menschlichen Entwicklung, das historische Schicksal der Menschheit, wenn man will. Jetzt konnten die Massen lesen, und wir waren in alle Richtungen losgelassen, meinte Zet. Die frühen Phasen dieses geistigen Wachstums mußten notwendigerweise Auswüchse zeitigen, Verbrechen, Wahnsinn. War nicht das, sagte Zet, der Sinn von Büchern wie *Die Brüder Karamasow*, die Zersetzung, die im feudalen bäuerlichen Rußland durch den Rationalismus angerichtet worden war? Und war nicht Vatermord die erste Folge der Revolution? Der Widerstand gegen den modernen Zustand und das moderne Thema? Das fürchterliche Ringen zwischen Sünde und Freiheit? Der Größenwahn der Vorkämpfer? Ein Intellektueller war notgedrungen ein Parvenü. Es war die Aufgabe dieser Parvenüs, sich von ihren ersten wilden Impulsen und ihren verruchten Falschheiten frei zu machen, sich zu verändern, gleichgültig zu werden. Die Wahrheit zu lieben. Groß zu werden.

Selbstverständlich wurde Zet aufs College geschickt. Das College wartete auf ihn. Er gewann Preise in Lyrik und Aufsatzwettbewerben. Er wurde Mitglied in einer literarischen Gesellschaft und einer marxistischen Arbeitsgemeinschaft. Da er mit Trotzkij glaubte, daß Stalin die Oktoberrevolution verraten hatte, trat er der spartakistischen Jugendliga bei, war jedoch als Revolutionär ziemlich vage. Er studierte Logik bei Carna, und später bei Bertrand Russell und Morris R. Cohen.

Das Beste daran war, daß er von zu Hause wegzog und möbliert wohnte, je dreckiger, desto besser. Am besten war ein frisch getünchter ehemaliger Kohlenkeller in der Woodland Avenue. Braunkohle, die immer noch im Nachbarverschlag lagert, rieselte durch die geweißten Bretter. Ein Fenster gab es nicht. Auf dem Zementboden lag ein schäbiger Flickenteppich, der sich auflöste. Ein alter Eichenbibliothekstisch mit Brandflecken von Zigaretten und eine schirmlose Stehlampe gehörten zur Ausstattung. Die Zähler für das ganze Haus befanden sich über Zets Schlafstelle. Die Miete betrug zweieinhalb Dollar pro Woche. Die Bleibe war lustig – sie war bohemien, sie war europäisch. Und vor allem: Sie war russisch! Der Vermieter, Perchik, behauptete, er sei früher Jagdtreiber für den Großherzog Cyril gewesen. Er war in Kamtschatka zurückgelassen worden, als der japanische Krieg ausbrach, und durch Sibirien zurückgewandert. Mit ihm führte Zet russische Gespräche. Perchik war ein bejahrter Mann mit einem schütteren Bart, und das Drahtgestell seiner Kaufhausbrille war verbogen. Im Hinterhof hatte er sich ein kleines Haus aus Pfandflaschen gebaut, die er mit einem Geschirrwagen in den Toreinfahrten eingesammelt hatte. Lumpen und Abfall wurden im Ofen verbrannt, und die Rauchschwaden drangen durch die Heißluftklappen. Der Hauswirt sang mit Falsettstimme alte Balladen und Choräle. In der Tat, die Unterkunft hätte nicht besser sein können. Verschlampt, schmutzig, exzentrisch, frei, und man konnte die ganze Nacht über reden und lang schlafen. Genau was man zum Denken, zum Fühlen, zum Erfinden brauchte. In seiner Glückseligkeit unterhielt Zet Perchiks Haus mit seinen Scharaden, Reden, Witzen und Liedern. Er mimte eine Wäschemangel, eine Stechuhr, einen Traktor, ein Teleskop. Er spielte *Don Giovanni* mit allen Rollen und Stimmen – *Non sperar, se non m'uccidi – Donna folla, indarno gridi.* Er imitierte die Spinettbegleitung bei den Rezitativen oder die Oboe, die weinte, als die Seele des *commendatore* den Körper verließ. Als Ergänzung brachte er anschließend vielleicht eine Ansprache Stalins auf einem Parteikongreß, einen Hausierer in deutscher Sprache oder einen Unterseebootkapitän, der ein amerikanisches Liberty-Schiff versenkte. Zet machte sich auch in praktischen Dingen nützlich. Er half Leuten beim Umzug. Er hütete für verheiratete Studenten die Kinder. Er kochte für Kranke. Er kümmerte sich um die Hunde und Katzen der Leute, wenn sie verreist waren, und machte für alte Frauen im Haus Besorgungen, wenn es schneite. Jetzt war er irgend etwas zwischen dem untersetzten Jungen und dem kurzsichtigen jungen Mann mit kuriosen Ideen und exotischen Motiven. Liebevoll, praktisch ein Franziskaner, ein Einfältiger um Gottes willen, leicht übers Ohr zu hauen. Ein Naiver. Im Alter von neunzehn Jahren hatte er im Wesen viel von einer Dickensschen Figur. Wenn er im Billinks-Hospital den Fußboden wischte und sich damit ein wenig Geld verdiente, teilte er es mit Patienten der Klinik; er kaufte ihnen Zigaretten und Sandwiches, borgte ihnen Fahrgeld, führte sie über die Fahrstraßen. Da er für Leid und für Symbole von Leid und Elend empfänglich war, füllten sich seine Augen mit Tränen, wenn er in der Zeit der Depression einen Kolonialwarenladen betrat. Die verschrumpelten Kartoffeln, die keimenden Zwiebeln, das unglückliche Gesicht des Ladeninhabers erschütterten ihn. Seine Katze hatte eine Fehlgeburt, und auch darüber weinte er, weil die Katzenmutter trauerte. Ich spülte die totgeborenen Katzen in der randlosen, schmierigen Toilette im Keller herunter. Er reizte mich, wenn er so lamentierte. Wenn er seine Gefühle an jedem ausließ, sagte ich. Er legte mir nahe, nicht hartherzig zu sein. Ich sagte, er übertreibe alles. Er warf mir Gefühllosigkeit vor. Es war eine seltsame Auseinandersetzung zwischen zwei Halbwüchsigen. Ich glaube, die Kraft der Amerikanisierung geriet während der Depression ins Wanken. Wir brachen aus und ergriffen jede Gelegenheit, *fremdländischer* zu sein. Wir waren ein lächerliches Paar akademischer Snobs, die sich nicht streiten konnten, ohne William James und Karl Marx oder Villiers de l'Isle-Adam oder Whitehead zu zitieren. Wir beschlossen, abwechselnd die Empfindsamen und die Unerschütterlichen von William James zu sein. Aber James hatte gesagt, daß die Kenntnis von allem, was sich an einem einzigen Tag in einer Großstadt zutrug, auch den unerschütterlichsten Geist zermalmen würde. Niemand konnte so unerschütterlich sein, wie er es eigentlich mußte. »Dein Mitleid wird verdorren, wenn du nicht aufpaßt«, sagte Zet. So redete er. Seine Sprache war stets elegant. Gott weiß, wo dieser patrizische Stil herkam – von Lord Bacon vielleicht, außerdem Hume und ein Schuß Santayana. Er diskutierte mit seinen Freunden im weißgetünchten Keller. Seine Sprache war sehr rein und musikalisch.

Aber er war ja auch musikalisch. Er ging nie die Straße entlang, ohne ein Quartett von Haydn oder Borodin oder Prokofiew zu üben. Er hatte den Mantel bis zum Hals zugeknöpft, schleppte seine Mappe und übte Violingriffe in seinen wollig gefütterten Handschuhen und paffte die Musik in die Kehle und in den Wangen. Mit frohem Mut und schlechtem Aussehen, er hatte die Farbe von gelben Weintrauben, ließ er das Cello in der Brust und die Geigen hoch in der Nase tönen. Die Bäume standen im zusammengefegten, staubvermischten Schnee; sie steckten in der Erde unter dem Pflaster und wurden mit Sickerwasser aus der Gosse getränkt. Zetland und die Eichhörnchen genossen die Vorrechte der Beweglichkeit.

Die Hitze übermannte ihn, wenn er die Cobb-Halle betrat. Ihr Innenraum war baptistenbraun, nüchtern, gefirnißt, ganz im Stil alter Kirchen. Das Gebäude war überheizt, und er spürte die Hitze sogleich auf dem Gesicht. Sie traf ihn auf den Wangen. Seine Brille beschlug. Er ließ den langsamen Satz seines Borodin-Quartetts sausen und seufzte. Nach dem Seufzer war sein Gesichtsausdruck intellektuell, nicht musikalisch. Jetzt war er auf Semiotik aus, symbolische Logik – ein Leser von Tarski, Carnap, Feigl und Dewey. Ein dicklicher junger Mann, dessen Gesichtsfarbe nicht gesund war, dessen flach gebürstetes sandfarbenes Haar grünliche Lichter hatte, er saß auf dem harten Seminarstuhl und kramte seine Zigaretten hervor. Hier spielte er als Rolle das »Hirn«. Gemeinsam mit dem hageren Jones in seinem ausgefransten Pullover und mit den fehlenden Vorderzähnen, mit Tisewitsch, der zottige Augenbrauen hatte, mit der dunklen Devvie – einem hübschen, scharfzüngigen, blassen Mädchen – und mit Miss Krehayn, die rothaarig war und schwer stotterte, war er ein führender logischer Positivist.

Eine Zeitlang. Denkerisch war ihm alles möglich, aber er war nicht auf dem Weg, ein Logiker zu werden. Die rationale Analyse reizte ihn allerdings. Die emotionellen Kämpfe der Menschheit wurden niemals entschieden. Wieder und wieder wurden dieselben Dinge getan. Mit Leidenschaft, mit leidenschaftlicher Dummheit wurden, wie bei den Insekten, dieselben emotionellen Kämpfe in der täglichen Realität wiederholt – Drang, Druck, Trieb, Selbsterhaltung, Beförderung, die Suche nach dem Glück, die Suche nach Rechtfertigung, die Erfahrung des Werdens und des Vergehens, vom Nichts zum Nichts. Sehr langweilig. Erschreckend. Verhängnis. Nun konnte allerdings die mathematische Logik einen von dieser ganzen sinnentleerten Existenz befreien. »Schau her«, sagte Zet auf seinem schmutzigen mit Segeltuch bespannten Bauhausstuhl; die heruntergerutschte Brille verkürzte seine kurze Nase, »Theoreme mögen wahr sein oder falsch: das, was *ist*, ist richtig. Leibniz war kein Narr. Vorausgesetzt, du weißt wirklich, daß was ist, wahrhaftig *ist*. Ich habe mich in der religiösen Frage noch nicht endgültig entschieden, wie es ein richtiger Positivist ja sollte.«

Gerade da begannen im gerade liniierten Chicago, winterblau, abendbraun, eiskristallen, die Fabriksirenen zu heulen. Fünf Uhr. Der mausgraue Schnee und die hüttenartigen Bungalows, der lodernde Ofen und Perchiks Schaufel, die im Kohlenkasten knirschte. Das Radio dröhnte durch die Flure bis zu uns herunter. Das war der *Anschluß* – Schuschnigg und Hitler. Wien war ebenso kalt wie Chicago; viel düsterer.

»Lottie erwartet mich«, sagte Zetland.

Lottie war hübsch. Sie war auch, auf ihre Art, theatralisch – das Partygirl, die heidnische Schönheit mit Hibiscus zwischen den Zähnen. Sie war eine witzige junge Frau, und sie liebte einen amüsanten Mann. Sie besuchten seinen Kohlenkasten. Er blieb in ihrem Zimmer. Zusammen fanden sie eine Souterrainwohnung, die sie mit einem Eichentisch und Gerümpel in rosa Samt einrichteten. Sie hielten Katzen und Hunde, ein Eichhörnchen und eine zahme Krähe. Nach ihrem ersten Streit beschmierte sich Lottie als Geste des Friedens die Brüste mit Honig. Und vor dem Abschlußexamen lieh sie sich ein Auto, und sie fuhren nach Michigan City und ließen sich trauen. Zet hatte an der Columbia University in New York ein Stipendium für Philosophie bekommen. In der Kimbark Avenue fand in einer altmodischen Wohnung eine Hochzeits- und Abschiedsparty für sie statt. Nachdem sie fünf Minuten voneinander getrennt gewesen waren, rannten Zet und Lottie eng umschlungen, zitternd und sich küssend, den ganzen langen Korridor entlang. »Liebster, plötzlich warst du nicht mehr da.«

»Liebste, ich bin immer da. Ich werde immer da sein!«

Zwei junge Menschen aus der Provinz, die übertrieben, die

ihre Liebe öffentlich vorführten. Aber es war mehr dran als Schau. Sie beteten sich an. Außerdem hatten sie schon über ein Jahr als Mann und Frau miteinander gelebt, mit all ihren Hunden und Katzen und Vögeln und Fischen und Pflanzen und Fiedeln und Büchern. Phantasievoll ahmte Zet Tiere nach. Er wusch sich wie eine Katze und schnappte, auf den Schenkeln sitzend, nach Flöhen wie ein Hund, schnitt Goldfisch-Gesichter und wedelte dabei mit den Fingerspitzen wie mit Flossen. Als sie zum Ostergottesdienst in die griechisch-orthodoxe Kirche gingen, lernte er, wie man auf östliche Art das Knie beugte und ein Kreuz schlägt. Charlotte gab den Rhythmus mit dem Kopf an, wenn er Geige spielte, ein klein wenig außer Takt, sein liebendes Metronom. Zet zog sowieso immer eine Schau ab, und Lottie war auch überschwenglich. Anscheinend sei es den Menschen nicht gegeben, das Schauspielern zu lassen, sagte Zet. Solange man weiß, wo die Seele sitzt, schadet es nicht, ein Sokrates zu sein. Nur wenn die Seele nicht gefunden werden kann, führt das Spiel, jemanden darzustellen, zur Verzweiflung.

So waren Zet und Lottie nicht nur einfach verheiratet, sondern voller Wonne verheiratet. Statt eines armen mazedonischen Mädchens, dessen brabbelnde Einwanderer-Mutter Zet mit Zaubersprüchen und Flüchen belegte und dessen Vater Messer und Scheren schliff und, eine kleine Glocke läutend, durch die Höfe ging, nannte Zet das *Ewig Weibliche* sein eigen, eine natürliche, universale, herrliche Kraft. Und Lottie sagte ihrerseits: »Niemand auf der Welt ist wie Zet.« Und sie fügte hinzu: »In jeder Beziehung.« Dann senkte sie die Stimme, sprach mit einem absurden Marlene-Dietrich-Charme in brutalem Chicagoer Stil aus dem Mundwinkel und sagte: »Ich bin auch nicht gerade ein unbeschriebenes Blatt, müßt ihr wissen.« Das war kein Geheimnis. Sie hatte mit einem Typ namens Huram zusammengelebt, einem pädagogischen Psychologen, der eine operierte Hasenscharte hatte, über die er einen Schnurrbart wachsen ließ. Davor hatte es noch einen anderen gegeben. Aber jetzt war sie Ehefrau und floß über von ehelicher Liebe; sie bügelte ihm die Hemden und bestrich ihm den Toast mit Butter, zündete ihm die Zigarette an und sah voller Glut wie eine kleine spanische Jungfrau zu ihm empor. Manche waren darüber erheitert, diesen Schwulst und diese Schwärmerei. Andere waren verärgert. Vater Zetland war wütend.

Das Paar fuhr von der La Saale Street Station dritter Klasse nach New York. Der Bahnhof sah altertümlich aus, hatte keinen bestimmten Stil. Der Dampf zischte zu den rußigen Dachfenstern hoch. In der Van Buren Street, wo die Pfandleihe, die Army-and-Navy-Läden und die billigen Friseurstuben waren, vibrierten die Streben der Hochbahn. Der Gepäckträger nahm ihre Koffer. Zet versuchte, etwas zu Ozymandias über das königliche Auftreten der schwarzen Träger zu sagen. Die Tanten waren auch mit. Sie konnten nicht ganz folgen, als Zet eine seiner überspannten Bemerkungen über das Schwarz des Bahnhofs und das Schwarz der Träger und ihren würdigen afrikanischen Stil machte. Die alten Mädchen bestätigten sich mit einem Blick, daß er nicht ganz bei Sinnen war, der arme Elias. Sie gaben Lottie die Schuld. Zet war erregt, daß er ins Leben trat, er war verheiratet, Student der Columbia University, spürte aber auch, daß sein Vater die eigene Verdrießlichkeit auf ihn übertrug und ihm das Herz schwer machte. Zet hatte sich einen dicken braunen Schnurrbart stehen lassen. Seine großen, jungenhaften Zähne, die weit auseinanderstanden, bildeten einen seltsamen Kontrast zu diesem erwachsenen Bart. Seine untersetzte, gedrungene, fast plumpe Figur war eine kleinere Ausgabe der seines Vaters. Aber Ozymandias hatte eine russisch-militärische Haltung. Er hielt nichts von Grinsen und sich Ducken und von Kapriolen und Schauspielerei. Er stand hoch aufgerichtet da. Lottie rief jedem etwas Liebevolles zu. Sie trug ein apfelblütenfarbenes Kleid, einen dazu passenden Turban und apfelblütenfarbene hochhackige Schuhe. Die Züge dröhnten und schnauften, aber man hörte trotzdem das rasche Trappeln von Lotties auffälligen Absätzen. Ihre orientalischen Augen, die kurze Bauernnase, ihr hübscher Busen, ihr gutaussehender verführerischer Hintern, mit dem Zets Hand die ganze Zeit über in Berührung blieb, weckte die stumme, strenge Aufmerksamkeit von Ozymandias. Sie nannte ihn »Pa«. Mit einem Gesichtsausdruck, der als Lächeln gelten konnte, ließ er Zigarettenrauch zwischen den Zähnen hervorquellen. Ja, er brachte es fertig, die ganze Zeit über freundlich auszusehen. Die mazedonischen Schwiegereltern tauchten überhaupt nicht auf. Sie saßen in einer Straßenbahn und waren im Verkehrsstau steckengeblieben.

Bei diesem traurigen, freudigen Ereignis hielt Ozymandias sich zurück. Er sah sehr europäisch aus, trotz der sommerlichen Kreissäge aus Stroh mit rot-weiß-blauem Band, die er trug. Der Einkäufer aus der City, durchaus geübt, seine Gefühle zu verbergen, unterdrückte das Grollen seines Herzens, und indem er das Kinn mit der schwarzen Spalte nach unten drückte, kühlte er seine Wut. Vorübergehend hatte er seinen Sohn verloren. Lottie küßte den Schwiegervater. Sie küßte die Tanten, die zwei praktizierenden Krankenschwestern, die neben Rollstuhl und Totenbett Romain Rolland und Warwick Deeping lasen. Sie waren der Meinung, daß Lottie bei ihrer weiblichen Hygiene etwas sorgsamer sein sollte. Tante Masha meinte, der Heringsgeruch sei auf eine Dysmenorrhöe zurückzuführen. Die jungfräuliche Tante Masha war nicht mit dem Geruch einer Frau vertraut, die an einem warmen Tag mit einem Mann geschlafen hatte. Die jungen Leute nahmen jede Gelegenheit wahr, um sich gegenseitig zu stärken.

Dem Beispiel ihres Bruders folgend gaben auch die Tanten falsche Küsse mit unerfahrenen Lippen. Danach weinte Lottie vor Freude. Sie verließen Chicago, den langweiligsten Platz der Welt, wurden den mürrischen Ozymandias los und ihre Mutter, die Hexe, und ihr armes Väterchen, den Scherenschleifer. Sie war mit Zet verheiratet, der millionenmal mehr Charme und Wärme und Verstand hatte als alle anderen.

»Ach, Pa! Leb wohl!« Zet nahm, von Gefühl übermannt, seinen eisernen Vater in die Arme.

»Streng dich an. Studiere. Mach etwas aus dir. Wenn du in die Klemme gerätst, telegraphiere wegen Geld.«

»Lieber Pa, ich liebe dich. Mascha, Dunja, euch liebe ich auch«, sagte Lottie, deren Gesicht jetzt vom Weinen rot angelaufen war. Sie gab ihnen allen schluchzende Küsse. Dann, am Abteilfenster, umarmten sich die jungen Leute, winkten, und der Zug rollte davon.

Als der »Pacemaker« davonfuhr, erhob Vater Zetland seine Faust gegen den Schlußwagen. Er stampfte mit den Füßen. An Lottie gerichtet, die seinen Sohn ruinierte, rief er: »Warte nur! Dich kriege ich noch! Fünf Jahre, zehn Jahre, aber ich krieg' dich schon!« Er schrie: »Du Weibstück – du widerliche Möse!«

In seiner Wut schrie er russisch »Mosse«! Seine Schwestern verstanden es nicht.

Zet und Lottie schwebten vom Himmel nach New York hinein – so jedenfalls kam es ihnen im »Pacemaker« vor, der bei Sonnenaufgang am Hudson entlangraste. Zuerst viele blaue Äste, die über dem Wasser hingen, dann rosige Farbe, und dann der schwere Glanz des Flusses in der Morgensonne. Sie saßen mit schweren Augen im Speisewagen. Sie waren von einer nicht durchgeschlafenen Nacht im Personenwagen erschöpft, und sie waren geblendet. Sie tranken Kaffee aus Tassen, die schwer wie Speckstein waren, und schenkten sich aus einer Zinnkanne der New York Central ein. Sie waren im Osten, wo alles besser war, wo die Gegenstände anders waren. Hier war die Luft mit tieferer Bedeutung geladen.

Nachdem sie in Harmon an eine elektrische Lokomotive angehängt worden waren, begann für sie eine schnellere und lebhaftere Reise. Bäume, Wasser, Himmel, und der Himmel raste schwerelos davon, und dann kamen Brücken, Gebäude und zuletzt der Tunnel, in dem die Bremsen ächzten und sich der Stromlinienzug verlangsamte. Man sah gelbe Glühbirnen hinter Drahtgeflecht, und unterirdische Luft drang durch die Lüftungsklappen. Die Türen öffneten sich, die Passagiere zogen die Kleider zurecht, strömten nach draußen, um ihr Gepäck zu holen; und Zet und Lottie, die auf die 42nd Street gelangten, Flüchtlinge aus dem verkümmerten, verklemmten Chicago, aus der tiefen Provinz, umarmten sich auf dem Bürgersteig und küßten sich immer wieder auf den Mund. Sie waren in die Weltstadt gekommen, wo das Verhalten insgesamt mehr Tiefe und mehr Widerhall hatte, wo sie ungehemmt sie selbst sein konnten, so unverhohlen, wie sie nur wollten. Intellekt, Kunst, das Transzendentale brauchte sich hier nicht zu entschuldigen. Das begriff schon jeder Taxifahrer, meinte Zet.

»Ach Liebste, Liebste – Gott sei Dank«, sagte Zet. »Ein Ort, wo es normal ist, Mensch zu sein.«

»O Zet, amen!« sagte Lottie mit Zittern und Zähren.

Erst wohnten sie im Norden, auf der Westside. Die kleinen klingelnden Straßenbahnen fuhren damals noch auf dem abschüssigen Broadway. Lottie entschied sich für ein Zimmer, das als Studio bezeichnet wurde, auf der Hinterseite eines alten Mietshauses. Es gab ein Studio-Schlafzimmer; und das Badezimmer war zugleich die Küche. Mit einem schweren glatten Brett bedeckt, wurde die Badewanne zum Küchentisch. Von der Badewanne aus konnte man den Gaskocher erreichen. Zet fand das schön. Sich die Eier zu braten, während man im Wasser saß. Man konnte das Largo des Abflusses hören, wenn man Kaffee trank, oder das Kommen und Gehen der Schaben auf den Schränken beobachten. Die Feder des Toasters war scharf gespannt. Sie schnellte das Brot heraus. Zuweilen wurde eine geröstete Schabe herausgeschleudert. Die Decken waren hoch. Es gab nur wenig Tageslicht. Der Kamin war aus kleinen Kacheln. Man konnte vom Broadway eine Apfelkiste hochbringen und ein Zehn-Minuten-Feuer machen, das nur wenig Asche und viele gekrümmte Nägel hinterließ. Das Studio verwandelte sich in eine Zet-Wohnstadt, eine Zet-und-Lottie-Bleibe: dunkle, schmutzige Portieren, Teppiche aus dem Trödelladen, Polsterstühle mit kahlen Armlehnen, die, sagte Zetland, wie Gorillafell glänzten. Das Fenster führte auf einen Luftschacht, aber Zet hatte sogar in Chicago hinter heruntergelassenen Rouleaus gelebt oder in einem weißgetünchten Kohlenkeller. Lottie kaufte Lampen mit rosa Porzellanschirmen, deren Kanten gezackt waren wie alte Butterschalen. Das Zimmer hatte das angenehme Dämmerlicht einer Kapelle, die Düsternis eines Heiligtums. Als ich die byzantinischen Kirchen in Jugoslawien besuchte, schien es mir, als hätte ich das wichtigste Vorbild gefunden; Zets archetypische Wohnstatt.

Die Zetlands richteten sich ein. Brotrinden, Zigarettenkippen, Kaffeesatz, Schüsseln mit Hundefutter, Bücher, Zeitungen, Notenständer, Gerüche mazedonischer Kochkünste (Hammel, Joghurt, Zitrone, Reis) und weißer chilenischer Wein in bauchigen Flaschen. Zetland erkundete die philosophische Fakultät, brachte Unmengen von Büchern aus der Bibliothek mit nach Hause und begab sich an die Arbeit. Sein Fleiß hätte Ozymandias vielleicht erfreut. Aber nichts, pflegte er zu sagen, machte dem alten Burschen wirklich Freude. Oder vielleicht war seine größte Freude, daß er sich nie über etwas freute und nie etwas guthieß. Lottie hatte selbst einen

M. A. in Soziologie und nahm eine Stelle in einem Büro an. Seht sie euch an, sagte Zet, so eine impulsive junge Frau, und so tüchtig, so eine hervorragende Direktionssekretärin. Seht, wie beständig sie war, wie sie nicht klagte, wenn sie im Dunkeln aufstehen mußte, und zu was für einer zuverlässigen Angestellten sich dieses Zigeunermädchen vom Balkan gemausert hatte. Er entdeckte darin eine gewisse Traurigkeit, und er war erstaunt. Büroarbeit hätte ihn umgebracht. Er hatte es ausprobiert. Ozymandias hatte ihm Jobs beschafft. Aber die Routine und der Papierkram lähmten ihn. Er hatte im Lager einer Firma gearbeitet und dem Zoologen bei der Feststellung von Schädlingen bei Haselnüssen und Feigen und Rosinen geholfen, Parasiten bekämpft. Das war interessant gewesen, aber nicht für die Dauer. Und eine Woche lang hatte er in den Werkstätten des Field Museums gearbeitet und gelernt, wie man Kunststoffblätter für Tierbehälter herstellte. Tote Tiere, lernte er, wurden in vielerlei Giften konserviert, und genauso, sagte er, fühlte er sich auch als Angestellter – ein toxischer Zustand.

So war es also Lottie, die arbeitete, und die Nachmittage waren sehr lang. Um fünf Uhr wurde sie von Zet und dem Hund erwartet. Endlich kam sie, eilte mit Lebensmitteln vom Broadway nach Westen. Auf der Straße rannten ihr Zet und Miss Katusha entgegen. Zet rief »Lottie«, und der braune Hund kratzte auf dem Straßenpflaster und winselte. Lottie war müde von der Untergrundbahn und warm und gab kehlige Alttöne von sich, wenn sie geküßt wurde. Sie brachte Hackfleisch mit nach Hause und Joghurt, Knochen für Katusha und kleine Geschenke für Zetland. Sie waren noch in den Flitterwochen. Sie waren in New York in Ekstase. Sie verspürten die animalischen Ekstasen des Hundes für Emphase oder Analogie. Im Haus freundeten sie sich mit einem Schundblattredakteur und seiner Frau an – Giddings und Gertrude. Giddings schrieb Western: Der Balzac von Badlands wurde er von Zet genannt. Giddie nannte ihn den Wittgenstein der West Side. Auf diese Weise hatte Zet ein Publikum für seine lustigen Eingebungen. Er las komische Sätze aus der Enzyklopädie der gesammelten Wissenschaften vor und übertrug H. Rider Haggard, Giddings Lieblingsschriftsteller, in die Sprache der symbolischen Logik. Abends wurde Lottie wieder zur mazedonischen Zigeunerin, zur Tochter ihrer Mutter. Mama sei eine Geisterbeschwörerin aus Skopje gewesen, sagte Zetland, und habe mit dem Urin von Katzen und den Nabeln von Schlangen gezaubert. Sie sei mit den erotischen Geheimnissen des Altertums vertraut gewesen. Offensichtlich war auch Lottie mit ihnen vertraut. Fest stand, daß Lotties weibliche Begabungen reich und tief und süß waren. Der romantische Zetland sprach innig und dankbar darüber.

So viel Süße, dieses Schokoladenleben, Nerven, die zu heiß glühten, lösten Anfälle von Angst aus. Auf ihre Weise sei auch diese Angst köstlich, sagte er. Er erklärte, daß es für ihn zwei Arten von Ekstase gebe, die der Sinnlichkeit und die der Krankheit. Diese ersten Monate in New York überforderten ihn. Seine Lungenbeschwerden stellten sich wieder ein, und er bekam Fieber, er hatte Schmerzen, das Urinlassen tat ihm weh, und er lag im Bett; sein verschossener, weinfarbener Pyjama kniff ihn im Schritt und unter den plumpen Armen. Die alten Hautreizungen brachen von neuem aus.

Noch einmal durchlebte er einige Wochen lang seine kränkliche Kindheit. Es war schlimm, daß er, ein erwachsener, gerade erst verheirateter Mann dem wieder verfiel, aber es war auch köstlich. Er erinnerte sich sehr gut an das Krankenhaus, das Dröhnen in seinem Kopf, als er eine Narkose bekam, und die scheußliche offene Wunde in seinem Bauch. Sie war vereitert und wollte nicht heilen. Mit einem Gummischlauch, der mit einer einfachen Sicherheitsnadel befestigt war, wurde sie abgesaugt. Er wußte wohl, daß er im Sterben lag, aber er las Comics. Für die Kinder auf der Station gab es nur Comics zu lesen und die Bibel – Slim Jim, Boob McNutt, Arche Noah, Hagar, Ismael vermischten sich miteinander wie die vielen Farben der Comics. Es war ein harter Chicagoer Winter, morgens waren goldene Ikonenstrahlen an den Eisblumenfenstern, und die Straßenbahnen dröhnten und knirschten, schepperten. Irgendwie war er wieder aus dem Krankenhaus rausgekommen, und seine Tanten pflegten ihn zu Hause mit Markbrühe und abgekochter Milch und zerlassener Butter, Sodakeksen, die so groß wie Spielkarten waren. Sein Kranksein in New York erinnerte ihn wieder an die offene Wunde mit dem fauligen Geruch und den Gummischlauch, der von einer Sicherheitsnadel gehalten wurde, damit er ihm nicht in den Bauch fiel, und daran, daß er sich aufgelegen hatte und im Alter von acht Jahren wieder laufen lernen mußte. Ein sehr frühes und genaues Gefühl, wie man die Materie durch Lebenswillen in den Griff bekam, die schmerzhafte, schwierige, komplizierte chemisch-elektrische Umwandlung und Organisation, prächtig, von leuchtenden Farben überfließend, und all der Duft und Gestank. Diese Verbindung war zu kraß. Sie brachte zu viel durcheinander. Sie beunruhigte und ängstigte die Seele zu sehr. Wozu waren wir hier, die wir von allen seltsamen Wesen und Geschöpfen die seltsamsten waren? Klare, gallertartig Augen, um eine Zeitlang zu sehen, und so gut zu sehen; ein rhythmisch zukkendes Universum zu sehen und so viele menschliche Botschaften zu verkünden und zu empfangen. Und ein knöcherner Behälter zum Denken und zum Speichern von Gedanken und für die Gefühle ein wolkiges Herz. Kurzlebige Wesen, die andere Geschöpfe durch den Wolf drehen, ihr Fleisch würzen und erhitzen und dieses Fleisch dann verschlingen. Eine Art, sich mit Todeswissen und zugleich mit unendlicher

Sehnsucht zu sättigen. Diese sonderbaren Schlagworte von Innen waren nicht beabsichtigt. Das war's ja gerade: Sie fielen Zetland einfach ein, ganz von selbst, unwillkürlich, als er wegen dieses Wirrwarrs von lichten und abschreckenden Eigenschaften mit sich zu Rate ging. So legte Zet denn seine Bücher über Logik beiseite. Sie hatten ihren Nutzen verloren. Sie kamen zu den Comics, die er mit acht Jahren weggelegt hatte. Rudolf Carnap und Boob McNutt waren jetzt gleich nutzlos für ihn. Er fragte Lottie: »Was haben wir sonst für Bücher?« Sie ging zum Regal und las die Titel vor. Er sagte bei *Moby Dick* halt, und sie reichte ihm den dicken Band. Nachdem er ein paar Seiten gelesen hatte, wußte er, daß er niemals Doktor der Philosophie sein würde. Das Meer brach in sein Festland ein, die Seele des Michigansees, sagte er zu mir. Die ozeanische Kälte war das Wahre für sein Fieber. Er fühlte sich besudelt, aber er las von der Reinheit. Er befand sich in einem schlimmen Zustand, in seiner Individualität eingeschränkt, voll Unzufriedenheit, Lebensunlust; er war krank, er wollte *raus*. Dann las er dieses erleuchtende Buch. Es überflutete ihn. Er glaubte, er müsse ertrinken. Aber er ertrank nicht: Er schwamm.

Das Geschöpf von Fleisch und Blut – krank dazu – ging zur Toilette. Seiner Eingeweide wegen mußte er schlurfen, um sich auf das Brett über dem Porzellan zu setzen, über dem mit der Kanalisation verbundenen Loch und seinem Wasser – die notwendige Schmach. Und wenn die schwankenden Bodenfliesen vor seinen kranken Augen wie Drahtgeflecht flimmerten, war auch der Amethyst des Ozeans im schrägen Spiegel des Arzneischrankes, und die weiße Gewalt des Wals, dem die Badewanne ein flüchtiges Maß verlieh. Die Kloake war da, die Übelkeit, aber auch die Vertrautheit von Körpergerüchen, die bis in die Kindheit zurückreichten, die alten braunen Farben. Und das Grauen und die Süße heiseren Hustens und die tropische Sumpfigkeit des Fiebers. Aber auch dort schwoll die Flut. Direkt durch den Luftschacht, nach Westen, und dann am Hudson links einbiegen. Da war der Atlantik.

Das wahre Geschäft seines Lebens lag in der umfassenden Sicht, entschied er. In der Philosophie hatte er mit der Theorie von der Ähnlichkeit der Universalien gearbeitet. Er hatte einen originellen Zugang zu dem Prädikat »ähneln«. Aber das war vorbei. Wenn er krank war, war er entschlußfähig. Er hatte vor Schwäche Schweißausbrüche und hustete mit der Faust am Mund und mit vorquellenden Augen blauen Schleim hoch. Er räusperte sich und sagte zu Lottie, die auf dem Bett saß und während dieses Hustenanfalls den Tee für ihn hielt: »Ich glaube nicht, daß ich in der philosophischen Fakultät weitermachen kann.«

»Das setzt dir wirklich zu, nicht wahr? Neulich hast du nachts im Schlaf von Philosophie geredet.«

»Wirklich?«

»Hast im Schlaf über Epistemologie geredet oder so was Ähnliches. Ich verstehe ja nichts von dem Zeug, das weißt du.«

»Ach ja, tatsächlich ist es auch nichts für mich.«

»Aber Liebster, du brauchst doch nichts zu tun, was dir nicht gefällt. Steig doch auf was anderes um. Ich stehe dir bei bis zum Ende, werde in jeder Hinsicht zu dir halten.«

»Ach, du bist ein liebes Weib. Aber wir müssen ohne das Stipendium auskommen.«

»Was ist das schon? Diese knausrigen Schweinehunde geben dir sowieso nicht genug, um davon zu leben. Zet, Liebster, zum Henker mit dem Geld. Ich merke, daß du durch dieses Buch deine Einstellung völlig geändert hast.«

»Ja, Lottie, dieses Buch, es ist ein Wunder. Es entrückt dich aus dieser Welt der Menschen.«

»Was meinst du damit, Zet?«

»Das heißt, es entrückt dich aus dem Universum geistiger Entwürfe oder isolierender Fiktionen von der gewöhnlichen gesellschaftlichen Praxis oder psychologischen Veranlagung. Es verleiht dir eine elementare Freiheit. Was einen wirklich von diesen isolierenden sozialen und psychologischen Fiktionen befreit, ist jene andere Fiktion: die Kunst. Es gibt wirklich kein menschliches Leben ohne Poesie. Ach, Lottie, ich bin bei der symbolischen Logik verhungert.«

»Ich *muß* dieses Buch jetzt gleich lesen«, sagte sie.

Aber sie kam nicht weit damit. Bücher über das Meer waren für Männer, und sie war ohnedies kein Büchertyp; sie war zu impulsiv, um lange bei einem Buch zu verweilen. Das war Zets Bereich. Er würde ihr schon alles erzählen, was sie über *Moby Dick* wissen mußte.

»Ich muß mit Professor Edman sprechen.«

»Sobald du dich kräftig genug fühlst, mußt du zu ihm gehen und Schluß machen. Einfach Schluß machen. Um so besser. Warum, zum Teufel, willst du Professor werden? Ach, dieser Hund!« Katusha hatte ein Bellduell mit einem Hund im benachbarten Hof. »Still, du Köter. Manchmal habe ich einen regelrechten Haß auf diesen verdammten Hund. Ich habe das Gefühl, daß er mitten in meinem Kopf bellt.«

»Gib ihn dem Chinesen in der Wäscherei; der mag ihn.«

»Mag ihn? Der würde ihn in den Kochtopf stecken. Nun hör zu, Zet, mach dir überhaupt keine Sorgen. Scheiß auf diese Logik. Ja? Du kannst hundert Sachen machen. Du kannst Französisch, Russisch, Deutsch, du hast wirklich was auf dem Kasten. Wir brauchen nicht viel zum Leben. Keine extravaganten Sachen für mich. Ich kaufe am Union Square ein. Na und?«

»Mit diesem hinreißenden mazedonischen Körper«, sagte Zet. »Kleins Laden ist genausogut wie *haute couture*. Gesegnet seien dein Busen, dein Bauch und dein Hintern.«

»Wenn das Fieber bis zum Wochenende nachläßt, fahren wir zu Giddings und Gertrude aufs Land.«

»Papa wird entsetzt sein, wenn er hört, daß ich die Universität aufgegeben habe.«

»Na, wenn schon. Ich weiß, daß du ihn liebst, aber er ist so ein Stänkerer, daß man ihm sowieso nichts recht machen kann. Ja, der kann mich auch mal!«

Sie zogen im Jahr 1940 in den Südteil der Stadt und lebten ein Dutzend Jahre in der Bleecker Street. Sie waren bald in Greenwich Village bekannt. In Chicago waren sie Bohemiens gewesen, ohne es zu wissen. Im Village wurde Zet mit der literarischen Aventgarde identifiziert und mit politischem Radikalismus. Als die Russen in Finnland einmarschierten, wurde politischer Radikalismus absurd. Marxisten stritten sich, ob der Arbeiterstaat imperialistisch sein könne. Das war Zetland zu albern. Dann kam der Nazi-Sowjet-Pakt, dann der Krieg. Constantin wurde während des Krieges geboren – Lottie wollte ihm einen Namen vom Balkan geben. Zetland wollte sich für den Kriegsdienst melden. Wenn er mit Begeisterung auftrat, war Lottie stets auf seiner Seite, und sie unterstützte ihn gegenüber seinem Vater, der selbstverständlich dagegen war.

Eine silberne Schale

Wie verhält man sich dem Tod gegenüber – in diesem Fall dem Tod eines alten Vaters? Wenn man ein moderner Mensch ist, sechzig Jahre alt, und ein Mann, der herumgekommen ist wie Woody Selbst, wie verhält man sich dann? Da ist diese Sache mit der Trauer und noch dazu vor einem zeitgenössischen Hintergrund. Wie betrauert man vor zeitgenössischem Hintergrund einen Vater in den Achtzigern, fast erblindet, mit erweitertem Herzen, mit vollaufender Lunge, der tapert, stolpert und die Gerüche, die Moderdünste und Gasdünste alter Männer von sich gibt? Ja bitte! Wie Woody es ausdrückte: sei realistisch. Denk daran, in was für Zeiten wir leben. Die Zeitungen bringen's täglich – der Lufthansa-Pilot in Aden wird von den Geiseln beschrieben, wie er auf Knien die palästinensischen Terroristen anfleht, ihn nicht umzulegen, sie aber schießen ihn durch den Kopf. Dann werden sie selber getötet. Und noch andere erschießen andere oder erschießen sich selbst. Das liest man in der Zeitung, sieht man in der Glotze, erzählt man sich beim Essen. Wir wissen jetzt, was die ganze menschliche Gemeinschaft täglich wie eine globale Todes-Peristaltik durchzieht.

Woody, ein Geschäftsmann in Südchicago, war kein unwissender Mann. Er kannte mehr solcher Ausdrücke, als man von einem Fliesenfabrikanten (Büroräume, Lobbys, Waschräume und Toiletten) erwarten würde. Sein Wissen war nicht von der Art, daß man damit akademische Titel erringen konnte. Obwohl Woody zwei Jahre an einem theologischen Seminar studiert hatte, um Geistlicher zu werden. Zwei Jahre College während der Depression der dreißiger Jahre waren mehr, als sich die meisten Schulabgänger leisten konnten. Danach hatte sich Woody auf seine eigene vitale, lebhafte und originelle Weise (Morris, sein Erzeuger, war ebenfalls, als er noch er selbst war, vital und lebhaft gewesen) durch Lesen mit vielen Themen vertraut gemacht, *Science* und andere Magazine abonniert, die echte Informationen boten, und hatte Abendkurse in den Colleges De Paul und Northwestern über Ökologie, Kriminologie und Existentialismus belegt. Auch war er weit in Japan, Mexiko und Afrika gereist, und ein Erlebnis in Afrika schien für das Problem des Trauerns besonders wichtig zu sein. Das war so: auf einer Barkasse in der Nähe der Murchison-Fälle in Uganda hatte er gesehen, wie ein Büffelkalb am Ufer des Weißen Nils von einem Krokodil gepackt wurde. An dem tropischen Fluß gab es Giraffen und Nilpferde und Paviane und Flamingos und andere grellbunte Vögel, die in der Hitze des Morgens die klare Luft durchquerten, als das Kalb, das zum Trinken in den Fluß ging, am Huf gepackt und in die Tiefe gezogen wurde. Die Büffeleltern konnten es sich nicht erklären. Unter dem Wasser zappelte das Kalb noch, kämpfte und wühlte den Schlamm auf. Woody, der robuste Reisende, konnte das beobachten, als er vorbeifuhr, und es schien ihm, als fragten die Büffeleltern einander stumm, was denn geschehen sei. Er entschied sich dafür, daß darin Schmerz lag, er las tierische Klage in diesen Vorfall hinein. Am Weißen Nil hatte Woody den Eindruck, daß er in die voradamitische Vergangenheit zurückversetzt sei, und er brachte seine Gedanken über diesen Eindruck mit heim nach Südchicago. Er brachte außerdem einen Bund Haschisch aus Kampala mit. Da riskierte er zwar etwas bei den Zollbeamten, aber vielleicht vertraute er auf seinen breiten Wuchs, die offenen Züge, die gesunde Farbe. Er sah nicht aus wie ein Übeltäter, ein Bösewicht; er sah aus wie ein netter Mensch. Aber er riskierte gern etwas. Risiko war ein toller Anreiz. Er warf seinen Trenchcoat auf den Zolltisch. Falls die Beamten die Taschen durchsuchten, wollte er sagen, dies sei nicht sein Mantel. Aber er kam durch, und der Truthahn zum Erntedankfest war mit Haschisch gestopft. Das wurde sehr genossen. Es war praktisch das letzte Fest, bei dem Pop, der Risiko und Herausforderung liebte, dabei war. Das Haschisch, das Woody versuchsweise aus den afrikanischen Samen in seinem hinteren Garten hatte ziehen wollen, ging nicht auf. Aber hinter seinem Lagerhaus, wo der Lincoln Continental geparkt stand, hatte er ein Beet mit Marihuana. Woody war nicht bösartig, aber er lebte nicht gern ganz und gar im Rahmen der Gesetze. Es war lediglich eine Frage der Selbstachtung. Nach diesem Erntedankfest fiel Pop allmählich in sich zusammen, als hätte er einen Reifenschaden. Das zog sich über einige Jahre hin. Mal im Krankenhaus und mal wieder draußen, schwand er dahin, er war geistig abwesend, konnte sich nicht einmal so weit konzentrieren, daß er sich beklagte, außer vielleicht ausnahmsweise mal an Sonntagen, an denen Woody sich ihm regelmäßig widmete. Morris, ein Amateur, den Willie Hoppe, der große Profi, persönlich früher einmal als Gegner ernst genommen hatte, konnte nicht einmal mehr die einfachsten Billardstöße ausführen. Er konnte sich die Stöße nur noch vorstellen, er begann über unmögliche Kombinationen mit drei Banden zu theoretisieren. Halina, die Polin, mit der Morris vierzig Jahre lang wie Mann und Frau gelebt hatte, war jetzt selbst zu alt, um ins Krankenhaus zu laufen. Das mußte Woody nun übernehmen. Dann gab es auch noch Woodys – zum Christentum konvertierte – Mutter, die Pflege brauchte; sie war über achtzig und oft im Krankenhaus. Alle hatten sie Diabetes und Rippenfellentzündung und Arthritis und grauen Star und Herzschrittmacher. Und alle hatten durch ihren Körper gelebt, aber der Körper begann zu versagen.

Dann gab es auch noch Woodys zwei Schwestern, unverheiratet, in den Fünfzigern, sehr christlich, sehr tugendhaft, die noch mit Mama in einem durch und durch christlichen Bungalow lebten. Woody, der für alle die volle Verantwortung trug, mußte hin und wieder eins der Mädchen (sie waren inzwischen kranke Mädchen) in eine Nervenheilanstalt schikken. Nichts Ernstes. Die Schwestern waren prächtige Frauen, beide einst bildschön, aber die armen Dinger hatten beide nicht alle Tassen im Schrank. Und diese verschiedenen Parteien mußte er getrennt halten – Mama, die zum Christentum konvertiert war; die fundamentalistischen Schwestern; Pop, der die jiddische Zeitung hielt, solange er noch Gedrucktes lesen konnte; Halina, eine gute Katholikin. Woody, der das Seminar seit vierzig Jahren hinter sich hatte, bezeichnete sich als Agnostiker. Pop besaß nicht mehr Religiosität, als man in einer jiddischen Zeitung finden kann, aber er ließ sich von Woody versprechen, daß er bei den Juden begraben würde; und da lag er jetzt auch, in dem Hawaiihemd, das Woody ihm während einer Tagung der Fliesenleger in Honolulu gekauft hatte. Woody ließ nicht zu, daß er von einem Angestellten des Bestattungsinstituts angekleidet wurde, sondern er ging ins Institut und knöpfte die Leiche selbst in das Hemd ein, und der alte Mann sah aus wie Ben Gurion, als er in einem einfachen hölzernen Sarg, der schnell vermodern würde, ins Grab gesenkt wurde. So hatte Woody es sich gewünscht. Am Rand des Grabes hatte er seine Jacke ausgezogen und zusammengelegt, hatte die Ärmel über den dicken sommersprossigen Bizeps hochgekrempelt, den kleinen bereitstellenden Trecker fortgewiesen und die Erde selbst geschaufelt. Sein großes Gesicht, das in der Unterpartie breit war, wurde nach oben hin schmaler wie ein holländisches Haus. Und während die kleinen guten Zähne des Unterkiefers vor Anstrengung in die Oberlippe bissen, vollzog er die letzte Pflicht eines Sohnes. Er war in sehr guter körperlicher Verfassung, also mußte es die innere Bewegung – und nicht die Anstrengung gewesen sein, die ihn so rot anlaufen ließ. Nach dem Begräbnis ging er mit Halina und ihrem Sohn, einem Polen, der anständig war wie seine Mutter und zudem begabt – Mitosh spielte bei Hockey- und Basketballspielen im Stadion die Orgel, was einen gewitzten Mann erforderte, denn es war eine aufrührerische Art von Beschäftigung –, nach Hause, und sie tranken zusammen und trösteten die alte Dame. Halina war eine treue Seele, stets hundertprozentig für Morris.

Dann war Woody für den Rest der Woche beschäftigt, mußte Bestellungen ausführen, im Büro arbeiten, Familienangelegenheiten regeln. Er lebte allein, ebenso wie seine Frau, ebenso wie seine Freundin: jeder in seiner eigenen Behausung. Da seine Frau nach fünfzehnjähriger Trennung noch nicht gelernt hatte, sich selbst zu versorgen, kaufte Woody freitags für sie ein, füllte ihre Tiefkühltruhe. Er mußte diese Woche mit ihr Schuhe kaufen. Freitagnacht verbrachte er zudem immer bei Helen – Helen war de facto seine Frau. Am Sonnabend machte er seine eigenen großen Einkäufe. Den Sonnabend widmete er Mama und seinen Schwestern. Daher war er zu beschäftigt, um sich um die eigenen Gefühle zu kümmern, außer daß er sich gelegentlich ins Gedächtnis rief: »Erster Donnerstag im Grab«, »erster Freitag und schönes Wetter«, »erster Samstag, er wird sich dran gewöhnen müssen«. Und flüsternd sagte er hin und wieder: »Ach, Pop.«

Aber es war der Sonntag, der ihn fertigmachte, als die Glokken überall in Südchicago läuteten – die ukrainischen, römisch-katholischen, griechischen, russischen, afrikanisch-methodistischen Kirchen, die eine nach der anderen ihre Stimme erhoben. Woody hatte sein Büro im Lagerhaus und hatte sich dort eine Wohnung ausgebaut, sehr geräumig und angenehm, im obersten Stockwerk. Weil er jeden Sonntag morgen um sieben Uhr das Haus verließ, um den Tag mit Pop zu verbringen, hatte er vergessen, von wie vielen Kirchen die Firma Fliesen-Selbst umgeben war. Er lag noch im Bett, als er die Glocken hörte, und mit einem Mal wußte er, wie todtraurig er war. Dieses plötzliche Herzeleid in einem Mann von sechzig, der praktisch war, natürlich, bei gesundem Verstand und welterfahren, war höchst unangenehm. Wenn er sich aber nicht wohl fühlte, dann schwor er darauf, etwas dagegen einzunehmen. Also, dachte er: Was soll ich nehmen? Da gab es eine ganze Reihe von Mitteln. Sein Keller war reichlich versehen mit Kisten voller Scotch Whisky, polnischem Wodka, Armagnac, Mosel, Burgunder. Dann gab es Tiefkühltruhen mit Steaks und Wild und Königskrabben aus Alaska. Er kaufte kistenweise und dutzendweise großzügig ein. Aber als er dann schließlich aus dem Bett aufstand, nahm er nur eine Tasse Kaffee zu sich. Während der Kessel warm wurde, zog er seinen japanischen Judoanzug an und setzte sich hin, um zu überlegen.

Woody war gerührt, wenn Dinge ehrlich waren. Tragbalken waren ehrlich, unverkleidete Betonpfeiler in Hochhauswohnungen waren ehrlich. Es war von Übel, etwas zu verdekken. Er haßte die Verfälschung. Stein war ehrlich. Metall war ehrlich. Diese Sonntagsglocken waren sehr geradeheraus. Sie brachen los, sie schwangen und wiegten sich, und die Schwingungen und das Dröhnen taten irgendwie gut, läuterten sein Inneres, reinigten sein Blut. Eine Glocke war eine einspurige Kehle, die nur eine Sache zu verkünden hatte und sie einfach verkündete. Er hörte zu. Er hatte mit Glocken und Kirchen einigen Kontakt gehabt. Er war schließlich irgendwie ein Christ. Als Jude geboren, war er dem Gesicht nach Jude mit einem Einschlag zum Irokesen oder Cherokee, aber seine Mutter war vor über fünfzig Jahren von ihrem Schwager, dem Hochwürdigen Doktor der Theologie Kovner, bekehrt worden. Kovner, ein Student fürs Rabbinat, der das Hebrew

Union College in Cincinnati verlassen hatte, um Pfarrer zu werden, hatte Woody teilweise christlich erzogen. Nun aber hatte sich Pop mit diesen Fundamentalisten überworfen. Er sagte, daß die Juden nur zur Mission kamen, um Kaffee, Speck, Ananas in Dosen, Brot von gestern und Milchprodukte zu bekommen. Und wenn sie dafür Predigten hören mußten, war das auch in Ordnung – es war die Zeit der Depression, und man konnte nicht zu wählerisch sein –, aber er wußte, daß sie den Speck verkauften. Das Evangelium sagte es deutlich: »Das Heil kommt von den Juden.«

Hinter dem Hochwürdigen Doktor standen reiche Fundamentalisten, hauptsächlich Schweden, die eifrig darauf bedacht waren, die Zweite Wiederkunft zu beschleunigen, indem sie alle Juden bekehrten. Die wichtigste unter Kovners Förderern war Mrs. Skoglund, die von ihrem verstorbenen Mann einen großen Molkereibetrieb geerbt hatte. Woody stand unter ihrem besonderen Schutz.

Woody war vierzehn Jahre alt, als Pop mit Halina durchging, die in seiner Werkstatt arbeitete, und seine schwierige christliche Frau, seinen bekehrten Sohn und seine kleinen Töchter zurückließ. An einem Frühlingstag kam er zu Woody in den Hinterhof und sagte: »Von nun an bist du der Mann im Hause.« Woody übte gerade mit seinem Golfschläger und schlug Löwenzähnen die Köpfe ab. Pop kam in seinem guten Anzug, der für das Wetter zu warm war, in den Hof, und als er seinen Fedora abnahm, war seine Stirn mit einem tiefen Ring markiert, und Schweißtropfen perlten auf der Kopfhaut – mehr Tropfen als Haare. Er sagte: »Ich ziehe aus.« Pop war verängstigt, aber bereit – entschlossen zu gehen. »Es hat keinen Zweck. Ich kann so nicht leben.« Wenn Woody sich das Leben vor Augen hielt, das Pop einfach leben *mußte*, sein freies Leben, dann konnte er ihn sich in einem Billardsaal vorstellen, unter den Hochbahngeleisen beim Würfelspiel oder beim

Pokern im Obergeschoß von Brown und Kippel. »Du bist von nun an der Mann im Hause«, sagte Pop. »Das geht in Ordnung; ich habe euch alle der Wohlfahrt überstellt. Ich komme gerade von der Wabansia Street zurück, vom Fürsorgeamt.« Daher auch der Anzug und der Hut. »Sie schicken euch einen Fürsorger.« Dann sagte er: »Du mußt mir Geld leihen, um Benzin zu kaufen – das Geld, das du dir beim Golf als Caddie verdient und gespart hast.«

Da er begriff, daß Pop ohne seine Hilfe nicht loskommen konnte, gab ihm Woody alles, was er im Sunset Ridge Country Club von Winetka verdient hatte. Pop fand, daß die wertvolle Lebenslehre, die er vermittelte, viel mehr wert war als diese Dollar, und jedesmal, wenn er seinen Sohn behumpste, senkte sich eine Art Hohepriesterausdruck über seine gebogene Nase und sein rötliches Gesicht. Die Kinder, die ihre besten Einfälle aus dem Kino bezogen, nannten ihn Richard Dix. Später, als die Comics aufkamen, sagten sie, er sei Dick Tracy.

So wie Woody es jetzt unter den sich überschlagenden Glocken sah, hatte er damit seinen eigenen Abfall finanziert. Ha, ha! Er fand das großartig, und besonders Pops Einstellung: »Das wird dich lehren, deinem Vater zu trauen.« Denn das war eine Demonstration zugunsten des wahren Lebens und der freien Instinkte und gegen Religion und Heuchelei. Aber vor allem richtete es sich dagegen, ein Narr zu sein, gegen die Schande der Torheit. Pop hatte den Hochwürdigen Doktor Kovner gefressen, nicht weil er ein Abtrünniger war (das war Pop völlig schnuppe), nicht weil die Mission ein Schwindelunternehmen war – er gab zu, daß der Hochwürdige Doktor persönlich ehrlich war –, sondern weil sich Doktor Kovner wie ein Narr aufführte, wie ein Narr sprach und sich wie ein Stehgeiger benahm. Er warf die Haartolle wie Paganini (das war Woodys Zusatz; Pop hatte von Paganini noch nicht mal gehört). Ein Beweis dafür, daß er kein geistlicher Führer war, lag darin, daß er jüdische Frauen bekehrte, indem er ihr Herz stahl. »Er bringt alle Weiber auf hundertachtzig«, sagte Pop. »Das weiß er nicht mal selber. Ich schwöre, er hat keine Ahnung, wie er sie rumkriegt.«

Auf der anderen Seite wurde Woody häufig von Kovner gewarnt. »Dein Vater ist ein gefährlicher Mann. Natürlich liebst du ihn; du sollst ihn lieben und ihm vergeben, Woodrow, aber du bist alt genug, um zu verstehen, daß er ein lasterhaftes Leben führt.«

Dabei waren das alles Kinkerlitzchen: Pops Sünden hatten jungenhaftes Niveau und machten daher großen Eindruck auf einen Jungen. Und auf Mutter. Sind Ehefrauen Kinder oder was sonst? Mutter sagte oft: »Ich hoffe, du schließt diese Bestie in deine Gebete ein. Sieh, was er uns angetan hat. Aber bete nur für ihn, geh nicht zu ihm.« Er ging jedoch dauernd zu ihm. Woodrow führte ein Doppelleben, heilig und profan. Er akzeptierte Jesus Christus als seinen persönlichen Erlöser. Tante Rebecca machte sich das zunutze. Sie ließ ihn arbeiten. Er mußte unter Tante Rebecca arbeiten. Er war in der Mission und im Gemeindehaus als Hausmeister eingesetzt. Im Winter mußte er den Heizkessel mit Kohlen füllen, und manchmal schlief er nachts neben dem Heizraum auf dem Billardtisch. Er brach auch heimlich das Schloß des Vorratsraums auf. Er nahm sich eingemachte Ananas und schnitt sich mit seinem Taschenmesser Scheiben von der Speckseite. Er stopfte sich mit ungekochtem Speck voll. Er mußte einen großen Körper ernähren.

Erst jetzt, als er seinen Melitta-Kaffee schlürfte, fragte er sich: War er wirklich so hungrig gewesen? Nein, er liebte Verwegenheit. Er kämpfte gegen Tante Rebecca Kovner, wenn er sein Messer rausholte und auf eine Kiste stieg, um an den Speck ranzukommen. Sie wußte es nicht, sie konnte nicht beweisen, daß Woody, solch ein offener, kräftiger, positiver Junge, der einem so gerade ins Auge sah, auch ein Dieb war. Aber er war auch ein Dieb. Immer wenn sie ihn ansah, wußte er, daß sie seinen Vater sah. In der Krümmung seiner Nase, der Bewegung seiner Augen, der Gedrungenheit seines Körpers, in seinem gesunden Gesicht sah sie diesen bösen wilden Morris.

Morris, muß man wissen, war ein Straßenjunge in Liverpool gewesen – Woodys Mutter und ihre Schwester waren in England geboren. Morris' polnische Familie setzte ihn auf dem Weg nach Amerika in Liverpool aus, weil er eine Augeninfektion hatte und sie deswegen alle von Ellis Island zurückgeschickt worden wären. Sie machten einige Zeit in England Station, aber seine Augen trieften weiter, und sie ließen ihn im Stich. Sie machten sich davon, und er mußte sich auf eigene Faust in Liverpool durchschlagen, als er zwölf Jahre alt war. Mutter stammte aus besseren Kreisen. Pop, der im Keller ihres Hauses schlief, verliebte sich in sie. Mit sechzehn verdingte er sich während eines Seemannsstreiks als Streikbrecher, schaufelte sich über den Atlantik und türmte in Brooklyn vom Schiff. Er wurde Amerikaner, ohne daß Amerika etwas davon wußte. Er wählte ohne Ausweis, er fuhr ohne Führerschein Auto, er zahlte keine Steuern, er sparte alle Kosten. Pferde, Karten, Billard und Frauen, in dieser Rangfolge, hatten ihn ein Lebenlang interessiert. Hatte er jemand geliebt (beansprucht wie er war)? Doch, er liebte Halina. Er liebte seinen Sohn. Bis auf den heutigen Tag glaubte Mutter, daß er sie am meisten geliebt hatte und immer zurückkommen wollte. Das gab ihr die Möglichkeit, wie eine Königin aufzutreten, mit ihren plumpen Handgelenken und dem verwaschenen Queen-Victoria-Gesicht. »Die Mädchen haben Anweisung, ihn niemals hereinzulassen«, sagte sie. Die Kaiserin von Indien hat gesprochen.

Woodrows glockengeschädigte Seele wirbelte an diesem

Sonntagmorgen durchs Haus und nach draußen, in die Vergangenheit, zurück in die obere Ecke seines Lagerhauses, das so originell ausgebaut war – das Glockengeläut kam und ging, Metall auf nacktem Metall, bis sich der Kreis Glocken über das ganze stahlerzeugende, ölveredelnde, stromerzeugende, mitherbstliche Süd-Chicago und alle seine Kroaten, Ukrainer, Griechen, Polen und ehrbaren Schwarzen ausgebreitet hatte, die ihren Kirchen zustrebten, um die Messe zu hören oder Choräle zu singen.

Woody selbst war ein guter Choralsänger gewesen. Er konnte die Lieder noch. Er hatte auch Zeugnis abgelegt. Er war oft von Tante Rebecca ausgesandt worden, um aufzustehen und einer Kirche voller Skandinavier zu erzählen, daß er, ein jüdischer Junge, Jesus Christus empfangen habe. Dafür bezahlte sie ihm fünfzig Cent. Sie selbst nahm die Auszahlung vor. Sie war die Buchhalterin, Vermögensverwalterin und Geschäftsführerin der Mission. Der Hochwürdige Doktor verstand nichts vom Betrieb. Was der Doktor beitrug, war die Inbrunst. Er war aufrichtig, ein toller Prediger. Und wie stand's mit Woody selber? Er hatte auch Inbrunst. Er fühlte sich zum Hochwürdigen Doktor hingezogen. Der Hochwürdige Doktor lehrte ihn, die Augen zu erheben, gab ihm sein höheres Leben. Abgesehen von diesem höheren Leben: der Rest war Chicago – die Art und Weise Chicagos, die so natürlich war, daß niemand darauf verfiel, sie in Frage zu stellen. So zum Beispiel 1933 (war das lange, lange her!) bei der Weltausstellung »Jahrhundert des Fortschritts«, als Woody als Kuli eine Rikscha zog, einen spitzen Strohhut trug und auf kraftvollen dicken Beinen daher trabte; während die stämmigen, rotgesichtigen Farmer – seine saufenden Passagiere – sich halb krank lachten und ihn nach Nutten ausfragten, fand er, obwohl Student des ersten Semesters in einem theologischen Seminar, nichts weiter dabei, wenn ihn Mädchen baten, ihnen etwas Verdienst zuzuschanzen, Rendez-vous zu arrangieren, und er von beiden Seiten Trinkgelder kassierte. Er knutschte im Grant Park mit einer stämmigen jungen Frau, die schnell nach Hause mußte, um ihr Baby zu stillen. Nach Milch riechend, fuhr sie mit ihm in der Straßenbahn zur West Side, drückte seine Rikschakuli-Schenkel und durchnäßte ihre Bluse. Das war die Straßenbahn auf der Roosevelt Road. Er konnte sich nicht erinnern, daß dann in der Wohnung, wo sie mit ihrer Mutter lebte, irgendwelche Ehemänner in Erscheinung getreten wären. Dagegen konnte er sich an den kräftigen Milchgeruch erinnern. Ohne inneren Widerspruch las er am nächsten Morgen das Neue Testament auf Griechisch: Das Licht scheint in der Finsternis – to phos en te skotia phainei –, und die Finsternis wußte es nicht.

Und während der ganzen Zeit, die er zwischen den Deichselstangen einhertrottete, hatte er nur einen Gedanken – der nichts zu tun hatte mit diesen geilen Riesen, die sich in der Stadt austobten –, daß das Ziel, der Plan, der Zweck (und er konnte nicht erklären, warum er das dachte; alle Beweise sprachen dagegen) – Gottes Idee, daß diese Welt eine Liebeswelt sein solle, daß sie sich schließlich fangen und ganz und gar eine Welt der Liebe sein werde. Er hätte das keiner Seele anvertraut, denn er sah selber ein, wie töricht es war – persönlich und töricht. Trotzdem war es da, im Mittelpunkt seiner Gefühle. Und gleichzeitig hatte Tante Rebecca recht, wenn sie ihm, ganz im Vertrauen, sogar dicht an seinem Ohr sagte: »Du bist ein kleiner Gauner, wie dein Vater.«

Dafür gab es einige Hinweise, oder was für eine ungeduldige Person wie Tante Rebecca als Hinweise gelten konnte. Woody wurde schnell erwachsen – notgedrungen –, aber wie konnte man von einem siebzehnjährigen Jungen verlangen, fragte er sich, den Standpunkt und die Gefühle einer Frau mittleren Alters zu deuten, und noch dazu einer Frau, der man die Brust abgenommen hatte? Morris sagte ihm, daß das nur bei vernachlässigten Frauen vorkomme und ein Zeichen sei. Morris sagte, wenn Titten nicht gestreichelt und geküßt würden, dann kriegten sie aus Protest Krebs. Das sei ein Schrei des Fleisches. Und das hatte Woody eingeleuchtet. Als er in der Phantasie die Theorie am Hochwürdigen Doktor ausprobierte, dann stimmte das – er konnte sich den Hochwürdigen Doktor nicht vorstellen, wie er sich auf diese Weise mit Tante Rebeccas Brüsten abgab! Morris' Theorie ließ Woody von Busen auf Ehemänner und von Ehemännern auf Busen schauen. Das tat er immer noch. Das muß schon ein ausnehmend kluger Mann sein, der von den Sexualtheorien, die er von seinem Vater hört, nicht für immer gezeichnet wäre, aber so klug war Woody nicht. Das wußte er selber. Persönlich hatte er keine Mühe gescheut, um den Frauen in dieser Beziehung zu Gefallen zu sein. Was die Natur verlangte. Er und Pop waren gewöhnliche, dicke Männer, aber niemand ist zu fett, um nicht ein paar zarte Gedanken zu haben.

Der Hochwürdige Doktor predigte, Rebecca predigte, die reiche Mrs. Skoglund predigte aus Evanston, Mutter predigte. Auch Pop stand redend auf einer Seifenkiste. Alle taten es. Die Division Street rauf und runter, beinahe unter jeder Laterne, standen Redner und gaben Zunder: Anarchisten, Sozialisten, Stalinisten, Einheits-Vertreter, Zionisten, Tolstojaner, Vegetarier und fundamentalistische christliche Prediger – was man nur will. Ein Gemecker, eine Hoffnung, eine Art des Lebens oder des Heils, ein Protest. Wie kam es, daß die aufgestauten Ärgernisse aller Zeiten sich so Luft machten, wenn sie nach Amerika verpflanzt wurden?

Und diese feine schwedische Immigrantin Aase (sie sprachen es Osie aus), die bei Skoglunds Köchin gewesen war und den ältesten Sohn geheiratet hatte, um seine reiche, fromme Witwe zu werden – sie unterstützte den Hochwürdigen Doktor. In ihrer besten Zeit muß sie wie eine Tingeltangel-Tänzerin gebaut gewesen sein. Und die Frauen scheinen das Geheimnis nicht mehr zu kennen, wie man das Haar zu diesem hohen korbartigen Flechtenwerk aufsteckt. Aase nahm Woody unter ihren besonderen Schutz und zahlte sein Schulgeld im Seminar. Und Pop sagte ... Aber an diesem Sonntag, der friedlich war, sobald die Glocken zu lärmen aufhörten, diesem samtenen Herbsttag, da das Gras vor dem ersten Frost vom schönsten und dicksten seidigen Grün war und das Blut in den Lungen röter war, als es von Sommerluft werden konnte, und vor Sauerstoff schmerzte, als hungere das Eisen in deinem System danach, und die Kühle ihn dir mit jedem Atemzug verpaßte – würde Pop, zwei Meter unter der Erde, diesen wonnigen Stich nie wieder fühlen. Die letzte Glocke ließ die helle Luft noch immer durch ihre Schwingungen dahinfließen.

An Wochenenden kam die seit Jahrzehnten übliche Leere immer noch zum Lagerhaus zurück und kroch unter der Tür von Woodys Wohnung durch. Er fühlte sich sonntags so verlassen wie die Kirchen an Wochentagen. Vor jedem Arbeitstag, bevor sich die Lastwagen und Arbeitskolonnen in Bewegung setzten, joggte Woody acht Kilometer in seiner Adidas-Kluft. Jedoch nicht an diesem Tag, der noch Pop vorbehalten war. Obwohl es verlockend war, rauszugehen und sich den Kummer abzurennen. Das Alleinsein setzte Woody an diesem Morgen sehr zu. Er dachte: Ich und die Welt, die Welt und ich. Soll heißen, daß sich da immer eine Tätigkeit dazwischenschieben ließ: eine Besorgung oder ein Besuch, das Malen eines Bildes (er war ein schöpferischer Amateur), eine Massage, eine Mahlzeit, ein Schutzschild zwischen ihm und der lästigen Einsamkeit, die die Welt als ihr Reservoir benutzte. Aber Pop! Letzten Dienstag war Woody zu Pop ins Krankenhausbett gestiegen, weil dieser sich dauernd die Infusionsnadeln rauszog. Die Schwestern steckten sie wieder rein, und dann verblüffte Woody sie alle, indem er ins Bett kletterte, um den zappelnden alten Burschen in seine Arme zu nehmen. »Ruhig, Morris, immer ruhig.« Aber Pop tastete immer noch schwach nach den Schläuchen.

Als das Läuten verstummte, merkte Woody gar nicht, daß ein großer Teich sich über sein Reich, die Firma Fliesen-Selbst, gebreitet hatte. Was er hörte und sah, war eine alte rote Chicagoer Straßenbahn, einen jener Wagen, die die gleiche Farbe hatten wie ein Schlachthaus-Stier. Wagen dieses Typs waren vor Pearl Harbor ausgemustert worden – schwerfällig, bauchig, mit harten Rohrsitzen und Messinggriffen für die Passagiere, die standen. Diese Wagen pflegten viermal pro Meile zu halten und fuhren mit schlingernder Bewegung. Sie stanken nach Karbol oder Ozon und dröhnten, wenn die Luftkompressoren aufgefüllt wurden. Der Schaffner mußte seine geknotete Signalstrippe ziehen, und der Fahrer bearbeitete die Fußklingel mit seinem irren Absatz.

Woody entdeckte sich selbst in der Linie der Western Avenue und wie er mit seinem Vater durch einen Schneesturm fuhr, beide hatten Schafpelzjacken an und aufgesprungene Hände und Gesichter, der Schnee blies von der hinteren Plattform herein, wenn sich die Türen öffneten, und füllte die Längsrillen des Fußbodens. Die Wärme im Innern reichte nicht aus, um ihn schmelzen zu lassen. Und die Western Avenue sei die längste Straßenbahnstrecke der Welt, sagten die Reklamemacher, als sei das ein Grund zum Prahlen. Fünfunddreißig Kilometer, von einem Konstrukteur auf dem Reißbrett entworfen, gesäumt von Fabrikgebäuden, Speichern, Werkstätten, Bestattungsinstituten, Sechsfamilienhäusern, Versorgungsbetrieben und Schrottplätzen, weiter und weiter von den Prärien im Süden bis nach Evanston im Norden. Woodrow und sein Vater fuhren nordwärts nach Evanston, zur Howard Street, und noch weiter, um Mrs. Skoglund zu besuchen. Am Ende der Strecke mußten sie dann noch fünf Blocks zu Fuß gehen. Der Zweck der Fahrt? Um Geld für Pop locker zu machen. Pop hatte ihn dazu rumgekriegt. Wenn sie's erführen, würden Mutter und Tante Rebecca außer sich sein, und Woody hatte Angst, aber er war hilflos. Morris war gekommen und hatte gesagt: »Mein Sohn, ich bin in Schwulitäten. Es ist schlimm.«

»Was ist schlimm, Pop?«

»Halina hat für mich Geld bei ihrem Mann abgezweigt und muß es zurücktun, bevor der alte Bujak es vermißt. Er könnte sie umbringen.«

»Weshalb hat sie's getan?«

»Junge, weißt du, wie die Buchmacher ihr Geld eintreiben? Die schicken einen gedungenen Schergen. Die schlagen mir den Schädel ein.«

»Pop! Du weißt doch, daß ich dich nicht zu Mrs. Skoglund mitnehmen kann.«

»Warum nicht? Du bist doch mein Kind, oder? Die alte Schachtel will dich adoptieren, oder? Soll ich für meine Mühe nichts kriegen? Was bin ich – ausgestoßen? Und was ist mit Halina? Die setzt ihr Leben aufs Spiel, aber mein eigener Sohn sagt nein.«

»Ach, Bujak wird ihr schon nichts tun.«

»Woody, er könnte sie totprügeln.«

Bujak? Die gleiche Farbe wie seine dunkelgraue Arbeitskluft, kurzbeinig, die ganze Kraft in seinen Werkzeug- und Gewindemacher-Unterarmen und den schwarzen Fingern; und erschöpft aussehend – das war Bujak. Aber nach Pops Ansicht steckte in Bujak große, große Gewalt, in seiner schmalen Brust eine regelrecht brodelnde Bessemerbirne. Woody konnte diese Gewalttätigkeit nie in ihm entdecken.

Bujak wollte keinen Ärger. Höchstens hatte er Angst, daß Morris und Halina sich gegen ihn zusammentun und ihn mit Gebrüll totschlagen würden. Aber Pop war kein Desperado-Mörder. Und Halina war eine ruhige, seriöse Frau. Bujak bewahrte seine Ersparnisse im Keller auf (die Banken gingen damals pleite). Sie taten nichts Schlimmeres, als daß sie etwas von seinem Geld nahmen, mit der Absicht, es wieder zurückzugeben. Wie Woody ihn verstand, versuchte Bujak, vernünftig zu sein. Er nahm sein Leid auf sich. Er stellte Mindestforderungen an Halina: koch das Essen, putz das Haus, zeig Respekt. Aber bei Diebstahl hätte Bujak vielleicht einen Strich gezogen, denn Geld war anders, Geld war eine lebenswichtige Sache. Wenn sie seine Ersparnisse stahlen, dann mußte er vielleicht etwas unternehmen, aus Respekt vor dieser Sache, vor sich selbst – Selbstrespekt. Aber man konnte nicht sicher wissen, ob Pop nicht den Buchmacher, den Schergen, den Diebstahl – die ganze Angelegenheit erfunden hatte. Er war dazu fähig, und man wäre ein Esel, wenn man ihn nicht verdächtigte. Morris wußte, daß Mutter und Tante Rebecca Mrs. Skoglund erzählt hatten, was für ein Schuft er war. Sie hatten ihn in Plakatfarben für sie gemalt – lila für Laster, schwarz für seine Seele, rot fürs Höllenfeuer: ein Spieler, Raucher, Trinker, Deserteur, Frauenschänder und Atheist. Da war nun Pop, entschlossen, sie zu besuchen. Das war für alle riskant. Die Betriebskosten des Hochwürdigen Doktors wurden von den Skoglund-Molkereien getragen. Die Witwe zahlte Woodys Schulgeld im Seminar, sie kaufte Kleider für seine kleinen Schwestern.

Woody, inzwischen sechzig, fleischig und mächtig, wie ein Symbol für den Sieg des amerikanischen Materialismus, in seinen Klubsessel versunken, dessen Leder an den Armlehnen sich für seine Fingerspitzen weicher anfühlte als Frauenhaut, war verwirrt und zutiefst verstört durch gewisse Flecken in seinem Innern, Lichtflecken in seinem Hirn, einen Fleck, in dem sich in seiner Brust (wie war der dorthin gelangt?) Schmerz und Belustigung vermengten. Angestrengtes Denken furchte die Haut zwischen seinen Augen mit seinem Druck, der schon fast Kopfschmerz war. Warum hatte er Pop gewähren lassen? Warum ließ er sich herbei, ihn an jenem Tag im düsteren Hintergrund des Billardzimmers zu treffen?

»Aber was willst du Mrs. Skoglund erzählen?«

»Der alten Schachtel? Keine Angst, da gibt's 'ne Menge zu erzählen, und es ist alles wahr. Versuche ich denn nicht, mein kleines Wäscherei- und Reinigungsgeschäft zu retten? Kommt nicht nächste Woche schon der Gerichtsvollzieher, um die Einrichtung abzuholen?« Und Pop probte seinen Auftritt in der Western-Avenue-Straßenbahn. Er baute auf Woodys Gesundheit und Frische. So ein offen aussehender Junge war unschlagbar, um jemand hereinzulegen.

Gab es eigentlich immer noch solche Winterstürme in Chicago wie früher? Jetzt schienen sie irgendwie weniger wild zu sein. Die Schneestürme kamen gewöhnlich geradewegs von Ontario herunter, von der Arktik, und ließen an einem Nachmittag anderthalb Meter Schnee fallen. Dann kamen die rostig grünen Sattelwagen mit kreiselnden Bürsten an beiden Enden aus den Straßenbahnhöfen, um die Schienen zu räumen. Zehn oder zwölf Straßenbahnen folgten in langsamem Zug oder warteten Block für Block.

Da gab es einen langen Aufenthalt am Eingang zum Riverview Park; alle Vergnügungsanlagen waren für den Winter zugedeckt, mit Brettern vernagelt – die Drachenrücken-Berg-und-Tal-Bahn, die Rutschen, die Bobs, all die Jux-Maschinerie, die von Mechanikern und Elektrikern, Männern wie Bujak, dem Werkzeug- und Gewindemacher, die sich mit Maschinen auskannten, zusammengesetzt worden war. Der Schneesturm tobte ungehindert hinter den Eingangstoren, und man konnte nicht weit hineinsehen; nur wenige Lichter brannten hinter der Umzäunung. Wenn Woody die beschlagene Scheibe abwischte, dann war das Drahtgeflecht der Fenstergitter in Augenhöhe dick mit Schnee verstopft. Sah man höher, dann erblickte man vor allem den streifigen Wind, der waagerecht von Norden her blies. Auf der Bank vor ihnen saßen zwei schwarze Kohlentrimmer, beide in ledernen Lindbergh-Flughelmen, die Schaufeln zwischen den Beinen; sie kamen von der Arbeit zurück. Sie rochen nach Schweiß, Sackleinen und Kohle. Hauptsächlich waren sie dunkel durch den schwarzen Staub, aber hie und da hatten sie auch etwas Glänzendes.

Es gab nur wenige Fahrgäste. Die Leute gingen nicht aus dem Haus. Dies war ein Tag, um mit ausgestreckten Beinen am Ofen zu sitzen, durch die Mächte draußen und drinnen mumifiziert. Nur ein Mann mit einem Standpunkt wie Pop ging dann aus und trotzte solchem Wetter. Ein Sturm wie dieser überstieg das Vorstellungsvermögen, und man wahrte das menschliche Gleichgewicht nur, wenn man einen Plan hatte, fünfzig Dollar zu ergattern. Fünfzig Soldaten! Das war 1933 noch Geld!

»Diese Frau ist verrückt nach dir«, sagte Pop.

»Sie ist einfach eine gute Frau, die zu uns allen herzensgut ist.«

»Wer weiß, was sie im Schilde führt. Du bist ein stämmiger Junge. Und nicht mehr nur Junge.«

»Sie ist eine fromme Frau. Sie ist von tiefer Frömmigkeit.«

»Schön, aber deine Mutter ist nicht der einzige Elternteil. Sie und Rebecca und Kovner sollen dich nicht mit ihren Ideen vollstopfen. Ich weiß, daß deine Mutter mich aus deinem Leben ausmerzen will. Wenn ich nicht eingreife, wirst du überhaupt nicht verstehen, was Leben ist. Denn die wissen's nicht – diese dummen Christen.«

»Ja, Pop.«

»Den Mädchen kann ich nicht helfen. Die sind zu jung. Sie tun mir leid, aber ich kann nichts tun. Bei dir ist das anders.«

Er wollte, daß ich bin wie er, ein Amerikaner.

Sie lagen eine Zeitlang im Sturm still, während der rindfarbene Wagen wartete, bis der Stromabnehmer in dem irren Wind, der dröhnte, klirrte, raste, wieder aufgesetzt war. In der Howard Street würden sie dann geradewegs hineinlaufen müssen, nach Norden zu.

»Du mußt als erster reden«, sagte Pop.

Woody hatte die Talente eines Händlers, eines Straßenverkäufers. Das merkte er, wenn er in der Kirche aufstand, um vor fünfzig, sechzig Menschen Zeugnis abzulegen. Obwohl Tante Rebecca es ihm vergütete, rührte er sein eigenes Herz, wenn er von seinem Glauben sprach. Aber gelegentlich, ohne Ankündigung, entfernte sich sein Herz, wenn er fromm redete, und er konnte es nirgends wiederfinden. Bei dieser Abwesenheit rettete er sich durch sein aufrichtiges Verhalten. Er mußte sich bei seinem Vortrag auf sein Gesicht verlassen, auf seine Stimme – sein Verhalten. Dann rückten seine Augen immer näher zusammen. Und in dieser Annäherung von Auge an Auge fühlte er den Druck der Heuchelei. Sein verzerrtes Gesicht drohte ihn zu verraten. Er brauchte seine ganze Kraft, um weiterhin ehrlich auszusehen. Und da er den Zynismus des Ganzen nicht ertragen konnte, flüchtete er sich in den Schabernack. Und Schabernack war das Stichwort für Pop. Pop überquerte geradewegs all diese aufgeteilten Felder, Spalte für Spalte, und erschien an seiner Seite, krummnasig und breitgesichtig. Im Zusammenhang mit Pop dachte man weder an Ehrlichkeit noch an Unehrlichkeit. Pop war wie der Mann im Lied: er wollte, was er wollte, wenn er's wollte. Pop war körperlich, Pop war Verdauung, Kreislauf, Sex. Wenn Pop ernst wurde, sprach er mit einem über das Waschen unter den Armen oder zwischen den Beinen oder vom Abtrockenen zwischen den Zehen oder vom Abendessenkochen, von getrockneten Bohnen und gebratenen Zwiebeln, von Ramschpoker oder von einem gewissen Pferd im fünften Rennen in Arlington. Pop war elementar. Deshalb brachte er auch eine solche Erleichterung von Religion und Paradoxen und derartigen Dingen. Nun glaubte Mutter zwar, sie sei religiös, aber Woody wußte, daß sie sich was vormachte. O ja, mit dem britischen Akzent, den sie nie ablegte, redete sie immerzu mit Gott oder von Ihm – so es Gott gefällt, so Gott will, Gott sei gelobt. Aber sie war eine große, kräftige, handfeste, Auf-dem-Boden-der-Tatsachen-Frau mit Auf-dem-Boden-der-Tatsachen-Pflichten, wie die Mädchen zu ernähren, zu schützen, zu verfeinern, keusch zu halten seien. Und diese beiden behüteten Täubchen wuchsen so übergewichtig auf, schwer in den Hüften und Schenkeln, daß ihre armen Köpfe lang und schmächtig aussahen. Und verrückt. Lieb aber plemplem – Paula war fröhlich plemplem, Johanna depressiv und hatte Episoden.

»Ich will mein Bestes tun, aber du mußt mir versprechen, Pop, daß du mir mit Mrs. Skoglund keinen Ärger machst.«

»Hast wohl Angst, weil ich schlecht Englisch spreche? Schämst dich? Weil ich einen jiddischen Akzent habe?«

»Nicht deswegen. Kovner hat einen starken Akzent, und das ist ihr egal.«

»Wer, zum Teufel, sind diese Mißgeburten, daß sie auf mich herabsehen? Du bist praktisch ein Mann, und dein Vater hat das Recht, von dir Hilfe zu erwarten. Er ist in der Klemme. Und du bringst ihn zu ihrem Haus, weil sie ein Herz hat und du sonst niemand hast, zu dem du gehen könntest.«

»Ich habe dich, Pop.«

Die beiden Kohlentrimmer standen an der Devon Avenue auf. Einer von ihnen trug einen Frauenmantel. Männer trugen in jenen Jahren Frauenkleidung und Frauen Männersachen, wenn keine andere Wahl blieb. Der Pelzkragen war stachlig von der Nässe und mit Ruß bedeckt. Schwerfällig ließen sie die Schaufeln schleifen und stiegen vorne aus. Der langsame Wagen kämpfte sich voran, sehr langsam. Es war nach vier, als sie die Endstation erreichten, irgendwo zwischen Grau und Schwarz, mit Schnee, der kreisförmig um die Straßenlaternen wirbelte und wogte. In der Howard Street waren an allen Ecken Autos steckengeblieben und verlassen worden. Die Gehsteige waren versperrt. Woody führte auf dem Weg nach Evanston hinein, und Pop folgte ihm in der Straßenmitte in den Furchen, die zuvor von Lastern gemacht worden waren. Vier Blocks weit kämpften sie sich gegen den Wind voran, und dann brach Woody durch die Schneeverwehungen zu der verschneiten Villa durch, wo sie beide das schmiedeeiserne Tor wegen der darunterliegenden Schneemassen zusammen aufstemmen mußten. Zwanzig oder mehr Zimmer in diesem ehrbaren Haus, und niemand darin als Mrs. Skoglund und ihre Dienerin Hjordis, die auch fromm war.

Als Woody und Pop warteten, sich den nassen Schnee von ihren Schaffell-Kragen fegten und Pop sich schwitzend und frierend die starken Augenbrauen mit seinem Schalende abwischte, begannen die Ketten zu rasseln, und Hjordis öffnete die Luftlöcher der Außentür aus Glas, indem sie einen Holzbalken drehte. Woody nannte sie »Mönchsgesicht«. Heute sieht man nicht mehr solche Frauen, die keinen weiblichen Zug in ihr Gesicht lassen. Sie kam, häßlich, wie sie Gott gemacht hatte. Sie sagte: »Wer ist da, und was wollen Sie?«

»Woodrows Selbst. Hjordis? Ich bin's Woody.«

»Du wirst nicht erwartet.«

»Nein, aber wir sind hier.«

»Was willst du?«

»Wir sind hierher gekommen, um Mrs. Skoglund zu sprechen.«

»Weswegen willst du sie sprechen?«

»Sagen Sie ihr nur, daß wir hier sind.«

»Ich muß ihr sagen, weswegen ihr gekommen seid, ohne vorher anzurufen.«

»Sagen Sie ihr doch, Woody und sein Vater, und wir wären nicht in einem solchen Schneesturm gekommen, wenn's nicht wichtig wäre.«

Die begreifliche Vorsicht von Frauen, die allein leben. Ehrbare, altmodische Frauen noch dazu. Eine solche Ehrbarkeit gab es heute nicht mehr in diesen Häusern von Evanston mit ihren großen Veranden und tiefen Gärten, und mit einer Dienerin wie Hjordis, die an ihrem Gürtel die Schlüssel zur Speisekammer und zu allen Schränken und allen Kommoden, Schubladen und allen mit Schlössern versehen Gelassen im Keller trug. Und im hochanglikanischen, christlich-wissenschaftlichen Evanston der Frauen-Temperenz-Vereine klingelten keine Hausierer an der Vordertür. Nur geladene Gäste. Und hier, nach einer sechzehn Kilometer langen Plackerei durch den Schneesturm, kamen zwei Landstreicher von der West Side. Zu dieser Villa, wo eine aus Schweden eingewanderte Dame, die selbst einmal Köchin und jetzt eine philanthropische Witwe war, vom Schnee eingeschlossen war, und während erfrorene Fliederzweige an ihre Sturmfenster klapperten, von einem neuen Jerusalem und einer Zweiten Wiederkunft und einer Auferstehung und einem Jüngsten Gericht träumte. Um die Zweite Wiederkunft zu beschleunigen und alles, was dazu gehörte, mußte man die Herzen dieser ränkeschmiedenden Gauner, die in einem Schneesturm daherkamen, erreichen. Natürlich ließen sie uns ein.

Dann, in der Hitze, die plötzlich zu ihrem schalumschlungenen Kinn hochströmte, fühlten Pop und Woody, wie der

Schneesturm wirklich war; ihre Wangen waren zu Klumpen gefroren. Sie standen erschöpft, prickelnd, tröpfelnd in der Eingangshalle, die wahrhaftig eine Halle war, mit einer geschnitzten Treppe mit rustikalen Pfosten und am oberen Absatz einem großen bunten Glasfenster. Auf dem Jesus mit der Samariterin dargestellt war. Es lag eine Art christlicher Dumpfheit in der Luft. Vielleicht machte Woody, wenn er mit Pop zusammen war, mehr jüdische Beobachtungen als sonst. Obwohl Pops jüdischste Eigenschaft war, daß Jiddisch die einzige Sprache war, in der er eine Zeitung lesen konnte. Pop lebte mit der polnischen Halina zusammen und Mutter mit Jesus Christus, und Woody aß ungekochten Speck von der Speckseite. Dennoch hatte er ab und zu ein jüdisches Erlebnis.

Mrs. Skoglund war eine äußerst saubere Frau – ihre Fingernägel, ihr weißer Hals, ihre Ohren –, und Pops sexuelle Andeutungen Woody gegenüber gingen alle fehl, weil sie so ungemein sauber war und Woody an einen Wasserfall erinnerte, weil sie groß war und mächtig gebaut. Ihr Busen war ansehnlich. Woodys Phantasie hatte sich damit beschäftigt. Er meinte, sie hielte diese Dinge fest, sehr fest unter Verschluß. Aber einmal hob sie beide Arme, um ein Fenster hochzuschieben, und da waren sie, ihre Brüste, neben ihm, der ganze unbändige Apparat. Ihr Haar war wie der Raffiabast, den man einweichen mußte, bevor man damit in der Korbmacherklasse flechten konnte – bleich, bleich. Als Pop seinen Schafspelz auszog, hatte er einen Sweater an, kein Jackett. Seine unsteten Blicke ließen ihn verdächtig erscheinen. Am schwersten war es für diese Selbsts mit ihren gebogenen Nasen und großen, scheinbar offenen Gesichtern, ehrlich auszusehen. Alle Zeichen der Unehrlichkeit waren bei ihnen vorhanden. Woody hatte sich oft darüber Gedanken gemacht. War das auf die Muskeln zurückzuführen, war es im Grunde ein Problem der Kinnladen – die prominenten Winkel der Kinnladen? Oder waren es die Winkelzüge, die im Herzen stattfanden? Die Mädchen nannten Pop Dick Tracy, aber Dick Tracy war ein guter Mann. Wen konnte Pop überzeugen? Aber hier ergriff Woody eine Möglichkeit, als sie gerade vorbeihuschte. Genau weil Pop so aussah, konnte eine gefühlsselige Person Reue empfinden, weil sie unfair verdammte oder lieblos urteilte. Nur auf ein Gesicht hin? Manche müssen dagegen angekämpft haben. Dann hatte er sie. Nicht Hjordis. Sie hätte Pop ungerührt auf die Straße gesetzt, Sturm oder nicht. Hjordis war fromm, aber sie kannte sich auch aus. Nicht umsonst war sie im Zwischendeck rübergekommen und hatte vierzig Jahre in Chicago gearbeitet.

Mrs. Skoglund, Aase (Osie) führte die Besucher ins Vorderzimmer. Dieses, das größte Zimmer im Hause, brauchte eine zusätzliche Heizung. Wegen der fünf Meter hohen Decken und der hohen Fenster hatte Hjordis den Wohnzimmerofen geheizt. Es war einer jener eleganten Öfen, die eine Nickelkrone oder Gehrung hatten, und wenn man die zur Seite rückte, dann hob sich automatisch das Scharnier einer eisernen Ofenklappe. Die darunter liegende Ofenklappe war voller Ruß und Rost wie alle anderen Ofenklappen. In dieses Loch kippte man die Kohlenschütte, und die Anthrazit-Eierbriketts rasselten hinunter. Das gab ein flaches oder kuppelförmiges Feuer, das durch das kleine Fenster aus Marienglas zu sehen war. Es war ein hübscher Raum, zu drei Vierteln holzgetäfelt. Der Ofen war an den Abzug des Marmorkamins angeschlossen, und es gab Parkettfußboden und Axminsterteppiche und preiselbeerfarbene, mit Quasten versehene viktorianische Polstermöbel und eine Art chinesischer Etagere in einer Vitrine, die mit Spiegeln ausgekleidet war und silberne Kannen enthielt, Trophäen, die von Skoglund-Kühen gewonnen worden waren, fein gearbeitete Zuckerzangen sowie Krüge aus geschliffenem Glas und Pokale. Es gab Bibeln und Bilder von Jesus und dem Heiligen Land und diesen schwachen Christengeruch, als hätte man alles in einer dünnen Essiglösung gespült.

»Mrs. Skoglund, ich habe Ihnen meinen Vater gebracht. Ich glaube, Sie kennen ihn noch nicht«, sagte Woody.

»Ja, gnä' Frau, das bin ich, Selbst.«

Da stand Pop, kurz, aber herrisch in seinem Sweater, und sein Bauch trat vor, nicht weich, sondern hart. Er gehörte als Mann zum Typ der Hartbäuchigen. Niemand konnte Pop Angst einjagen. Er trat nie als Bettler auf. An ihm war nichts Kriecherisches. Er ließ sie gleich durch die Art, wie er »gnä' Frau« sagte, merken, daß er unabhängig war und daß er sich auskannte. Er gab dadurch zu verstehen, daß er imstande war, sich bei Frauen zu benehmen. Die hübsche Mrs. Skoglund, die einen aus ihrem eigenen Haar geflochtenen Korb trug, war in den Fünfzigern – acht, vielleicht zehn Jahre älter als er.

»Ich habe meinen Sohn gebeten, mich herzubringen, weil ich weiß, daß Sie für den Jungen viel Gutes tun. Es ist nur natürlich, daß Sie beide Eltern kennen sollten.«

»Mrs. Skoglund, mein Vater ist in Schwierigkeiten, und ich kenne sonst niemand, den ich um Hilfe bitten kann.«

Das war die ganze Einführung, die mein Vater brauchte. Er ergriff das Wort und erzählte der Witwe seine Geschichte von dem Wäscherei- und Reinigungsgeschäft und überfälligen Zahlungen und erklärte die Sache mit den Installationen und der angedrohten Beschlagnahme und dem Büro des Gerichtsvollziehers und was sie ihm antun würden, und er sagte: »Ich bin ein kleiner Mann, der versucht, sich durchzuschlagen.«

»Sie zahlen keine Unterstützung für Ihre Kinder«, sagte Mrs. Skoglund.

»Das stimmt«, sagte Hjordis.

»Ich hab's nicht. Hätte ich's, würde ich's nicht hergeben? In der ganzen Stadt steht man nach Brot und nach Suppe an.

Bin ich's denn nur? Was ich zum Verteilen habe, gebe ich den Kindern. Ein schlechter Vater? Meinen Sie, mein Sohn hätte mich in Ihr Haus gebracht, wenn ich ein schlechter Vater wäre? Er liebt seinen Papa, er traut seinem Papa, er weiß, sein Papa ist ein guter Papa. Immer wenn ich ein kleines Geschäft anfange, werde ich kaputtgemacht. Dies ist ein gutes, kleines Geschäft, wenn ich dieses kleine Geschäft halten könnte. Drei Leute arbeiten für mich, ich muß Lohn zahlen, und drei Leute liegen auf der Straße, wenn ich dicht mache. Gnä' Frau, ich kann einen Schein unterschreiben und zahle es Ihnen in zwei Monaten zurück. Ich bin ein einfacher Mann, aber ich bin ein tüchtiger Arbeiter und ein Mann, dem Sie vertrauen können.«

Woody war überrumpelt, als Pop das Wort »vertrauen« benutzte. Es war, als bliese aus allen vier Ecken eine Marschkapelle einen Tusch, um die ganze Welt zu warnen: »Gauner! Das ist ein Gauner!« Aber Mrs. Skoglund war auf Grund ihrer religiösen Versunkenheit entrückt. Sie hörte nichts. Obwohl jeder in dieser Gegend der Welt – wenn er nicht gerade verrückt war – ein praktisches Leben führte, und man niemand etwas zu sagen hatte, die Nachbarn einem nichts zu sagen hatten, war Mrs. Skoglund mit ihrem ganzen Geld unweltlich – zu zwei Dritteln nicht von dieser Welt.

»Geben Sie mir die Chance zu zeigen, was in mir steckt«, sagte Pop, »und Sie werden sehen, was ich für meine Kinder tue.«

Darauf zögerte Mrs. Skoglund zuerst, und sagte dann, sie müsse nach oben gehen, sie müsse in ihr Zimmer gehen und darüber beten und um einen Fingerzeig bitten – sie möchten sich doch setzen und warten. Zwei Schaukelstühle standen am Ofen. Hjordis warf Pop einen grimmigen Blick zu (ein gefährlicher Mensch) und Woody einen tadelnden (er brachte einen gefährlichen Fremden und einen Störenfried mit, um zwei gütigen christlichen Frauen Schaden anzutun). Dann ging sie mit Mrs. Skoglund aus dem Zimmer.

Sobald sie draußen waren, sprang Pop von seinem Schaukelstuhl auf und sagte voll Zorn: »Was soll das mit dem Beten? Sie muß Gott fragen, ob sie mir fünfzig Dollar leihen kann?«

Woody sagte: »Das hat nichts mit dir zu tun, Pop, das ist die Art von diesen frommen Leuten.«

»Nein«, sagte Pop. »Die kommt zurück und sagt, daß Gott sie nicht läßt.«

Woody war das zuwider; er fand Pop roh und sagte: »Nein, sie ist ehrlich. Pop, versuche zu begreifen, daß sie gefühlvoll, nervös und aufrichtig ist und versucht, jedem zu seinem Recht zu verhelfen.«

Und Pop sagte: »Diese Dienerin wird's ihr ausreden. Die ist hart. Das ist ihr ins Gesicht geschrieben, daß wir ein paar Betrüger sind.«

»Wozu streiten wir uns?« sagte Woody. Er zog den Schaukelstuhl näher an den Ofen. Seine Schuhe waren völlig durchnäßt und würden nie wieder trocken werden. Die blauen Flammen flatterten wie ein Schwarm Fische im Kohlenfeuer. Aber Pop ging hinüber zu der Vitrine oder der Etagere in chinesischem Stil, probierte den Griff, öffnete dann sein Taschenmesser und hatte in Sekundenschnelle das Schloß der gewölbten Glastür offen. Er nahm eine silberne Schale heraus.

»Pop, was soll das?« sagte Woody.

Pop, kühl und gelassen, wußte genau, was das sollte. Er schloß die Etagere wieder, ging über den Teppich und lauschte. Er stopfte die Schale unter seinen Gürtel und schob sie nach unten in die Hose. Er hielt die Seite seines kurzen, dicken Fingers vor den Mund.

Woody senkte daher die Stimme, aber er war zutiefst erschüttert. Er ging zu Pop und packte ihn an der Handkante. Als er Pop ins Gesicht sah, fühlte er, wie seine Augen kleiner und kleiner wurden, als zöge etwas die Haut über dem ganzen Kopf zusammen. Man nennt das Hyperventilation, wenn sich alles eng und leicht und dicht und schwindlig anfühlt. Kaum atmend sagte er: »Stell sie zurück, Pop.«

Pop sagte: »Das ist schweres Silber, das ist Geld wert.«

»Pop, du hast gesagt, du würdest mir keinen Ärger machen.«

»Das ist nur eine Rückversicherung für den Fall, daß sie vom Beten zurückkommt und nein zu mir sagt. Wenn sie ja sagt, stell' ich sie zurück.«

»Wie?«

»Sie kommt zurück. Wenn ich sie nicht zurückstelle, tust du's.«

»Du hast das Schloß geknackt. Das könnte ich nicht. Ich wüßte nicht, wie.«

»Das ist kein Problem.«

»Wir stellen sie jetzt zurück. Gib her.«

»Woody, sie ist unter meinem Hosenschlitz, in der Unterhose. Mach nicht soviel Geschrei um nichts.«

»Pop, ich kann das nicht glauben.«

»Zum Himmeldonnerwetter, halt die Schnauze. Wenn ich dir nicht traute, hätte ich dich nicht zusehen lassen. Du verstehst überhaupt nichts. Was ist mit dir los?«

»Bevor die runterkommen, fischst du die Schale aus deinen langen Unterhosen, Pop.«

Pop wurde förmlich mit ihm. Er wurde absolut militärisch. Er sagte: »Hör zu, ich befehle dir.«

Bevor er sich's versah, hatte Woody seinen Vater angesprungen und begonnen, mit ihm zu ringen. Es war unerhört, daß man den eigenen Vater umklammerte, ihm ein Bein stellte und ihn an die Wand drängte. Pop war völlig überrumpelt und sagte laut: »Willst du, daß Halina umgebracht wird? Bring sie um! Mach nur, du bist schuld.« Er fing voller Wut an, sich zu wehren, und sie drehten sich einige Male, als Woody mit einem Trick, den er aus einem Western übernommen und einmal auf dem Spielfeld angewandt hatte, ihn zu Fall brachte und beide zu Boden stürzten. Woody, der bereits damals zwanzig Pfund schwerer war als der alte Herr, lag jetzt oben. Sie landeten auf dem Fußboden nahe beim Ofen, der auf einem verzierten Blechuntersatz stand, um den Teppich zu schonen. In dieser Stellung merkte Woody, der auf Pops harten Bauch drückte, daß es überhaupt nichts brachte, Pop zu Boden gezwungen zu haben. Es war unmöglich, die Hand unter Pops Gürtel zu zwängen, um die Schale rauszuholen. Und jetzt war Pop wütend geworden, wozu ein Vater absolut berechtigt ist, wenn sein Sohn Gewalt gegen ihn anwendet, und er machte seine Hand frei und schlug Woody ins Gesicht. Er schlug ihn drei-, viermal mitten ins Gesicht. Dann drückte Woody seinen Kopf in Pops Schulter und hielt ihn fest, um zu verhindern, daß er wieder geschlagen würde, und sagte ihm dann ins Ohr: »Mein Gott, Pop, um Christi willen, denk daran, wo du bist. Diese Frauen sind gleich wieder hier.« Aber Pop rammte sein plumpes Knie nach oben und kämpfte und stieß ihn mit dem Kinn, daß Woodys Zähne klapperten. Er glaubte, der alte Mann wolle ihn beißen. Und da er ja ein Seminarist war, dachte er: »Wie ein unsauberer Geist.« Und hielt ihn fest. Allmählich hörte Pop auf zu zappeln und zu kämpfen. Die Augen traten ihm aus dem Kopf, sein Mund stand offen. Wie ein dicker Fisch. Woody ließ ihn los und half ihm auf. Viele, viele schlimme Gefühle überkamen ihn dann, Gefühle wie sie, das wußte er, den alten Mann niemals quälten. Nie, nie. Pop hatte nie diese unterwürfigen Anwandlungen. Darin lag seine ganze Überlegenheit. Pop hatte nicht solche Gefühle. Er war wie ein berittener Krieger aus Zentralasien, ein Bandit aus China. Mutter aus Liverpool war's, die die feine Art hatte, die englischen Manieren. Der predigende Hochwürdige Doktor in seinem schwarzen Anzug war's. Man ist kultiviert, und sie tun nichts anderes, als einen unterzubuttern. Zum Teufel damit!

Die lange Tür öffnete sich, und Mrs. Skoglund trat mit den Worten ein: »Habe ich mich getäuscht, oder hat etwas das Haus erschüttert?«

»Ich habe die Schütte hoch gehoben, um etwas Kohle aufzulegen, und sie ist mir aus der Hand gefallen. Es tut mir leid, daß ich so ungeschickt war«, sagte Woody.

Pop war zu gereizt, um zu sprechen. Seine Augen waren groß und wehleidig, das dünne Haar fiel ihm in die Stirn, und man merkte an seinem gespannten Bauch, wie wütend er Atem schöpfte, obwohl sein Mund geschlossen war.

»Ich habe gebetet«, sagte Mrs. Skoglund.

»Ich hoffe, es hat was genützt«, sagte Woody.

»Nun ja, ich tue nichts ohne Lenkung, aber die Antwort war ja, und ich fühle mich jetzt gerechtfertigt. Wenn ihr also warten wollt, gehe ich in mein Büro und schreibe einen Scheck aus. Ich habe Hjordis gebeten, euch eine Tasse Kaffee zu bringen. Wo ihr bei einem solchen Sturm gekommen seid.«

Und Pop, durchweg ein furchtbarer kleiner Mann, sagte, sobald sie die Tür geschlossen hatte. »Ein Scheck? Zum Teufel mit 'nem Scheck. Verschaff mir die grünen Scheine.«

»Sie bewahren kein Geld im Haus auf. Den kannst du dir morgen in ihrer Bank einwechseln. Aber wenn sie diese Schale vermissen, Pop, dann sperren sie den Scheck, und wie stehst du dann da?«

Als Pop unter den Gürtel griff, brachte Hjordis das Tablett. Sie war sehr brüsk zu ihm. Sie sagte: »Ist dies der Ort, um die Kleidung in Ordnung zu bringen, Mister? Eine Männertoilette?«

»Ja, wo geht's denn zur Toilette?« fragte Pop.

Sie hatte den Kaffee in den schäbigsten Tassen der Küche

gerichtet, und sie knallte das Tablett hin und führte Pop den Gang entlang und stand vor der Toilettentür Wache, damit er nicht im Haus umherwandern konnte.

Mrs. Skoglund rief Woody in ihr Büro; und nachdem sie ihm den gefalteten Scheck übergeben hatte, sagte sie, sie sollten gemeinsam für Morris beten. Also war er wieder auf den Knien, unter Reihen und Reihen modriger alter marmorierter Pappordner, neben der Glaslampe am Ende des Schreibtischs, deren Schirm an den Rändern mit Volants besetzt war wie die Bonbonschale. Mrs. Skoglund mit ihrem skandinavischen Akzent – ein gefühlsgeladener Kontra-Alt – erhob die Stimme zu Jesu-uh Christu-uh, während der Wind die Bäume peitschte, gegen die Seite des Hauses prallte und den Schnee prasselnd gegen die Fensterscheiben trieb, das Licht-uh zu senden, Weisung-uh zu geben, ein neues Herz-uh in Pops Brust zu pflanzen. Woody bat Gott nur, Pop zu veranlassen, daß er die Schale zurückstellte. Er ließ Mrs. Skoglund so lange wie möglich auf den Knien verharren. Dann dankte er ihr, vor Offenheit strahlend (so gut er konnte) für ihre christliche Großherzigkeit, und er sagte: »Ich weiß, daß Hjordis einen Vetter hat, der beim CVJM arbeitet. Könnte sie ihn bitte anrufen und versuchen, für heute nacht ein Zimmer für uns zu kriegen, damit wir uns nicht den ganzen Weg durch den Schneesturm zurück kämpfen müssen? Zum CVJM ist es fast so nah wie zur Straßenbahn. Vielleicht fährt die Straßenbahn gar nicht mehr.«

Die argwöhnische Hjordis, die kam, als Mrs. Skoglund sie rief, kochte jetzt. Erst drangen sie hier ein, machten sich's bequem, baten um Geld, mußten Kaffee kriegen und hinterließen vermutlich den Tripper auf dem Klosettdeckel. Hjordis, erinnerte sich Woody, war eine Frau, die die Türklinken mit Alkohol abwischte, wenn die Gäste gegangen waren. Trotzdem rief sie beim CVJM an und bestellte für sie ein Zimmer mit zwei Feldbetten zum Preis von 75 Cents.

Auf diese Weise hatte Pop eine Menge Zeit, die Etagère zu öffnen, die mit Spiegelglas oder Neusilber (etwas äußerst Zarten und Raffiniertem) ausgeschlagen war, und sobald die zwei Selbsts danke schön und auf Wiedersehen gesagt hatten und wieder in der Mitte der Straßen waren, knietief im Schnee, sagte Woody: »Na also, ich habe dich gedeckt. Ist das Ding zurück?«

»Ja, selbstverständlich«, sagte Pop.

Sie kämpften sich bis zu dem kleinen CVJM-Gebäude durch, das mit Drahtgitter verschlossen war und einer Polizeistation glich – annähernd die gleichen Ausmaße. Es war zu, aber sie machten am Gitter Radau, und ein kleiner schwarzer Mann ließ sie ein, schlurfte mit ihnen die Treppen hoch zu einem Zementkorridor mit niedrigen Türen. Es sah wie im kleinen Raubtierhaus im Lincoln Park aus. Der Mann sagte, es gäbe nichts zu essen, also zogen sie sich die nassen Hosen aus, wickelten sich fest in die khakifarbenen Heeresdecken und sanken auf ihren Feldbetten in Schlaf.

Am Morgen gingen sie als erstes zur Evanston National Bank und holten sich die fünfzig Dollar. Nicht ohne Schwierigkeiten. Der Kassierer ging, um Mrs. Skoglund anzurufen, und blieb eine ganze Weile von seinem Schalter weg. »Wo, zum Teufel, ist er hingegangen?« fragte Pop.

Aber als der Bursche zurückkam, fragte er: »Wie wollen Sie's haben?«

Pop sagte: »Einer.« Er sagte zu Woody: »Bujak hortet es in Ein-Dollar-Scheinen.«

Aber inzwischen glaubte Woody nicht mehr, daß Halina das Geld des alten Mannes gestohlen hatte.

Dann gingen sie auf die Straße, wo die Schneeräumkolonnen an der Arbeit waren. Die Sonne schien breit, breit aus dem morgendlichen Blau, und ganz Chicago wollte sich von der zeitweiligen Schönheit dieser ungeheuren Verwehungen befreien.

»Du hättest mich gestern abend nicht anspringen sollen, Söhnchen.«

»Ich weiß, Pop, aber du hattest versprochen, du würdest mir keinen Ärger machen.«

»Na schön, es ist okay, wir können's vergessen, weil du mir die Stange gehalten hast.«

Nur hatte Pop die Silberschale mitgenommen. Natürlich hatte er das getan, und innerhalb weniger Tage wußten es Mrs. Skoglund und Hjordis, und später in der Woche warteten sie alle in Kovners Büro im Gemeindehaus auf Woody. Zu der Gruppe gehörte auch der Hochwürdige Doktor Crabbie, der Leiter des Seminars, und Woody, der bis dahin ungestört und glatt dahergeflogen war, wurde in Flammen abgeschossen. Er sagte ihnen, er sei unschuldig. Selbst als er schon stürzte, warnte er sie, daß sie ihm Unrecht täten. Er leugnete, daß er oder Pop Mrs. Skoglunds Eigentum angerührt hätten. Der vermißte Gegenstand, er wisse ja nicht, worum sich's handle, sei wahrscheinlich verstellt worden, und an dem Tag, an dem er wiederauftauche, würde es ihnen leid tun. Nachdem Dr. Crabbie gesagt hatte, bis Woody sich imstande sehe, die Wahrheit zu sagen, sei er vom Seminar suspendiert, wo seine Arbeit sowieso ungenügend gewesen sei, nahm ihn Tante Rebecca beiseite und sagte zu ihm: »Du bist ein kleiner Gauner, wie dein Vater. Die Tür hier ist von nun an für dich verschlossen.«

Dazu bemerkte Pop nur: »Na wenn schon, mein Junge.«

»Pop, das hättest du nicht tun sollen.«

»So? Na, das ist mir schnuppe, wenn du's genau wissen willst. Du kannst die Schale haben, wenn du zurückgehen und dich bei all diesen Scheinheiligen Liebkind machen willst.«

»Ich wollte Mrs. Skoglund nicht gern übers Ohr hauen, wo sie so gut zu uns war.«

»Gut?«

»Gut.«

»Das Gut hatte ein Preisschild.«

Man konnte solche Auseinandersetzungen mit Pop nicht gewinnen. Aber sie stritten sich in verschiedenen Stimmungen und verschiedenen Tonlagen und unter verschiedenen Perspektiven vierzig Jahre lang und länger darüber, und ihre Verbundenheit änderte sich, entwickelte sich und reifte.

»Warum hast du's getan, Pop? Fürs Geld? Was hast du mit den fünfzig Dollar angefangen?« Das fragte ihn Woody Jahrzehnte später.

»Ich habe die Sache mit dem Buchmacher bereinigt, und den Rest habe ich ins Geschäft gesteckt.«

»Du hast noch ein paar Pferde ausprobiert.«

»Kann sein. Aber das war ein Doppelspiel, Woody. Ich habe mir nicht weh und dir zugleich einen Gefallen getan.«

»Das war für mich?«

»Es war ein zu merkwürdiges Leben. Das Leben warst nicht du, Woody. Alle diese Weiber – Kovner war kein Mann, der war etwas dazwischen. Angenommen, die hätten dich zum Geistlichen gemacht? Ein schöner christlicher Geistlicher! Erstens hättest du's nicht aushalten können, und zweitens hätten sie dich früher oder später rausgeschmissen.«

»Kann sein.«

»Und du hättest keine Juden bekehrt, was sie von dir erwarteten.«

»Und was für eine Zeit, Juden zu belästigen«, sagte Woody.

»*Ich* habe sie jedenfalls nicht gekränkt.«

Pop hatte ihn auf seine Seite zurückgeholt, Blut von seinem Blut, dieselben dicken Körperwände, dieselbe grobe Maserung. Nicht fürs geistliche Leben bestimmt. Ihm einfach nicht gewachsen.

Pop war nicht schlechter als Woody, und Woody war nicht besser als Pop. Pop hatte nichts mit Theorien im Sinn, und doch wies er Woody immer auf eine Lebenshaltung hin – eine frohe, herzhafte, natürliche, gefällige, grundsatzlose Lebenshaltung. Wenn Woody eine Schwäche hatte, dann war es seine Selbstlosigkeit. Das geriet Pop zwar zum Vorteil, aber trotzdem kritisierte er Woody deswegen. »Du lädst dir zuviel auf«, sagte Pop immer. Und es ist wahr, daß Woody Pop sein Herz schenkte, weil Pop so selbstsüchtig war. Meistens sind es die selbstsüchtigen Leute, die am meisten geliebt werden. Sie tun, was man sich selbst versagt, und man liebt sie deswegen. Man schenkt ihnen sein Herz.

Als Woody an den Pfandschein für die silberne Schale dachte, mußte er plötzlich so lachen, daß er sich selbst erschreckte und husten mußte. Nach seiner Ausstoßung aus dem Seminar und der Verbannung aus dem Center sagte Pop zu ihm: »Möchtest du wieder rein? Hier ist der Schein. Ich habe das Ding versetzt. Es war nicht so wertvoll, wie ich glaubte.«

»Was haben sie gegeben?«

»Zwölf-fuffzig war alles, was ich kriegen konnte. Aber wenn du sie willst, mußt du das Geld selber auftreiben, denn ich hab's nicht mehr.«

»Du mußt in der Bank geschwitzt haben, als der Kassierer Mrs. Skoglund wegen des Schecks angerufen hat.«

»Ich war ein bißchen nervös«, sagte Pop. »Aber ich glaubte nicht, daß sie das Ding so schnell vermissen würden.«

Dieser Diebstahl war Bestandteil von Pops Krieg mit Mutter. Mit Mutter und Tante Rebecca und dem Hochwürdigen Doktor. Pop stand auf Realismus. Mutter vertrat die Kräfte der Religion und Hypochondrie. Vier Jahrzehnte lang hörte dieser Kampf nie auf. Im Laufe der Zeit wurden Mutter und die Mädchen Wohlfahrtstypen und verloren ihre individuellen Konturen. Ach, die armen Dinger, sie wurden abhängig und sonderlich. Woody, der sündige Mann, war indessen ihr pflichtgetreuer und liebevoller Sohn und Bruder. Er kam für den Bungalow auf – einschließlich Bedachung, Verfugung, Installation, Isolierung, Klimaanlagen – und zahlte für Heizung und Licht und Verpflegung und kleidete sie alle aus dem Versandhandel ein und kaufte ihnen einen Fernseher, auf den sie so andächtig starrten, wie sie beteten. Paula nahm Stunden, um Fertigkeiten wie Makramee-Knüpfen und Petit-point-Sticken zu lernen, und fand zuweilen etwas Arbeit als Freizeitgestalterin in einem Pflegeheim. Aber sie war nicht beständig genug, um dabeizubleiben. Der böse Pop verbrachte den größten Teil seines Lebens damit, Flecken von der Kleidung anderer Leute zu entfernen. Er und Halina betrieben in den letzten Jahren einen Reinigungssalon in West Rogers Park, ein leidlich gehendes Geschäft, so etwas wie ein Waschsalon, das ihm genug Muße für Billard, die Pferde, Rommé und Pinochle ließ. Jeden Morgen ging er hinter die Trennwand, um die Filter der Reinigungsanlagen zu überprüfen. Er fand lustige Sachen, die mit den Kleidungsstücken in die Bottiche gesteckt worden waren – manchmal, wenn er Glück hatte, eine Halskette oder eine Brosche. Und wenn er die Reinigungsflüssigkeit aufgefrischt hatte, indem er blaue oder rosa Essenzen aus Kunststoffeimern nachfüllte, las er über einer zweiten Tasse seine Zeitung und ging aus, überließ Halina die Geschäfte. Wenn sie für die Miete Hilfe brauchten, sprang Woody ein.

Als das neue Disneyland in Florida eröffnet worden war, zahlte Woody allen seinen Unterstützungsempfängern einen Urlaub. Er schickte sie selbstverständlich in getrennten Gruppen hinunter. Halina hatte mehr Freude daran als alle anderen. Sie konnte nicht aufhören, von den Reden zu erzählen, die ein Abraham-Lincoln-Automat hielt. »Wunderbar, wie er aufstand und die Hände und den Mund bewegte. So echt! Und wie schön er redete.« Von ihnen allen war Halina die gediegenste, die menschlichste, die ehrlichste. Jetzt, da Pop tot war, kümmerten sich Woody und Halinas Sohn Mitosh, der Organist im Stadion, um ihre Bedürfnisse, die über die Zahlungen der Sozialversicherung hinausgingen, und teilten sich die Kosten. Nach Pops Meinung waren Versicherungen Halsabschneider. Er hinterließ Halina lediglich ein paar veraltete Geräte.

Woody gönnte sich auch etwas. Einmal im Jahr, und zuweilen auch häufiger, überließ er sein Geschäft sich selber, beauftragte die Treuhandabteilung seiner Bank, seine Bande zu versorgen, und machte sich davon. Er tat das geschmackvoll, einfallsreich und kostspielig. In Japan vergeudete er wenig Zeit auf Tokio. Er verbrachte drei Wochen in Kyoto und wohnte in Tawaraya Inn, das aus dem siebzehnten Jahrhundert oder da herum stammte. Dort schlief er im japanischen Stil auf dem Boden und badete in siedend heißem Wasser. Er sah die schmutzigste Strip-Show der Welt, aber auch die heiligen Stätten und die Tempelgärten. Er besuchte ebenfalls Istanbul, Jerusalem, Delphi und fuhr nach Burma und Uganda und Kenia zur Safari, demokratisch im Umgang mit Fahrern, Beduinen und Basarhändlern. Offen, freigebig, leutselig, immer beleibter, aber (er machte Dauerlauf, er stemmte Gewichte) immer noch muskulös – in seiner nackten Leiblichkeit begann er, einem Höfling der Renaissance in voller Kostümierung ähnlich zu sehen –, er wurde von Jahr zu Jahr immer rötlicher, ein Freilufttyp mit Sommersprossen auf dem Rücken und Flecken auf der glänzenden Stirn und der ehrlichen Nase. In Addis Abeba nahm er eine äthiopische Schönheit von der Straße mit zu sich aufs Zimmer und wusch sie, ging mir ihr in die Dusche, um sie mit seinen breiten, gütigen Händen abzuseifen. In Kenia brachte er einer schwarzen Frau gewisse amerikanische Obszönitäten bei, damit sie sie während des Aktes herausschreien könnte. Am Nil unterhalb der Murchison-

Fälle ragten diese Fieberbäume riesig aus dem Schlamm, und Flußpferde auf den Sandbänken rülpsten die vorbeifahrende Barkasse feindlich an. Eins tanzte auf der Spitze einer Sandbank, sprang vom Boden hoch und kam schwer auf allen vieren wieder runter. Dort sah Woody, wie das Büffelkalb, von einem Krokodil gepackt, verschwand.

Mutter, die Pop bald folgen sollte, war in diesen Tagen verwirrt. In Gesellschaft sprach sie von Woody als ihrem Jungen – was halten Sie von meinem Söhnchen? –, als sei er zehn Jahre alt. Sie alberte mit ihm, ihr Betragen war frivol, fast neckisch. Sie schien die Tatsachen nicht mehr zu kennen. Und hinter ihr warteten alle anderen, wie Kinder auf dem Spielplatz, um die Rutsche runterzukommen; eins auf jeder Stufe zur Spitze hochsteigend. Über Woodys Wohnung und Betrieb hatte sich ein Teich der Stille gebreitet, ebensogroß wie vorher der Bereich der Kirchenglocken, als sie noch läuteten, und darunter trauerte er an diesem schwermütigen Morgen von Sonne und Herbst. Er betrachtete sein Leben, tat einen überlegten Blick auf die Schandseite seines Falles – auch auf die andere Seite, was davon vorhanden war. Wenn jedoch sein Herzweh anhalten sollte, dann wollte er ausgehen und es sich vom Leibe rennen. Ein Lauf von fünf, sogar von acht Kilometern, wenn es nötig war. Und man mochte vielleicht denken, daß dieses Joggen eine rein physische Tätigkeit war, oder nicht? Aber es steckte auch etwas anderes darin. Denn als er noch Seminarist war, hatte er zwischen den Deichseln seiner Weltausstellungs-Rikscha, während er sie daherzog (geschickt und stetig), regelmäßig beim Traben seine religiösen Erlebnisse. Vielleicht war es insgesamt ein einziges Erlebnis, das sich wiederholte. Er fühlte, daß von der Sonne Wahrheit zu ihm drang. Er erhielt eine Botschaft, die zugleich Licht und Wärme war. Das entfernte ihn sehr weit von seinen lüsternen Passagieren aus Wisconsin, diesen Farmern, deren Juchzen und Hurengeschrei er kaum vernahm, wenn er eine seiner Entrückungen hatte. Und wiederum kam aus der flammenden Sonne eine geheime Gewißheit zu ihm, daß dieser Erde das Ziel gesetzt war, mit Gutem erfüllt, damit gesättigt zu sein. Nach allem Grauenhaften, nachdem der Wolf den Wolf verschlungen, nachdem der Krokodiltod alle in den Schlamm gezogen hatte. Es würde nicht enden, wie Mrs. Skoglund es sich vorgestellt hatte, die ihn bestach, Juden zu bekehren und die Zweite Wiederkunft zu beschleunigen, sondern anders. Das war seine unbeholfene Eingebung. Sie reichte nicht weiter. Danach ging er durchs Leben, wie das Leben es von ihm zu wünschen schien.

Dann blieb an diesem Morgen nur noch eine Sache übrig, die ausgesprochen körperlich war, da sie sich als Empfindung in den Armen und gegen die Brust äußerte und durch den Druck in ihn und seine Brust eindrang.

So war es gewesen: als er in das Krankenhauszimmer kam und Pop sah, dessen Bettkanten hochgestellt waren wie bei einem Kinderbett, und Pop ach so schwach und sich windend und zahnlos wie ein Baby, und die Erde war bereits in sein Gesicht, in die Runzeln geworfen – Pop wollte die Infusionsnadeln rausreißen, und er pfiff schwaches Todesgeräusch. Die Gazestücke, die über die Nadeln geklebt waren, waren von dunklem Blut gefleckt. Da zog sich Woody die Schuhe aus, ließ die Bettkanten runter und stieg hinein und hielt ihn in den Armen, um ihn zu beruhigen und still werden zu lassen. Als sei er Pops Vater, sagte er zu ihm: »Komm, Pop. Pop.« Dann war es wie der Ringkampf in Mrs. Skoglunds Wohnzimmer, als Pop böse wurde wie ein unsauberer Geist und Woody versuchte, ihn zu beschwichtigen und zu warnen und sagte: »Diese Frauen sind gleich wieder hier!« Neben dem Kohleofen, wo Pop ihm den Kopf in die Zähne rammte und dann verstockt wurde wie ein dicker Fisch. Aber dieser Kampf im Krankenhauszimmer war schwach – so schwach! In seinem großen Mitleid hielt Woody Pop fest, der flatterte und zitterte. Von diesen Leuten, hatte Pop zu ihm gesagt, wirst du nie erfahren, was das Leben ist, weil sie nicht wissen, was es ist. Ja, Pop – was ist es denn nun, Pop? Schwer zu begreifen, daß Pop, der sich dreiundachtzig Jahre lang verschanzt und alles getan hatte, um so zu bleiben, jetzt nichts anderes wollte, als sich befreien. Wie konnte Woody zulassen, daß der alte Mann die Infusionsnadeln herauszog? Der willensstarke Pop, er wollte, was er wollte, wenn er's wollte. Aber was er zu allerletzt wollte, konnte Woody nicht mehr mitmachen, es war so völlig neu.

Schließlich endete jedoch Pops Widerstand. Er sank und sank. Er lehnte gegen seinen Sohn, sein kleiner Körper war gekrümmt. Krankenschwestern kamen und sahen nach. Sie waren nicht einverstanden, aber Woody, der keine Hand frei hatte, um sie rauszuwinken, deutete mit dem Kopf zur Tür. Pop, den Woody versöhnt zu haben glaubte, hatte nur eine bessere Art gefunden, sich an ihm vorbeizumogeln. Wärmeverlust war die Lösung. Seine Wärme verließ ihn. Wie es bei kleinen Tieren geschehen kann, wenn man sie in der Hand hält, fühlte Woody auf einmal, wie Pop abkühlte. Als dann Woody sein möglichstes tat, um ihn aufzuhalten, und glaubte, es zu schaffen, teilte sich Pop. Und als er von seiner Wärme getrennt war, glitt er in den Tod. Und da war ein ältlicher, großer, muskelbepackter Sohn, der ihn immer noch hielt und drückte, als es schon nichts mehr zu drücken gab. Man konnte diesen eigenwilligen Mann niemals auf etwas festlegen. Wenn er bereit war, seinen Zug zu machen, dann machte er ihn immer zu seinen eigenen Bedingungen. Und immer, immer etwas in der Hinterhand. So war er eben.

Vettern und Kusinen

Unmittelbar vor der Verurteilung Tanky Metzgers in einem Fall, der hauptsächlich für die nächste Familie denkwürdig war, schrieb ich einen Brief – ich wurde dann überredet, unter Druck gesetzt, die Pistole wurde mir auf die Brust gesetzt – an Richter Eiler beim Bundesgericht. Tanky und ich sind Vettern; und Tankys Schwester, Eunice Karger, ließ bei mir nicht locker, daß ich vermitteln sollte, da sie gehört hatte, daß ich Eiler gut kannte. Er und ich, wir hatten uns vor Jahren kennengelernt, als er noch Jura studierte und ich ein Fernsehprogramm auf »Kanal sieben« leitete, in dem merkwürdige Rechtsfragen diskutiert wurden. Später war ich Toastmeister bei seinem Bankett des Chicagoer Rates für Auswärtige Beziehungen, und ein in den Zeitungen veröffentlichtes Bild zeigte Eiler und mich im Frack, wie wir uns die Hände schüttelten und einander anstrahlten.

Als dann Tankys Berufung zurückgewiesen wurde – wie es nur Rechtens war –, rief mich Eunice an. Zuerst brach sie in so leidenschaftliches Weinen aus, daß ich gegen meinen Willen erschüttert war. Als sie die Beherrschung wiedergefunden hatte, sagte sie, ich müsse meinen Einfluß geltend machen. »Viele Leute behaupten, daß du mit dem Richter befreundet bist.«

»Richter sind nicht so ...« Ich berichtigte mich. »Vielleicht manche Richter, aber Eiler nicht.«

Eunice verstärkte nur den Druck. »Bitte, Ijah, stoß mich nicht zurück. Tanky könnte bis zu fünfzehn Jahren kriegen. Ich bin nicht in der Lage, den gesamten Hintergrund zu erklären. Was seine Partner betrifft, meine ich ...« Ich wußte sehr wohl, was sie meinte; sie sprach von seinen Verbindungen zu einer Unterweltbande. Tanky mußte den Mund halten, wenn er nicht wollte, daß die Partner seine Hinrichtung anordneten.

Ich sagte: »Das verstehe ich mehr oder weniger.«

»Hast du kein Mitgefühl mit ihm?«

»Wie könnte ich nicht.«

»Du hast ein völlig anderes Leben geführt als der Rest von uns, Ijah, aber ich habe immer wieder gesagt, wie sehr du an den Metzgers gehängt hast.«

»Das stimmt.«

»Und in den alten Tagen unseren Vater und unsere Mutter geliebt hast.«

»Ich werde sie nie vergessen.«

Wieder verlor sie die Fassung, und warum sie so erbärmlich schluchzte, hätte kein Fachmann – auch nicht der scharfsinnigste – erläutern können. Es geschah nicht aus Schwäche. Das kann ich mit Bestimmtheit sagen. Eunice ist nicht so ein »zerbrechliches Gefäß«. Sie ist stark wie ihre verstorbene Mutter, hartnäckig, entschlossen. Ihre Mutter war auf ehrenwerte Weise direkt, beschränkt und primitiv gewesen.

Die Worte »Ich werde sie nie vergessen« waren ein Fehler gewesen, denn Eunice sah sich hier unter den Lebenden als Vertreterin ihrer Mutter; und diese ganze Schluchzerei war teilweise um Shanas willen. Derartige Töne waren noch nie über meinen stillen Büroanschluß gedrungen. Welch eine Schande für Shana, daß ihr Sohn als Verbrecher verurteilt werden sollte. Wie hätte die alte Frau mit einer solchen Kränkung fertig werden sollen! Eunice, die sich noch immer weigerte, ihre Mutter dem Tod zu überlassen, weinte (allein!) wegen dem, was Shana erlitten hätte.

»Du darfst nicht vergessen, daß meine Mutter dich vergöttert hat, Ijah. Sie hat gesagt, du seist ein Genie.«

»Das hat sie gesagt. Aber diese Meinung blieb auf die Familie beschränkt. Die Welt dachte anders.«

Wie dem auch sei: Hier war Eunice, die sich für Raphael (Tankys eigentlicher Name) verwandte. Tanky seinerseits kümmerte sich nicht einen Pfifferling um seine Schwester.

»Wart ihr noch in Verbindung, ihr zwei?«

»Er beantwortet keine Briefe. Er hat nach Anrufen nicht wieder zurückgerufen. Ijah! Er soll wissen, daß ich mich um seinetwillen sorge!«

Hier wurden meine Gefühle, die in der Erinnerung an alte Zeiten hell und leuchtend gewesen waren, düster und bleiern. Ich wünschte, Eunice würde nicht auf diese Weise reden. Ich finde es schwer zu ertragen. Heutzutage ist »Wir sorgen uns um Ihretwillen« groß mit Schablonen auf die Wände von Supermärkten und Kreditanstalten geschrieben. Vielleicht weil ihre Mutter kein Englisch konnte und Eunice als Kind stotterte, befriedigt es sie sehr, so fließend zu sprechen, in der Sprache der gebildetsten Amerikaner zu sprechen.

Ich konnte nicht sagen: »Zum Donnerwetter, red nicht solchen Quatsch.« Statt dessen mußte ich sie trösten, weil sie bekümmert war; zutiefst bekümmert. Ich sagte: »Du kannst sicher sein, daß er weiß, was du empfindest.«

Auch wenn er vielleicht ein Gangster ist.

Nein, ich kann nicht beschwören, daß Vetter Raphael (Tanky) tatsächlich ein Gangster ist. Ich darf mich von den Klischees seiner Schwester nicht zur Übertreibung verführen (aufstacheln) lassen. Er verkehrt zwar mit Gangstern, aber das tun auch Ratsherren, Stadtverordnete, Journalisten, Baulöwen, Finanziers von Wohltätigkeitsinstitutionen – die Unterwelt hat eine offene Hand. Und Gangster sind nicht die Schlimmsten der Schlimmen. Ich könnte größere Übeltäter nennen. Wenn ich ein Dante wäre, hätte ich alles bis ins letzte Detail dargestellt.

Ich fragte Eunice pro forma, warum sie sich an mich gewandt hätte. (Ich brauchte kein Hellseher zu sein, um zu wissen, daß Tanky sie auf die Idee gebracht hatte.) Sie sagte: »Na ja, du bist eben ein Mann der Öffentlichkeit.« Sie bezog sich auf die Tatsache, daß ich vor vielen Jahren die Fernsehsendung über berühmte Prozesse erfunden hatte und dabei auch als Moderator – oder Zeremonienmeister – aufgetreten war. Ich befand mich damals in einem gänzlich anderen Stadium meines Lebens. Nachdem ich in der Spitzengruppe meines juristischen Studienjahrgangs das Examen bestanden hatte, hatte ich gute Angebote von führenden Firmen abgelehnt, weil ich mich zu aktiv oder zu energiegeladen (hyperenergisch) fühlte. Ich hätte in irgendeiner der einflußreichen Sozietäten der City nicht für mein gutes Verhalten garantieren können. Daher dachte ich mir eine Show mit dem Titel *Gerichtshof* aus, in der bedeutsame – oft notorische – Fälle der juristischen Annalen von hervorragenden Studenten der Universitäten – Chicago, Northwestern, De Paul oder John Marshal – noch einmal verhandelt wurden. Dabei lag der Akzent auf geistiger Wendigkeit, nicht auf dem Rang der Institution. Einige unserer diabolischsten Redner kamen aus den Abendschulen. Die Möglichkeiten zu dialektischen Feinheiten, Hochstapelei, Unverfrorenheit, exzentrischer Zurschaustellung, üblem Narzißmus, Tollheit und andere Qualifikationen bei der Ausübung des Rechtsberufs waren offenkundig. Ich hatte die Aufgabe, unterhaltsame Gegenspieler (Verteidigung und Anklage) auszusuchen, sie vorzustellen, das Tempo durchzuhalten – den Ton zu bestimmen. Mit Hilfe meiner Frau (meine damalige Frau war auch Juristin) wählte ich die Fälle aus. Sie bevorzugte Strafprozesse mit zivilrechtlichen Folgen. Meine Vorliebe galt persönlichen Eigenarten, charakterlichen Unerklärlichkeiten, Zweideutigkeiten bei der Interpretation – für eine gute Sendung weniger geeignet. Aber es stellte sich heraus, daß ich besonderes Geschick für die Inszenierung dieser Dramen hatte. Vor Beginn der Sendung spendierte ich den Kandidaten stets ein frühes Abendessen bei Fritzel in der Wabash Avenue. Ich bestellte immer das gleiche: ein schmales Steak, nicht durchgebraten, das ich mit Roquefort-Salatsoße aus einem kleinen Kännchen begoß. Zum Nachtisch einen garnierten Eisbecher, mit dem ich genausoviel Zigarettenasche wie Schokolade schluckte. Ich wollte mich nicht produzieren. Diesen anfänglichen Überschwang und dieses Ungestüm habe ich später lieber gezügelt; mit der Zeit ist es dann verschwunden. Sonst hätte ich mich vielleicht zur »Lach-Orgie« hin entwickelt, wie es die Zeitschrift *Variety* ausdrückte, zum Hanswurst. Aber ich erkannte schon bald, daß die gescheiten jungen Leute, deren Diskussion ich leiten würde (meist Streber, die dicht vor dem Assessorexamen standen, bereits nach Klienten Ausschau hielten und begierig auf persönliche Werbung waren), von meinem absonderlichen Verhalten höchst angetan waren. Das Essen bei Fritzel entspannte die Teilnehmer. Während des Programms führte ich sie, reizte sie, forderte sie heraus, spielte sie gegeneinander aus und setzte mich über sie hinweg. Zum Schluß verlas dann meine Frau Säble (Isabel: Ich nannte sie wegen ihres dunklen Teints Säble) das Urteil und die Entscheidung des Gerichts. Viele unserer Diskussionsteilnehmer sind inzwischen prominente Anwälte, reiche Berühmtheiten. Nach unserer Scheidung heiratete Säble zunächst einen und später einen anderen von ihnen. Schließlich kriegte sie eine hohe Stellung beim Rundfunk – beim National Public Radio.

Richter Eiler, damals ein junger Anwalt, war mehr als einmal Gast in meinem Programm.

Für meine Vettern und Kusinen bin ich auch noch dreißig Jahre später der Veranstalter und Star der Sendung *Gerichts-*

hof geblieben, eine Persönlichkeit der Medien. Etwas Magisches, Anzeichen von Unsterblichkeit. Fast als ob ich wie ein Klutznik oder ein Pritzker Geld gescheffelt hätte. Und jetzt erfuhr ich, daß ich für Eunice nicht nur eine Persönlichkeit der Medien war, sondern auch eine geheimnisumwitterte Figur. »Hast du in den Jahren, die du von Chicago weg verbracht hast, nicht auch für den CIA gearbeitet, Ijah?«

»Nein. Fünf Jahre lang war ich unten in Kalifornien bei der Rand Corporation, als Wissenschaftler und Entwickler spezieller Studien. Ich habe geforscht und Berichte und Analysen verfaßt. Weitgehend die gleiche Arbeit, die die Privatfirma, der ich hier angehöre, jetzt für die Banken leistet ...«

Ich wollte die Geheimnistuerei beenden – dem Mythos von Ijah Brodsky den Garaus machen. Aber natürlich klangen Wörter wie »Forschung« und »Analyse« für sie nur nach Spionage.

Als Eunice vor einigen Jahren nach einer schweren Operation aus dem Krankenhaus kam, sagte sie mir, daß sie niemand auf der Welt hätte, mit dem sie sich aussprechen könnte. Sie sagte, daß ihr Mann Earl »emotional nicht hilfsbereit« sei (sie wollte damit sagen, daß er ein Geizhals war). Ihre Töchter hatten das Haus verlassen. Eine war im Peace Corps, und die andere, die kurz vor dem medizinischen Examen stand, zu überlastet, um sie zu besuchen. Ich lud Eunice zum Essen ein – zuerst Drinks in meiner Wohnung am Lake Shore Drive. Sie sagte: »All diese düsteren alten Zimmer, die düsteren alten Gemälde, diese übereinanderliegenden Orientteppiche und Bücher in fremden Sprachen – und das Leben allein (womit sie meinte, daß ich wegen einer Gasrechnung über acht Dollar keine schauderhaften Ehekräche auszustehen hatte).«

»Aber du mußt doch Mädchen haben – Damenbekanntschaften.«

Damit spielte sie auf die »Jungenfrage« an. Sollte der düstere Luxus, in dem ich lebte, vielleicht die Tatsache verschleiern, daß ich schwul geworden war?

Ach nein. Auch das nicht. Nur sonderlich (für Eunice). Nicht mal ein Trommler auf Abwegen. Marschieren liegt mir nicht.

Um jedoch auf unser Telefongespräch zurückzukommen: schließlich konnte ich Eunice entlocken, daß sie mich auf den Rat von Tankys Anwalt angerufen hatte. Sie sagte: »Tanky fliegt heute abend von Atlantic City« – Glücksspiel – »nach Hause und hat darum gebeten, morgen mit dir zu Abend zu essen.«

»Okay, sag ihm, daß ich ihn im ›Italian Village‹ in der Monroe Street, in einem der kleinen Privatzimmer in der oberen Etage ab sieben Uhr erwarte. Er soll den Oberkellner nach mir fragen.«

Mit Tanky hatte ich seit seiner Entlassung aus der Armee im Jahr 1946, als eine Unterhaltung noch möglich war, nicht mehr richtig gesprochen. Einmal waren wir uns vor etwa zehn Jahren auf dem Flughafen O'Hare begegnet, als ich gerade ein Flugzeug besteigen wollte und er eben dieses Flugzeug verließ. Er war damals ein Machtfaktor in seiner Gewerkschaft. (Was das im einzelnen bedeutete, habe ich erst vor kurzem aus der Zeitung erfahren.) Jedenfalls entdeckte er mich in der Menge und stellte mich dem Mann vor, mit dem zusammen er reiste. »Darf ich dich mit meinem berühmten Vetter, Ijah Brodsky, bekanntmachen?« sagte er. In dem Augenblick wurde mir eine merkwürdige Vision zuteil; ich sah, wie wir einem körperlosen Geist über uns vorgekommen sein müssen. Tanky war wie ein Berufs-Footballspieler gebaut, der sein Glück gemacht hatte und nun in mittleren Jahren einen eigenen Klub besaß. Seine breiten Wangen wirkten wie rosiges Meißen. Er ließ sich einen blonden, gelockten Bart stehen. Seine Zähne waren groß und kantig. Was war die richtige Bezeichnung für Tanky in jenem Augenblick?: vierschrötig, füllig, voller Vitamine, mächtig, wohlhabend, unverschämt. Zur Unterhaltung stellte er seinen Vetter zur Schau – der kahle Ijah mit den Augen ein Orang-Utan, das Gesicht platt und rund, eine Naivität verratend, die besser zu einem Vieh aus dem Zoo gepaßt hätte – lange Arme, orangefarbenes Haar. Ich war jemand, der keins jener Signale von sich gab, die erforderlich sind, um ernsthaft in Betracht gezogen zu werden, ein Mann, der mit der Arbeit der Welt in keinem wirklich sinnvollen Bereich zu tun hatte. Es ging mir durch den Sinn, daß Anfang des Jahrhunderts Picasso auf die Frage, was junge Männer in Frankreich denn täten, geantwortet hatte: *»La jeunesse, c'est moi.«* Aber ich war nie in der Lage gewesen, *irgend etwas* zu illustrieren oder zu verkörpern. Tanky bot mich seinem Kollegen zum Spaß als Intellektuellen dar; und während es mir nichts ausmacht, für klug gehalten zu werden, empfinde ich es zugegebenermaßen als Schande, als Intellektueller abgestempelt zu werden.

Im Gegensatz dazu stelle man sich Tanky vor. Mit seinen Gaunereien hatte er sich gesundgestoßen. Er war einer der vierschrötigen Burschen, die einen halben Morgen Stoff für einen Anzug verbrauchen, die bei Eli New Yorker Lendensteaks verputzen, Handelsabschlüsse nach Millionen Dollar zusammenzählen, nach Palm Springs, Las Vegas, den Bermudas fliegen. Tanky sagte: »In unserer Familie war Ijah das Genie. Zumindest eines von ihnen; wir hatten zwei oder drei.«

Ich war nicht mehr das Wunderkind der juristischen Fakultät, dem eine glänzende Karriere vorausgesagt worden war – soviel stand fest. Der höhnische Ton war insoweit gerechtfertigt, da ich es genossen hatte, der »Hort der Erwartung« der Familie zu sein.

Was nun Tankys geheimen Partner betrifft, so habe ich keine Ahnung, wer er gewesen sein mag – vielleicht Tony Provenzano oder Sally (Bugs) Briguglio oder Dorfman vom Versicherungskonsortium der Lastwagenfahrer-Gewerkschaft. Jimmy Hoffa war es nicht. Hoffa war damals im Gefängnis. Übrigens hätte ich – wie Millionen andere – Hoffa erkannt. Wir kannten ihn persönlich, denn nach dem Krieg waren wir beide, Tanky und ich, bei unserem Vetter Milty Rifkin angestellt gewesen, der zu dieser Zeit ein Hotel betrieb, für das sich Hoffa angeblich interessierte. Immer wenn Hoffa und seine Gang nach Chicago kamen, stiegen sie dort ab. Ich gab damals Miltys Sohn Hal, der zu fix und verschlagen war, um seine Zeit an Bücher zu verplempern, Nachhilfestunden. Hal, der sich nach Taten sehnte, war erst vierzehn, als Milty ihm die Hotelbar anvertraute. Die Eltern amüsierten sich einen Sommer lang damit, ihn Manager spielen zu lassen, so daß Milty, wenn die Schnapsvertreter zu ihm kamen, sagen konnte: »Da müssen Sie mit meinem Sohn Hal sprechen: Er ist der Einkäufer. Fragen Sie nach dem jungen Burschen, der wie Eddie Cantor aussieht.« Sie fanden dann einen vierzehnjährigen Jungen im Büro. Ich war da, um Hal zu beaufsichtigen und ihm gleichzeitig die Regeln über den Gebrauch des Ablativs beizubringen (er ging zur Lateinschule). Ich paßte auf ihn auf. Ein gewitzter kleiner Bursche, auf den die Eltern unendlich stolz waren.

Notwendigerweise verbrachte ich viel Zeit in der Bar und wurde dadurch mit der Hoffatruppe bekannt. Das waren zumeist gedungene Schläger, mit Ausnahme von Harold Gibbins, der äußerst kultiviert war und sich in der Unterhaltung – zumindest mit mir – an Büchern interessiert zeigte. Die anderen waren in der Tat hartgesotten, und Vetter Milty beging den Fehler, Mann für Mann bei ihnen mithalten zu wollen, ein männlich kraftvolles Rauhbein. Dieser selbst auferlegten Herausforderung war er nicht gewachsen. Er konnte barsch sein, er akzeptierte im Prinzip Nihilismus, aber der hochgezüchtete ausgeprägte Wille, etwas durchzuboxen, war einfach nicht vorhanden. Milty konnte nicht wie Cäsar zu einem Wachsoldaten sagen, der ihn nicht passieren lassen wollte: »Es ist leichter für mich, dich zu töten, als mit dir zu streiten.« Die Hoffas sind so.

Tanky, der damals gerade aus dem Militärdienst entlassen worden war, wurde von Milty eingesetzt, um für ihn steuerverschuldeten Grundbesitz ausfindig zu machen. Das war eine von Miltys Nebengaunereien. Exmissionen waren an der Tagesordnung. So lernte denn Vetter Tanky (Raphael) durch Milty Red Dorfman kennen, den früheren Boxer, der als Vermittler zwischen Hoffa und dem organisierten Verbrechertum in Chicago fungierte. Tanky erbte Dorfman, der damals Sportlehrer war, von seinem Vater – von Red, dem alten Boxer. Eine vollständige Garnitur von Gangster-Verbindungen war Teil des Erbes.

Dies waren einige der Leute, die die Welt beherrschten, in der ich beabsichtigte, »höheren Tätigkeiten«, wie sie oft genannt wurden, nachzugehen. »Sich das Beste aller Zeiten zu ersehnen«, das war kein abstraktes Projekt. Ich habe es nicht an einem Seminartisch gelernt. Es war eine konstitutionelle Notwendigkeit, die physiologisch, vom Temperament bestimmt war, auf Sympathien beruht, die nicht erworben werden konnten. Menschliche Empfänglichkeit für Gesichter, Handlungen, Körper zog mich zur Metaphysik hin. Ich hatte diese besondere Metaphysik, so wie fliegende Geschöpfe ihr Radar haben. Als ich erwachsen wurde, fand ich die Metaphysik in meinem Kopf. Und die Schule, wie ich bereits gesagt habe, hatte damit wenig zu tun. Als Fahrstudent saß ich stundenlang in den Hochbahnzügen, die mit höchster Geschwindigkeit über die Slums der South Side dahinklapperten, schütterten, quietschten und sausten, und paukte meinen Plato, Aristoteles oder St. Thomas für Professor Perrys Kolleg.

Aber lassen wir diese Beschäftigungen. Hier im »Italian Village« war Tanky, gegen eine Kaution von 500 000 Dollar auf freiem Fuß, und wartete auf seine Verurteilung. Er sah nicht gut aus. Er hatte letzten Endes doch keine gleichbleibende Gesichtsfarbe. Sein großes Gesicht war aufgedunsen von Jahren brutaler Geschäftemacherei. Der Internist in mir diagnostizierte erhöhten Blutdruck – 250 zu 165, vermutete ich als Werte. Innerlich spielte er unbewußt mit einem Schlaganfall als Alternative zum Gefängnis. Aus Gründen der Moral hatte Tanky sich seinen Eduardbart stutzen lassen, und an eben jenem Morgen – denn dies war nicht die Zeit, weiße Haare zu zeigen – hatte ihm der Friseur wohl das Haar mit Goldwasser gespült. Der Schwung großer Vitalität war jedoch daraus verschwunden. Tanky hätte auf mein Mitleid keinen Wert gelegt. Er war gut gerüstet; ein Mann, der bereit war, seine Schicksalsschläge einzustecken. Das geringste Zeichen, daß ich ihn bedauerte, hätte ihn geärgert. Erfahrene Bedaurer werden mich jedoch verstehen, wenn ich sage, daß sich auf seiner Seite der Nische eine Masse von Unannehmlichkeiten staute und Signale aussandte, die für mich nicht vollständig zu entziffern waren.

Das »Italian Village«, ein altmodisches Lokal gegenüber der First National Bank, wo ich im einundfünfzigsten Stock mein Büro habe (diese aufwärtsstrebenden, nach innen gerichteten Bogen, die steigen, steigen), ist eins der wenigen Restaurants in der Stadt mit geheimen Nischen zur Verführung oder Verschwörung. Es stammt aus den zwanziger Jahren und ist wie »Littly Italy« bei einem Heiligenfest mit Glühbirnen-Girlanden und Lichträdern dekoriert. Es erinnert auch an eine Schießbude. Oder an ein expressionistisches Bühnenbild. Gegen Ende der Prohibition wurde der alte »Loop« von Bürogebäuden verdrängt, und das »Village« wurde ein ehrbares Lokal, das alle Stars aus der Welt der Musik kannten. Hier stopften sich Divas und große Baritone als Gäste mit Risotto voll, nachdem sie im »Lyric« aufgetreten waren. Signierte Künstlerfotos hingen an den Wänden. Dennoch behielt das Lokal seine Al-Capone-Atmosphäre – das Blut der Red-Sauce, den Fußgeruch von Käsen, die Gerichte von Mollusken, die aus dem Meeresschlamm geharkt worden waren.

Das Gespräch drehte sich nur wenig um persönliche Dinge. Ich arbeitete also auf der anderen Straßenseite? fragte Tanky. Ja. Hätte er mich nach meinem Tagesablauf gefragt, dann hätte ich damit angefangen, daß ich um sechs Uhr auf den Beinen war, um Hallentennis zu spielen und dadurch den Kreislauf zu beleben, und wenn ich in mein Büro kam, die *New York Times, Wall Street Journal,* den *Economist* und *Barron's* las und bestimmte Auszüge und Mitteilungen überflog, die mir meine Sekretärin zurechtgelegt hatte. Wenn ich mir die wichtigen Dinge notiert hatte, ließ ich das alles hinter mir und widmete den Rest des Morgens meinen persönlichen Interessen.

Aber Vetter Tanky fragte nicht, wie ich meine Tage verbrachte. Er erwähnte unser jeweiliges Alter – ich bin zehn Jahre älter als er – und sagte, daß meine Stimme mit zunehmenden Jahren tiefer geworden sei. Ja. Mein *basso profundo* hatte lediglich den Zweck, kleinen Höflichkeiten mehr Tiefe zu verleihen. Wenn ich bei einer Abendgesellschaft einer Dame einen Stuhl anbiete, dann wird sie von einem tiefen Laut umfangen. Oder wenn ich Eunice tröste – und weiß Gott, sie braucht es –, dann scheint ihr mein unzusammenhängendes Brummeln die Gewißheit von Stabilität zu vermitteln.

Tanky sagte: »Aus irgendeinem Grund behältst du alle Vettern und Kusinen im Auge, Ijah.«

Der tiefe Ton, mit dem ich antwortete, war neutral. Ich fand es nicht angebracht, auch nur andeutungsweise seine Laufbahn bei der Gewerkschaft oder seinen jüngsten Prozeß zu erwähnen.

»Erzähl mal, was eigentlich aus Miltie Rifkin geworden ist. Er hat mir eine Chance gegeben, als ich vom Militär kam.«

»Miltie lebt jetzt im Süden, im ›Sunbelt‹. Mit der Telefonistin vom Hotel verheiratet.«

Allerdings hätte Tanky *mir* faszinierende Auskünfte über Miltie geben können, denn ich weiß, daß Miltie mit allen Mitteln versucht hat, Hoffa mehr in das Hotelgeschäft hineinzuziehen. Hoffa hatte riesige Geldsummen zur Verfügung – all diese Milliarden im Pensionsfond. Miltie war untersetzt, fast unförmig dick, mit einem schönen Raubvogelgesicht, stolz im Profil, sein verwöhnter Körper war zu elegant gekleidet, herausgeputzt, sein Blick trotzig und streitsüchtig. Er war ein gerissener, gutverdienender Geschäftemacher; in Rage – er hatte ein cholerisches Temperament –, schlug er gefährlich schnell mit der Faust zu. Es war wahnsinnig von ihm, sich so viel zu prügeln. Seine verflossene Frau, Libby, mehr als zweihundertfünfzig Pfund Lebendgewicht, eilte auf Bleistiftabsätzen durchs Hotel, war, wie wir das zu nennen pflegten, eine »Selbstmordblondine« (eigenhändig »verblichen«). Beim Einkauf, bei der Buchführung, der Betriebsleitung, beim Drohen, Anschnauzen der *garde-manger*, Rausschmeißen von Hausmeistern, bei der Anstellung von Barmixern war Libby stets zurechtgemacht wie eine Kabuki-Darstellerin. Mit ihren Versuchen, Miltie zu zügeln (sie waren weniger Mann und Frau als Geschäftspartner), hatte sie mehr als genug zu tun. Mehrmals beschwerte sich Miltie bei Hoffa über einen der Gorillas, dessen private Schecks nicht gedeckt waren. Der Gorilla, dessen Name mir entfallen ist, hatte aber wegen der Parkmöglichkeiten einen Klerus-Aufkleber an der Windschutzscheibe seines Chryslers, schlug Milde in der Lobby zu Boden und würgte ihn anschließend beinahe zu Tode. Dieser

Vorfall kam Robert F. Kennedy zu Ohren, der damals hinter Hoffa her war, und Kennedy schickte Vetter Miltie eine Vorladung, als Zeuge vor dem McClellan-Ausschuß zu erscheinen. Gegen Hoffas Leute auszusagen, wäre Wahnsinn gewesen. Als die Nachricht kam, daß eine Vorladung unterwegs war, schrie Libby: »Da siehst du, was du angerichtet hast! Die hacken dich in Stücke!«

Miltie floh. Er fuhr nach New York, wo er seinen Cadillac auf die *Queen Elizabeth* verlud. Er floh nicht allein. Die Telefonistin leistete ihm Gesellschaft. Sie waren in Irland die Gäste des amerikanischen Botschafters (durch Vermittlung von Senator Dirksen und dem persönlichen Assistenten des Senators, Julius Farkash). Während Miltie sich in der amerikanischen Botschaft aufhielt, kaufte er Land für den geplanten neuen Flughafen von Dublin. Er kaufte jedoch an der falschen Stelle. Danach flogen er und seine zukünftige Frau mit einer Transportmaschine, in die der Cadillac verladen worden war, zum europäischen Kontinent. Während des Fluges lösten sie Kreuzworträtsel. Bei der Landung in Rom ...

Ich erließ Tanky diese Einzelheiten, die er wahrscheinlich zum größten Teil schon kannte. Zudem hatte der Mann so viele Unternehmungen miterlebt, daß es sich nicht gelohnt hätte, dies alles zu erwähnen. Es wäre der Bruch von etwas gewesen, von Hoffa zu reden oder die Flucht vor der Vorladung zu erwähnen. Tanky war selbstverständlich gezwungen gewesen, die übliche Immunitätszusicherung abzulehnen. Es wäre tödlich gewesen, daran zu glauben. Man versteht das heutzutage besser, nachdem die FBI-Mitschnitte von Telefongesprächen und andere Beweisstücke im Williams-Dorfman-Prozeß an die Öffentlichkeit gelangt sind. Botschaften wie: »Sag Merkle, wenn er uns nicht die Kontrollmehrheit in seinem Betrieb zu unseren Bedingungen verkauft, dann wird er ausgelöscht. Nicht nur er. Sag ihm, daß wir auch seine Frau in Stücke hakken und seine Kinder erwürgen. Und wo du schon mal dabei bist, teil auch seinem Anwalt mit, daß wir ihn, seine Frau und seine Kinder genauso behandeln werden.«

Tanky selbst war kein Killer. Er war Dorfmans Sachwalter – einer aus seinem Team für Rechts- und Finanzfragen. Man schickte ihn allerdings los, um Leute, die in der Mitarbeit oder bei Rückzahlungen säumig waren, das Fürchten zu lehren. Er drückte seine Zigarre auf hochpolierten Schreibtischen aus und zerbrach die gerahmten Fotos von Frauen und Kindern (was ich in einigen Fällen für eine gute Idee halte). Millionen Dollar mußten im Spiel gewesen sein. Wegen Kleinigkeiten wurde er nicht brutal.

Und natürlich wäre es häßlich gewesen, von Hoffa zu sprechen, denn Tanky konnte einer der wenigen sein, die wußten, wie Hoffa verschwunden war. Ich selbst, und ich las viel darüber (wegen eines betroffenen Vetters), war überzeugt, daß Hoffa auf dem Wege zu einem »Versöhnungstreffen« in Detroit ein Auto bestiegen hatte. Er bekam sofort einen Schlag über den Schädel und wurde vermutlich auf dem Rücksitz ermordet. Seine Leiche wurde in einer Maschine zerstückelt und in einer anderen eingeäschert.

Daß Tanky viel über derartige Vorgänge wußte, sah man ihm, seinem gedunsenen Gesicht an – ein Ödem tödlicher Geheimnisse. Dieses Wissen machte ihn gefährlich. Deshalb würde er ins Gefängnis gehen. Die Organisation – überzeugt, daß er standhaft war – würde ihn betreuen. Von mir brauchte er nichts weiter als einen persönlichen Brief an den Richter. »Herr Richter, ich möchte zugunsten des Angeklagten im Prozeß ›Vereinigte Staaten gegen Raphael Metzger‹ diese Erklärung abgeben. Ich bin von der Familie gebeten worden, mich als *amicus curiae* zu verwenden; und diesem Wunsch komme ich nach, völlig überzeugt, daß die Geschworenen ihre Sache gut gemacht haben. Dennoch möchte ich Sie darum ersuchen, zu einem milden Urteil zu gelangen. Metzgers Eltern waren anständige, gute Menschen ...« Vielleicht noch hinzufügen: »Ich habe ihn als Kind gekannt« oder »Ich war bei seiner Beschneidung dabei.«

Das sind nicht die Dinge, auf die man das Gericht hinweisen sollte: daß er ein Riesenkind war, daß nichts dieser Größe in einem Kinderstuhl untergebracht werden konnte oder daß er immer noch den Gesichtsausdruck hat, mit dem er geboren wurde: den Ausdruck von Selbstsicherheit, fröhlicher Unverfrorenheit. Sein Fall entspricht dem spanischen Sprichtwort:

Genio y figura
Hasta la sepultura

Der göttliche oder, wie die meisten lieber sagen würden, der genetische Stempel, der selbst bei Korruption und Ruin sichtbar bleibt. Und wir gehören zur selben genetischen Gruppe, mit einem gewissen Unterschied im Umfang. Ich bin viel schmaler gebaut. Trotzdem sind einige Merkmale vorhanden: Kerben in den Wangen, eine Biegung am Ende der Nase und vor allem die Anlage zu einer vollen Unterlippe – die Art, wie der Mund der Sinnenwelt entgegenkommt. Man würde diese Merkmale auch in Familienbildern aus der europäischen Heimat feststellen – bei den orthodoxen, völlig anderen Menschentypen. Aber die Backenknochen von bärtigen Männern, eine Stirnfläche unter einer großen Schädelkappe, die Erschütterung von zwei unverrückt starrenden, esoterischen Augen sind noch bei ihren Nachkommen zu erkennen.

Vettern in einem italienischen Restaurant, die einander mustern. Es war kein Geheimnis, daß Tanky mich verachtete. Wie konnte das ein Geheimnis bleiben? Vetter Ijah Brodsky, der seltsame Worte gebrauchte, niemals ganz zu verstehen war, der aus absonderlichen Motiven heraus handelte, offenbar nicht ganz dicht. Lernte Klavier spielen, wurde als eine Art Wunderkind gepriesen, verursachte eine Sensation im Kimball Building (die Arche Noah gestrandeter europäischer Musikmeister), arbeitete an Comptons Enzyklopädie, gab eine Zeitschrift heraus, studierte Sprachen – Griechisch, Latein, Russisch, Spanisch – und außerdem noch Linguistik.

Ich hatte Amerika falsch angepackt. Für einen Realisten gab es nur eine Sprache, und das war die Hoffa-Sprache. Tanky gehörte zur Hoffa-Schule – mehr als die Hälfte ihrer Postulate war praktisch identisch mit denen der Kennedy-Schule. Wenn man nicht ›effektiv‹ sprach, sprach man verfälscht. Wenn man nicht hart war, war man weich. Und vergessen wir nicht, daß einmal, als seine Bosse im Gefängnis waren, Tanky, ihr Verwalter, eine Institution leitete, die mehr Grund und Boden besitzt als die Chase Manhattan Bank.

Aber zurück zu Vetter Ijah. Musik, nein; Sprachen (Linguistik), nein; er zeichnete sich als nächstes in der juristischen Fakultät der Universität von Chicago aus, nachdem die Metaphysiker der Universität ihn enttäuscht hatten. Er übte auch keinen juristischen Beruf aus; das war lediglich eine weitere Phase. Ein Star, der es niemals zu etwas brachte. Er verliebte sich in eine Konzertharfinistin, die nur acht Finger hatte. Da die Liebe nicht erwidert wurde, wurde nichts daraus; sie war ihrem Mann treu. Ijahs Frau, die die Fernsehsendung organisierte, war schlau gewesen wie der Teufel. Sie konnte auch nichts mit ihm anfangen. Ehrgeizig wie sie war, ließ sie ihn laufen, als deutlich wurde, daß Ijah nicht zum Teamspieler geschaffen war und ihm die Instinkte eines Draufgängers fehlten. Sie war wie Vetter Milties Frau Libby und sah sich als Teil – als tonangebenden Teil – eines herrscherlichen Paares.

Was sollte Tanky mit jemand wie Ijah anfangen? Ijah war *nicht* passiv. Ijah *hatte* einen Lebensplan. Aber dieser Plan war für seine Zeitgenossen unbegreiflich. Tatsächlich schien er keine Zeitgenossen zu haben. Er hatte Verbindung zu den Lebenden. Nicht ganz dasselbe.

Das hervorstechende Merkmal unserer Existenz ist die *Ungewißheit*. Niemand – keine Menschenseele – kann sagen, wie es ausgehen wird.

Tanky kam es verwunderlich und merkwürdig vor, daß Ijah so hohes Ansehen genießen und solche Beziehungen haben sollte. Dieser Ijah mit der tiefen Stimme, Mitglied so vieler *Upper-class*-Klubs und Vereine, war ein Gentleman. Tankys Vetter ein *Gentleman!* Ijahs Glatzkopf mit dem ziemlich unbewegten Gesicht war in den Zeitungen. Er verdiente offenbar recht gut (Hühnerdreck für Tanky). Vielleicht offenbarte er einem Bundesrichter nur ungern, daß er mit einem überführten Verbrecher verwandt war. Wenn Tanky so dachte, dann irrte er sich.

Vor Jahren war Ijah eine Art schräger Vogel gewesen. Seine Fernsehsendung glich einer improvisierten Komödie, einer routinierten Marx-Brothers-Show. Sie lief in einem Fieber der Absurditäten ab.

Ijahs Verhalten ist jetzt ganz anders. Heute ist er ruhig; er ist ein Gentleman. Was braucht man, um ein Gentleman zu sein? Früher waren dazu Erbland, Manieren, Konversation erforderlich. Gegen Ende des vorigen Jahrhunderts taten es Griechisch und Latein; von allem habe ich etwas. Und schließlich habe ich noch einen weiteren Vorzug, daß ich nämlich nicht antisemitisch zu sein brauche oder mich als kultivierter Mensch dadurch besonders bestätigen muß, daß ich Juden heruntermache. Aber lassen wir das.

»Euer Gnaden, vielleicht wäre es lehrreich, die wahren Tatsachen in einem Fall zu hören, in dem Sie das Urteil bereits gesprochen haben. Auf dem Richterstuhl erfährt man selten, wie die menschlichen Umstände ringsum sind. Als Metzgers Vetter kann ich in einem umfassenderen Sinne *amicus curiae* sein.«

Ich erinnere mich an Tanky im Kinderstuhl. Den Spitznamen »Tanky« hängte ihm das Footballteam der Schurz High School an. Für seine Mutter war er R'foel. Sie nannte ihn auch Folja oder Folka, denn sie war eine Frau vom Dorf, außerhalb der zivilisierten Welt geboren. Ein Riesenkind, angeschnallt, mit seinen Fesseln kämpfend. Eine kräftige Stimme und lebhafte Farbe. Wie andere Kinder wird er mit »Pablum« oder Gries ernährt worden sein, aber Kusine Shana gab ihm auch kräftigere Kost. Sie kochte in ihrer Küche primitive Gerichte wie Kalbsfußsülze, und ich erinnere mich, gedünstete Lunge gegessen zu haben, schwammiges Zeug, schmackhaft, aber schwer zu kauen – viel Zadder. Die Familie wohnte in der Hoyne Street, in einem Backsteinbungalow mit abwechselnd weiß und melonengelb gestreiften Jalousien. Kusine Shana war eine Frau mit großer Tatkraft, und sie besorgte den Haushalt, wie man ihn seit Hunderten von Jahren besorgt hatte. Sie war eine breite Frau, eine Art menschlicher Hochofen. Ständige Ausrufe begleiteten ihr Reden. Sie begann ein Gespräch damit, daß sie auf Jiddisch »Hör! hör! hör! hör!« sagte, und dann teilte sie dir ihre Meinung mit. Es mag sein, daß Menschen ihres Typs in Amerika ausgestorben sind. Sie hat einen ungeheuren Eindruck auf mich gemacht. Wir konnten einander gut leiden, und ich ging zu den Metzgers, weil ich mich dort zu Hause fühlte, aber auch, um ein urtümliches Familienleben zu erleben.

Shanas Tante war meine Großmutter. Mein Großvater väterlicherseits war einer von dem Dutzend Männern, die den gesamten Babylonischen Talmud auswendig gelernt hatten (oder war es der Jerusalemer? das entzieht sich meiner Kenntnis). Mein ganzes Leben habe ich gefragt: Warum nur? Aber sie hatten es getan.

Metzgers Vater verkaufte im Boston Store – im Loop – Herrenausstattungsartikel. In Österreich-Ungarn war er als Zuschneider und auch Modellzeichner für Herrenbekleidung ausgebildet worden. Er war ein vielseitig begabter Mann, stets gut gekleidet, untersetzt, kahl bis auf eine Stirnlocke, die er nach rechts kämmte. Bei manchen Männern ist die Kahlheit stumm; seine war ausdrucksvoll; drangvolle Schwellungen bildeten sich in seiner Haut, die verschwanden, wenn er sich beruhigte. Er sprach wenig; grinste statt dessen oder strahlte; und wenn es einen himmlischen Meridian der Gutmütigkeit gibt, dann verlief er mitten durch sein Gesicht. Er hatte arglose, recht kurze Zähne mit beträchtlichen Zwischenräumen. Was noch? Er bestand pedantisch auf Respekt. Niemand durfte seine Freundlichkeit als selbstverständlich hinnehmen. Wenn ihn der Zorn überkam, rang er vergeblich nach Worten und sah aus, als ob er erstickte, während unter seiner Kopfhaut Beulen anschwollen. Das erlebte man allerdings selten. Er litt an einem Zucken der Augenlider. Und um seine Zuneigung (zu Jungen) zu beweisen, gebrauchte er harmlose jiddische Obszönitäten – ein Zeichen, daß er einen ins Vertrauen zog. Wenn man alt genug war, würde man sein Freund sein.

»Nur noch eins, Euer Gnaden, wenn Ihnen an der Herkunft des Angeklagten gelegen ist. Vetter Metzger, sein Vater, ging abends gern aus und kam oft zu uns, um mit meinem Vater und meiner Stiefmutter Karten zu spielen. Im Winter tranken sie Tee mit eingemachten Himbeeren; im Sommer wurde ich zum Drugstore geschickt, um eine Literschachtel mit drei Sorten Eis zu kaufen – Vanille, Schokolade und Erdbeer. Man verlangte ›Neapolitaner‹. Es war ein Pokerspiel mit Penny-Einsätzen und dauerte oft bis nach Mitternacht.«

»Soviel ich weiß, bist du ein Freund von Gerald Eiler«, sagte Tanky.

»Bekannter ...«

»Bist du mal bei ihm zu Hause gewesen?«

»Vor etwa zwanzig Jahren. Aber das Haus gibt's nicht mehr, und seine Frau auch nicht. Ich bin ihm auch auf Partys begegnet, aber der Gastgeber von damals ist gestorben. Etwa die Hälfte dieses gesellschaftlichen Kreises liegt auf dem Friedhof.«

Wie gewöhnlich gab ich mehr Auskünfte, als der Fragende gebrauchen konnte, und nutzte jede Gelegenheit, um meine Auffassung vom Leben weiterzugeben. Das hat vor mir schon mein Vater getan. Eine solche Angewohnheit kann ärgerlich sein. Tanky war's egal, wer auf dem Friedhof lag.

»Du hast Eiler schon gekannt, bevor er Richter war?«

»Oh, lange vorher ...«

»Dann bist du vielleicht genau der Richtige, um ihm meinetwegen zu schreiben.«

Wenn ich eine Stunde an meinem Schreibtisch opferte, könnte ich Tanky vielleicht eine Reihe von Jahren im Gefängnis ersparen. Warum sollte ich das nicht tun, um der alten Zeiten willen, um seiner Eltern willen, an die ich mit so viel Liebe dachte? Ich *mußte* es tun, wenn ich diese Gedächtnisübungen fortsetzen wollte. Meine Erinnerungen würden stinken, wenn ich Shanas Sohn seinem Schicksal überließ. Mir fehlte der Abstand, um zu entscheiden, ob das ein moralischer oder sentimentaler Entschluß war.

Ich könnte vielleicht auch an Eiler schreiben, um mit dem Einfluß zu prahlen, den ich sonderbarerweise besaß. Tankys Interpretation meiner Motive ergäbe ein seltsames Thema. Wollte ich beweisen, daß es – auch wenn er mich für einen Schwachkopf hielt – handfeste Gründe gab, weshalb ein Brief von mir bei einem erfahrenen Bundesrichter wie Eiler Gewicht hätte? Oder beweisen, daß *ich* richtig gelebt hatte? Das würde er mir nie zugestehen. Auf alle Fälle war er jetzt, da ihm eine langjährige Haftstrafe drohte, nicht in der Stimmung, sich mit den Rätseln des Lebens zu befassen. Er war krank, zu Tode deprimiert.

»Das ist schwer schick da über der Straße bei der First National Bank.«

Unten, in der Plaza, ist das große Chagall-Mosaik, das Millionen gekostet hat und die Seele des Menschen in Amerika darstellt. Ich bezweifle oft, daß der alte Chagall die nötige Kraft für eine solche Interpretation besaß. Er schwebt zu sehr in der Luft. Zu viele Schrullen.

Ich erklärte: »Die Firma, bei der ich arbeite, berät Bankleute bei ausländischen Anleihen. Wir haben uns auf internationales Recht spezialisiert – politische Ökonomie und dergleichen.«

Tanky sagte: »Eunice ist sehr stolz auf dich. Sie schickt mir Zeitungsausschnitte, wie du vor dem Rat für Auswärtige Beziehungen redest. Oder in der Oper mit dem Gouverneur in derselben Loge sitzt. Oder der Begleiter von Mrs. Anwar el-Sadat warst, als ihr der Ehrendoktor verliehen wurde. Und du spielst Hallentennis mit *Politikern*.«

Wie kam es, daß Vetter Ijahs esoterische Interessen ihm Zugang zu diesen prominenten Leuten verschafften – Kunstmäzenen, Politikern, Damen der Gesellschaft, Witwen von Diktatoren? Tanky griff die Politiker heftig an. Von Politikern wußte er mehr, als ich jemals wissen würde; kannte die *wahren* Macher; er hatte mit den Vertretern der Parteiapparate Geschäfte gemacht, er hatte durch Bargeldmanipulationen Beziehungen zu ihnen. Er konnte *mir* sagen, wer von wem nahm, welcher Gruppe was gehörte, wer die Schulen, Krankenhäuser, das Bezirksgefängnis und andere Institutionen unterstützte, wer beim öffentlichen Hausbau absahnte, die Konzessionen verteilte, bei Abschlüssen Provisionen kassierte. Nur wenn man lange genug dazugehört hatte, konnte man die dunklen Übergänge ausfindig machen, die von der Mafia und den Parteiapparaten benutzt wurden. Gelegentlich flogen sie auf. Erst kürzlich hatten zwei gedungene Killer versucht, einen japanischen Rauschgiftlieferanten in seinem Auto zu ermorden. Tokio Joe Eto ist sein Name. Man hat ihm dreimal in den Schädel geschossen, und Ballistikexperten können sich nicht erklären, warum keine einzige Kugel ins Hirn drang. Da Tokio Joe nichts mehr zu verlieren hatte, nannte er die Namen der Killer, von denen einer, wie sich herausstellte, ein Hilfspolizist im Sold des Bezirkssheriffs war. Knallten noch andere Bedienteste der Städte oder Bezirke für die Mafia herum? Niemand forderte eine Untersuchung. Vetter Tanky kannte die Antworten auf viele dieser Fragen. Daher der höhnische Blick, den er mir in der Nische zuwarf. Aber selbst dieser Blick war abgestumpft; weit unter der üblichen Stärke. Angesichts der Düsternis des Gefängnisses ging es ihm nicht gut. Wir hatten unser Teil an Übeltätern in der Familie, aber nur wenige, die es bis zum Zuchthaus gebracht hatten. Das wollte er jedoch nicht mit mir besprechen. Er wünschte lediglich, daß ich allen Einfluß geltend machte, den ich hatte. Es lohnte den Versuch. Noch ein Eisen im Feuer. Was mein Motiv betraf, weshalb ich bereit war, mich für ihn zu verwenden, so war das zu unklar und lohnte nicht die Mühe, es zu untersuchen. Gefühlsduselei. Exzentrische Dummheit. Eitelkeit.

»Okay, Raphael. Ich versuch's mit einem Brief an den Richter.«

Ich tat es für Vetter Metzgers Tick. Für das neapolitanische Eis mit den drei Schichten. Für Kusine Shanas bolzengerade wachsendes rötliches Haar und die gierigen Adern an ihren Schläfen und mitten auf ihrer Stirn. Für die Kraft, mit der ihre bloßen Füße sich vorwärts schoben, wenn sie den Boden aufwischte und die Seiten der *Tribune* darüber breitete. Ich tat es auch für Kusine Eunices Stottern und die Sprachstunden, durch die sie davon geheilt wurde, für die James Whitcomb

Riley-Rezitationen, die sie der unfreiwillig zuhörenden Familie gab, und die Entschlossenheit der Vokale, mit der sie sich der Herausforderung von »Wenn der Frost den Kürbis streift« stellte. Ich tat es, weil ich bei Vetter Tankys Beschneidung dabeigewesen war und seinen Schrei gehört hatte. Und weil sein unförmiger Körper jetzt in Mißerfolg gehüllt war. Sein Bart war nicht mehr lockig. Er sah aus wie der Sparringspartner des Todes, und seine Wangen waren unter den Augen ausgemergelt. Und wenn er glaubte, daß *ich* der Gefühlsmensch war und *er* der Nihilist, dann irrte er sich. Ich meinerseits habe einige Erfahrung mit dem Bösen und der Auflösung alter Lebensbande, mit den Schwären, die am Leib der Menschheit aufgebrochen sind, bei denen ich allerdings den Drang verspüre, sie mit eigenen Händen zu berühren.

Ich schrieb den Brief, weil die Vettern und Kusinen die Erwählten meiner Erinnerung sind.

»Raphael Metzgers Eltern, Euer Gnaden, waren schwer arbeitende, gesetzestreue Menschen; sie haben sich nicht einmal eine Verkehrswidrigkeit zuschulden kommen lassen. Als vor mehr als fünfzig Jahren die Brodskys nach Chicago kamen, haben die Metzgers ihnen wochenlang Obdach gewährt. Wir schliefen auf dem Fußboden, wie mittellose Einwanderer es in jenen Tagen zu tun pflegten. Wir Kinder wurden von Mrs. Metzger gekleidet, gebadet und gespeist. Das war vor der Geburt des Angeklagten. Zugegeben, Raphael Metzger wurde ein schwerer Junge. Er hat jedoch keine Gewaltverbrechen begangen, und es ist gut möglich, daß er mit einem derartigen familiären Hintergrund doch noch ein nützlicher Staatsbürger wird. In vorgerichtlichen Untersuchungen haben die Ärzte festgestellt, daß er an einem Emphysem leidet und außerdem an hohem Blutdruck. Wenn er seine Strafe in einem der härteren Gefängnisse verbüßen müßte, dann könnte seine Gesundheit dadurch unheilbar zerrüttet werden.«

Letzteres war reiner Unsinn. Ein gutes Bundesgefängnis ist wie ein Sanatorium. Ich habe mir von mehr als einem ehemaligen Häftling sagen lassen: »Die haben im Gefängnis einen neuen Menschen aus mir gemacht. Sie haben mich am Bruch und am grauen Star auf beiden Augen operiert; sie haben mir ein Gebiß verpaßt und ein Hörgerät gegeben. Aus eigenen Mitteln hätte ich mir das nie leisten können.«

Jemand, der wie Eiler im Dienst ergraut ist, hat viele Briefe mit Gnadengesuchen erhalten. Tausende werden von Stadtverordneten verschickt; von Kongreßabgeordneten und totsicher auch von anderen Bundesrichtern, die alle die niedrige Sprache der hohen Moral benutzen – Schmierbriefe, die ein gutes Wort für einflußreiche Wähler einlegen oder für politische Spießgesellen oder alte Freunde, mit denen sie unter einer Decke stecken. Man kann es Richter Eiler überlassen, zwischen den Zeilen zu lesen.

Vielleicht habe ich sogar etwas bewirkt. Tanky erhielt eine kurze Haftstrafe. Eiler hat bestimmt eingesehen, daß Tanky auf Anweisungen von oben gehandelt hat. Wenn Bestechungsgelder gezahlt wurden, behielt er nicht viel davon. Vermutlich sind ihm ein paar Dollars an den Fingern kleben geblieben, aber er hätte niemals vier große Eigenheime besessen wie einige seiner Bosse. Ich vermute auch, daß der Richter über geheime Untersuchungen im Bilde war, die damals angestellt wurden, und über die bevorstehende Anklage vor dem Großen Schwurgericht. Die Regierung war hinter größerer Beute her. Das sind keine Angelegenheiten, die Eiler je mit mir besprechen wird. Wenn wir uns treffen, reden wir über Musik oder Tennis; gelegentlich auch über den Außenhandel. Wir klatschen über die Universität. Aber Eiler war sich bewußt, daß Tankys Leben durch ein strenges Urteil in Gefahr gewesen wäre. Man hätte ihn verdächtigt, Dinge auszuplaudern, um eher freizukommen. Man ist sich allgemein darüber einig, daß

Tankys Gönner, Dorfman, vergangenes Jahr nach seiner Verurteilung im Bestechungsfall von Nevada umgebracht wurde, weil er lebenslänglich hinter Gitter gekommen wäre und deshalb sehr wohl vorgezogen haben könnte, mit den Behörden zu einer Übereinkunft zu gelangen. Dorfman wurde im vergangenen Winter von zwei Männern in den Kopf geschossen, gekonnt auf einem Parkplatz hingerichtet. Die Fernsehkameras machten viele Nahaufnahmen von dem blutbefleckten Matsch. Niemand fand es der Mühe wert, ihn wegzuspülen, und in meiner Vorstellung kamen nachts die Ratten, um ihn aufzulecken. Da er mit seinem Tod rechnete, traf Dorfman keine Vorkehrungen zu seinem Schutz. Er stellte keine Leibwächter ein. Ein allgemeiner Schußwechsel zwischen Leibwächtern und gedungenen Killern hätte vielleicht zu Vergeltungsmaßnahmen gegen seine Familie geführt. So ertrug er schweigend die innere Erregung eines todgeweihten Mannes, während er auf den unausweichlichen Schlag wartete.

Ein Wort darüber, was die Menschen in Chicago über solche Ereignisse denken – über dieses Leben, dem sie alle zugestimmt haben. Billig einkaufen, teuer verkaufen, das ist die Seele des Geschäfts. Die Fundamente der politischen Stabilität, der Demokratie sind, sogar im Urteil seiner hervorragenden Philosophen, Schwindel und Betrug. Allerdings sorgt Gewandtheit im Betrug schon für Straffreiheit. Die Spitzenleute, die Anwälte im Zentrum der Macht, jene, die die tödlichsten Netze auslegen – *sie* werden niemals zerstückelt und verbrannt, *sie* verlieren nie das Blut ihres Hirns auf Parkplätzen. Daher erweisen die Chicagoer den Vier-Villen-Gangstern, die ihr Leben in ganz offensichtlichen Verbrechen riskieren, eine gewisse Achtung. Wir denken dabei an die Todesfurcht, die den eigentlichen Bourgeois kennzeichnet. Die Leute in Chicago prüfen das eigene Verhalten zwar nicht ganz so gründlich, aber eins ist klar: Der Unterwelt-Boß hat seine Seele auf die

Hinrichtung vorbereitet. Das *muß* er. Für solch elementare Hinweise, daß die Gerechtigkeit in irgendeiner Form noch existiert, ist der »einfache« Mann dankbar. (Ich erlebe gerade einen Augenblick ohnmächtiger Empörung; lassen wir das.)

Ich muß berichten, daß mir die Lieferung einer Kiste Lafitte-Rothschild noch vor der Urteilssprechung peinlich war. Ich hatte meinen Brief an den Richter noch nicht abgeschickt. Als (nicht aktives) Mitglied der Anwaltskammer erwähne ich diese Ungehörigkeit voll Mißbehagen. Niemand sollte das erfahren. Zimmermanns Getränkewagen brachte mir ein Dutzend köstlicher, aber das Gewissen zu belastender Flaschen, als daß ich sie hätte trinken können. Ich habe sie Gastgeberinnen bei Einladungen zum Essen mitgebracht. Zumindest wußte Tanky, was ein guter Wein ist.

Im »Italian Village« hatte ich Nozzole bestellt, einen ordentlichen Chianti, den Tanky kaum probierte. Ein Jammer, daß er sich nicht gestattete, beschwipst zu werden. Ich hätte ihm ein amüsantes »vetterliches« Geheimnis anvertrauen können (nur für uns beide bestimmt). Auch ich habe mit dem Verleihen großer Summen zu tun. Tanky ging mit Millionen um. Als einer der Leute, die Expertisen für die Regierung anfertigen, habe ich mit den Milliardenanleihen an Länder wie Mexiko, Brasilien, Polen und andere hoffnungslose Nationen zu tun. An eben diesem Tag war der Vertreter eines westafrikanischen Staates zu mir ins Büro geschickt worden, um über Probleme seines Landes mit harten Währungen zu verhandeln; vor allem über die Beschränkungen bei der Einfuhr von europäischen Luxusgütern, besonders bei den von der regierenden Klasse benutzten deutschen und italienischen Autos (in denen sie mit ihren Damen und allen Kindern Sonntagsausflüge machten, um den öffentlichen Hinrichtungen beizuwohnen – das Hauptvergnügen der Woche; er erzählte mir das in seinem charmanten Englisch mit Sorbonne-Akzent).

Aber Tanky hätte nie mit Vertraulichkeiten über seine Organisation reagiert. So hatte ich nie die Chance, diesen möglicherweise fesselnden Austausch zwischen zwei jüdischen Vettern, die mit Millionendollars umgingen, zu beginnen.

Wo es um diesen privaten, vertraulichen Witz hätte gehen können, verbreitete sich statt dessen tiefes Schweigen. Abgründe des Schweigens verleihen dann einem *basso profundo* wie dem meinem eine ozeanische Resonanz, wenn das Gespräch wiederaufgenommen wird.

Es muß gesagt werden, daß mich die Büroarbeit keineswegs am meisten fesselt. Ich werde von verschiedenen Interessen – Leidenschaften – verzehrt. Darauf komme ich noch.

Bei einem Straferlaß wegen guter Führung würde Tanky nur etwa acht volle Monate in einem anständigen Gefängnis des Sunbelt absitzen müssen, wo er als gelernter Buchhalter damit rechnen könnte, nur leichte Arbeit zugewiesen zu bekommen, zumeist Computerkram. Man hätte annehmen können, daß ihn das zufriedenstellen würde. Nein, er war ruhelos und anmaßend. Er war offenbar der Meinung, daß Eiler eine Schwäche für den mit tiefer Stimme brummelnden Vetter Ijah hatte. Wenn ich irgend etwas davon verstehe, wie in Chicago gedacht wird, kam er vermutlich sogar zu dem Schluß, daß Ijah etwas über den Richter »wußte«.

Auf alle Fälle rief Kusine Eunice wieder an, um zu sagen: »Ich *muß* dich sprechen.« Wenn es um sie gegangen wäre, hätte sie gesagt: »Ich *hätte dich gern* gesprochen.« Ich wußte also, daß es um Tanky ging. Was jetzt?

Ich merkte, daß ich nicht ablehnen konnte. Ich saß in der Falle. Denn als Coolidge Präsident war, hatten die Brodskys auf Kusine Shanas Fußboden geschlafen. Wir waren hungrig, und sie hatte uns gespeist. Die Worte Jesu und der Propheten können nie aus dem Blut mancher Leute getilgt werden.

Bitte, ich stimme absolut mit Hegel darin überein (Vorlesungen in Jena 1806), daß die ganze Masse der Ideen, die bisher im Schwange waren – »die wahren Bande der Welt« –, sich auflösen und vergehen wie ein Bild in einem Traum. Göttlicher Geist wird in absehbarer Zeit erneut sichtbar werden (oder sollte es). Oder wie es ein anderer Denker und Visionär formuliert hat: die Menschheit ist lange Zeit von einer ungehörten Musik getragen worden, die ihr Auftrieb gab, Bewegung, Dauer und Zusammenhalt. Aber diese humanistische Musik ist zu Ende, und jetzt steigt eine andere, barbarische Musik empor, und eine andere elementare Kraft beginnt sich zu manifestieren – bisher noch ohne Form.

Auch so läßt sich die Sache gut definieren: ein kosmisches Orchester, das Musik ausstrahlte, hat plötzlich seine Aufführung abgesetzt. Und wo, im Hinblick auf die Vettern und Kusinen, bleiben wir dabei? Ich beschränke mich auf Vettern und Kusinen. Ich habe zwar Brüder; aber einer ist Beamter im diplomatischen Dienst, und ich bekomme ihn nie zu sehen, der andere hat in Tegucigalpa eine Flotte von Taxis laufen und Chicago ganz und gar abgeschrieben. Ich bin gewissermaßen in einem kleinen historischen Hafen blockiert. Ich kann nicht lossegeln; ich kann mich nicht einmal von den Banden der jüdischen Vetternschaft befreien. Mag sein, daß die Lösung weltlicher Bande die Juden anders berührt als andere. Diese gesamte Masse der Ideen, die bisher im Schwange waren, die wahren Bande der Welt ...

Was hat Tanky mit Banden oder Bindungen zu tun? Jahre in der Unterwelt. Verabscheut seine Schwester. Findet, daß sein Vetter Ijah ein Scheißkerl ist. Hier liegt ein Leben vor uns, dem alle zugestimmt haben. Nur Vetter Ijah nicht. Warum verweigert er sich? Aus welcher Sphäre glaubt *er* zu stammen? Wenn er sich nicht an Handlungen beteiligt, die für die bedeutendsten und mächtigsten Leute so erfüllend sind, wo befriedigt er dann seine Instinkte?

Wir haben uns also im »Italian Village« getroffen, um Nozzole zu trinken. Das »Village« hat drei Etagen und drei Speisezimmer, die ich Inferno, Purgatorio und Paradiso nenne. Wir haben unser Kalbfleisch mit Limonen im Paradiso gegessen. In seiner Not hat sich Tanky an Ijah gewandt. Jüdische Blutsverwandtschaft – ein besonderes Phänomen, ein Archaismus, den die Juden im Begriff waren aufzugeben, bis das gegenwärtige Jahrhundert sie unterbrach. Die bestehende Welt ging zu Ende, brach offenbar über ihnen zusammen, und es gab nichts mehr zum Aufgeben.

Okay, jetzt gehe ich mit Eunice zum Lunch aufs Dach des First National Wolkenkratzers, eins der Denkmäler der höchst merkwürdigen Gegenwart (wie eigenartig können diese Gegenwarten werden?). Ich zeige ihr den Rundblick und weit, weit unter uns das »Italian Village«, eine dünne Scheibe Alte-Welt-Architektur aus der Hänsel-und-Gretel-Zeit. Das »Village« wird auf der einen Seite von den grünen, üppigen Wölbungen des neuen Xerox-Hauptquartiers und auf der anderen Seite von der Bell Savings Corporation zusammengequetscht.

Mir ist schmerzlich bewußt, daß Eunice an Krebs operiert worden ist. Ich weiß, daß sich unter ihrer Bluse eine quälende Rose aus Narbengewebe befindet; und als wir uns das letzte Mal sahen, hat sie mir von den Schmerzen in ihrer Achselhöhle und ihrer Angst vor einem erneuten Ausbrechen der Krankheit erzählt. Es ist übrigens unglaublich, wie sie die medizinische Terminologie beherrscht. Und man hat keine Möglichkeit zu vergessen, wie viel Verhaltenswissenschaften sie studiert hat. Um gegen alte Zuneigungen und das Mitleid anzugehen, sammle ich zur Selbstverteidigung alle negativen Fakten, die die Metzger-Familie betreffen. Erstens, der brutale Tanky. Dann die Tatsache, daß der alte Metzger scharfmachende Tingeltangel-Aufführungen zu besuchen pflegte, wenn er sich eine Stunde von seinen Pflichten im Boston Store freimachen konnte; und ich sah ihn dann in diesen schweinischen, düsteren Lokalen in der South State Street, wenn ich Schule schwänzte. Aber das war ja nicht so negativ. Es war eher rührend als sündig. Es war seine Art, zum Leben zu erwachen; es war künstliche Wiederbelebung. Ein Mann mit etwas sexuellem Zartgefühl hatte vermutlich ein Gefühl, als wenn man ihm mit einem Holzklotz in die Genitalien geschlagen hätte, wenn er seinen ehelichen Pflichten im Bungalow-Gebiet nachgekommen war. Kusine Shana war eine liebe Seele, aber sie hatte nichts von einer geschminkten, erotischen Frau an sich. Auf alle Fälle war South State Street nichts anderes als hausbackene Wollust im hausbackenen Chicago. Im kultivierten Orient wurden dem Publikum selbst in heiligen Städten unendlich viel mehr unanständige Vorführungen geboten.

Dann versuchte ich festzustellen, wessen ich Kusine Shana überführen und wie ich auch sie verleugnen könnte. Gegen Ende ihres Lebens fuhr sie – Eigentümerin eines großen Apartmenthauses – per Anhalter auf der Sheridan Road, um das Fahrgeld für den Omnibus zu sparen. Um Eunice mehr Geld zu hinterlassen, hungerte sie, sagten einige der Verwandten. Sie fügten hinzu, daß sie, Eunice, jeden Penny davon brauchen würde, weil ihr Mann, Earl, der beim Park-District angestellt war, seinen wöchentlichen Gehaltsscheck unmittelbar nach der Zahlung zur Bank brachte und seinem persönlichen Sparkonto gutschreiben ließ. Er lehnte jegliche finanzielle Verantwortung ab. Eunice brachte ihre Kinder völlig mit eigenen Mitteln durch die Schule. Sie war Psychologin beim Bildungsausschuß. Testen von Intelligenz war ihr Beruf. (Ihr Geschäft hätte es Tanky wohl genannt.)

Eunice und ich setzten uns an unseren reservierten Tisch über der First National Bank, und sie teilte mir Tankys neues

Ersuchen mit. Der Eifer, ihrem Bruder behilflich zu sein, verzehrt sie. Sie ist eine Mutter wie ihre eigene Mutter, völlig aufopfernd – und dazu noch eine Schwester. Tanky, der Eunice normalerweise alle fünf Jahre einmal besuchte, hat jetzt häufig Kontakt zu ihr. Sie überbringt mir seine Botschaften. Ich bin wie der große Fisch in Grimms Märchen. Der Fischer hat ihn aus dem Netz befreit und dafür drei Wünsche eingeräumt bekommen. Wir befinden uns jetzt bei Wunsch Nummer zwei. Der Fisch hört im Speisezimmer für leitende Angestellte zu. Was möchte Tanky? Einen zweiten Brief an den Richter, in dem häufigere ärztliche Untersuchungen, Besuch bei einem Spezialisten, eine besondere Diät beantragt werden.

»Das Zeug, das er zu essen kriegt, macht ihn krank.«

Jetzt müßte der große Fisch sagen: »Hüte dich!«

Statt dessen sagt er: »Ich kann's versuchen.«

Er spricht in tieferen Tönen, einer schönen Tiefe, drei Noten auf der Baßgeige gestrichen oder der seltsamen Viola di bordone – einem alten Saiteninstrument, halb Gitarre, halb Gambe; Haydn, der die Viola di bordone liebte, hat hinreißende Trios dafür geschrieben.

Eunice sagte: »Meine besondere Aufgabe ist es, ihn dort lebend wieder rauszukriegen.«

Damit er noch tiefer verstrickt in gesetzwidrige Geldgeschäfte sein Leben wiederaufnehmen und von Hotels im Las Vegas-Stil aus agieren konnte, wohl aussehend (trotz seiner Krankheit) inmitten einer glitzernden Einrichtung, die eigens entworfen war, um jeden als Abbild der vollkommenen Gesundheit erscheinen zu lassen.

Eunice war von Unmengen von Gefühlen bedrängt, für die es keine Worte gab. Sie übertrug ihre Sprachfähigkeiten auf zugängliche Themen. Die Verständigung wurde dadurch erschwert, daß sie auf ihren Fachjargon, den sie beherrscht hatte, sehr stolz war. Sie gab mit ihrem Abschluß in pädagogischer Psychologie an. »Ich bin ein Profi«, sagte sie. Sie ließ das so oft wie möglich einfließen. Sie war die Erfüllung des dunklen, mächtigen Triebs ihrer Mutter, der Ehrgeiz für ihr Kind. Eunice war nicht hübsch, aber sie bedeutete Shana unendlich viel. Sie war so niedlich gekleidet wie andere kleine Mädchen, mit gemusterten Ausgehkleidern und (sichtbaren) Unterhöschen aus demselben Stoff, wie es in den zwanziger Jahren Mode war. Unter anderen, gleichaltrigen Kindern war sie jedoch eine Riesin. Zudem war ihr Gesicht durch die Anspannung vom Stottern verzerrt. Aber dann lernte sie, entschiedene Aussagesätze zu sprechen, und diese dämpften und unterdrückten die fürchterliche Energie ihres Stotterns. Mit unglaublicher Disziplin hatte sie die Gewalt ihres Fluches gezügelt.

Sie sagte: »Du warst immer bereit, mich zu beraten. Ich hatte immer das Gefühl, daß ich mich an dich wenden könnte. Ich bin dankbar, Ijah, daß du so viel Mitgefühl zeigst. Es ist kein Geheimnis, daß mein Mann nicht gerade hilfreich ist. Er sagt zu allem, was ich vorschlage, nein. Alles Geld muß völlig getrennt bleiben. ›Ich behalt' meins, du gibst deins nicht ab‹, sagt er zu mir. Er wollte den Mädchen nach der High School keine weitere Ausbildung zubilligen – so viel Bildung, wie er besitzt. Ich mußte Mutters Haus verkaufen – ich habe mir selbst die Hypothek gesichert. Es ist ein Jammer, daß die Zinsen damals so niedrig waren. Jetzt sind sie himmelhoch. Finanziell bin ich damit baden gegangen.«

»Hat Raphael dich nicht beraten?«

»Er sagte, ich sei verrückt, meine ganze Erbschaft für die Mädchen auszugeben. Was würde ich im Alter machen? Earl brachte dieselben Argumente vor. Niemand sollte abhängig sein. Er sagte, wir müßten alle auf eigenen Füßen stehen.«

»Du hängst außergewöhnlich an deinen Töchtern ...«

Ich kannte nur die jüngere – Carlotta –, die die dunklen Ponys und die arktische Erscheinung eines Eskimos hatte. Für mich ist das nichts Herabsetzendes. Ich bin von den Polarregionen und ihrer Bevölkerung fasziniert. Carlotta hatte lange, spitze, lackierte Fingernägel: sie sah fiebrig aus, war im Gespräch leidenschaftlich und inkonsequent. Bei einem Familienessen, bei dem ich anwesend war, spielte sie so ohrenbetäubend laut Klavier, daß eine Unterhaltung nicht in Frage kam; und als Kusine Pearl sie bat, doch leiser zu spielen, brach sie in Tränen aus und schloß sich in die Toilette ein. Eunice erzählte mir, daß Carlotta das Peace Corps verlassen und sich einer bewaffneten Siedlung auf der West Bank von Israel anschließen wollte.

Annalou, die ältere Tochter, hatte dauerhaftere Ambitionen. Ihre Zensuren waren für die besseren medizinischen Fakultäten nicht gut genug gewesen. Kusine Eunice gab mir jetzt einen erstaunlichen Bericht über Annalous Berufsausbildung. »Ich mußte Sonderzahlungen leisten«, sagte sie. »Ja, ich mußte mich verpflichten, der Schule eine große Schenkung zu machen.«

»Sagtest du Talbot Medical School?«

»Ja, genau. Nur um mit dem Direktor sprechen zu können, war schon eine Zahlung fällig. Man braucht eine Unbedenklichkeitserklärung von einer vertrauenswürdigen Person. Ich mußte Scharfer versprechen ...«

»Welchem Scharfer?«

»Unserem Vetter Scharfer, dem, der Spendenaktionen organisiert. Man muß einen Vermittler haben. Scharfer sagte, er könne eine Unterredung arrangieren, wenn ich erst *seiner* Gesellschaft eine Spende machen würde.«

»So unter der Hand, bei einer medizinischen Hochschule?« fragte ich.

»Sonst wäre ich erst gar nicht ins Büro des Direktors gekommen. Na schön, ich habe Scharfer zwölftausendfünfhundert gespendet. Sein Preis. Und dann mußte ich mich Talbot gegenüber zu fünfzigtausend Dollar verpflichten.«

»Zusätzlich zu den Studiengebühren?«

»Zusätzlich. Du ahnst vielleicht, was ein Doktor in Medizin wert ist; das Einkommen, das er garantiert. Eine kleine Universität wie Talbot ohne Stiftungsfonds hat kein Kapital. Man bekommt keinen anständigen Lehrkörper, wenn man nicht konkurrenzfähige Gehälter bietet; und ohne angemessene Fakultät erhält man keine Zulassung.«

»Also mußtest du zahlen.«

»Ich habe die Hälfte der Summe angezahlt und die Restzahlung für vor dem Abschlußexamen versprochen. Titel erst nach Zahlung. Das ist eine jener verborgenen Grauzonen, von denen die große Öffentlichkeit nie erfährt.«

»Warst du denn imstande, das alles zu bewältigen?«

»Obwohl Annalou Präsidentin ihres Jahrgangs war, bekam ich eine Mahnung, daß sie die letzte Rate erwarteten. Das brachte mich einigermaßen in Verzweiflung. Du mußt bedenken, daß meine Hypothek nur fünf Prozent abwarf, und jetzt steht der Kurs etwa auf vierzehn. Earl wollte überhaupt nicht mit mir darüber reden. Ich ging mit dem Problem zu meinem Psychiater. Er riet mir, an den Direktor der Hochschule zu schreiben. Wir formulierten eine Erklärung – ein Versprechen, die fünfundzwanzigtausend aufzubringen. Ich schrieb, ich sei ein Mensch von ›größter Integrität‹. Als ich zu meinem Anwalt ging, um die Formulierungen überprüfen zu lassen, riet er mir von ›größter‹ ab. Integrität allein sei genug. Ich schrieb also: ›Auf mein Wort als Mensch von anerkannter Integrität‹. Auf Grund dieser Zusage durfte Annalou dann ihr Abschlußexamen machen.«

»Und ...?« sagte ich.

Meine Frage wunderte sie. »Eine Zwanzig-Cent-Briefmarke hat mir ein Vermögen erspart.«

»Du wirst nicht zahlen?«

»Ich habe den *Brief* geschrieben ...«, sagte sie.

Ein Unterschied in der Betonung trennte uns. Sie saß nun aufrechter, lehnte sich nicht an, machte sich vom Ende der Wirbelsäule nach oben steif. Die kleine Eunice war sehr knochig geworden, nur noch ein altes Weib, abgesehen von der Attraktivität der Würde, dem vornehmen, auffallenden Profil, dem Gesicht, das geprägt war von der Farbe ihrer Mutter, teils Blut, teils Irrationalität. Man verbinde, wenn man kann, die zeitgenössischen »Wehwehchen«, auf die sie stolz war, mit jenem Aufleuchten aristokratischer Antiquiertheit.

Aber wenn einer von uns beiden ein Anachronismus war, dann war ich es. Wieder einmal Vetter Ijah, der sich verweigerte. Was war mein Motiv? Aus nicht näher zu bestimmenden Gründen habe ich Eunice nicht zu ihrem Erfolg gratuliert. Sie erwartete sehnlichst, daß ich ihr sagte, wie klug sie gehandelt hatte, wie toll das war, und ich schien entschlossen, sie zu enttäuschen. Was hatte meine unbegreifliche Sturheit zu bedeuten?

»Diese Worte ›große Integrität‹ haben dir fünfundzwanzigtausend ...«

»Nur ›Integrität‹. Ich habe dir doch gesagt, daß ich das ›groß‹ weggelassen habe.«

Nun ja, warum sollte nicht auch Eunice von einem feinen Wort vorteilhaften Gebrauch machen? Alle Wörter waren zur Selbstbedienung da. Sie verstand mehr von Politik als ich. Ich möchte nicht, daß mit dem Wort »Integrität« Schindluder getrieben wurde. Am besten konnte ich wohl als Grund dafür die Verteidigung der Poesie anführen. Das war ein törichter Grund, wenn man davon ausging, daß sie ihren einbrüstigen Körper verteidigte. Eine Metastase wäre ihr Bankrott gewesen.

Das Thema wurde gewechselt. Wir sprachen ein wenig über ihren Mann. Er hatte im Grant Park, am Seeufer, gearbeitet.

Wegen des alarmierenden, sprunghaften Anstiegs der Kriminalität hat die Parkverwaltung beschlossen, als Versteck geeignetes Gebüsch zu entfernen und die Toilettenhäuschen alten Stils abzureißen. Notzuchtverbrecher benutzten die Büsche als Deckung, und Frauen waren in den Toiletten erstochen worden; jetzt gab es statt dessen Klos im Schilderhausstil, die jeweils nur von einer Person benutzt werden konnten. Karger war mit der Installation beauftragt. So sagte Eunice voller Stolz, obwohl das, was sie von ihrem Mann berichtete, wenn man alle Anspielungen zusammennahm, keinen günstigen Eindruck machte. Er war unheimlich einsilbig, versagte sich allen Versuchen eines Gesprächs. Gespräch lohnte nicht. Vielleicht hatte er recht. Ich begriff seinen Standpunkt. Auf der Haben-Seite war es ihm scheißegal, was die Leute von ihm hielten. Er war ein aufrechter Kauz. Seine Unabhängigkeit gefiel mir. Er zog jedenfalls keine Schau ab.

»Ich muß die Hälfte der Miete bezahlen«, sagte Eunice. »Und dazu noch die Nebenkosten.«

Ich glaubte ihre Jammergeschichte nicht. »Warum bleibt ihr zusammen?«

Sie erklärte: »Ich bin in seiner Krankenversicherung ...«

Die meisten Leute hätten sich von dieser Erklärung überzeugen lassen. Meine Reaktion war neutral; ich zog alles in Erwägung.

Nach dem Essen wollte sie mein Büro besichtigen. »Mein Vetter, das Genie«, sagte sie, sehr angetan von der Größe des Zimmers. Ich mußte schon was Wichtiges sein, wenn ich so viel Platz im 51. Stock eines großen Gebäudes beanspruchen konnte. »Ich will gar nicht erst fragen, was du mit all diesen Geräten, Dokumenten und Büchern anfängst. Zum Beispiel diesen riesigen grünen Bänden. Wenn du's erklärten müßtest, würde es dich sicher langweilen.«

Die riesigen, verschossenen grünen Bücher, die vom Anfang des Jahrhunderts stammten, hatten mit meiner bezahlten Tätigkeit überhaupt nichts zu tun. Wenn ich darin las, machte ich blau. Es gab da zwei Bände in einer Serie von Berichten über die Jesup-Expedition; eine Veröffentlichung des Amerikanischen Museums für Naturgeschichte. Sibirische Ethnographie. Faszinierend. Ich wurde von meinen Kümmernissen – beträchtlichen Kümmernissen – durch diese Monographien abgelenkt. Zwei Stämme, die Koryaks und Tschuktschis, nahmen mich in der Beschreibung von Jochelson und Bogoras völlig in Anspruch. Genau wie der alte Metzger von Striptease-Shows verzaubert und von seinen Pflichten als Angestellter im Boston Store fortgelockt wurde, so vernachlässigte ich meine Büroarbeit wegen dieser Bücher. Als politische Radikale waren Waldemar Jochelson und Waldemar Bogoras (seltsame christliche Vornamen für zwei russische Juden) um 1890 nach Sibirien verbannt worden; und in dem Gebiet, in dem die Sowjets später ihre schlimmsten Arbeitslager, Magadan und Kolymas, errichteten, widmeten die beiden Waldemars Jahre dem Studium der eingeborenen Stämme.

Ich las über diese arktische Wüstenlandschaft, die geläutert war von Frösten sengend wie Feuer, zu meiner Erholung wie in der Bibel. In der Düsternis des Winters war man vielleicht sogar innerhalb einer sibirischen Wohnsiedlung verloren, wenn einen der Wind zu Boden warf, denn der Schnee fiel so dicht, daß man darunter begraben war, bevor man wieder auf die Füße kam. Wenn man seine Hunde anband, waren sie zuweilen erstickt, wenn man sie am nächsten Morgen ausgrub. In diesem dunklen Land betrat man ein Haus über eine Leiter im Innern des Schornsteins. Wenn die Schneemassen sich türmten, kletterten die Hunde hinauf, um zu riechen, was gekocht wurde. Sie kämpften um die Plätze an den Schornsteinspitzen und fielen dabei manchmal in den Kessel zum Kochen. Es gab Fotos von gekreuzigten Hunden – eine übliche Art des Opfers. Man war von den Mächten der Finsternis umgeben. Ein Gewährsmann von den Tschuktschis erzählte Bogoras, daß es unsichtbare Feinde gäbe, die die Menschen von allen Seiten umzingelten; fordernde Geister, deren Mäuler stets geöffnet waren. Die Menschen duckten sich und zahlten Lösegeld, um sich Schutz vor diesen rasenden Geistern zu erkaufen.

Die Geographie geistiger Reisen kann von Jahrhundert zu Jahrhundert nicht die gleiche sein; die Reiche des Golds verschwinden. Sie gleiten in die Vergangenheit. Auf alle Fälle entstand in meinem Büro eine wunderbare Stille um mich herum, wenn ich von diesen Stämmen und ihren Geistern und Schamanen las – sie verdoppelte, vervierfachte sich. Sie wurde zur zehnfachen Stille, mitten im Loop. Meine Fenster blicken auf den Grant Park. Hin und wieder ließ ich meine Augen auf dem Seeufer ruhen, wo Vetter Karger die blühenden Büsche abgeschnitten, um den Sexualverbrechern die Deckung zu nehmen, und schmale Einmanntoiletten aufgestellt hatte. Der riesige Park und der Jachthafen mit schnittigen Jachten, die Anwälten und Managern gehörten. An Wochentagen, wenn sie vor Anker lagen, sexuelle Gewaltverbrechen; am Sonntag segeln dieselben wütenden Erotomanen friedlich mit Frau und Kindern. Und ob wir uns für eine neue Geburt des Geistes rüsten oder für die Agonie endgültigen Verfalls (und das ist die ein paar Seiten zuvor erwähnte Ungewißheit) hängt davon ab, was man bei solchen Anzeichen oder Erscheinungen denkt, fühlt oder will; hängt ab von der kabbalistischen Fähigkeit, die man bei der Deutung dieser zeitgenössischen Strukturen entwickelt. Meine Intuition sagt mir, daß die Koryaks und Tschuktschis mich in die richtige Richtung weisen.

So versinke ich im Büro beim Lesen von Bogoras und Jochelson in Trance. Wenn es Zeit für die Konferenz ist, wache ich wieder auf. Ich werde gleichsam zum Seher, und meine Mitarbeiter hören gern meine Analysen. Ich hatte recht mit Brasilien, hatte recht mit dem Iran. Ich sah die Revolution der Mullahs voraus – im Gegensatz zu den Ratgebern des Präsidenten. Aber meine Ansichten mußten abgelehnt werden. Bei so riesigen Profiten für die Kreditanstalten, die zudem noch Regierungsgarantien hatten, da konnte ich nicht erwarten, daß meine Empfehlungen akzeptiert würden. Mein Entgelt ist, daß ich als »scharfsinnig« und »hochintelligent« gelobt werde. Wo die Kinder aus der Logan Street die Augen eines Orang-Utan zu sehen pflegten, erkennen meine Kollegen den Blick eines Hellsehers. Niemand spricht es offen aus, aber alle lesen meine Berichte, und die Hauptsache ist, daß ich unbehelligt bleibe, wenn ich meinen geistigen Forschungen nachgehe. Ich grübele über einem alten Foto von Jukaghirfrauen am Ufer des Nalemnaflusses. Das gegenüberliegende Ufer wüst – Schnee, Felsen, dürre Bäume. Die Frauen hocken am Boden und ziehen einen im Vordergrund aufgehäuften Fang großer Weißfische auf; sie arbeiten mit Nadel und Faden bei 35 Grad Kälte. Ihre Arbeit bringt sie zum Schwitzen, so daß sie ihre Pelzleibchen ausziehen und halbnackt sind. Sie stekken sich sogar »große Schneeklumpen zwischen die Brüste«. Primitive Frauen, denen es bei 35 Grad minus zu heiß wird und die die Brüste mit Schneeklumpen kühlen. Wenn ich das lese, frage ich mich, wer in diesem Wolkenkratzer, diesem auf-auf-aufragenden Gebäude, das Tausende beherbergt, die ausgefallensten Phantasien hat. Wer kennt die geheimen Ideen der anderen, die Träume der Bankiers, Anwälte, Karrierefrauen – ihre Vorstellungen und prophetischen Visionen? Sie können sie selbst nicht vorbringen, erschreckt von ihrer irren Intensität. Menschen, nach der Definition, die die halbe Zeit verrückt sind.

Wer will mir dann verübeln, wenn ich diese Bücher verschlinge? Tatsächlich lese ich sie immer wieder. Meine erste Bekanntschaft mit ihnen liegt viele Jahre zurück. Ich war Klavierspieler in einer Bar in der Nähe vom Kapitol in Madison, Wisconsin. Ich habe sogar einige Extranummern gesungen, darunter auch: »Prinzessin Papooli hat pfundweise Papayas.« Ich teilte im Armenviertel ein Zimmer mit meinem Vetter Ezekiel. Zeke, in der Familie Seckel genannt, hielt an der Staatsuniversität Vorlesungen über primitive Sprachen, aber sein Hauptanliegen führte ihn jede Woche in die Wälder des Nordens. Jeden Mittwoch fuhr er mit seinem verstaubten Plymouth los, um Volkssagen der Mohikaner auf Band aufzunehmen. Er hatte einige Überlebende der Mohikaner im Norden der Halbinsel ausfindig gemacht und machte es genauso, wie es Jochelson mit Hilfe seiner Frau, Dr. Dina Brodsky, in Ostsibirien gemacht hatte. Seckel versicherte mir, daß diese Frau Dr. Brodsky eine Kusine sei. Um die Jahrhundertwende waren die beiden Jochelsons nach New York City gekommen, um im American Museum of Natural History bei Franz Boas zu arbeiten. Seckel bestand darauf, daß Dr. Brodsky zu dieser Zeit die Familie aufgesucht hätte.

Warum waren die Juden so auf Anthropologie versessen? Zu den Begründern dieser Disziplin gehörten Durkheim und Lévy-Bruhl, Marcel Mauss, Boas, Sapir, Lowie. Sie haben vielleicht geglaubt, daß sie Entmystifizierer waren, daß sie wissenschaftliche Motive hatten und daß sie letzten Endes danach strebten, den Universalismus zu steigern. Ich selbst sehe das nicht so. Eine ehrlichere Erklärung ist die Nähe der Ghettos zur Sphäre der Offenbarung, für den Geist ein einfacher Schritt weg von den verkommenen Straßen und ranzigen Schüsseln, ein unmittelbarer Aufstieg in die Transzendenz. Das traf allerdings nur auf die Situation der Ostjuden zu. Die Westjuden brüsteten sich und waren eingebildet wie gelehrte Deutsche. Und waren die polnischen und russischen Juden (in

Ungnade bei der kulturellen Beurteilung, mit Tuberkulose und kranken Augen geschlagen) von der Vorstellung primitiver Praktiken so weit entfernt? Sie brauchten keine symbolistische Entscheidung zu fällen, um ihre Sinne zu verwirren; sie waren schon so geboren. Exoten, die auszogen, um Exoten zu erforschen. Und dann offenbarte sich das Ganze in rabbinisch-germanistischen oder cartesianisch-talmudischen Formen.

Vetter Seckel hatte übrigens keinen Hang zum Theoretisieren. Sein Talent bestand darin, sich ausgefallene Sprachen anzueignen. Er fuhr nach Süden in das Bayouland von Louisiana, um von dem letzten, der ihn noch sprach und der dem Tode nahe war, einen indianischen Dialekt zu lernen. Eine Sache von ein paar Monaten, und er beherrschte die Sprache vollkommen. So hatte denn der alte Indianer auf seinem Totenbett endlich jemand, mit dem er sprechen konnte; und als er gestorben war, beherrschte nur Seckel die Wörter. In ihm allein lebte der Stamm fort. Ich habe eins der indianischen Liebeslieder von ihm gelernt: »*Hai y'hee, y'hee y'ho* – Küß mich, bevor du gehst.« Er bedrängte mich, es in der Cocktailbar zu spielen. Er gab auch ein Rezept für kreolisches Jambalaya an mich weiter (Schinken, Reis, Krebsfleisch, Paprikaschote, Hühnerfleisch und Tomate), das zu kochen ich als unverheirateter Mann keine Gelegenheit habe. Außerdem war er sehr geschickt bei primitiven Fadenspielen und hatte eine gelehrte Abhandlung über indianische Fadenfiguren aufzuweisen. Einige dieser Fadenspiele kann auch ich noch, wenn Kinder zu unterhalten sind.

Seckel, ein stämmiger junger Mann mit rundem Rücken, war von chassidischer Blässe. Sein volles Gesicht hatte ernste Linien, und die Falten seiner Stirn ähnelten dem Bund eines Saiteninstruments. Sein Kopf war voll dunklen Haars in männlichen Locken, etwas verstaubt von seinen 850 Kilometer langen allwöchentlichen Reisen ins Indianerland. Seckel badete nicht viel, wechselte nicht oft seine Unterwäsche. Der Frau, die ihn liebte, machte das nichts aus. Sie war Holländerin, Jennie Bouwsma, und trug ihre Bücher in einem Rucksack. Sie erscheint mir in der Erinnerung mit einer Wollmütze und Kniestutzen, die Beine waren halbnackt und sahen im Winter von Wisconsin entzündet aus. Wenn sie mit Seckel im Bett war, schrie sie laut. Es gab in unserem kleinen Zimmer keine Türen, nur Vorhänge. Seckel eilte hin und her. Seine Waden und sein Hintern waren kräftig entwickelt: weiß, muskulös. Ich frage mich, wie diese klassische Muskulatur in die Familie kam.

Unsere Vermieterin war die Witwe eines Lokomotivführers. Wir wohnten zu ebener Erde in einem alten Holzhaus.

Das einzige Buch, das Seckel in jenem Jahr zur Hand nahm, war *Der Letzte Mohikaner*, von dem er das erste Kapitel las, um darüber einzuschlafen. Theoretisch, sagte er, sei er Pluralist. Marxismus war *out.* Er leugnete auch die Möglichkeit einer Geschichtswissenschaft – darin war er stur. Er bezeichnete sich als Diffusionisten. Die gesamte Kultur war ein *einziges Mal* erfunden worden und hatte sich aus einer einzigen Quelle verbreitet. Er hatte tatsächlich G. Elliot Smith gelesen und sich auf eine Theorie, daß alles ägyptischen Ursprungs war, festgelegt.

Seine verschlafenen Augen täuschten. Ihr benommener Blick war eine Tarnung für linguistische Anstrengungen, die niemals aufhörten. Seine Grübchen waren doppelt im Einsatz, denn sie waren zuweilen kritisch (ich beziehe mich hier auf die moderne Krise, den Quell der *Ungewißheit.* Ich traf Seckel zufällig 1947 in Mexico City, nicht allzu lange vor seinem Tod. Er führte eine Delegation von Indianern, die kein Spanisch konnten; und da niemand im mexikanischen Staatsdienst ihren Dialekt beherrschte, war Seckel ihr Dolmetscher und ohne Zweifel auch der Anstifter ihrer Klagen. Diese schweigsamen Indianer, Männer mit Sombreros und weißen schlaffen Unterhosen, denen in den Mundwinkeln schwarze Haare sprossen, kamen aus der Sonne, ihrem Element, in die Kolonnaden des Regierungsgebäudes.

An all dies kann ich mich erinnern. Als einziges habe ich vergessen, was ich selbst in Mexico zu tun hatte.

Durch Seckel, vermittelt von Dr. Dina Brodsky, hatte ich von der Arbeit Waldemar Jochelsons (vermutlich ein angeheirateter Vetter) über die Koryaks erfahren. Bei einer Versteigerung, die einige Damen zu wohltätigen Zwecken veranstalteten, kaufte ich ein zauberhaftes Buch *Bis ans Ende der Erde* (von John Perkins und dem American Museum of Natural History) und fand darin ein Kapitel über die Stämme im östlichen Sibirien. Dabei erinnerte ich mich an die Monographien, die ich Vorjahren in Madison, Wisconsin, entdeckt hatte, und lieh mir die zwei Jesupbände aus der Regenstein-Bibliothek. Die Frauen im Koryak-Mythos, las ich, waren, wenn nötig, imstande, ihre Genitalien abzunehmen und an die Bäume zu hängen, und Raven, ein unheimlicher, nicht von dieser Welt stammender Komödiant, der mythische Vater dieses Stammes, fand sich, als er von hinten in seine Frau eindrang und ihre Eingeweide erkundete, zuerst einmal in einer riesigen Kammer stehend. Wenn man derartige Erfindungen oder Phantasien bedenkt, dann sollte man nicht vergessen, was für ein hartes Leben die Koryaks führten, wie sie um ihr nacktes Leben kämpfen mußten. Im Winter mußten die Fischer zwei Meter tiefe Löcher durch festes Eis hacken, um ihre Angelschnüre in den Fluß hinunterzulassen. Über Nacht füllten sich diese Löcher wieder und froren zu. Koryakhütten waren überfüllt. Eine Frau dagegen war geräumig. Die mythische Mutter dieses Stammes war wie ein Palast.

Meine mir sehr sympathische (ich bin sicher, sie will nicht

nur schnüffeln) Assistentin, Miß Rodinson, kommt ins Büro, um zu fragen, warum ich eine Stunde vornübergebeugt am Fenster verbracht und anscheinend in die Monroe Street heruntergestarrt hätte. Der Grund ist nur, daß diese riesigen mattgrünen Monographien, die ich von der Regenstein-Bibliothek ausgeliehen habe, schwer zu halten sind und ich sie auf das Fensterbrett lege. Im Eifer ihrer Zuneigung wünscht sich Miss Rodinson vielleicht, in meine Gedanken einzudringen und sich nützlich zu machen. Aber was kann sie schon helfen? Lieber nicht in dieses glanzlose pelagianische Grün, das Tor zu einem barbarischen, nicht mehr vorhandenen Sibirien, eindringen.

In zwei Wochen muß ich als Delegierter nach Europa zu einer Konferenz über Umschuldungen, und sie möchte meine Zustimmung zu den Reisearrangements. Ob ich zuerst in Paris landen will? Ich sage unbestimmt Ja. Und für zwei Nächte im Montalembert absteigen? Dann Genf und Rückreise via London. All das ist Routine. Sie spürt, daß sie nicht an mich herankommt. Und dann, weil ich ihr von Tokio Joe Eto erzählt habe (mein Interesse an derartigen Themen hat zugenommen, seit Tankys Boss Dorfman ermordet wurde), überreicht sie mir einen Ausschnitt aus der *Tribune.* Die beiden Männer, die Tokio Joe so stümperhaft hingerichtet haben, wurden nun ihrerseits hingerichtet. Ihre Leichen wurden im Kofferraum eines im Wohngebiet von Naperville geparkten Buicks gefunden. Ein fürchterlicher Gestank war von diesem Wagen ausgegangen, und über den Kofferraumdeckel waren die Fliegen paradiert, dichter als die Massen am ersten Mai auf dem Roten Platz.

Eunice rief mich noch einmal an, diesmal nicht wegen ihres Bruders, sondern wegen ihres Onkels Mordecai (ein Vetter ersten Grades meines Vaters) – dem Haupt der Familie, soweit eine Familie vorhanden ist und soweit sie ein Haupt hat. Mordecai – Vetter Motty, wie wir ihn nannten – war bei einem Autounfall verletzt worden; und da er fast neunzig war, war das eine ernste Angelegenheit; also war ich am Telefon und sprach mit Eunice von einem düsteren Winkel meiner düsteren Wohnung aus. Ich kann eigentlich nicht sagen, warum es bei mir so düster sein muß. Ich ziehe klares Licht und einfache Umrisse eindeutig vor. Offenbar bin ich dazu jedoch noch nicht bereit und brauche statt dessen die Atmosphäre des Heiligen Grabes, dazu viel zu viele Orientteppiche, die ich bei Mr. Hering bei Marshall Fields gekauft habe (er hat sich vor kurzem zurückgezogen und widmet sich jetzt seiner Pferdefarm), und Bücher mit alten Einbänden, die ich seit langem nicht mehr lese. Abgesehen von Sachen über Wirtschaft und internationale Bankgeschäfte sind die Berichte von der Jesup-Expedition seit Monaten meine einzige Lektüre; daneben fesseln mich bestimmte Bücher von Heidegger. Aber Heidegger kann man nicht überfliegen; Heidegger ist Schwerarbeit. Zuweilen lese ich auch die Gedichte von Auden oder Biographien über Auden. Aber das gehört nicht hierher. Ich vermute, daß ich diese düstere und antipathische Umgebung geschaffen habe, um mich von Grund auf zu einer Neuordnung und Neugestaltung zu zwingen, (um die *Ungewißheit* zu beheben.) Die wesentlichen Bestandteile sind alle vorhanden. Sie müssen nur noch richtig angeordnet werden.

Warum jemand einem derartigen Projekt in einer der großen Hauptstädte der amerikanischen Supermacht nachgehen sollte, ist ebenfalls ein interessantes Thema. Ich habe es nie mit jemand diskutiert, aber einige Kollegen (die spürten, daß ich hinter etwas Ausgefallenem her war) haben mir gesagt, daß in einer Stadt wie Chicago so viel Spektakuläres geleistet würde, die Stadt selbst so viele Möglichkeiten für eine *wirkliche* Entwicklung böte, ein Zentrum von so viel Reichtum, Macht,

Dramatik sei, reich sogar an Verbrechen und Laster, an Seuchen, Krankheiten und eigentlichen – nicht beiläufigen – Ungeheuerlichkeiten sei, daß es töricht, ja wehleidig sei, sich auf sich selbst zu konzentrieren. Das normale, alltägliche Leben sei packender als das innerste Irgendwas irgendeines Menschen. Nun ja, und ich glaube, daß ich über diese innersten Dinge weniger Illusionen habe als die meisten. Bewußt Verinnerlichte sind, wenn man genauer hinsieht, barmherzig vage angesichts der Abscheulichkeiten, die unter ihrer Formlosigkeit lauern. Zudem meide ich alles, was einer *grandiose initiative* ähnelt. Ich habe mich auch nicht freiwillig isoliert. Offenbar kann ich die Zeitgenossen nicht finden, die ich benötige.

Darauf würde ich gern wieder zu sprechen kommen. Vetter Mordecai hat eine ganze Menge damit zu tun.

Eunice erzählte mir am Telefon von dem Unfall. Kusine Riva, Mottys Frau, war am Steuer, weil Motty vor Jahren seinen Führerschein abgenommen bekommen hat. Ein Jammer. Er hatte gerade erst, nach fünfzigjährigem Fahren, entdeckt, wozu ein Rückspiegel diente. Rivas Führerschein hätte auch eingezogen werden müssen, sagte Eunice, die Riva niemals hatte leiden können (zwischen Shana und Riva hatte ein langer Krieg geherrscht; er wurde von Eunice weitergeführt). Riva wies beide zurück und gab ihren Chrysler nicht auf. Sie war zu geschrumpft, um diesen Riesenwagen noch zu fahren. Nun hatte sie ihn endlich zu Schrott gemacht.

»Sind sie verletzt?«

»Sie überhaupt nicht. *Er* schon – seine Nase und rechte Hand, ziemlich schlimm. Im Krankenhaus hat er eine Lungenentzündung bekommen.«

Das gab mir einen Stich. Der arme Motty, er war schon vor dem Unfall so mitgenommen gewesen.

Eunice redete weiter. Nachrichten aus den Außenbezirken der Wissenschaft: »Man kann jetzt eine Lungenentzündung heilen. Früher hat sie sie so schnell dahingerafft, daß die Ärzte sie ›Freundin des alten Mannes‹ nannten. Jetzt haben sie ihn nach Hause geschickt ...«

»Ah.« Wir hatten noch einmal einen Aufschub. Lange konnte es nicht mehr hinausgeschoben werden, aber jede Gnadenfrist war eine Erleichterung. Mordecai war der älteste Überlebende seiner Generation, und das Erlöschen war nahe, und die Gefühle mußten darauf vorbereitet werden.

Kusine Eunice hatte noch mehr zu erzählen. »Er steht nicht gern auf. Dieses Problem hatten sie schon vor dem Unfall mit ihm. Nach dem Frühstück kroch er wieder unter die Decke. Das war schwer für Riva, denn sie ist gern aktiv. Sie ist jeden Tag ihres Lebens mit ihm ins Geschäft gegangen. Sie sagte, es sei gespenstisch gewesen, daß Motty sich im Bett unter den Decken verkroch. Es sei ein abnormes Verhalten gewesen; und sie zwang ihn, eine Familienberaterin in Skokie aufzusuchen. Die Frau war sehr gut. Sie sagte, er sei sein ganzes Leben um fünf Uhr früh aufgestanden, um in den Laden zu gehen, und es sei kein Wunder nach all dem versäumten Schlaf, wenn er ihn nun nachholen wollte.«

Ich habe dieser Deutung zwar nicht zugestimmt, aber ich habe sie hingenommen.

»Nun erzähle ich dir noch das Allerneuste«, sagte Eunice. »Er hat immer noch Flüssigkeit in den Lungen, und man muß ihn aufsitzen lassen. Sie zwingen ihn dazu.«

»Wie machen sie das?«

»Er muß an einen Stuhl geschnallt werden.«

»Ich glaube, diesen Besuch laß' ich lieber sausen.«

»Das kannst du nicht. Du bist immer sein besonderer Liebling gewesen.«

Das stimmte; und jetzt wurde mir klar, was ich angerichtet hatte: ich hatte Mottys Zuneigung in Anspruch genommen, ihm die meine geschenkt, ihn mit Respekt behandelt, an seine

Geburtstage gedacht, ihm die Liebe entgegengebracht, die ich für meine Eltern empfunden hatte. Durch solch ein Verhalten hatte ich mich über gewisse revolutionäre Entwicklungen der letzten Jahrhunderte hinweggesetzt, über die fortschrittlichen Anschauungen der Aufgeklärten, die Verachtung für die Eltern. Wie Samuel Butler sie mit allem Charme und aller Schärfe erläutert hat, als er sagte: man müsse allein geboren werden, eine Zwanzigtausend-Pfund-Note an die Windel geheftet; ich hatte die klassischen Lektionen eines Mirabeau und seines Vaters, Friedrich des Großen, des Père Goriot und seiner Töchter, der Vatermörder Dostojewskis nicht beherzigt – hatte das gescheut, was Heidegger uns als das »Furchtbare« vorhält, wobei er die alten griechischen Wörter δε͂ινον und δεινότατου gebraucht und uns sagt, daß das Furchtbare das Tor zum Erhabenen ist. Sogar die breite Masse kehrt der Familie den Rücken. Vetter Motty hatte in seiner Unschuld diese Veränderungen nicht wahrgenommen. Aus diesen und anderen Gründen – gemischten Gründen – zögerte ich, Vetter Motty zu besuchen; und Kusine Eunice gab mir mit recht zu bedenken, daß dies meine Zuneigung in Frage stellte. Ich war in der Klemme. Einmal in Gang, müssen diese Beziehungen bis zum Ende durchgehalten werden. Tanky, zum Beispiel, der Mottys Neffe war, hatte seit zwanzig Jahren nicht mehr nach dem alten Mann gesehen. Das war völlig vernünftig und konsequent. Als ich den alten Mann das letzte Mal sah, konnte er nicht sprechen – oder wollte nicht. Er war zusammengefallen. Er wandte sich von mir ab.

»Er hat dich immer geliebt, Ijah.«

»Und ich liebe ihn.«

Eunice sagte: »Er nimmt alles wahr.«

»Davor habe ich Angst.«

Selbstprüfung – von allen theoretischen Erwägungen einmal abgesehen – bestätigte mir, daß ich den alten Mann liebte.

Eine unvollkommene Liebe – zugegeben. Aber sie existierte. Sie war immer dagewesen.

Eunice, die entdeckt hatte, in welchem Maße ich »vetterlichen« Gefühlen unterworfen war, verstärkte ihren Einfluß auf mich. So holte ich sie denn mit dem Auto ab und fuhr sie raus nach Lincolnwood, wo Motty und Riva in einem Haus im Ranchstil wohnten.

Als wir durch die Tür kamen, warf Kusine Riva ihre inzwischen krumm gewordenen Arme in einer »Hurra«-Geste hoch und sagte: »Motty wird sich so freuen ...«

Ganz unabhängig von dieser Begrüßung war allerdings der Blick, mit dem ihre schlauen blauen Augen uns bedachten. Sie konnte Eunice nicht ausstehen, und seit fünfzig Jahren betrachtete sie mich mit Skepsis, zwar nicht ohne Sympathie, aber in der Erwartung, daß ich zuverlässige Zeichen von Normalität an den Tag legte. Für mich war sie eine liebe alte Dame geworden, die aber auch sehr realistisch war. Ich hatte Riva als eine füllige, dunkelhaarige, kräftige Frau mit geraden Beinen in Erinnerung. Jetzt hatte sich die Geometrie ihrer Figur völlig verändert. Sie war wie ein Wagenheber rhombenförmig in den Knien eingeknickt. Sie war noch immer bemüht, sich rasch zu bewegen, als tanze sie hinter der Riva her, die sie einst gewesen war. Aber die war sie nicht mehr. Das runde Gesicht war lang geworden und hatte gewisse voltairische Züge bekommen. Ihr blaues Starren sagte es ohne Umschweife: Lös mir das Rätsel dieser absurden Verwandlung, des weißen Haars, der gebrochenen Stimme. Meiner Verwandlung und schließlich auch deiner. Wo ist dein Haar, warum bist du so krumm? Und vielleicht gab es gewisse gemeinsame Voraussetzungen. Alle diese physischen Veränderungen scheinen den Geist zu befreien. Für mich liegen darin noch weitere Anzeichen: daß in dem Maße, wie die Gesellschaftsordnung kaputtgeht und die jahrhundertealten Zwänge beseitigt werden, die Nähte der Geschichte sozusagen aufzugehen beginnen, Mauern an den Ecken auseinanderfallen, sich Bande lösen und wir die Freiheit erlangen, für uns selbst zu denken – vorausgesetzt wir finden die Kraft, diese Gelegenheit zu nutzen –, durch die Lücken zu entkommen, ohne von Wehklagen überwältigt zu werden, sondern die Spitze des zusammengestürzten Haufens zu erklimmen.

Da gab es Kinder und Enkel; und sie waren für Riva unzweifelhaft ein Grund zur Zufriedenheit; aber sie war nicht eine der üblichen Omas. Sie war eine Geschäftsfrau gewesen. Sie und Motty hatten aus einem Laden mit zwei Lieferwagen ein großes Geschäft aufgebaut. Vor sechzig Jahren hatten Vetter Motty und sein Bruder Shimon, zusammen mit meinem Vater, einem Vetter ersten Grades, und einer kleinen Belegschaft von polnischen Bäckern ein paar hundert Einwanderer-Lebensmittelläden mit Brot und Kaiserbrötchen und Konditorwaren beliefert – Fettgebackenes, Schichttorten, Kaffeekuchen, Windbeutel, Berliner und Eclairs. Das alles hatten sie in drei Öfen mit Bruchholz bewerkstelligt – Abfall aus Sägemühlen, der noch die Borke trug und an den Wänden aufgeschichtet war – und mit Säcken voller Mehl und Zucker, Fässern mit Gelee, Bottichen voll Backfett, kistenweise Eiern, langen, trogartigen Knetkübeln und vier Meter langen, schlanken Backschiebern, die in die Hitze hinein- und wieder herausglitten, um die Brote herauszuholen. Alle waren mit Mehl bedeckt, bis auf Kusine Riva, in ihrem Büro unter der Treppe, wo sie die Buchhaltung besorgte, die Rechnungen schrieb und die Lohnlisten führte. Mein Vetter hatte in diesem Betrieb den Titel »Manager«, als ob die glühenden Öfen und der den ganzen Wohnblock füllende Duft etwas mit »Management« zu tun gehabt hätten. Er konnte nie etwas »managen«. Nervenzentrum der Angst wäre ein besserer Titel gewesen, wobei der Hauptpunkt der Konzentration mitten auf seiner Stirn saß wie ein drittes Auge, das auf alles achtete, was in der Nacht schiefgehen könnte, wenn er die Verantwortung hatte. Sie bauten ein großes Unternehmen auf (nicht mein Vater, der sich selbständig machte und es niemals zu einem greifbaren Erfolg brachte), und das Unternehmen weitete sich aus, bis es die Grenzen seiner Zeit erreicht hatte, den von den Supermärkten gesetzten Bedingungen nicht gewachsen war – Transport von tiefgekühlten Waren über weite Strecken, Uniformität der Erzeugnisse, Mengen (Bestellungen von Millionen Dutzend Kaiserbrötchen). So wurde das Unternehmen aufgelöst. Niemand hatte daran Schuld.

Ein neuer Abschnitt des Lebens begann, eine wunderbare – oder angeblich wunderbare – Zeit des Ruhestands: Florida und was dazugehört, Stätten, wo das warme Klima zum Träumen anregt und wo Menschen – sofern sie nicht zu ruhelos und verunstaltet sind – die Wonne eines früheren Seinszustandes wiedergewinnen können. Völlig unmöglich, wie wir alle wissen. Nun, Motty gab sich redlich Mühe, ein guter Amerikaner zu sein. Ein guter Amerikaner macht Reklame für alles, was zu werden ihn das Leben gezwungen hat. In Chicago ging Motty täglich in seinen Klub, um zu schwimmen. Dort galt er als »Original«. Ein Jahrzehnt lang unterhielt er die Mitglieder mit Witzen. Es waren ausgezeichnete Witze. Ich hatte die meisten davon von meinem Vater gehört. Viele setzten einige Kenntnis der alten Heimat voraus – hebräische Texte, Parabeln, Sprichwörter. Vieles ging auf uralte Zeiten zurück; und wenn man nicht wußte, daß im »Schtetl« die Orthodoxen, wenn sie ihrer Arbeit nachgingen, halblaut die Psalme vor sich hersagten, dann mußte man um Fußnoten bitten. Motty wünschte – und verdiente –, als vornehmer, lustiger alter Mann beurteilt zu werden, der es beruflich weit gebracht hatte, vielleicht der beste Bäcker der Stadt war, reich, großzügig, ein Mann von anerkannter Integrität. Als jedoch die älteren Mitglieder des Klubs wegstarben, war niemand mehr da, mit dem man sich über derart gewichtige Werte austauschen konnte. Motty, fast neunzigjährig, hängte sich immer noch an die Leute, um ihnen komische Sachen zu erzählen. Das waren seine Opfergaben. Er wiederholte sich. Die Makler, Politiker, Rechtsanwälte, Handelsvertreter und Organisatoren, die im Klub Gymnastik machten, verloren die Geduld mit ihm. Er störte im Umkleideraum, wenn er in sein Laken gehüllt war. Niemand wußte, wovon er redete. Zuviel Chinesisch in seinen Cantos, zuviel Provenzalisch. Der Klub bat die Familie, ihn zu Hause zu lassen.

»Vierzig Jahre lang Mitglied«, sagte Riva.

»Ja, aber seine Generationsgenossen sind tot. Die neuen Leute verstehen ihn nicht.«

Ich hatte stets den Eindruck gehabt, daß Motty mit seinen endlosen Witzen um Anerkennung warb, sich beliebt zu machen suchte und daß er durch seine Späßchen im Umkleideraum sein Wesen verunstaltete. Als jüngerer Mann hatte er viel weniger geredet. Als Junge unter erwachsenen Männern im russischen Bad hatte ich Mottys Größe und Stärke bewundert, wenn wir im Dampf hockten. Nackt glich er einem indianischen Krieger. Krauses Haar wuchs von der Mitte seines Schädels herab. Seine Würde war ein naturgegebenes Geschenk. Jetzt war keine Haarsträhne mehr in der Mitte. Er war geschrumpft. Sein Gesicht war kleiner geworden. Wenn er während seines Jahrzehnts der Erheiterungen schwamm und voller Zuneigung strahlte, war er stets erfreut, mich zu sehen. Er sagte: »Ich habe die *schmonim*« – die achtzig – »erreicht und schwimme noch täglich zwanzig Bahnen im Becken.« Dann: »Kennst du den schon?«

»Bestimmt nicht.«

»Hör zu: Ein Jude betritt ein Restaurant. Soll angeblich gut sein, ist aber dreckig.«

»Ja.«

»Und es gibt keine Speisekarte. Man bestellt sein Essen nach der Tischdecke, die fleckig ist. Man deutet auf einen Fleck und fragt: ›Was ist das? *Tzimmes*? Bringen Sie mir was davon‹.«

»Ja.«

»Und der Kellner schreibt keine Rechnung. Der Gast geht direkt zur Kassiererin. Sie sieht sich seinen Schlips an und sagte: ›Sie haben *Tzimmes* gegessen.‹ Aber dann rülpst der Kunde, und sie sagt: ›Aha und Rettich‹.«

Das ist kein Witz mehr, sondern ein Produkt der geistigen Einstellung. Wenn man ihn hundertmal gehört hat, dann ist er so mythisch wie Raven, der ins Innere seiner Frau kriecht und sich in einer riesigen Kammer befindet. Jetzt haben jedoch alle Witze aufgehört.

Bevor wir nach oben gehen, sagt Kusine Riva: »Ich habe in Erfahrung gebracht, daß der FBI einen Greylord-Sting-Einsatz bei deinem gesamten Berufsstand vorgenommen hat, es wird zu Hunderten von Anklagen kommen.«

Nicht böse gemeint. Riva meint es scherzhaft, nicht richtig boshaft; sie probt nur ihre Kräfte. Sie neckt mich gern ein bißchen, denn sie weiß sehr wohl, daß ich die Juristerei nicht ausübe, nicht mehr Klavier spiele, nichts mehr von den Dingen tue, für die ich innerhalb unseres Kreises berühmt war. Dann sagt sie, ohne ihre gemessene Sprechweise zu ändern: »Wir dürfen nicht zulassen, daß Motty sich hinlegt, sondern müssen ihn zwingen, sich aufzusetzen, sonst bildet sich Wasser in seiner Lunge. Der Arzt hat angeordnet, ihn festzuschnallen.«

»Das kann er nicht gut aufnehmen.«

»Der arme Motty, er haßt es. Ein paarmal hat er sich losgemacht. Mir ist nicht wohl dabei zumute. Uns allen nicht ...«

Motty ist in einem Armsessel festgeschnallt. Die Schnallen sind hinter ihm. In einem ersten Impuls möchte ich ihn trotz der ärztlichen Anordnung losmachen. Ärzte verlängern das

Leben, aber wie Motty auf die Verordnungen reagiert, die sie ihm aufzwingen, kann man nicht wissen. Er nimmt unseren Besuch mit einem kurzen Nicken zur Kenntnis, wendet dann den Kopf ab. Es ist erniedrigend, so gesehen zu werden. Mir fällt ein, daß mir bei meinem Brief an Richter Eiler in Erinnerung gekommen war, daß Tanky stumm in seinem Babystuhl gezappelt hatte, sich entschieden von seinen Gurten befreien wollte.

Motty ist nicht bereit zu reden – nicht dazu fähig. Es wird also überhaupt nichts gesagt. Es ist ein Besuch, und als Besucher stehen wir. Was habe ich überhaupt mit Motty im Sinn, und warum habe ich eine Fahrt vom Loop unternommen, um ihn zu belästigen? Sein Gesicht ist noch kleiner als bei meinem letzten Besuch – *genio* und *figura* haben ihren letzten Auftritt; die Bestandteile schwinden dahin. Er ist jetzt nur noch Natur und macht seine Rechnung direkt mit dem Tod. Es ist kein Zeichen großer Güte, dabei zuzusehen.

In meinen frühesten Erinnerungen ist Eunice noch klein und lutscht am Daumen. Jetzt ist Eunice groß, und es ist Riva, die klein ist. Kusine Rivas Blick ist verschlossen. Keine Möglichkeit, ihre Gedanken zu erraten. Der Fernseher ist ausgeschaltet. Sein gewölbtes Glas wirkt wie die Stirn eines Eindringlings, der sich in sein böses Geheimnis zurückgezogen hat, die blöden (zerbrechlichen grauen) Zellen des polierten Schirms. Hinter den zugezogenen Vorhängen liegt die North Richmond Street, statisch und leer wie alle anderen hübschen Wohnstraßen, bei denen, was menschlich von Belang ist, von größeren Gewalten, vom Hauptstrang des Geschehens, weggesogen wurde. Alles, was nicht an diesen Hauptstrang angeschlossen ist, welkt dahin und wird vom Tod verschlungen. Motty wurde zum patriarchalischen Clown, als sein Geschäft liquidiert wurde. Jetzt sind keine Formen mehr vorhanden, die das Leben übernehmen könnte.

Irgend etwas muß schließlich gesagt werden, und Eunice mobilisiert ihre Kräfte, die wissenschaftlich sind und Rat geben. Zudem scheint sie von einer Art humoristischen Instinkts inspiriert zu sein. Sie sagt: »Bei Onkel Mottys Hand solltest du eine Physiotherapie anwenden, sonst kann er sie nicht mehr gebrauchen. Ich finde es *sehr* sonderbar, daß das bisher versäumt wurde.«

Darüber ist Kusine Riva außer sich. Sie wirft sich schon den Unfall vor; man hatte sie gewarnt, nicht zu fahren; und auch den Stuhl mit den Riemen; aber einen so kritischen Ton gestattet sie Kusine Eunice nicht. »Man kann sich bei mir wohl darauf verlassen, daß ich mich um meinen Mann kümmere«, sagt sie und geht aus dem Zimmer. Eunice folgt ihr, und ich kann hören, wie sie der »Laiin« beharrlich ausführlichere Erklärungen gibt. Seit sie vor fünfzig Jahren vom Stottern geheilt wurde, schwört sie auf ewig auf professionelle Hilfe. »Laß nur den Besten ran«, ist ihr Slogan.

Um mich auf das Bett setzen zu können, räume ich Rivas Bücher und Magazine beiseite. Mir fällt wieder ein, daß sie von Edna Ferber, Fannie Hurst und Mary Roberts Rinehart angetan war. Einmal ließ sie mich am Lake Zurich, Illinois, ihr Exemplar von *The Cirkular Staircase* lesen. Dadurch kamen all die kleinen Einzelheiten in unnötiger Ausführlichkeit wieder. An einem Sommertag fuhr die Familie in drei Autos ins Blaue, und auf dem Weg aus der Stadt heraus stoppte Vetter Motty vor einem Eisenwarenladen in der Milwaukee Avenue und kaufte sich eine Wäscheleine, um die Picknickkörbe auf dem Dach des Dodge zu befestigen. Er stand auf den Stoßstangen und auf den Trittbrettern und vertäute die Körbe, wie es gerade ging – kreuz und quer.

Wie die Schale, in der man Wasserfarbe aus Pinseln wäscht, ist der Lake Zurich gelbgrün, der Schlick ist tief, das Schilf ist dicht, die Luft ist schwül, und das Wäldchen riecht nicht nach Natur, sondern nach belegten Broten und Sommerbananen. Am Picknicktisch wird unter der Aufsicht von Rivas Mutter Poker gespielt, die den Schleier von ihrem großen Hut heruntergezogen hat, um die Mücken fernzuhalten und vielleicht auch ihr Aussehen vor den anderen Spielern zu verbergen. Tanky, etwa zwei Jahre alt, läuft nackt vor seiner Mutter und dem Kartoffelbrei davon, und sie ruft ihm nach, er solle zum Essen kommen. Shanas Brüder, Motty und Shimon, gehen auf dem Picknickgelände spazieren und reden über Backprobleme. Der riesige Shimon hat einen Buckel, aber es ist ein Buckel der Stärke, keine Entstellung. Riesige Hände hängen aus seinen Ärmeln. Er hält nichts von dem Leinenjackett, das seinen gewölbten Rücken bedeckt. Er hat es gekauft, er besitzt es, aber so, wie er's trägt, wendet es sich gegen sich selbst. Es wird zu einer Art von antiamerikanischem Witz. Sein mächtiger Schritt vernichtet kleine Pflanzen. Er ist fatal schlau, und deine pubertären Geheimnisse verbrennen im blauen Feuer seines ablehnenden Blicks. Shimon mochte mich nicht. Mein Hals war zu lang, meine Augen waren zu fremdartig. Ich war lernbegierig. Ich erhob einen falschen Anspruch, der dem des wirklichen Lebens nicht entsprach. Vetter Motty verteidigte mich. Ich kann nicht behaupten, daß er ganz im Recht war. Kusine Shana pflegte von mir zu sagen: »Der Junge hat einen offenen Kopf.« Sie meinte damit, daß mir das Lernen aus Büchern leichtfiel. Vetter Shimons Intuitionen – soweit sie reichten – waren genauer. Am Ufer des Lake Zurich hätte ich mit den anderen Kindern im Schlick kreischen und nicht ein dummes Buch (es hatte einen geprägten einfarbigen braunen Einband) von Mary Roberts Rinehart lesen sollen. Ich weigerte mich, meine Seele den »tatsächlichen Verhältnissen« auszuliefern; und das sind die Verhältnisse, die jetzt durch den Einsatz des FBI aufgedeckt worden sind. (Die Enthüllungen über Korruption werden nicht sehr weit gehen; die schwersten der schweren Jungen haben wenig zu befürchten.)

Kusine Shana befand sich auf der falschen Fährte. Was sie gesagt hat, läßt sich am besten als Metaphysik deuten. Nicht der *Kopf* war offen. Es war etwas anderes. Wir betreten die Welt ohne vorherige Ankündigung, wir sind erschienen, bevor uns das Erscheinen bewußt sein kann. Ein ursprüngliches Ich existiert oder, wenn man das vorzieht, eine ursprüngliche Seele. Es mag so sein, wie Goethe zu bedenken gab, daß die Seele eine Bühne ist, auf der sich die Natur darstellen kann – die einzige derartige Bühne, die sie hat. Und das leuchtet ein, wenn man versucht, sich so manche Arten intensiver Beobachtung zu erklären – wie zum Beispiel die Beobachtung von Vettern und Kusinen. Wäre es lediglich Beobachtung im üblichen Sinn des Wortes, was wäre sie dann wert? Wenn man es aber so ausdrückt: »Wie ein Mensch ist, sieht er auch. Wie das Auge gebildet ist, sind seine Kräfte«, dann ist es etwas anderes. Als ich Tanky und seinen Gangsterkollegen auf dem Flugplatz traf und überlegte, was ein im Sinne von William Blake entkörpertes Auge über uns sehen mochte, griff ich auf meine eigene fundamentale Sicht zurück – die eines Menschen, der eine gewisse Verzerrung im gewöhnlichen Sehvorgang als selbstverständlich hinnimmt, nie die Gewohnheit aufgegeben hat, alle wahrhaft wichtigen Beobachtungen auf jenes ursprüngliche Ich oder die Seele zu beziehen.

Ich glaube, daß Motty in seinem Schweigen den »ursprünglichen Menschen« befragte. Der entstellte Mensch konnte ohne Bedauern sterben, war vielleicht schon tot.

Die Nähte gehen auf, die Bande lösen sich und die Unhaltbarkeit des Daseins gibt dich wieder dem ursprünglichen Ich zurück. Dann ist man frei, um unter den Trümmern der modernen Ideen das wahre Sein zu suchen, und zwar in einer magischen Trance, oder, wenn man so will, mit einer Klarheit, die sich von der Klarheit *anerkannter* Arten des Wissens grundlegend unterscheidet.

Es war etwa in diesem Augenblick, daß Vetter Motty mich mit dem Kopf zu sich winkte. Er hatte etwas zu sagen. Es war sehr wenig. Fast nichts. Bestimmt sagte er nichts, das ich zu hören erwartete. Ich rechnete nicht damit, daß er mich bat, losgeschnallt zu werden. Als ich mich über ihn beugte, legte ich ihm die Hand auf die Schulter, denn ich spürte, daß er das wollte. Ich bin sicher, daß er es wollte. Und vielleicht wäre es angebracht gewesen, in seiner Muttersprache mit ihm zu sprechen, so wie Seckel in den Bayous mit seinem Indianer, dem letzten seines Stammes, gesprochen hatte. Das Wort, das Motty jetzt sagte, konnte nicht »Schalom« gewesen sein. Warum sollte er eine so konventionelle Begrüßung gebrauchen? Als er sah, wie sehr er mich verwirrt hatte, wandte er mir ernst die Augen zu – sie waren sehr groß. Er versuchte es von neuem.

Also fragte ich Riva, warum er das sagte, und sie erklärte: »Oh, er meint ›Scholem‹. Immer wieder erinnert er mich daran, daß wir Post für dich bekommen haben – von Scholem Stavis ...«

»Von Vetter Scholem? ... Nicht *Schalom.*«

»Anscheinend hat er deine Adresse nicht.«

»Ich stehe in keinem Verzeichnis. Und wir haben uns seit dreißig Jahren nicht mehr gesehen. Du hättest ihm sagen können, wo ich zu erreichen bin.«

»Mein Lieber, ich hatte alle Hände voll zu tun. Ich fände es schön, wenn du den ganzen Kram hier wegschaffen würdest. Er nimmt ein ganzes Fach in meiner Vorratskammer ein, und es bedrückt Motty als unerledigte Angelegenheit. Er würde sich viel besser fühlen. Wenn du's wegschaffst.«

Als sie sagte, »den ganzen Kram wegschaffen«, warf sie Eunice einen Blick zu. Es war ein gewichtiger Blick. »Nimm dieses Kreuz von mir«, lautete ihre Botschaft. Seufzend führte sie mich in die Küche.

Scholem Stavis, ein Brodsky mütterlicherseits, war wie Shimon und Seckel einer aus der blauäugigen Vetternschaft. Als Tanky bei jener denkwürdigen Gelegenheit im Flughafen von O'Hare von den Genies in der Familie gesprochen hatte – »Wir hatten zwei oder drei« – bezog er sich auch auf Scholem, um uns beide der Lächerlichkeit preiszugeben. »Du bist doch so klug, warum bist dann nicht reich?« war die Kategorie, in die diese Bemerkung gehörte, zusammen mit »Wieviel Divisionen hat der Papst?« Die Einwandererfamilien alter Art hatten eifrig nach Wunderkindern Ausschau gehalten. Einige der Kinder hatten versucht, diese Hoffnungen zu erfüllen. Man konnte es Tanky nicht übelnehmen, wenn er über die Vergeblichkeit solcher Erwartungen grinste.

Scholem und ich wuchsen in Nachbarstraßen auf, besuchten dieselben Schulen und tauschten Bücher aus; und da Scholem keine gewöhnlichen Interessen hatte, war es immerzu Kant und Schelling, war es Darwin und Nietzsche, Dostojewsky und Tolstoj, und im letzten Jahr auf der High School war es Oswald Spengler. Ein ganzes Jahr wurde in den *Untergang des Abendlandes* investiert. In seinen Briefen (Riva gab mir eine große Tragetasche, um sie zu transportieren) erinnerte mich Scholem an unsere gemeinsamen Interessen. Er schrieb mit einer altmodischen Würde, die mir durchaus zusagte. Es klang ein klein wenig wie die Dostojewsky-Übersetzung von Constance Garnett. Er redete mich mit »Brodsky« an. Ich ziehe die Garnett-Übersetzung immer noch allen späteren vor. Es ist kein richtiger Dostojewsky, wenn es nicht heißt: »Wie Sie sagen, Porfiry Petrowitsch«, oder »Ich habe Tanja angebetet, sozusagen«. Ich meinerseits gehe die Dinge direkter an. Ich habe eine Schwäche für die moderne Geschwindigkeit und sogar einen Hang zur Blasphemie. Als Beispiel möchte ich Audens Aperçu über Rilke anführen: »Der größte lesbische Dichter seit Sappho.« Nur um zu betonen, daß wir es uns nicht leisten können, die Auflösung der Bande zu vergessen (1806 in Jena verkündet). Aber selbstverständlich stellte ich die Überlegenheit von Dostojewski oder Beethoven nicht in Frage, die Scholem stets als Titanen bezeichnete. Scholem war und blieb ein Titanide. Die Dokumente, die ich aus Rivas Vorratskammer mit nach Hause nahm, beschäftigten mich bis vier Uhr morgens. Geschlafen habe ich überhaupt nicht.

Scholem war des Glaubens, eine biologische Entdeckung gemacht zu haben, die für Darwin bedeutete, was Newton für Kopernikus und Einstein für Newton bedeutet hatten; und die Weiterentwicklung und Anwendung von Scholems Entdeckung würde einen Durchbruch in der Philosophie ermöglichen: den ersten bedeutenden Durchbruch seit der *Kritik der reinen Vernunft.* Von meinen ersten Erinnerungen an ihn hätte ich voraussagen können, daß Scholem nichts Halbes machen würde. Er war aus dauerhaftem Stoff. Sich verschleißen? Nun ja, im Ablauf der Natur wurde alles verschlissen, aber das Leben würde ihn nie zerbrechen. In den alten Tagen liefen wir durch ganz Ravenswood. Er konnte mehr Wörter in einen einzigen Atemzug packen als irgend jemand, mit dem ich je gesprochen habe; und tatsächlich ließ er sich durch Atmen nicht unterbrechen. Mit bleichem Gesicht, seltsam elastischem Gang, dünn, die Daumen in die Hosentaschen gehakt, war er mir stets, in bleichem Fieber, voraus. Sein Atem roch wie gekochte Milch. Wenn er einen Vortrag hielt, bildete sich in seinen Mundwinkeln eine weiße Masse. Hatte er seinen visionären Zustand, dann hörte er kaum, was man sagte, aber kreiste einen mit einer von Dringlichkeit erstickten Stimme mit galaktischen Ringen ein. Ich mußte später an ihn denken, als ich anfing, Rimbaud zu lesen, vor allem *Bateau Ivre* – ein ähnlicher Rausch und ein ähnliches Erstürmen des Kosmos; nur war Scholem in seiner Art abstrus, nicht sinnlich. Bei unseren Spaziergängen verfolgte er ein Thema wie Kants Todeskategorien, und das Spaziergangs-Thema führte uns im Westen zur Foster Avenue, dann im Süden zum Böhmischen Friedhof, darauf wieder und wieder um das North Park College herum und über die Brücken des Entwässerungskanals hinüber und herüber. Wenn wir dann unsere Diskussionen vor den Automobil-Ausstellungsräumen in der Lawrence Avenue fortsetzten, nahmen wir unsere im Schaufensterglas verzerrten Gesten wahrscheinlich nicht wahr.

Auf dem Farbfoto, das er mit den vielen Dokumenten an mich geschickt hatte, sah er ganz verändert aus. Seine Augenbrauen waren jetzt dicht und schwer, Teint dunkel, Aussehen grimmig, Augen schmal, Mund verkniffen und von tiefen Falten umgeben. Scholem war nicht zerbrochen, aber man konnte erkennen, wieviel Druck er hatte aushalten müssen. Der hatte sich schwer in seinem Gesicht ausgewirkt, ihm das Haar flach an den Schädel gedrückt. In einer der Heilig-Grab-Ekken meiner Wohnung betrachtete ich eingehend das Bild. Hier war ein Mann, mit dem zu beschäftigen sich lohnte, ein bewundernswerter Vetter, ein Kämpfer, der aus hartem Holz geschnitzt war.

Im Gegensatz dazu kam ich mir selbst wie ein Leichtgewicht vor. Ich konnte verstehen, warum ich mich statt dessen im Unterhaltungsgeschäft versucht hatte – ein tragikomischer Conférencier auf Kanal Sieben –, Kleinstadtkabarett, Essen unter Gangstern oder Beinah-Gangstern bei Fritzel, sogar Kapriolen in Kupcinets geistloser Talkshow, bevor mir Selbstachtung riet, das aufzugeben. Ich hatte jetzt einen ausgeglicheneren Eindruck von mir selbst. Immerhin erkannte ich, daß ich, was den Intellekt anging, Vetter Scholem Stavis den ersten Rang eingeräumt hatte. Auch jetzt noch zeigen die unerschütterliche Intensität des Gesichts, die geblähten Nasenflügel, die erdwärts Feuer schnauben, was für ein Mensch er ist. Da das Foto in der Nähe seines Apartmenthauses aufgenommen worden war, kann man erkennen, in welchem Maße er herausgefordert wurde, denn hinter ihm ist Wohngegend von Chicago – eine Straße mit sechsgeschossigen Chicagoer Häusern, vor sechzig Jahren eine gute Adresse, mit all dem Zierat der Mittelklasse, der den Bauunternehmern in den zwanziger Jahren zur Verfügung stand – eine erschreckende Umgebung für einen Mann wie Scholem. War das eine Straße, in der man Philosophie schrieb? Gerade wegen solcher Gegenden hasse ich den Evolutionismus, der behauptet, daß wir für die mögliche Vervollkommnung unserer Gattung in abgestufter Langeweile sterben müßten.

Aber in diesen Straßen hat Vetter Scholem tatsächlich Philosophie geschrieben. Bevor er fünfundzwanzig Jahre alt war, hatte er bereits neuen Boden beackert. Er erzählte mir, daß er den ersten wahren Fortschritt seit dem achtzehnten Jahrhundert vollbracht hätte. Bevor er jedoch sein Meisterwerk vollenden konnte, griffen die Japaner Pearl Harbor an, und die Logik seiner revolutionären Entdeckungen in Biologie, Philosophie und Weltgeschichte war notwendigerweise, daß er zum Militär ging – als Freiwilliger, versteht sich. Ich habe schwer an den Seiten, die er mir schickte, gearbeitet und versucht, die biologischen und welthistorischen Gründe von alldem zu begreifen. Die Evolution von Gameten und Zygoten, die Aufteilung der Pflanzen in Monokotyledonen und Dichotyledonen, der Tiere in Ringelwürmer und Wirbeltiere – das war mir vertraut. Wenn er davon jedoch die Diskussion über die biologischen Grundlagen der modernen Politik ableitete, dann konnte ich ihn nur noch voll guten Willens begleiten, nicht aber mehr verstehen. Die großen Landmassen würden von passiven, rezeptiven Völkern bewohnt. Kleinere Staaten seien die aggressiven, befruchtenden Kräfte. Ein Resümee würde nicht helfen; ich müsse den ganzen Text lesen, schrieb er. Aber Rechte und Linke, wolle er mir jetzt mitteilen, seien Epiphänomene. Der Hauptstrom werde sich zuletzt in ein breites, zentrales, freies Kontinuum der Evolution verwandeln, das gerade anfing, sich verheißungsvoll in den westlichen Demokratien zu offenbaren. Daraus ist leicht zu ersehen, warum sich Scholem freiwillig meldete. Ihm ging es nicht um die Verteidigung der Demokratie, sondern auch seiner Theorien.

Er war Schütze bei der Infanterie und kämpfte in Frankreich und Belgien. Als sich die amerikanischen und russischen Streitkräfte an der Elbe trafen und dadurch die deutschen Armeen trennten, war Vetter Scholem bei einer der Patrouillen, die den Fluß überquerten. Russische und amerikanische Kampftruppen jauchzten, tranken, tanzten, weinten und lagen sich in den Armen. Nicht allzu schwer, sich den besonderen Zustand eines Sohnes Nordwestchicagos vorzustellen, dessen Eltern aus Rußland ausgewandert waren und der sich nun als Kämpfer in Torgau befindet, im Heimatland von Kant und Beethoven, bei einem Volk, das den Massenmord an Juden organisiert und ausgeführt hatte. Erst kürzlich habe ich festgestellt, daß auch ein Ijah Brodsky, dessen entzückte Seele den Tschuktschis und den Koryaks verfallen war, nicht sicher sein konnte, daß in der gedanklichen Masse, die sich im First National Building – in der vordersten Reihe des amerikanischen Kapitalismus in seiner gegenwärtig heikelsten Phase – angesammelt hatte, seine Gedanken die *ausgefallendsten* waren. Und ebensowenig kann man sicher sein, daß unter den sich umarmenden, weinenden, saufenden Soldaten, die sich in Torgau ihrem Freudentaumel hingaben (die Mädchen, die sich bei den russischen Truppen befanden, will ich nicht ausschließen, noch die alten Frauen, die sich am Fluß – sehr reißend dort – die Füße kühlten), nicht noch jemand gewesen wäre, der genauso mit biologischen und historischen Theorien beschäftigt war. Aber Vetter Scholem im Land von ... nun ja, Spengler – warum sollten wir Spengler auslassen, dessen Parallelen zwischen Antike und Moderne uns damals als Jungen in Ravenswood in einen unerträglichen Taumel versetzt hatten? –, Vetter Scholem hatte Weltgeschichte nicht nur gelesen, nicht nur darüber nachgedacht und kurz vor seiner Meldung als Freiwilliger einige der verwirrendsten, lähmendsten Knoten und Knäuel gelöst, sondern er erfuhr sie auch persönlich, unmittelbar als Infanterist. Soldaten beider Armeen, Scholem mitten unter ihnen, schworen, auf ewig Freunde zu sein, einander nie zu vergessen und eine friedliche Welt aufzubauen.

Danach war mein Vetter jahrelang mit organisatorischen Arbeiten beschäftigt, Gesuchen an Regierungen, Aktivitäten bei der UNO und internationalen Konferenzen. Er fuhr mit einer amerikanischen Delegation nach Rußland und überreichte Chruschtschow im Kreml die Landkarte, die seine Patrouille, als sie sich der Elbe näherte, benutzt hatte – ein Geschenk des amerikanischen Volkes an das russische Volk, ein Unterpfand der Freundschaft.

Die Vollendung und Veröffentlichung seines Werkes, das er für den einzigen authentischen Beitrag zur reinen Philosophie im zwanzigsten Jahrhundert hielt, mußte zurückgestellt werden.

Etwa zwanzig Jahre lang war Vetter Scholem dann Taxifahrer in Chicago. Jetzt war er im Ruhestand, ein Pensionär der Taxigesellschaft, und wohnte im Norden der Stadt. Er lebte jedoch nicht ohne Sorgen. Vor kurzem hatte er sich im Veteranenhospital an Krebs operieren lassen müssen. Die Ärzte sagten ihm, daß er bald sterben müsse. Deshalb hatte ich so viel Post von ihm erhalten: einen Stapel Dokumente mit Faksimiles der Soldatenzeitung *Stars and Stripes*, Bilder von den einander umarmenden Armeen in Torgau, Fotokopien von offiziellen Briefen und politischen sowie persönlichen Schlußerklärungen. Ich betrachtete zum zweiten und dann zum dritten Mal ein vor kurzem aufgenommenes Bild von Scholem – das nach innen gerichtete Schielen seiner schmalen Augen, die emotionelle Kraft seines Gesichts. Er hatte sich auf ein bedeutsames Leben eingestellt. Er glaubte, daß auch sein Tod bedeutsam sein würde. Ich mache mir zuweilen darüber Gedanken, wie die Menschheit sein wird, wenn ich tot bin, und ich kann nicht behaupten, daß ich damit rechne, daß mein Hinscheiden irgend etwas Besonderes bewirkt, während Vetter Scholem gefühlsmäßig von seiner Leistung überzeugt ist und glaubt, daß sein Einfluß zur Ehre und Würde unserer Gattung andauern wird. Ich bin gerade eben auf seine Abschiedsbotschaft gestoßen. Er hat viele besondere Wünsche, von denen einige seine Beerdigung betreffen. Ich will in Torgau an der Elbe begraben werden, in der Nähe des Gedenksteins, der zur Erinnerung an den Sieg über die Nazistreitkräfte errichtet wurde. Er wünscht sich, daß seine Trauerfeier mit einer Lesung aus dem Schlußteil der *Brüder Karamasow* in der Garnett-Übersetzung eingeleitet wird. Er bittet darum, daß die Trauerfeier mit dem zweiten Satz der Siebenten Symphonie von Beethoven in der Aufnahme von Solti mit den Wiener Symphonikern ausklingt. Er legt die Inschrift für seinen Grabstein fest. Sie weist auf die bleibende geistige Gabe, die er der Menschheit hinterläßt, und seine Teilnahme am historischen Schwur hin. Er schließt mit Johannes 12,24: »Wahrlich, wahrlich, ich sage euch: wenn das Weizenkorn nicht in die Erde fällt und erstirbt, so bleibt's allein, wenn es aber erstirbt, so bringt es viel Frucht.«

Diesem Abschiedsschreiben ist ein Brief der Heeresverwaltung, Büro des Generaladjutanten, beigefügt, in dem Mr. Stavis aufgefordert wird, doch bitte ausfindig zu machen, welche

Vorschriften in der Deutschen Demokratischen Republik (Ostdeutschland) die Überführung menschlicher Überreste in das Land zum Zweck der Beerdigung betreffend bestehen. Anfragen sollten ans Konsulat der DDR in Washington, D. C., gerichtet werden. Was die Kosten beträfe, so seien die Zahlungsverpflichtungen der US-Regierung leider beschränkt; sie könne schon für die Überführung von Scholems Leiche nicht aufkommen, noch viel weniger für die Reise der leidtragenden Familie. Zuschüsse für Friedhöfe und Grabstellen könnten über die Veteranenverwaltung verfügbar gemacht werden. Der Brief ist angemessen und mitfühlend. Selbstverständlich kann man von dem unterzeichnenden Oberst nicht erwarten, daß er weiß, was für ein bemerkenswerter Mensch Scholem Stavis ist.

Dann gibt es ein letztes Schreiben, das eine Versammlung nächstes Jahr in Paris (September 1984) betrifft, um den 70. Jahrestag der Marneschlacht festlich zu begehen. Das soll zu Ehren der Taxifahrer stattfinden, die die Soldaten an die Front transportierten und so zur Verteidigung der Stadt beitrugen. Taxifahrer aus allen Ländern sind zu diesem Ereignis eingeladen worden, sogar die Pedale tretenden Taxifahrer aus Südostasien. Der große Umzug wird sich neben dem Grab Napoleons formieren und dann der 1914 eingeschlagenen Route folgen. Scholem hat vor, vor dem letzten der ehrwürdigen Taxis das im Invalidendom ausgestellt ist, zu salutieren. Als Mitglied des Planungsausschusses wird er demnächst nach Paris reisen, um an den Vorbereitungen zu diesem Ereignis teilzunehmen. Auf der Heimfahrt wird er in New York Station machen, um bei den fünf ständigen Mitgliedern des Sicherheitsrates vorstellig zu werden und sie aufzufordern, den Geist des großen Tages in Torgau zu respektieren, und von allen herzlich Abschied zu nehmen. Er wird die französische UN-Delegation morgens um halb zehn, die der Sowjetunion um elf,

China um halb eins, Großbritannien um zwei und die USA um halb vier besuchen. Um fünf Uhr will er dem Generalsekretär seine Aufwartung machen. Dann nach Chicago und zu einem »neuen Leben« zurückkehren – dem in Johannes 12:24 verheißenen Leben.

Er bittet um finanzielle Unterstützung im Namen der Menschheit selbst, indem er sich wieder auf die Würde der Menschheit in diesem Jahrhundert beruft.

Unbedeutendere Dokumente enthalten Angaben über die nukleare Abrüstung und die verheißungsvollen Aussichten für eine mögliche Versöhnung der Supermächte im Geist von Torgau. Um drei Uhr morgens ist mein Kopf nicht klar genug, um sie zu prüfen.

Schlafen kommt nicht in Frage; statt ins Bett zu gehen, mache ich mir einen starken Kaffee. Zwecklos im Bett zu liegen; ich würde nur weiter grübeln.

Schlaflosigkeit ist nicht das Wort, das ich für die scharfen Reize der tiefnächtlichen Klarheit gebrauche, die mich überkommt. Tagsüber verhindern die umständlichen Gewohnheiten eines ganzen Lebens die wahre Entdeckung. Ich habe gelernt, für die Nachtstunden, die die Nerven quälen, die Adern zerreißen, dankbar zu sein – »in ruhloser Ekstase liegen«. Wenn man das will und erträgt, braucht man eine starke Seele.

Mit dem Kaffee lege ich mich in einer meiner syrischen Ekken nieder (ich hatte nicht die Absicht, dieses orientalische Milieu zu schaffen; wie ist es entstanden?), lege mich dicht neben die leere Mondoberfläche des Outer Drive, um zu überlegen, was ich für Vetter Scholem tun könnte. Warum überhaupt etwas tun? Warum ihn nicht einfach an die Abteilung für edle Absichten weiterleiten? Wenn er fünf- oder sechsmal in der Edle-Absichten-Kammer gewesen wäre, hätte ich vielleicht fast das Gefühl, etwas für ihn getan zu haben. Die üblichen Ausweichtechniken würden allerdings in Vetter Scholems Fall nichts bringen. Als Sohn jüdischer Einwanderer (sein Vater war Eierhändler im Fulton Market) war Vetter Scholem entschlossen, in der Natur und in der Geschichte Unterstützung für die Freiheit zu finden und die Angst vor dem Tod, die die Gattung beherrscht, sie erschüttert, zu lindern, einzudämmen und zu vertreiben. Er war zudem ein patriotischer Amerikaner (eine furchtbar altmodische Gefühlsregung) und ein Weltbürger. Vor allem wollte er sicherstellen, daß es allen gutging, wollte ein besonderes Geschenk machen, die Menschheit segnen. In all dem entsprach Scholem der klassischen Norm für Juden in der Diaspora. Vor dem Chicagoer Hintergrund von Wettbüros und Hinterzimmern, Betrug, Brandstiftung, Totschlag, Gewaltverbrechern, Erpressern war die Ideologie des Anstands, die von unsichtbaren Machtquellen verbreitet wurde – das Sittengesetz war in Chicago niemals dicker als Luftpost- oder Seidenpapier –, jetzt ein so seltenes Gas wie Argon. Auf jeden Fall, gedenke sein, gedenke des vielleicht mächtigsten Verstandes, der ja hinter dem Lenkrad eines Taxis saß; seine Passagiere Kinder Belials, die die Korinther II jämmerlich erscheinen ließen, und Scholem inmitten unvergleichlicher Dekadenz von immer reineren Gedanken beseelt. Durch die Anstrengungen bekam er einen bösartigen Tumor. Ich bin allerdings auch von jeher davon überzeugt gewesen, daß die Strapaze, zehn Stunden am Tag im Stadtverkehr fahren zu müssen, ausreicht, um Krebs zu bekommen. Die aufgezwungene Unbeweglichkeit ist schuld daran; dazu kommt noch erschwerend die Feindseligkeit, die zurückfließende, von Organismen – vielleicht auch Mechanismen – herrührende Wut.

Aber was konnte ich für Scholem tun? Ich konnte nicht zu ihm nach Hause rennen und nach dreißig Jahren der Entfremdung die Klingel drücken. Ich konnte ihn finanziell nicht unterstützen – ich habe nicht das Geld, um so viele tausend Seiten drucken zu lassen. Er würde mindestens hunderttausend Dollar brauchen, und er würde vielleicht erwarten, daß Ijah sie aus der sterilen Luft des Loop hervorzauberte. Gehörte Ijah denn nicht zu einem Spitzenteam von Elite-Finanzanalysten? Aber Vetter Ijah war nicht einer der Finägler, die sich etwas vom großen Geld für »intellektuelle« Projekte oder fortschrittliche Reformen unter den Nagel gerissen hatten; gehörte nicht zu den politischen Subventionshaien, die über Millionen verfügen, um damit zu spielen.

Außerdem graute mir davor, mich mit ihm in seinem Sechs-Etagenhaus-Wohnzimmer hinzusetzen, um sein Lebenswerk zu diskutieren. Mir fehlte die dafür erforderliche Fachsprache. Meine College-Biologiekenntnisse wären nicht von Nutzen. Mein Spengler war toter als der böhmische Friedhof, wo wir über die großen Fragen diskutiert hatten (würdige Umgebung, wuchtige Gräber, verfaulende Blumen).

Auch mit Vetter Motty hatte ich keine gemeinsame Sprache, um ihm mein ganzes Denken zu offenbaren; und Vetter Scholem konnte seinerseits erst dann mit meiner Unterstützung für sein philosophisches System rechnen, wenn ich mich durch jahrelange Studien dafür qualifiziert hatte. Es war nur noch so wenig Zeit übrig, daß es nicht in Frage kam. Unter diesen Umständen konnte ich nichts weiter tun, als zu versuchen, Geld für sein Begräbnis in Ostdeutschland zu sammeln. Die Kommunisten, die so dringend harte Währungen benötigten, würden einen vernünftigen Vorschlag nicht zurückweisen. Und gegen Morgen, als ich mich wusch und rasierte, fiel mir ein, daß es ja einen Vetter in Eigin, Illinois, gab – kein naher Verwandter, aber einer, zu dem ich immer freundliche und sogar freundschaftliche Beziehungen gehabt hatte. Der würde vielleicht helfen können. Die Zuneigungen müssen bewerkstelligen, was sie in einer so ungewöhnlichen Zeit nur können. Sie werden gewissermaßen auf Vorrat am Leben gehalten, denn Gegenstände der Zuneigung sieht man nur selten. Diese geistigen, hydroponischen Gewächse können jedoch erstaunlich ausdauernd und beharrlich sein. Die Menschen scheinen einander jahrzehntelang oder auf Abruf »halten« zu können. Derartige Trennungen haben einen Hauch von Ewigkeit. Eine Interpretation von »keine Zeitgenossen zu haben«, ist, daß alle wertvollen Bindungen in einem Zustand der angehaltenen Zeit gehalten werden. Die Abwesenden scheinen zu spüren, daß sie ihren Wert für dich nicht verloren haben. Die Beziehung wird *ritardando* auf einem Trance-Instrument gespielt, das dem übrigen Orchester nur unterschwellig bewußt ist.

Die Person, die ich meine, war immer noch da; in Elgin. Mendy Eckstine, früher einmal freier Journalist und Werbemann, war nun halb im Ruhestand. Er und Scholem Stavis stammten aus völlig unterschiedlichen Bereichen. Eckstine war mein Billard-, Box- und Jazzklubvetter. Mendy hatte es als besonderen Genuß empfunden, ein Amerikaner seiner Zeit zu sein. Er wurde in Muskingum, Ohio, geboren, wo sein Vater einen Laden für Herrenausstattung hatte; er besuchte eine High School in Chicago und wuchs zu einem lebhaften, jargonliebenden Mann heran, dessen Spezialität die Baseballspieler, Vaudeville-Artisten, Trompeter und Boogie-Woogiespieler waren, die Glücksspieler, Schwindler und kleinen Gauner in den Rathäusern. Der gewitzte Tölpel war ein Typ, den er heiß liebte – »Aaron Schleich vom Kürbisteich«. Mendys dicht gelocktes Haar war gerade nach oben gekämmt, seine Wangen waren hoch, von Akne verwüstet, die weißfleckig verheilt war. Er hatte eine wunderbare Art, den Kopf hochzuwerfen, wenn er zeigen wollte, was eine Harke war. Er machte diese Bewegung, wenn er im »Ratskeller« der University of Wisconsin seine Zigarette am Rand des Billardtisches ablegte und sein Queue ergriff, um den nächsten Stoß zu überlegen. Von Mendy wie von Seckel hatte ich Lieder gelernt. Er liebte etwas derbe Jazznummern wie »Klingt mir ein bißchen angeknallt« und insbesondere:

> Ja, die Kuh blieb trocken und die Henne ohne Ei,
> Wenn er blies auf seinem alten Horn.

Alles in allem ein bewundernswerter Mensch und ein ganzer Amerikaner auf seine Art, so gültig und total wie ein Kunstwerk. Das Modell, nach dem er sich selber schuf, ist ausgerottet. In den späten dreißiger Jahren gingen wir gemeinsam zu Boxkämpfen oder zum Jazz im Club de Lisa.

Vetter Mendy war der Mann, an den man sich Scholems wegen wenden konnte, denn irgendwo existierte ein Fonds, den ein vor Jahren gestorbener Verwandter – der letzte seines Zweiges – eingerichtet hatte. So wie ich die Bestimmungen verstand, war dieser Fonds gegründet worden, um der Familie notwendige Darlehen zu geben und auch für die Ausbildung bedürftiger Verwandter aufzukommen, falls sie begabt waren – vielleicht sogar für ihre bedeutenderen kulturellen Vorhaben. Ich selbst hatte keine Ahnung darüber, war aber sicher, daß Mendy Bescheid wußte, und erreichte ihn schnell per Telefon. Er sagte, er werde am nächsten Tag in die Stadt kommen, hocherfreut, wie er mir sagte, mit mir sprechen zu können. »Ist schon viel zu lange her, alter Kumpel.«

Der Fonds war das Vermächtnis eines älteren Eckstine: Arcadius, genannt Artie. Artie, von dem niemand etwas erwartet hatte und der sich nie im Leben selbst die Schuhe zugeschnürt hatte – nicht weil er zu fett war (er war lediglich untersetzt), sondern weil er der Welt verkünden wollte, er sei *dégagé* –, war gegen Ende seines Lebens zu Geld gekommen. Er hatte noch vor der Revolution eine russische Schulbuchversion von Puschkins Leben mit nach Amerika gebracht, und er rezitierte, für uns unverständlich, aus Puschkin. Moderne Erfahrungen hatten ihn nie berührt. Von oben gesehen glich Arties runder, bräunlich-blonder Kopf dem Kopf eines Jungen, der mit jungenhafter Unschuld gekämmt war. Seine Wangen und Augenlider wurden mit der Zeit ein wenig gedunsen. Seine Augen waren kiwigrün. In einer Stacheldrahtfabrik büßte er 1917 einen Finger ein. Vielleicht opferte er ihn, um nicht eingezogen zu werden. Es gibt ein Porträt im Kabinettformat von Artie und seiner verwitweten Mutter, das vor etwa siebzig Jahren aufgenommen wurde. Er posiert mit dem Daumen unter dem Rockaufschlag. Seine Mutter, Tanja, ist dick, klein und orientalisch. Obwohl sie unbewegt aussieht, ist ihr Gesicht in Wirklichkeit vor Lachen angeschwollen. Warum? Nun, wenn ihre Beine so dick und kurz sind, daß sie nicht auf den Boden kommen, dann ist der Grund dafür eine komische Unvollkommenheit der äußeren Welt, die lächerlicherweise nicht imstande war, sich Tante Tanja anzupassen. In zweiter Ehe war Tanja mit einem Lumpensammler-Millionär verheiratet – einem einfachen und streng orthodoxen, in seiner Synagoge bekannten Mann. Tanja, eine Filmbegeisterte, liebte Clark Gable und versäumte nie eine Vorführung von »Vom Winde verweht«. »Oi, Clark Gebbel, ich liebe ihn so!«

Ihr alter Ehemann starb als erster. Sie folgte ihm mit Mitte achtzig, fünf Jahre später. Zur Zeit ihres Todes war Artie Vertreter für Apfelmus-Pulver und führte seinen Artikel in einem kleinen Warenhaus der Innenstadt vor, als ihn die Nachricht erreichte. Er und seine Frau – ein kinderloses Ehepaar – gaben sofort den Beruf auf. Er sagte, er wolle das Studium der Philosophie wiederaufnehmen, das er in Ann-Arbor vor Gott weiß wie vielen Jahren als Hauptfach studiert hatte, aber die Verwaltung seines Besitzes und seines Geldes hielt ihn von den

Büchern fern. Er pflegte zu mir zu sagen: »Ijah, was ist Ansicht deinige von Chon Dewey – ha?«

Als diese Eckstine-Verwandten starben, stellte sich heraus, daß auf Grund ihres Testaments ein Fonds für höhere Bildung gegründet worden war – eine Art Stiftung, sagte Mendy.

»Und ist er in Anspruch genommen worden?«

»Sehr wenig.«

»Könnten wir daraus Geld für Scholem Stavis kriegen?«

Er sagte: »Das kommt darauf an«, womit er andeutete, daß er's vielleicht arrangieren könnte.

Ich hatte eine Zusammenstellung für ihn vorbereitet. Er begriff schnell das Wesentliche von Scholems Fall. »Das Geld würde nicht reichen, um sein Lebenswerk zu veröffentlichen. Und wie stellen wir fest, daß er tatsächlich für Darwin ist, was Newton für Kopernikus war?«

»Wir könnten das schwer entscheiden.«

»Wen würdest du fragen?« sagte Mendy.

»Wir müßten ein paar Spezialisten verpflichten. Mein Vertrauen zu Akademikern ist nicht allzu groß.«

»Du meinst, sie würden von einem wehrlosen Amateur-Genie klauen?«

»Die Berührung mit der Inspiration bringt den regelmäßig Arbeitenden oft durcheinander ...«

»Vorausgesetzt, daß Scholem inspiriert ist. Artie und seine Frau haben nicht lange genug gelebt, um sich an ihrer Erbschaft zu freuen. Ich würde nicht gern zu viel von ihrem Geld an einen Geistesblitz verschwenden«, sagte Mendy. »Ich hätte mehr Vertrauen zu Scholem, wenn er nicht gar so statuarisch wäre.«

Die Menschen vertrauen einem heutzutage nicht, wenn man ihnen nicht das allzu Menschliche zeigt – Leopold Bloom im Scheißhaus, seinen aufsteigenden Gestank, die Zigeuner seiner Frau oder was auch immer. Die gewählten Normen für die Menschlichkeit allgemein haben sich in diese Niederungen der Realität verlagert.

»Übrigens«, sagte Mendy, »was soll dieses ganze christliche Zeug? Warum muß er aus dem antisemitischsten der Evangelien zitieren? Nach allem, was wir durchgemacht haben, ist das nicht die Richtung, in die es gehen sollte.«

»Nach allem, was ich weiß, ist er vielleicht der Erbe von Immanuel Kant und kann die all-jüdische Sicht nicht akzeptieren. Zudem ist er ein Amerikaner, der sein naturgegebenes Anrecht auf einen wichtigen Platz in der Geschichte des Wissens geltend macht.«

»Selbst dann«, sagte Mendy, »was soll dieser Wunsch, hinter dem Eisernen Vorhang begraben zu werden? Weiß er denn nicht, was für Judenhasser diese Russen sind? – stehen den Deutschen nicht nach. Bildet er sich denn ein, er könne dadurch, daß er da liegt, diesen ganzen Haß wie Löschpapier aufsaugen? Vielleicht glaubt er, daß er's kann – er und kein anderer.«

Er steigerte sich so hinein, daß er Scholem Größenwahn vorwarf. Diese psychologischen Begriffe, die herumliegen, uns in Versuchung führen, sie zu gebrauchen, sind eine Gefahr. Sie sollten alle auf Lastwagen geschaufelt und zur Müllkippe gebracht werden.

Es war interessant, Mendys eigene Entwicklung zu betrachten. Er war sehr intelligent, obwohl man vielleicht anderer Meinung sein konnte, wenn man beobachtet hatte, wie er sich als durchschnittlicher Amerikaner der Hoover- oder frühen Roosevelt-Zeit in Szene gesetzt hatte. Er machte die Dummheiten und selbst die Leiden seiner protestantischen Vorbilder nach, ihr Unglück, wie die Entfremdung zwischen Mann und Frau, sexuelle Selbstbestrafung. Er betrank sich im Loop und kam angesäuselt zum Vorortzug – wie andere Amerikaner. Er kaufte sich eine englische Bulldogge, die seine Frau zum Wahnsinn reizte. Er und seine Schwiegermutter trieben all die komischen amerikanischen Exzentrizitäten gegenseitiger Abneigung auf die Spitze. Sie ging in den Keller runter, wenn er zu Hause war; und erst nachdem er zu Bett gegangen war, kam sie rauf, um sich in der Küche eine Tasse Kakao zu kochen. Er sagte zu mir: »Ich habe sie zu einem Ernährungswissenschaftler geschickt, weil ich nicht begreifen konnte, wie sie bei einer Diät von Zuckerbrötchen und Kakao so gut und rosig aussehen konnte.« (Schauspielerei, nehme ich an, hatte sie bei glänzender Gesundheit gehalten.) Mendy machte sich seinen kleinen Sohn zum Verbündeten; sie gingen zusammen fischen und besuchten Schlachtfelder des Bürgerkrieges. Er war ein Mann und Junge aus dem Mittelwesten; schien aus einem Filmskript von W. C. Fields zu stammen. Und doch hatte in den Augen unter diesem Fedora mit schwungvoller Krempe immer eine Mischung jüdischer Einsichten gesteckt; und mit über sechzig war er sichtlich jüdischer geworden. Und, wie schon gesagt, das amerikanische Modell, das er übernommen hatte, war inzwischen völlig überholt. Die Patriarchen des Alten Testament waren unendlich viel moderner als die Neunmalklugen vom Punkin Crick. Mendy kehrte nicht zur Religion seiner Väter zurück – weit gefehlt; aber halb im Ruhestand, saß er dort draußen in Elgin fest, muß er ebensowenig auf Verständnis gestoßen sein wie Vetter Motty im Umkleideraum seines Klubs. Folglich überraschte es ihn nicht, daß ich mich so sehr für Vettern und Kusinen interessierte. Sein eigenes Interesse war geweckt. Wenn ich den Ausdruck seines inzwischen unförmigen, verbeulten, warmherzigen Gesichts nicht falsch deutete, dann beschwor er mich, auch ihn in dieses Interesse einzubeziehen. Er wollte näher heranrücken.

»Du bist doch nicht sentimental, Ijah, weil du zusammen

mit Scholem so wunderschöne Spaziergänge gemacht hast? Du könntest es wahrscheinlich beurteilen, wenn du sein alles sprengendes Buch lesen würdest. Sie haben bei der Rand Corporation doch keine Hohlköpfe angestellt – ich werde dich eines Tages bitten, mir von dieser Superdenkmaschinerie zu erzählen.«

»Ich würde es eher Mitleid nennen, nicht Gefühlsduselei.« Im moralischen Bereich unbändige Ignoranz, totale Anarchie.

Eigentlich wollte Mendy damit nur ausdrücken, daß er und ich – *wir* uns auf Grund unserer gemeinsamen Herkunft verstehen könnten. Als Juden, die auf den Bürgersteigen Amerikas aufgewachsen waren, waren wir in keiner Weise Ausländer; und wir hatten so viel Begeisterung, Schwung, Liebe in dieses amerikanische Leben eingebracht, daß wir *es* geworden waren. Verrückt, daß *es* nun anfangen sollte, der Vergessenheit anheimzufallen, da wir uns gerade in dieser bewundernswerten Demokratie vervollkommneten. Unsere Demokratie war jedoch passé. Die *neue* Demokratie mit ihren *neuen* Abstraktionen war grausam entmutigend. Amerikaner zu sein, war von jeher ein etwas abstraktes Vorhaben gewesen. Man kam als Einwanderer. Man erhält ein höchst vernünftiges Angebot, und man sagte dazu ja. Man war *gefunden*. Bei den neuen Abstraktionen war man *verloren*. Sie verlangten eine schockierende Preisgabe des persönlichen Urteils. Man denke zum Beispiel an Eunices Briefe an die Medizinische Hochschule. Mit Hilfe des Worts »Integrität« konnte man mit gutem Gewissen betrügen. Wenn man in den neuen Abstraktionen geschult war, brauchte man sich nicht weiter um Wahrheit und Unwahrheit, Gut und Böse zu sorgen. Gut und Böse wurde einem durch die Mühe erlassen, die man der Ausbildung gewidmet hatte. Man arbeitete hart an seiner begrenzten Lektion, man lernte sie und blieb danach auf ewig unbehelligt. Man konnte zum Beispiel sagen: »Schuld muß sterben. Die

Menschen haben ein Anrecht auf schuldloses Vergnügen.« Hatte man diese wertvolle Lektion gelernt, konnte man nun damit einverstanden sein, daß die eigenen Töchter herumvögelten, was einem früher den Verstand geraubt hätte. Man wurde durch die Genugtuung entschädigt, eine Lektion gut gelernt zu haben. Nun denn, da habt ihr die neue Nachdenklichkeit. Und möglicherweise ist es gerade dieses Talent zur Nachdenklichkeit, von dem unser Fortbestand abhängt – alle die vernünftigen Entscheidungen, die zu treffen sind. Und wohl gemerkt: ich schweife keineswegs vom Thema ab. Vetter Scholem war ein edles Geschöpf, das in den Wäldern der *alten* Nachdenklichkeit hauste. Eine hervorragende Art von Kreatur – sofern er tatsächlich der Richtige war. Vetter Mendy ließ durchblicken, daß er es nicht war. Vetter Mendy wollte mich darauf hinweisen, daß er und ich Vertreter einer besonderen (von der Geschichte ausgelöschten) jüdischen und amerikanischen Entwicklung waren und unendlich viel mehr Gemeinsamkeiten besaßen, als ein überaltertes Wunderkind jemals begreifen könnte.

»Ich möchte etwas für Scholem tun, Mendy.«

»Ich bin nicht sicher, daß wir Vetter Arties Geld ausgeben dürfen, um Scholem in Ostdeutschland zu begraben.«

»Meinetwegen. Wie wär's denn aber, wenn du das Geld lokkermachen würdest, um sein großes Werk lesen zu lassen ... einen Biologen suchtest, der es gründlich prüft. Und einen Philosophen und einen Historiker?«

»Vielleicht. Ich werde es mit den Testamentsvollstreckern besprechen. Ich melde mich wieder bei dir«, sagte Mendy. Ich schloß daraus, daß er selbst die Gesamtheit aller Vollstrecker war.

»Ich muß ins Ausland fahren«, sagte ich. »Vielleicht treffe ich Scholem sogar in Paris. Sein Abschiedsbrief spricht von einer Reise, um diese Geschichte mit den Marnetaxis zu planen.«

Ich gab Mendy die Nummer von Miss Rodinson.

»Du fliegst doch wahrscheinlich mit der Concorde«, sagte Mendy. Ohne Neid. Ich hätte ihn gern als Begleiter gehabt.

Ich machte in Washington Station, um mit den Leuten vom Internationalen Währungsfonds über die beabsichtigte Wiederaufnahme der Kreditvergabe der Handelsbanken an die Brasilianer zu verhandeln. Ich hatte Zeit, ein paar Stunden in der Library of Congress zu verbringen, mir Material über Bogoras und Jochelson herauszusuchen und Erkundigungen beim ostdeutschen Konsulat einzuholen. Dann rief ich meine verflossene Frau beim National Public Radio an. Isabel ist inzwischen eine seiner bekanntesten Stimmen geworden. Nach drei Ehen hat sie wieder ihren Mädchennamen angenommen. Ich höre ihn manchmal nach der aufdringlichen Kennmelodie des Programms: »Es berichtet jetzt unsere Korrespondentin Isabel Greenspan in Washington.« Ich lud sie ein, mit mir zu Abend zu essen. Sie sagte nein, war vielleicht gekränkt, daß ich sie nicht schon früher aus Chicago angerufen hatte. Sie sagte, sie käme zu einem Drink mit mir ins Hay-Adams-Hotel. Ein Gedanke, den Isabel beharrlich vorbringt, wenn wir uns treffen, besagt, daß der Mensch ein noch-nicht-gefestigtes Wesen sei. Damit meine ich nicht nur, daß fehlerhafte, angekränkelte, unvollkommen entwickelte Typen weitverbreitet sind (Isabel ist übrigens weder fehlerhaft noch krank), sondern daß auch die Mehrheit der Menschheit niemals ihr Gleichgewicht finden wird, daß sie von Natur aus kleinlich, verdrießlich, gereizt, verunsichert ist, Erleichterung von ihren Mühen sucht und ärgerlich ist, wenn diese nicht eintritt. Eine Frau wie Isabel, die entschlossen ist, den Eindruck vollkommener Ausgeglichenheit zu erwecken, spiegelt diese unselige Labilität. Sie identifiziert mich mit Fehlern, von denen sie sich freigemacht hat; sie mißt ihren Fortschritt an unserer immer sichtbarer werdenden Divergenz. Obwohl so klug, daß sie Mitglied der Mensa-Gesellschaft ist (hoher IQ Voraussetzung) und charmant bei ihren Rundfunksendungen, wirkt sie in meiner Gesellschaft stets etwas verdüstert, als sei sie mit ihren »Einsichten« nicht ganz zufrieden. Als nationale Figur in einem Programm, das für Millionen von Hörern aufgeklärte Darstellungen bringt, ist Säble »festgelegt«, »engagiert«; aber als intelligente Frau bedauert sie insgeheim dieses Aufgeklärtsein.

Sie sprach mit mir über Chicago, mit dem sie mich in gewissen Dingen identifizierte. »Ratsherren der weißen Parteiapparate machen dem schwarzen Bürgermeister Schwierigkeiten, während sie der Stadt den letzten Dollar klauen. Während du das selbstverständlich alles mitkriegst. Du kriegst immer alles mit. Aber du träumst lieber weiter.« An diesem Nachmittag zeigte sich Säble von einer auffallend anderen Seite. Zur Cocktailzeit trat sie auf wie die Morgendämmerung. Ihre dunkle Farbe war die scheidende Nacht. Sie war stärker parfümiert als das Morgengrauen. Sonst war die Ähnlichkeit bemerkenswert. Sie ist unleugbar eine verführerische Frau. Sie trug dunkle, teefarbene Seide mit einem scharlachroten gleichmäßigen Muster. Nicht immer machte sie sich für unsere Treffen so attraktiv zurecht.

Es wäre zwecklos, so zu tun, als ob ich »alles mitkriegte«, aber was sie meinte, als sie von »träumen« sprach, war völlig klar. Das hatte zwei unterschiedliche und doch zusammenhängende Bedeutungen: 1) meine außergewöhnlichen Interessen und 2) meine lebenslange Traumbeziehung zu Virgie Dunton, née Miletas, der Konzertharfistin mit acht Fingern. Trotz ihrer angeborenen Behinderung hatte Virgie (unter Auslassung von ein paar unmöglichen Werken), das gesamte Harfenrepertoire gemeistert, und sie hatte eine erfolgreiche Laufbahn. Es stimmt vollkommen, daß ich von meinen Gefühlen für Virgie nie kuriert worden bin – ihre schwarzen Augen, ihr rundes Gesicht mit der weißen Farbe und der hohen Stirn, seine weibliche Ausstrahlung, die Gewißheit von Menschlichkeit oder das Versprechen von Güte, die es ausstrahlte. Selbst die leichte Verkrümmung ihrer kurzen Nase – die Folge eines Autounfalls, sie lehnte eine Schönheitsoperation ab – war reizvoll. Es stimmt vollkommen, daß sie für mich das Wort »weiblich« am bedeutungsvollsten verkörperte. Wann immer möglich, habe ich ihre Konzerte besucht; ich wanderte durch ihre Wohngegend, in der Hoffnung, ihr zu begegnen, bildete mir ein, sie in Warenhäusern zu sehen. Zufällige Begegnungen – fünf in dreißig Jahren – blieben mir in allen Einzelheiten gegenwärtig. Als mir ihr Mann, ein schwerer Trinker, Kenneth Galbraiths Buch über seine Erfolge in Indien lieh, las ich jedes Wort davon; und das läßt sich nur durch die gesteigerte Gemütsbewegung oder die konzentrierte, auf sie gerichtete Sehnsucht erklären, die sich entwickelt hatte. Virgie Miletas, die Venus der verkümmerten Daumen, mit ihrer elektrisierenden Bannkraft war der eigentliche Gegenstand von Säbles »Du träumst lieber weiter«. Das vollkommene Glück, das ich vielleicht mit Mrs. Miletas-Duntin erfahren hätte, war wie die ersehnte Vereinigung getrennter Wesen im Liebesmythos des Aristophanes – ich will lieber den höheren, von Sokrates beschriebenen Eros während der langen Fahrten der ratternden Hochbahn nicht beschwören, die mich, den begeisterten Philosophiestudenten, von der Van Buren Street und ihren Pfandleihen zur 63rd Street und ihrem Schwarm von Süchtigen zu befördern pflegte –, ein künstlicher Liebestraum, und Säble hat ihn zu Recht verachtet.

Im Hay-Adams, wo wir Gin und Tonic tranken, machte Säble jetzt eine Bemerkung, die erstaunlich war – ganz anders als ihre üblichen Erkenntnisse, die das nicht waren. Sie sagte: »Ich finde das Wort Träumerei trifft es nicht richtig. Es wäre genauer zu sagen, daß du eine Überschwenglichkeit hast, die du für dich behältst. Du hast eine irre Hochspannung, die absolut charakteristisch für dich ist. Auf Grund dieser Hochspannung kannst du dich über die nackten, schmutzigen Tatsachen hinwegsetzen, die andere Menschen nolens volens durchstehen müssen. Du hortest Überschwenglichkeit, Ijah. Du lebst davon. Es würde dich umbringen, deprimiert zu sein, so wie andere Menschen.«

Das war ein merkwürdiger Vorwurf. Da war was dran. Ich rechnete ihr das ganz hoch an. Ich zog allerdings vor, die Sache in Muße zu überdenken, statt sofort zu antworten. Deshalb fing ich an, mit ihr über Vetter Scholem zu sprechen. Ich beschrieb ihr seinen Fall. Wenn er im National Public Radio interviewt würde und die verdiente Aufmerksamkeit fände (der Taxifahrer-Kriegsheld-Philosoph), könnte es ihm gelingen, das Interesse und, noch wichtiger, die sonderbare Freigebigkeit der Öffentlichkeit anzuregen. Säble lehnte das sofort ab. Sie sagte, er würde zu gewichtig sein. Wenn er verkündete, daß Kant und Darwin endlich einen Nachfolger in ihm hätten, dann würden die Hörer fragen: Wer ist dieser Irre? Sie gab zu, daß die Marnetaxis große menschliche Teilnahme wecken würden, aber diese Feier würde ja erst 1984 stattfinden; das dauerte noch ein Jahr. Sie bemerkte auch, daß ihr Programm keine Geldsammel-Aktionen unterstütze. Sie sagte: »Bist du sicher, daß der Mann wirklich stirbt? Du hast das nur von ihm.«

»Das ist eine herzlose Frage«, sagte ich.

»Mag sein. Du bist mit deinen Vettern und Kusinen aber immer pfleglich umgegangen. Die unmittelbare Familie hat deine Überschwenglichkeit gedämpft; darauf hast du dich einfach der Vetternschaft zugewandt. Ich habe immer gedacht, daß du jedes Fach im Leichenschauhaus öffnen würdest, wenn dir jemand sagte, daß dort ein Vetter oder eine Kusine zu finden sei. Frag dich doch mal, wie viele denn kämen, um nach dir zu suchen?«

Darüber mußte ich lächeln. Säble hatte von jeher einen ausgeprägten Sinn für Humor gehabt.

Sie sagte auch: »Was soll zu einer Zeit, da die Kleinfamilie auseinanderbricht, dieses ganze Theater mit entfernten Verwandten?«

Die einzige Antwort, die mir einfiel, bezog sich auf aufgegebene Stellungen. Ich sagte: »Vor dem Ersten Weltkrieg wurde Europa von miteinander verwandten Königshäusern regiert.«

»Ja, das hat sich auch gut bewährt, oder?«

»Es gibt Leute, die an diese Epoche als an ein goldenes Zeitalter zurückdenken – die letzte Epoche der alten *douceur de vivre* und so fort.«

Aber in Wirklichkeit meinte ich das nicht. Die tausendjährige Geschichte des Nihilismus fand 1914 ihren Höhepunkt, und die Brutalität von Verdun und Tannenberg war das Vorspiel zu der noch schlimmeren Zerstörung, die 1939 ihren Anfang nahm. Hier ist dann wieder die alles durchdringende *Ungewißheit* – die Nähte der Geschichte gehen auf, die Bande sind in Auflösung (Hegel), die Zurückhaltung von Jahrhunderten wird abgestreift. Wenn man nicht nüchternen Sinns ist, dann bekommt man dadurch lediglich Schwindelanfälle, aber wenn man derartigen Anfällen nicht nachgibt, kann man in einer Art von Freiheit getragen werden. Wenn das Chaos einen nicht umbringt, schafft es gewisse Möglichkeiten. Man sollte nicht vermuten, daß ich mich, wenn ich nachts in meiner Heiligen-Grab-Wohnung sitze (das Ambiente, das Eunice verwirrte, als sie zu Besuch kam: »Alle diese Orientteppiche und Lampen, und so viele Bücher«, sagte sie), auf Strategien konzentriere, um mit aller Leidenschaft der durch Auflösung gewonnenen Freiheit habhaft zu werden. Hunderte von Büchern, aber in nur einem halben Regal die, die mir wichtig sind. Durch mehr Wissen gewinnt man nicht mehr Tugend. Einer der Schriftsteller, mit dem ich mich oft beschäftige, konzentriert sich auf die Leidenschaft. Er fordert auf, Liebe und Haß zu bedenken. Er leugnet, daß Haß blind ist. Im Gegenteil, Haß ist scharfsichtig. Wenn man den Haß wuchern läßt, dann frißt er sich nach innen und ergreift das ganze Sein; intensiviert das Denken. Er macht nicht blind, er erhöht die Klarheit, er legt den Menschen offen; er läßt ihn die Hand ausstrecken und verstärkt sein Sein, so daß er imstande ist, sich selbst zu begreifen. Auch die Liebe ist klarsichtig und nicht blind. Wahre Liebe ist nicht trügerisch. Wie der Haß ist sie eine Urquelle. Aber Liebe ist schwer zu finden. Haß gibt's in großen Mengen. Und offenbar gefährdet man sein Sein, wenn man auf die seltenere Leidenschaft wartet. Also muß man in den Haß vertrauen, der so reichlich vorhanden ist, und ihn mit ganzer Seele annehmen, wenn man hofft, zu irgendeiner Klarheit zu gelangen.

Ich war nicht darauf aus, das mit Säble zu besprechen, obschon sie in der Lage wäre, darüber zu diskutieren. Sie redete noch immer über meine Schwäche für Vettern. Sie sagte: »Wenn du dich um mich soviel gekümmert hättest wie um all diese bekloppten, halbgaren Vettern und ihresgleichen, hätten wir uns nie scheiden lassen.«

»Ihresgleichen« war ein Seitenhieb auf Virgie.

Wollte Säble damit andeuten, daß wir's wieder versuchten? War sie deshalb gekommen, wie die Morgenröte angemalt und so wunderschön gekleidet? Ich fühlte mich durchaus geschmeichelt.

Am Morgen fuhr ich zum Flughafen und startete mit der Concorde. Der Internationale Währungsfonds wartete darauf, daß das brasilianische Parlament zu einem Entschluß kam. Ich machte mir ein paar Notizen für meinen Bericht und war dann frei, um an andere Dinge zu denken. Ich überlegte, ob Säble mich dazu bringen wollte, ihr einen Antrag zu machen. Mir gefiel, was sie über »gehortete Überschwenglichkeit« gesagt hatte. Sie war der Meinung, daß ich mit den Vettern und Kusinen, mit Virgie meinem Hang zu den einfacheren Neigungen frönte. Mir fehlte die wahre moderne Strenge. Vielleicht glaubte sie, daß ich mit Besuchen in alten Galerien, einem Gang durch die Museen der Schönheit die Bedürfnisse eines Künstlers befriedigte, der voller Freude war über den Charme der Verwandtschaft, sich mit gemalten Relikten begnügte, aber für das Entzücken in seinen heftigsten, vom nihilistischen Feuer nicht gereinigten Formen nicht stark genug war.

Und was die Ehe betraf ... allein leben war öde. Allerdings gab es bei einer Ehe unangenehme Überlegungen, denen man nicht aus dem Weg gehen sollte. Was würde ich in Washington anfangen? Was würde Säble tun, wenn sie nach Chicago zöge? Nein, sie würde nicht bereit sein, umzuziehen. Wir würden hin und her fliegen, pendeln. Um die Sache Punkt für Punkt durchzugehen: Säble war zum Meinungsmacher geworden. Öffentliche Meinung ist Macht. Sie gehörte zu einer Gruppe, die grobe Macht hatte. Es war nicht die Art von Macht, die mich interessierte. Wenn auch Sables Leute keine größeren Idioten waren als ihre konservativen Gegenspieler, so waren sie trotzdem Idioten – in diesem Beruf zahlreicher als in anderen Gebieten und widerlich einflußreich.

Ich war jetzt in Paris und fuhr am Hotel Montalembert vor. In ein Hotel, das ich eigentlich bevorzugte, war ich nicht mehr gegangen, seit ich Küchenschaben in meinem Gepäck entdeckt hatte: schwarze Küchenschaben, die mit mir die Rückreise über den Atlantik angetreten hatten und mit dem Entschluß zum Vorschein kamen, Chicago zu erobern.

Ich besah mir mein Zimmer im Montalembert und ging anschließend durch die Rue du Bac hinunter zur Seine. Wunderbar, wie wohl diese monumentalen Hauptstädte einen Amerikaner noch immer tun. Ich hatte fast das Gefühl, daß hier selbst die Sonne die Form eines Monuments – etwas wie der mexikanische Kalenderstein – haben müsse, um auf die Sainte-Chapelle, die Conciergerie, den Pont-Neuf und andere mittelalterliche Denkmäler zu scheinen.

Als ich nach dem Abendessen ins Hotel zurückkehrte, fand ich eine Nachricht von Miss Rodinson aus Chicago vor: »Eckstine Fonds gewährt Mr. Stavis zehntausend Dollar.«

Gut für Vetter Mendy; ich hatte jetzt eine Neuigkeit für Scholem, und da dieser morgen im Invalidendom sein würde – falls er noch lebte und es geschafft hatte, zur Planungssitzung nach Paris zu kommen – hätte ich ihm mehr zu bieten als bloßes Mitgefühl, wenn wir uns nach so vielen Jahrzehnten wiedersahen. Mendy hatte die gestiftete Summe dazu bestimmt, überprüfen zu lassen, ob Scholems reine, auf den Naturwissenschaften basierende Philosophie wirklich das war, was sie zu sein beanspruchte: Ein Schritt vorwärts über *Die Kritik der reinen Vernunft* hinaus. Sofort begann ich zu überlegen, welche Möglichkeiten es gab, Mendy zu umgehen. Ich könnte mir Scholems Lektoren selber aussuchen. Ich würde ihnen kleine Beträge bieten – sie hätten ohnedies keine fetten Beträge verdient, diese akademischen Schwachköpfe. (Ich war zornig über sie, wie man sieht, weil sie so wenig dagegen getan hatten, daß Amerika der Dekadenz verfallen war; ich warf ihnen sogar vor, daß sie unseren Niedergang beschleunigt hatten.) Fünf Experten zu zweihundert Dollar das Stück, die ich selber bezahlen würde, ermöglichten mir, Scholem die zehntausend ganz zu zahlen. Wenn ich meinen Einfluß in Washington gebrauchte, dann könnte ich vielleicht für zwei- oder dreitausend (einschließlich Bestechungsgeldern) eine Beerdigungslizenz von den Ostdeutschen kriegen. Dann wäre noch genügend Geld für die Überführung und die Begräbnisfeierlichkeiten übrig. Denn wenn Scholem der hellseherischen Überzeugung war, daß seine Bestattung in Torgau den aufgeblähten Wahnsinn der Welt zu einem Nichts zusammenschrumpfen ließe, dann wäre es den Versuch wert. Wenn er dagegen auf dem Waldheim-Friedhof in Chicago beigesetzt würde, neben dem donnernden Lastwagenverkehr der Harlem Avenue, konnte man nicht hoffen, daß das irgendeine Wirkung hätte. Um mich der europäischen Zeit anzupassen, blieb ich lange auf und spielte Solitaire mit einem Satz übergroßer Karten, so daß ich keine Bille brauchte; und das brachte mich in eine Gemütsverfassung, daß ich ohne eine Anwandlung von Überschwenglichkeit zu Bett gehen konnte. Ruhe und Gelassenheit vorausgesetzt, *kann* ich meine Situation verstehen. Als ich über den Karten hin und herüberlegte, verstand ich auch Sables Vorwurf, daß ich unsere Ehe ruiniert hätte, weil ich nichts von der Überschwenglichkeit mit eingebracht hätte. Als sie von meinen Gefühlen für die Vettern und Kusinen sprach, bezog sie sich indirekt auf das Mysterium, ein Jude zu sein. Säble hat eine hübsche jüdische Nase – vielleicht schon ein wenig zu ausgeprägt. Zudem hatte sie ihre Beine auffällig meinen Blicken dargeboten, da sie meine Schwäche dafür kannte. Sie hatte einen wohlgeformten Busen, einen glatten Hals, schöne Hüften und Beine, die noch immer gut für Bettgymnastik waren – ich pflegte sie »deine Seilspringer-Beine« zu nennen. Ja, wie denn: Hatte mich Säble tatsächlich drei Ehen hindurch weiterhin als ihren wahren Ehemann betrachtet, oder stellte sie ein letztes Mal ihre Kraft gegen ihre Rivalin aus (dem ägyptischen) Alexandria auf die Probe? Die schuldlose Virgie war der Haß ihres Lebens; und Haß macht einen hellsichtig, wenn es an Liebe mangelt. Heidegger hätte zugestimmt. Sein Gedanke hatte mich gewissermaßen angesteckt. Ich war allmählich besessen von den beiden Leidenschaften, die einen hellsichtig machten. Liebe gibt es nicht viel; Haß ist so allgegenwärtig wie Stickstoff oder Kohlenstoff. Vielleicht ist auch in der Materie Haß enthalten und daher ein Bestandteil unserer Knochen; vielleicht ist gar unser Blut davon durchzogen. Für die moralische Kälte arktischen Ausmaßes hatte ich im sibirischen Ambiente der Koryaks und Tschuktschis ein naturgegebenes Bild gefunden – in der subpolaren Wüste, deren Fröste so erbarmungslos sind wie Feuer, ein geeignetes Gelände für Sklavenarbeitslager. Alles zusammengenommen, könnte meine Idylle mit Virgie Miletas als halbherzige Flucht vor der herrschenden Kälte ausgelegt werden.

Ja, ich hätte Säble sagen sollen, daß sie eine nicht vollzogene *amour* so vieler Jahre nicht besiegen konnte. Schließlich ist die Frau, die man *nicht* gehabt hat, in ihrer Wirkung tödlich.

Ich räume allerdings ein, daß die wahre Herausforderung darin besteht, Bosheit zu fangen und zu zähmen. Sonst bleibt man im Ungewissen. Der Ungewißheit über das erneute Sichtbarwerden des Geistes ausgeliefert ...

Aber darüber schlief ich ein.

Am Morgen lag auf meinem Frühstückstablett ein Eilbrief von Miss Rodinson. Ich war nicht in der Stimmung, ihn gleich zu öffnen; vielleicht enthielt er eine Mitteilung über einen beruflichen Termin, und das interessierte mich jetzt nicht. Ich war auf dem Weg zu den *Invalides*, um mich mit Scholem zu treffen, falls er es geschafft hatte, dorthin zu kommen. Die Gründungssitzung der Taxifahrer aus aller Welt an der, wie ich *Le Monde* entnahm, etwa zweihundert Delegierte aus fünfzig Ländern teilnahmen, sollte um elf Uhr beginnen. Miss Rodinsons Post steckte ich mit meiner Brieftasche und meinem Paß in die Tasche.

Ich wurde schnell von einem Taxi zu dem großen Kuppelgebäude gebracht und ging hinein. Ein Wunderwerk sakraler Architektur – Bruant im siebzehnten Jahrhundert, Mansart im achtzehnten. Die Größe kam mir hin und wieder zu Bewußtsein. Es gab Unterbrechungen, in denen mir die Kuppel nicht mehr bedeutete als ein Eierbecher, was auf meine hektische Erregung – Verwirrung – zurückzuführen war. Die Schweißflekken unter meinen Armen wuchsen. Der Feuchtigkeitsverlust dörrte meine Kehle aus. Ich informierte mich über die Marnetaxis und ließ mir die Ecke zeigen. Die Fahrer waren noch nicht angekommen. Ich mußte etwa eine halbe Stunde umherwandern, und ich stieg hinauf in die erste *étage*, um in die Krypta der Chapelle Saint-Jérome hinabzuschauen. Hui, welche Größe, welche Schönheit! Diese Bögen und Säulen und Statuen und schwebenden und galoppierenden Fresken! Und der Boden war mit so zierlichen Mosaiken bedeckt. Ich hätte ihn gern geküßt. Dazu die schmerzvollen Worte Napoléons auf St. Helena. »Je désire que mes cendres reposent sur les bords de la Seine, inmitten dieser Nation, ce peuple français, das ich so geliebt habe.« Jetzt lag Napoléon unter wuchtigen fünfunddreißig Tonnen von poliertem Porphyr oder Alizarin, die in der Gestaltung an römischen Pomp erinnerten.

Als ich die Stufen hinunterstieg, zog ich Miss Rodinsons Umschlag heraus, und ich fühlte mich richtig schwindlig, ja ein wenig beschwipst, als ich den Brief von Eunice las (das war alles, was der Umschlag enthalten hatte). Da äußerte also Tanky seine dritte Bitte: ich sollte noch einmal an Richter Eiler schreiben und darum bitten, daß er die letzten Monate seiner Gefängnisstrafe in einem offenen Haus in Las Vegas verbüßen dürfe. In einem offenen Haus, erklärte Eunice, werde man nur wenig bewacht. Man trug sich am Morgen beim Weggehen und am Abend bei der Rückkehr ein. Der Tag stand frei zur Verfügung, um Privatgeschäften nachzugehen. Eunice schrieb: »Ich finde, daß das Gefängnis eine großartige Lernerfahrung für meinen Bruder gewesen ist. Da er letztlich sehr intelligent ist, hat er vom Gefängnis schon alles mitgekriegt, was da mitzukriegen ist. Du kannst damit ja mal in deiner eigenen Formulierung einen Versuch beim Richter machen.«

Nun denn, um es mit eigenen Worten zu formulieren: der große Fisch taumelte auf der gewaltigen Treppe, von trunkener Finsternis erfüllt und die stürmischen Meere im Ohr. Eine innere Stimme sagte ihm: »Nun langt's!«, und er hätte am liebsten das große blutrote Maul geöffnet und das Papier mit den Zähnen zerrissen.

Und ich wollte eine Botschaft zurückschicken: »Ich bin nicht Vetter Doof, ich bin ein großer Fisch, der Wünsche erfüllen kann und in dem riesige Kräfte wohnen!«

Statt dessen beruhigte ich mich dadurch, daß ich Eunice Briefpapier sechs-, acht-, zehnmal durchriß, um dann aus einem Papierkorb Disziplin zu schöpfen. Als ich schließlich den Versammlungsort erreichte, hatten sich meine Gefühle schon etwas beruhigt, wenn sie auch nicht ganz normal waren. In mir überschlug und drehte sich noch einiges.

Mehr als hundert Delegierte hatten sich in der Taxiecke versammelt, wenn »versammelt« für eine solche Menge rastloser Exoten die richtige Bezeichnung ist. Es waren Leute aus allen Ecken der Welt. Sie trugen Mützen, Uniformen, militärische Abzeichen, Batikhosen, peruanische Hüte, Pumphosen, verknitterte indische Breeches, karmesinrote Roben aus Afrika, schottische Kilts, griechische Röcke, Sikh-Turbane. Die Menge erinnerte mich an die große UN-Versammlung, bei der Chruschtschow und Castro anwesend gewesen waren und ich Nehru in seinen schönen weißen Gewändern gesehen hatte, mit einer roten Rose im Knopfloch und einer Art Bäckermütze auf dem Kopf – ich war dabeigewesen, als Chruschtschow seinen Schuh auszog und zornig damit auf sein Pult polterte.

Dann fiel mir ein, wie in den Chicagoer Schulen Geographie unterrichtet wurde, als ich ein Kind war. Eine Reihe von Broschüren wurde ausgeteilt: »Unsere kleinen japanischen

Vettern«, »Unsere kleinen marokkanischen Vettern«, »Unsere kleinen russischen Vettern«, »Unsere kleinen spanischen Vettern«. Ich las alle diese braven Beschreibungen vom kleinen Iwan oder der winzigen Conchita, und mein Herz öffnete sich ihnen bereitwillig. Ja, wir waren uns nah, wir waren letztlich eins (wie Tanky »letztlich« intelligent war). Wir waren nicht »Spaghettis«, »Krauts« oder »Knoblauchfresser«; wir waren Vettern und Kusinen. Das war eine großartige Vorstellung, und die von uns, die wir unsere ergriffenen Herzen dem »Weltvetternverein« öffneten, waren wie ich glücklich, unsere Süßigkeitenpennies einem Fonds für den Wiederaufbau Tokios nach dem Erdbeben der zwanziger Jahre zu spenden. Nach Pearl Harbor sahen wir uns gezwungen, die Stadt in Grund und Boden zu bombardieren. Es ist nicht sehr wahrscheinlich, daß die japanischen Kinder Bücher über ihre amerikanischen Vettern und Kusinen bekamen. Der Chicagoer Ausschuß für Bildung und Erziehung hat nie daran gedacht, dem nachzugehen.

Zwei neunzigjährige Franzosen waren anwesend, Überlebende von 1914. Sie standen im Mittelpunkt großer, besorgter Aufmerksamkeit. Ein höchst erfreulicher Anlaß, dachte ich, oder hätte ich gedacht, wenn ich weniger erregt gewesen wäre.

Scholem konnte ich nirgends entdecken. Ich hätte Miss Rodinson auftragen sollen, bei ihm in Chicago anzurufen, um etwas zu erfahren; aber dann hätte man gefragt, wer anrief und zu welchem Zweck. Ich bereute nicht, in diese gewaltige Halle gekommen zu sein. Ja, ich hätte sie mir nicht entgehen lassen. Aber gefühlsmäßig hatte ich mich auf ein Wiedersehen mit Scholem eingestellt. Ich hatte mir sogar einige Worte für ihn zurechtgelegt. Ich trat aus der Menge heraus und ging um sie herum. Die Delegierten wurden bereits zu ihren Plätzen geleitet, und ich stellte mich strategisch günstig neben eine Tür. Die prächtigen Kostüme erhöhten das Durcheinander.

Auf alle Fälle war ich es nicht, der Scholem fand. Ich hätte es nicht gekonnt. Er war zu verändert – ausgemergelt. Er war es, der mich entdeckte. Ein Mann, der von einer jungen Frau betreut wurde – seiner Tochter, wie sich herausstellte –, blickte in mein Gesicht hoch. Er hielt an und sagte: »Ich träume nicht viel, weil ich nicht viel schlafe, aber wenn ich keine Halluzinationen habe, dann ist das mein Vetter Ijah.«

Ja, ja! Es war Ijah! Und hier war Scholem. Er glich nicht mehr dem älteren Mann auf dem Farbfoto, dem Mann, der unter buschigen Brauen forschend nach innen blickte. Weil er so abgenommen hatte, war sein Gesicht ausgezehrt, und durch die Straffung der Haut hatte er wieder sein jugendliches Aussehen. Er sah viel weniger todgeweiht und fanatisch aus wie der Mann auf dem Bild, der prophetisches Feuer hauchte. Er schien eine Art klarer Unschuld an sich zu haben. Seine Augen waren außergewöhnlich groß – wie die Augen eines ungeborenen Kindes bei der ersten Darstellung von *genio und figura*. Und plötzlich dachte ich: Was habe ich getan? Wie kann man solch einem Mann mitteilen, daß man Geld für ihn hat? Soll ich ihm sagen, ich bringe ihm das Geld, mit dem er sich begraben lassen kann?

Scholem sprach, sagte zu seiner Tochter: »Mein Vetter!« Und zu mir sagte er: »Lebst du im Ausland, Ijah? Hast du meine Post erhalten? Jetzt verstehe ich – du hast nicht geantwortet, weil du mich überraschen wolltest. Ich muß eine Ansprache halten, die Delegierten begrüßen. Du setzt dich zu meiner Tochter. Wir sprechen uns später.«

»Gewiß ...«

Das Mädchen würde mir helfen; ich würde ihr von der Eckstine-Stiftung berichten. Sie würde ihren Vater schonend auf die Mitteilung vorbereiten.

Dann fühlte ich mich plötzlich aller Kraft beraubt. Legt uns das Dasein nicht zu viele Lasten auf? Ich hatte mich an die

Vettern und Kusinen erinnert, hatte sie beobachtet und studiert, und diese Bemühungen schienen mein eigenes Wesen zu festigen und mich so zu erhalten, wie ich gewesen war. Ich hatte versäumt, mich bei ihnen einzureihen; und plötzlich wurde mir für diese Nachlässigkeit die Rechnung präsentiert. Angesichts dieser Rechnung bekam ich seltsam weiche Knie. Und als das Mädchen merkte, daß ich anscheinend nicht mehr gehen konnte, und mir den Arm bot, wollte ich sagen: »Was soll das heißen? Ich brauche keine Hilfe. Ich spiele täglich beim Tennis immer noch einen ganzen Satz.« Statt dessen schob ich meinen Arm unter den ihren, und sie führte uns beide den Gang hinunter.

SAUL BELLOW

Saul Bellow, einer der großen Männer der amerikanischen Literatur, wurde 1915 in Lachine/Quebec geboren und wuchs in Chicago auf, wo er Soziologie und Anthropologie studierte. Er lehrte an verschiedenen amerikanischen Universitäten. Für sein umfangreiches und sehr erfolgreiches literarisches Werk erhielt er zahlreiche Auszeichnungen, darunter den Pulitzerpreis und 1976 den Nobelpreis für Literatur. Saul Bellow lebt heute in Boston.

DIE EINZIG WAHRE
Nr. 92027

DIE ABENTEUER DES AUGIE MARCH
Nr. 92028

MOSBYS MEMOIREN
Nr. 92029

DAMIT DU DICH AN MICH ERINNERST
EIN DIEBSTAHL
Nr. 92043

DER REGENKÖNIG
Nr. 92044

HERZOG
Nr. 92045

HUMBOLDTS VERMÄCHTNIS
Nr. 92058

DAS OPFER
Nr. 92059

MR. SAMMLERS PLANET
Nr. 92060

BLT
Mit der Welt auf Buchfühlung